일본 민주당 정권의 탄생과 붕괴

대내외정책 분석을 중심으로

일본 민주당 정권의 탄생과 붕괴
대내외정책 분석을 중심으로

인 쇄: 2014년 6월 10일
발 행: 2014년 6월 16일

엮은이: 진창수·신정화
발행인: 부성옥

발행처: 도서출판 오름
등록번호: 제2-1548호 (1993. 5. 11)
주 소: 서울특별시 서초구 서초동 1420-6
전 화: (02) 585-9122, 9123 / 팩 스: (02) 584-7952

E-mail: oruem9123@naver.com
URL: http://www.oruem.co.kr

ISBN 978-89-7778-418-5   93340

* 잘못된 책은 교환해 드립니다.
* 값은 뒤표지에 있습니다.

이 도서의 국립중앙도서관 출판예정도서목록(CIP)은 서지정보유통지원시스템
홈페이지(http://seoji.nl.go.kr)와 국가자료공동목록시스템(http://www.nl.go.
kr/kolisnet)에서 이용하실 수 있습니다. (CIP제어번호: CIP2014017658)

일본 민주당 정권의 탄생과 붕괴

대내외정책 분석을 중심으로

진창수 · 신정화 엮음

출판의 글

본 연구는 현대일본학회의 기획연구로 민주당 정권의 실패와 성공을 분석하고자 하였다. 지금까지 한국의 일본 정치 연구가 주로 자민당 정권의 연구에 치우친 현실을 감안할 때 이번 현대일본학회의 민주당 정권 연구는 한국 학계가 내딛는 소중한 첫걸음이라 할 수 있겠다.

일본에서 민주당 정권의 집권 3년은 일본 정치의 변화를 실감케 해 주었다. 민주당으로의 정권교체는 일본 국민들의 감정과 정책의 변화로부터 기인하였다는 점에서 그 의미가 더욱 크다. 즉, 첫째, 일본 국민들의 불만이 자민당 정권에 대한 비판으로 이어져 정권교체를 이룩했다는 점이다. 이제까지 자민당은 국민들의 비판이 있었음에도 불구하고 제1당을 놓친 적이 없었다는 점에서 민주당으로의 정권교체는 대단한 변화라고 할 수 있다. 즉, 무정당파층의 의향에 따라 언제든지 일본에서도 정권교체가 가능하게 되었다는 것이다. 둘째, 민주당의 정책은 관료주도에서 정치주도로의 변화를 가져왔다. 민주당은 '정부에 국회의원을 약 100명 배치함으로써 정치가(政治家) 주도로 정책 결정을 하겠다'는 대담한 변화를 모색하였다. 그리고 예산과 외교의 기본방침을 결정하기 위해 총리 직속의 국가전략국과 행정쇄신회의의 창설 등을 주장하였다.

이와 관련해서는 처음 민주당 정권이 발족할 당시부터 정부에 파견할 유능한 인재를 확보할 수 있을지, 그리고 국가전략국 수립을 위한 법 개정이 가능할 것인지 등에 대한 의문이 제기되었었다. 좀 더 심각한 문제는 다양한 당파로 구성되어 있는 민주당이 외교 정책에서 컨센서스를 이룩할 수 있을지, 또 연립을 구성하는 사민당이나 국민신당과의 정책 조율이 유연하게 될지 등도 중요한 과제로 제기되었었다.

민주당 정권은 일본 정치에 어떠한 영향을 미쳤는가? 왜 자민당 정권으로부터 정권을 획득한 민주당 정권은 정권 재창출에 실패했는가? 등에 대한 의문은 일본 정치의 중요한 질문으로 남아 있다. 현대일본학회의 회원들은 이러한 질문에 답하고자 연구회를 조직하여 여러 차례 워크숍을 개최하였다. 그를 통해, 민주당은 자민당 정권에서 민주당 정권으로의 교체, 즉 정권교체에서는 성공했으나 정치주도의 강화를 비롯한 일련의 정책전환에서는 실패했다고 평가할 수 있었고, 그 결과 민주당은 정권을 자민당에게 되돌려 줄 수밖에 없었다는 잠정적 결론을 이끌어 내었다.

끝으로 이 책이 발간될 수 있도록 적극적으로 후원해 주신 동서대학교의 장제국 총장님과 한일의원연맹의 박정호 사무총장님에게 감사를 드리며, 또 민주당 정권 연구에 열의를 가지고 참가해 주신 현대일본학회 회원과 민주당연구회를 주관한 신정화 교수를 비롯해, 행정적인 일들을 담당해 주신 경제회 박사에게도 고마움의 마음을 전한다. 그리고 이 책의 출판을 도와주신 도서출판 오름의 관계자들에게도 감사를 드린다.

2014년 6월
현대일본학회 회장 진창수

차례

제*1*부 **정치시스템**

제**2**부 대내정책

제**3**부 **대외정책**

민주당 정권의 평가를 어떻게 할 것인가?

진창수

I. 민주당으로 정권교체 원인

본 연구에서는 일본 민주당 정권의 3년을 평가하고 일본 정치에서 민주당 정권이 어떤 의미를 지니고 있는지 살펴보고자 한다. 특히 민주당 정권이 왜 실패하게 되었으며, 이후 자민당 정권에 미친 정치적인 의미가 무엇인지를 설명할 것이다.

이 글에서는 본 연구의 의의를 살펴보기 위해 우선 왜 자민당이 패배하였는지를 살펴보고, 민주당으로의 정권 변화가 일본 정치에서 어떠한 의미를 가지는지를 설명할 것이다. 그리고 민주당의 실패요인에 대한 논의를 중심으로 살펴볼 것이다.

2009년에 역사적인 정권교체가 일본에서 실현되었다. 2009년 일본 민주당의 역사적인 승리는 단지 '바람'으로 끝나기보다는 일본 정치의 새로운 '지각변동'을 예고하는 것이었다. 일본 정치의 흐름에서 본다면 민주당으로의 정권교체는 전후 처음으로 일어난 대사건이다. 1994년 소선거구·비례대표 병립제가 일본 선거제도로 도입된 이후 5번째의 중의원선거에서 자민당 정권에서 민주당 정권으로 정권이 교체되었다.

중의원선거에서 308석을 획득한 민주당의 득표수는 소선거구, 비례대표 모두 지금까지의 기록과 비교해 볼 때 공전의 최다 기록이었다. 소선거구에서는 50%의 득표율로 70%의 의석을 획득하게 되었고, 득표율의 차이 이상의 의석수 차이가 나오는 소선거구제에서 그 특징은 더욱더 현저히 나타났다. 민주당은 소선거구에서 현재의 소선거구·비례대표 병립제가 도입된 1996년 이후 최다인 221석을 획득했다. 한편 자민당은 지금까지 최소였던 2003년의 168석에도 미치지 못한 64석으로 참패했다.

의원 정수 300석에 대한 획득 의석수의 비율(의석점유율)은 민주당 73.7%, 자민당 21.3%로 그 차이가 3.5배이었던 것에 비해, 득표율은 민주당 47.4%, 자민당 38.7%로 차이는 1.2배밖에 나지 않았다. 득표가 1표라도 많은 후보가 당선되고, 유효투표수의 반 이상이 사표가 될 수도 있는 소선거구제의 특징이라고 말할 수 있다. 중의원 전체의 의석수로는 나카소네 야스히로 총리(당시)가 주도한 1986년 중의원선거(참의원선거와 같은 날 선거)에서 자민당이 획득한 300의석(당시는 정수 512)이 최다 기록이었는데, 이번에 민주당이 이를 경신한 것이다.

'자민당에 대한 불만이 민주당의 표가 되었다' 선거결과에 대한 하토야마 민주당 대표의 발언이다. 이 발언은 민주당에 대한 기대보다는 자민당 정권에 대한 절망감에서 탈출하고 싶다는 국민들의 열망이 민주당으로의 정권교체로 나타난 것을 인정한 것이다. 자민당의 간부조차 '자민당의 시대적인 역할은 끝났다'라고 할 정도로 2009년의 선거 결과는 자민당에 대한 깊은 불신을 나타냈다.

2009년 중의원선거에서 자민당이 패배한 이유는 시대와 환경의 변화에 실패했기 때문이다. 군건해 보이던 자민당 체제도 1990년대에 들어서면서 체제의 이완을 가져왔다. 우선 탈냉전으로 사회당이 몰락하면서 55년 체제는 붕괴되었다. 둘째, 세계화와 장기불황으로 일국성장주의가 어렵게 되면서 기존의 지지층과의 갈등이 심화되었다. 자민당 정치의 기반이 된 관료에 대해 자민당이 당장의 불길을 끄기 위해 관료에게 책임을 전가할 때 이미 자민당 정치는 그 기반을 상실하게 되었다. 셋째, 걸프전 이후 '피의 국제공헌'이라는 국제적인 요구에 전수방위정책은 한계에 이르게 되었다. 이 과정에서 자민당 체제에 대한 개혁 요구는 점차 거세졌으며, 결국 자민당은 '자민당을 붕괴시키겠다'고 주장한 고이즈미를 총리로 선택할 수밖에 없는 상황에 이르렀다. 고이즈미의 신자유주의 개혁은 자민당의 조직표를 와해시켜 자민당의 하부 조직을 이탈하게 만들었다. 기득권에 안주하고 있는 자민당 이야말로 개혁의 대상이라는 인식이 확산되었기 때문이다.

그리고 아베 신조(安倍晋三) 총리에 이은 후쿠다 총리의 무책임한 사퇴는 안이한 자민당 정권의 실태를 보여주는 충격적 사건이었다. 게다가 아소 총리의 무책임함으로 인해 일본 국민들의 자민당에 대한 불만은 한계를 넘어서게 되었다. 따라서 자민당 정권에 대한 절망감에서 탈출하고 싶다는 국민들의 열망이 민주당의 정권교체로 이어진 것이다.

그렇다고 일본 국민들이 민주당을 적극적으로 좋게 평가한 것은 아니다. 각종 여론조사에서는 민주당의 정권공약과 정권 담당능력이 그다지 높은 평가를 받지 못했고 오히려 불안감을 보여 주었다. 따라서 2009년의 정권교체는 '자민당에 대한 불만'이 '민주당에 대한 불안'보다 더 강했다고 보아야 할 것이다. 이는 여론조사 결과를 보면 잘 알 수 있다. 총선거에서 민주당이 압승한 최대 원인은 자민당의 지지층 이탈에 있었다. 자민당 지지자들의 30%가 비례구와 선거구에서 민주당에 투표를 했다. 자민당 정권을 지지해 온 사람들이 '이번에는 민주당에 맡겨 볼까'라고 생각한 것이다.

아사히신문사가 2009년 9월 30일 전국에서 실시한 출구조사에 따르면 자민당이 압승한 2005년 선거에 비해 자민당의 지지층 비율은 41%에서 37%로 감소했고, 민주당 지지층은 20%에서 25%로 증가했다. 양당 지지층의 투표 심리를 살펴보면 '자민당이 이길 수 없다'라는 판단이 나온다. 양당 지지층과 무당파층의 비례구에서의 투표행동을 2005년과 비교해 보면 자민당 지지층 중에서 자민당에 투표한 유권자는 54%로 30%가 민주당에 투표했다.

선거구에서도 같은 경향을 보였다. 한편 민주 지지층은 84%가 민주당에 투표해 자민당으로 흘러간 표는 2%에 그쳤다. 무당파층도 자민당에 15%, 민주당에 53%로 큰 차이를 보였다. 자민, 민주가 거의 같았던 2005년에 비해 커다란 변화를 보이고 있다.[1]

II. 일본 정치에서 민주당 정권교체의 의미

2009년 민주당으로의 정권교체는 경제정책에서는 양당 모두 후퇴한 측면이 있지만, 양당 간의 차별성이 점차 확연히 나타나 일본 국민들에게 새로운 선택지를 보여준 것임을 알 수 있다. 아사히신문사와 도쿄대학의 다니구치(谷口將紀) 연구실이 공동으로 후보자의 의식에 대한 조사를 실시한 결과를 보면 경제정책에서는 종래의 정책으로 되돌아온 것을 엿볼 수 있다. '개혁경쟁'의 양상을 보인 2005년과는 달리 '개혁'색은 완전히 후퇴했다. 각 당 후보가 그리는 쟁점의 차이도 드러났다.[2]

2005년과 2009년에 공통된 10가지 질문을 바탕으로 후보자의 자세를 분석한 것이 다음의 〈그림 1〉이다. 경제대책에 대해서 자민 후보의 평균치는 2005년에는 시장원리를 중요시하는 '개혁형'의 위치에 있었다. 그러나 2009년에는 재정지출을 싫어하지 않는 '종래형'의 방향으로 거의 정반대인 위치까지 이동했다. 자민당 후보들 가운데에서는 '당면과제는 재정재건을 위해서 세출을 억제하는 것이 아니고, 경기대책을 위해서 재정지출을 해야 한다'

---

1) 무당파층의 자민, 민주 양당 이외의 투표는 공산당 8%, 사민당 6%, 공명당 6%, 국민신당 2%, 신당일본 1% 순이었다. 무당파층이 소선거구에서 투표한 후보의 소속정당은 민주당 59%, 자민당 24%였다. 직전에 치러진 중의원선거에 비해 민주당이 14% 상승한 데 반해 자민당은 15% 하락했다.
2) 이번 조사는 입후보를 신고한 1,374명 중 1,257명이 회답했다.

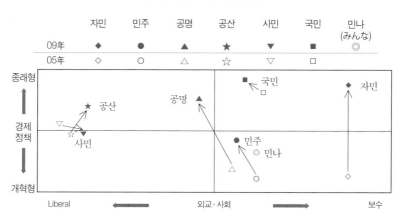

〈그림 1〉 정당의 정책위치 변화

출처: 아사히신문 2009년 8월 19일

라고 하는 질문에 찬성파가 90%로 2005년보다 70% 이상 늘었는데, 공공사업에 의한 고용확보를 요구하는 여론이 강한 영향을 준 것으로 보인다. 민주당 후보들도 '종래형'으로 움직였지만, 거의 중립의 위치에 남아 양당의 차이는 2005년보다 더욱 선명해졌다.

그렇다면 후보자들은 무엇이 쟁점이라고 생각하고 있는 것일까? '2009년 중의원선거에서 가장 중시하는 정책'을 15번 항목부터 고르게 했다. 자민당 후보들 중 67%, 공명당 후보들 중 79%가 '경기대책'을 들고 있다. 공산, 사민당 후보들은 60%가 '고용·취직'을 선택하여 생활중시라는 공통된 자세를 보였다. 다만, 정권교체를 목표로 하는 민주당 후보들은 '경기대책'(20%) 이외에 '정치·행정개혁'(18%), '연금'(14%)도 선택하여 다양한 쟁점에 관심을 가지고 있는 것을 알 수 있다.[3]

마이니치신문이 조사한 후보자 앙케이트에서는 민주당과 자민당, 그리고 공명당의 정책 차이를 명확히 알 수 있다. 이 조사 결과에서는 민주당과

---

3) 『朝日新聞』 2009年 8月 19日.

공명당 후보자들의 주장이 유사성을 띠고, 자민당 후보자들과의 차이가 두
드러졌다. 앙케이트 전체 23문항 중 양자택일식의 16문항에 대해서, 자민,
민주, 공명 3당의 후보자들의 회답을 비교하여 그 주장의 차이를 분석했다.
    우선 헌법관에 있어서는 자민당 후보들이 9조를 포함시킨 개헌에 적극적
인 것에 반해, 민주, 공명 양당의 후보들은 개정의 필요성은 인정하면서도
9조의 개정 찬성은 20%대 전후에 머물렀다. 집단적 자위권의 행사를 금지
한 정부의 헌법해석에 대해서도 자민당 후보들은 '재검토해야 한다'는 회답
이 77%을 차지했으나, 민주당 후보들은 25%, 공명당 후보들은 8%만 같은
견해를 보였다. 민주당과 공명당은 정치개혁에 대한 입장도 유사했다. 국회
의원의 세습제한과 기업·단체헌금의 전면금지에 대해서는 민주당 후보들은
90% 이상, 공명당 후보들은 80% 이상이 찬성했다. 자민당 후보들의 세습제
한 찬성은 반수를 넘었지만, 기업헌금 금지에는 80%가 소극적이다. 환경세
도입에도 민주, 공명 양당의 후보들은 적극적이지만, 자민당 후보의 지지율
은 50% 전후에 머무르고 있다. 아프가니스탄 지원을 위한 자위대파견을 둘
러싸고는 공명당 후보들은 파견에 적극적인 자민당 후보들과 소극적인 민주
당 후보들의 중간에 위치한다. 단지, 일본 외교의 본연의 자세에 대해서는
'아시아 중시'로 변경해야 한다는 회답이 민주 62%, 공명 65%이었던 것에
비해 자민은 21%였다. '미일관계를 가장 중시해야 한다'에 대해서는 자민이
63%인 데 비해 민주 18%, 공명 27%로써 민주·공명당 후보들이 유사한 견
해를 갖고 있음이 드러났다.
    또한 자민, 공명 양당의 후보들이 유사성을 나타낸 것은 부가세나 연금,
정치가와 관료와의 관계 등에서였다. 부가세의 인상에 대해 자민당 후보들
의 49%, 공명당 후보들의 27%가 찬성했지만, 민주당 후보들은 95%가 반대
였다. 기초연금의 재원에 대해서는 자민당 후보들의 71%, 공명당 후보들의
94%가 현행의 보험료 방식을 지지했지만, 전액세 방식의 최저보장연금창설
을 매니페스토에서 내세우고 있는 민주당 후보들은 90% 이상이 현행 보험
료 방식에 부정적인 견해를 나타냈다. 정치가와 관료의 관계에 대해서 민주
당 후보들은 거의 전원이 '정부의 구조를 근본적으로 바꾼다'라고 회답했으

며, 자민, 공명 양당의 후보들도 50% 전후의 같은 견해를 나타내었다. 이처럼 민주당과 자민당은 상당한 차이점을 가지고 있는 것이 확실하다.[4]

III. 민주당 정권의 실패 요인

이 책에서는 민주당 정권이 왜 실패를 하게 되었는지에 대해 다음의 여러 가지 요인들로 설명하고 있다. 민주당 정권이 실패하였다고 평가할 수 있는 것은 민주당 정권의 3년여 간의 집권에도 불구하고 국민들이 다시 자민당 정권을 선택하였기 때문이다.

본 연구에서는 민주당 정권의 실패요인으로 첫째, 경험의 부족을 들 수 있다. 현직 민주당 중의원에 대한 여론조사에서도 민주당 정권의 정치주도가 잘 이루어지지 못한 이유 중 가장 많았던 답은 "정치가의 지식과 경험의 부족"이었다. 극히 일부의 유력 의원과 관료출신자를 제외한 대부분의 민주당 정치가들은 정권교체 전까지 정부에서 일한 경험이 없어 정책입안, 결정의 실무를 접할 수 있는 경험이 없었다. 처음으로 정부에서 정무 3역이 된 정치가들 중에는 관료의 이야기를 들으면 말려들 수 있다는 위기감이 앞서 관료를 과도하게 배제하는 사람이 많았다. 따라서 관료에 대한 부정적인 인식이 과도하게 작동하여 정책 결정이 원활하고 합리적으로 이루어질 수 없는 상황이 연출되기도 하였다. 즉 정치가의 지식과 경험의 부족은 관료에 대해 과도한 경계감을 가져와 정권 초기에는 극단적인 관료배제 등의 부정적인 현상을 가져왔다. 또한 민주당의 리더십은 많은 의원을 정부의 관리에 오르게 함으로써 민주당 내의 불만을 해소하고자 하였다. 그 결과 잦은 인사이동을 실행하게 되어 정부에 들어가서도 각 성의 업무 내용과 정책에

---

4) 『每日新聞』 2009年 8月 20日.

대한 지식을 심화시키고 조직운영의 경험을 쌓는 시간을 갖지 못하였다. 따라서 대신의 빈번한 교체와 불충분한 정보공유는 민주당 정권이 의도했던 정치주도를 한층 더 어렵게 만들었다. 정치주도의 사령탑이 되어야 할 국가전략 담당자가 3년 3개월 사이에 6명이나 교체되었다. 그리고 이러한 인사이동을 앞두고 정치가 사이에서 충분한 소통이 이루어진 행적은 찾아볼 수 없다. 오히려 담당자가 바뀔 때마다 전임자의 성과물을 방치한 채로 자신의 독자적인 새로운 정책을 표명하는 데 총력을 기울이는 경향이 현저했다.

둘째, 리더십의 국가 경영의식 결여를 들 수 있다. 일본에게 있어 전후 선거로 인해 정권교체가 이루어진 적은 단 한 번도 없었다. 모두 처음의 정권교체였다. 하토야마 정권이 탄생한 것은 하토야마가 민주당 대표로 선발된 지 4개월도 채 지나지 않은 때였다. 준비부족이었다. 민주당 정권만큼 권력의 자리에 있으면서도 권력을 행사하는 것이 서툴렀던 정당도 드물다. 불과 3년 3개월의 정권이었음에도 불구하고 세 명의 민주당 대표가 총리를 역임했으며, 각각 전임자의 정책을 부정하는 현상이 나타났다. 세 명의 총리에게 공통된 문제는 "서로 다른 의미에서 국가경영의식이 약했던 점"이었다고 센고쿠 요시토(仙谷由人)는 지적했다. 또한 정권 내의 대신들 사이에서도 서로의 발언을 부정하거나 이를 받아들이지 않는 현상이 나타났다. 예를 들어, 마츠이(松井孝治)의 증언대로 "어느 대신은 정치주도에 집착하여 관리에게 휘말려서는 안 된다는 것을 주장한다. 다른 대신은 전혀 행정이란 것을 알지 못하지만 나는 다르다." 특히 외교안보정책과 위기관리는 국가경영능력의 필수요소임에도 불구하고 서로의 불일치와 경쟁이 정책의 일관성을 가져오지 못하게 하였다. 그 예로 하토야마 정권은 후텐마기지 이전 문제와 "동아시아 공동체" 구상을 둘러싸고 난항을 거듭하여 국민으로부터 불신이 높아졌다. 하토야마 총리의 외교안보정책에 대한 주장은 민주당 내에서조차 반대파, 찬성파가 서로 대립하면서 국민들로부터 신뢰를 잃어버렸다. 간 정권에서는 센카쿠에서의 중국어선 충돌사건, 노다 정권에서는 센카쿠 국유화 문제에 의한 민주당 정권의 "외교 능력 부재"를 노정시켰다. 그 결과 2010년 9월 센카쿠 충격 후 간 정권의 지지율은 65%(9월)에서 31%(11월)로 급락했다. 마찬가지로 민주당의 지지율도 36%에서 24%로 급락했다. 노다 정권에 서는 센카쿠 국유화의 갈등으로 인해 정권지지율과 민주당의 지지율은 각각 5%, 3% 정도 더 하락했다(NHK 정치의식 월례조사).

셋째, 제도 개정의 지연과 민주당 내의 정책에 대한 불일치를 들 수 있다. 민주당 정권에서는 국가전략국과 내각인사국의 설치 등, 정치주도를 실행하기 위한 주요 제도개정이 원활하게 정착되지 못하였다. 따라서 민주당 정권이 의도했던 정치주도는 마지막까지 정치가의 개인적인 자질에 크게 의존했다. 그 최대 이유는 2010년 7월 참의원선거까지의 법안심의에서는 이런 제도의 개정보다도 스캔들 감추기와 선거대책을 우선한 것에 있었다. 참의원 선거의 패배로 자민당을 중심으로 한 야당에게 과반수를 뺏긴 후 이들 개혁 법안을 성립시키는 것이 거의 불가능해졌다. 호소노(細野)는 "예를 들면 국가전략국이나, 내각인사국이 만들어졌다면 달라졌을 것이다. 그러나 야당의 반대로 민주당이 생각하는 조직을 만들어내지 못했다", "정치주도란 개인으로서는 한계가 있으며, 그것을 움직이는 구조가 필요하다"는 것을 역설한 것이다. 또한 민주당에서 정치주도에 관한 제도에 관련되었던 것은 항상 마츠이(松井) 등 관료출신자 및 당 간부를 중심으로 하는 일부 전문가팀이었다. 이와 같은 과도한 "마츠이 의존"의 상황이 정치주도에 대한 당내 이해와 공감의 확대를 방해했으며, 국회심의의 지연 및 정무 3역에 의한 과잉 관료 배제 등, 당의 대처를 저해하는 요인이 되었다. 하토야마 정권이 퇴진하여 마츠이가 정부를 떠나자 마츠이를 대신하여 정권구상 5책을 강력히 추진하려는 인재는 나타나지 않았다. 이 점에 대해 마츠이는 "19년간 나는 자신의 "전매특허"를 지나치게 만들었다"(2013년 6월 24일)라며, 정치주도에 관한 이념의 당내 공유가 불충분했으며, 이것이 민주당의 갈등을 가져왔다는 것을 시인한 셈이다.

넷째, 오자와 이치로와의 갈등이었다. 1993년 호소카와 정권 시기 오자와는 이중권력을 휘두르며 결국 호소카와 정권을 붕괴시킨 장본인이 되었다. 이후 일본 매스컴에서는 '오자와는 정계재편이 취미이다'라고 회자되기까지 했다. 당시 오자와는 간사장으로 취임하였지만 민주당 내에서는 경계심이 강하였다. 즉 오자와가 민주당의 자금과 후보 추천권을 쥐는 이중권력구조가 생기는 것을 우려하였기 때문이었다. 또한 오자와 이치로는 민주당의 대표를 사퇴했지만 민주당 내에서의 영향력은 무시할 수 없었다. 특히 선거에서 당선된 신인의원의 다수는 오자와의 지원을 받았고 오자와 그룹으로 생각하였다. 마이니치신문에 따르면 오자와와 가까운 일신회(一新会)의 회원이거나, 오자와가 선거 활동에 적극적으로 관여한 신인은 적어도 61명에 달한다고 보도되고 있었다. 선거에서 지원을 받은 경우를 포함하면 '오자와 칠드런(children)'은 100명을 넘는 것으로 추정되었다. 이를 바탕으로 오자와 그룹은 민주당 내에서 권력을 행사하였고, 이것이 민주당 정권의 아킬레스건으로 작용한 것이다. 이후 간 정권하에서는 사사건건 대립하였고, 이후 노다 정권에서는 봉합을 하려고 했으나 실패함으로써 민주당 정권의 몰락을 가져오는 중요한 계기되었다.

IV. 맺음말: 본 연구의 의의

이 책은 민주당 정권의 탄생과 붕괴에 대한 현대일본학회의 기획 공동연구이다. 본 연구에서는 민주당 정권의 정권교체가 가져온 정치적 의미를 자민당 일당우위체제하에서 만들어진 정책결정과 입법과정, 그리고 정책 방향에 변화를 가져온 것으로 평가하였다. 그리고 민주당 정권의 경험부족, 민주당 정권의 리더십 결여, 그리고 민주당 내의 불일치가 정책의 성공과 실패에 어떠한 영향을 주었는지를 설명하고자 하였다. 또한 이를 통하여 민주당 정권의 정치적인 의미 역시 살펴보고자 하였다.

한국의 일본 학계에 대한 연구가 주로 자민당 정권에 치우친 것을 감안하면 본 연구는 민주당 정권을 종합적으로 분석하였다는 데 그 의의를 찾을 수 있다. 특히 한국에서 민주당 정권의 탄생과 실패를 구체적인 제도와 정책을 통해 설명함으로써 민주당 연구를 진척시킬 기반을 마련했다고 할 수 있다. 또한 한일관계에 대한 관심이 높은 현재의 상황을 생각하면 민주당 정권의 연구가 자민당 정권과의 차별성을 생각해 볼 수 있는 좋은 계기를 마련해 준 것은 틀림없다. 그리고 민주당 정권의 한계가 결국 일본 사회의 한계로 이어지는 부분이 있기 때문에 일본을 좀 더 폭넓게 이해하는 데도 많은 도움을 줄 것으로 생각한다.

이 책이 일본 정치 연구의 기반이 되어서 일본 정치 연구가 더욱더 활성화되는 계기가 되었으면 하는 기대를 가져본다. 본 연구의 후속적인 과제로서는 민주당 정권의 실패가 자민당 정권의 복귀 특히 아베 정권으로 이어졌기 때문에 나타난 일본 정치의 변화를 우리는 어떻게 인식해야 하는지에 대한 의문을 던져주었다. 과연 민주당 정권의 3년이 앞으로의 일본에 대한 새로운 방향성을 제시하고 이것을 정착케 하는 계기가 되었는지, 아니면 오히려 일본 민주당 정권의 역풍으로 인해 과거로 회귀하고자 하는 과거퇴행적인 일본을 더욱 부추겼는지에 대한 평가가 필요하다.

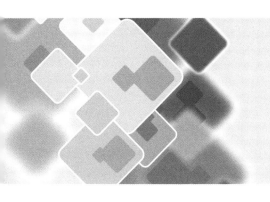

제1부
정치시스템

민주당의 선거정치와 정국 운영*

고선규

I. 서론

2009년 8월 30일 실시된 일본의 중의원선거에서 민주당이 308석으로 압승을 거두었다. 민주당은 1998년 창당 이후 11년 만에 선거에서 승리하여 정권교체를 이루게 되었다. 2009년 선거 직후 민주당 승리로 인한 정권교체는 '선거에 의한 혁명'이라고 평가되기도 하였다. 민주당의 압승이 혁명적 사건으로 평가되는 이유는, 전후 일본에서 선거에 의한 실질적인 정권교체가 처음이었기 때문이다. 2009년 9월 16일 민주당 정권이 수립되면서 국민들은 정권교체의 의미를 실감하게 되었고 새로운 정치의 시작을 알리는 서곡으로 받아들였다.

* 이 글은 한국선거학회, 『선거연구』 제4권 1호(2014년 봄호)에 게재된 글을 수정·보완한 것이다.

그러나 민주당 정권은 여러 가지 정치경제적 문제로 순항하지 못하고 2012년 12월 중의원선거에서 참패하고 말았다. 2009년 민주당 정권은 하토야마 유키오(鳩山由紀夫) 총리의 정치자금문제, 후텐마(普天間)기지 이전 문제에 대한 안이한 대처, 간 나오토(菅直人) 총리의 3.11 대지진 대응 실패, 그리고 노다 요시히코(野田佳彦) 총리의 소비세 도입 등에 대한 국민들의 비난은 결국 2012년 12월 민주당의 참패와 자민당으로 정권교체를 가져왔다.

정권공약 측면에서도 민주당 정권은 국민들로부터 신임을 얻지 못했다. 2009년 총선거에서 국민들에게 약속한 정권 매니페스토를 둘러싼 지속성 감소는 민주당의 정책 실현의지를 의심하게 만들었다. 2010년 참의원선거에서 간 총리는 갑작스럽게 소비세 인상 문제를 언급하면서 참패하고 말았다. 선거 이후 소비세 인상 문제는 물론 재정건전화를 위한 구체적인 논의나 대안이 제시되지 않은 상황에서 노다 정권은 2012년 6월 결국 소비세 인상안을 강행하고 말았다. 민주당은 2009년 총선거에서 소비세 인상 반대를 공약으로 내세웠으나 이를 이행하지 않게 됨으로써 국민적 비판에 봉착하게 되었다. 더 나아가 소비세 인상 문제는 오자와 이치로(小沢一郎)그룹의 탈당을 가져오고 민주당의 분열을 초래하게 되었다.

민주당의 성립과 선거에서의 승리는 1994년 도입된 소선거구비례대표병립제와 밀접한 관련성을 가지고 있다. 1994년 호소카와 모리히로(細川護熙) 정권에서 추진한 정치개혁의 일환으로 도입된 소선거구제는 양당제를 초래하였다. 일본의 정당시스템이 다당제에서 양당제로 변화하는 과정에서 민주당은 야당의 중추세력으로 등장하게 되었다. '55년체제' 성립 이후 자민당의 장기집권에 따른 불만의 누적은 새로운 대안세력을 요구하게 되었다. 민주당은 자민당의 대안세력 형성에 성공하게 되면서 2009년 집권여당으로 등장하게 되었다.

민주당은 1998년 4월 신민주당 재창당 이후 10여 년이라는 짧은 시간에 집권여당으로 등장하였다. 그러나 집권여당으로서 민주당의 분열과 실패 또한 단시간 안에 이루어지게 되었다. 2009년 9월 민주당 정권이 탄생한 이후 2012년 11월 16일 중의원이 해산되는 3년 2개월 동안 탈당, 제적된 의원수가 무려 103명에 이를 정도로 급속도로 구심력을 잃고 말았다. 결국 여당인 민주당은 소수여당으로 전락하게 되면서 서둘러 의회를 해산할 수밖에 없게 되었다. 2012년 12월 총선거에서는 해산 전 230석 의석이 57석에 머무는 참패를 하고 말았다.

이 글은 민주당 형성 이후 지속적인 의석확대와 2009년의 정권획득, 그리고 2012년 중의원선거에서 야당으로 전락, 2013년 참의원선거에서 참패 등 민주당의 성공과 실패를 선거정치와 민주당의 정국운영에 주목하여 살펴보는 것이 목적이다. 특히, 민주당의 성장과 2012년 총선거에서 패배를 소선거구제도라는 제도적 요인과 유동성(volatility) 증가라는 유권자요인을 분석 틀로 설명하기로 하겠다.

II. 민주당의 성장과정과 선거정치

민주당은 1996년 9월 하토야마와 간 전 총리가 중심이 되어 만들어진 정당이다. 창당 당시 중의원과 참의원 의원 57명으로 구성된 민주당은 1996년 중의원선거에서 처음으로 후보자를 내세웠다. 이 선거에서 민주당은 52석을 획득하여 민주당의 존재를 유권자에게 과시하였다. 이후 민주당은 선거에서 의석은 물론 지지율을 높여 가면서 야당통합을 주도하게 되었다. 이후 1998년에는 민주당, 민정당, 신당우애, 민주개혁연합이 합류하여 신민주당이 결성되었다. 1996년의 민주당을 구민주당, 1998년의 민주당을 신민주당으로 구별하여 부르기도 한다. 다시 민주당은 2003년 자유당과 합당하면서 야당의 주축세력으로 등장하였다.

자유당은 1998년 오자와를 중심으로 만들어진 정당이다. 민주당과 자유당이 합당한 이유는 정권교체와 보수양당제라는 지향점을 공유하였기 때문이다. 자유당과 민주당의 합당은 정권교체라는 공통의 목표가 존재하는 동

안에는 원활하게 유지되었지만 2009년 정권획득 이후에는 대립과 갈등의
원천이 되었다. 결국 2012년 7월 오자와그룹은 민주당을 탈당하여 신당을
창당하게 되었다.

　일본의 정당정치사에서 민주당처럼 급속하게 성장하여 정권을 획득한 경
우는 존재하지 않았다. 1998년에 창당된 신민주당을 출발점으로 본다고 하
면, 2009년에 정권을 획득할 때까지는 11년에 불과하다. 창당 이후 각종
선거에서 급속도로 의석을 증가시켜 왔다고 볼 수 있다. 그럼 우선, 민주당
의 성장과정을 선거에 주목하여 살펴보기로 한다.

　민주당이 정당의 조직과 정책 등 전열을 정비하여 선거에 본격적으로 참
여하기 시작한 것은 1998년 참의원선거부터이다. 민주당은 '행정개혁' '지방
분권' '정권교체' 등을 표방하여 양당제시대에서 자민당에 대립하는 한 축을
형성하는 것을 목표로 하였다. 1998년 참의원선거에서 민주당은 27석을 획
득하였다. 선거 이전보다 10석이 증가하였으며 비개선의석 20석을 합하면,
47석으로 제1야당으로 등장하게 되었다. 비례대표에서는 21.7% 득표하여
자민당의 25.2%에 근접하게 되었다. 1998년 참의원선거에서 선거구 득표는
민주당이 9,063,939표(16.2%)를 얻었으나 자민당은 17,033,851표(30.5%)
를 획득하여 2배 가까이 많은 표를 얻었다.

〈표 1〉 민주당의 중의원선거에서 당선자와 득표율 변화

	당선자수(명)	후보자수(명)	소선거구(%)	비례대표(%)
1996	52	161	10.6	17.5
2000	127	262	27.6	25.2
2003	177	277	36.7	37.4
2005	113	299	36.4	31.1
2009	308	330	47.4	42.4
2012	57	267	22.8	16.0

　2000년대에 접어들어 민주당의 지지율과 의석률은 급격하게 증가한다. 2005년 총선거까지는 자민당의 지지율도 증가하는 경향이 나타나는데 이러한 경향은 고이즈미 준이치로(小泉純一郎) 정권의 개혁적 성향과도 관련성이 깊다. 반대로 이 시기에 지지정당이 없는 무당파층의 비율은 감소하는

〈표 2〉 민주당의 참의원선거에서 당선자와 득표율 변화(비례대표)

	당선자수(명)	후보자수(명)	선거구(%)	비례대표(%)
1998	27	48	16.2	21.7
2001	26	63	18.5	16.4
2004	50	74	39.1	37.8
2007	60	80	40.4	39.5
2010	44	106	38.9	31.6
2013	17	55	16.3	13.4

〈그림 1〉 민주당의 총선거에서 지지율 변화

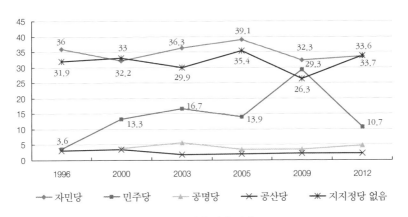

자료: 일본 밝은 선거추진협회 정치의식조사에서 필자 정리

경향이 나타난다. 〈그림 1〉에서 보는 바와 같이 2000년 총선거 당시 13.3%에 불과한 민주당 지지율은 2009년에 29.3%까지 상승하면서 마침내 정권교체가 이루어지게 되었다. 그러나 총선거에서 민주당의 지지율이 자민당을 상회하는 시기는 존재하지 않았다.

2000년 총선거에서 민주당은 127석을 획득하여 선거 이전보다 32석을 더 추가하게 되었다(〈표 1〉). 소선거구에서 27.6%, 비례대표선거에서는 25.2%를 차지하여 제1야당으로서 입지를 견고히 하였다. 그리고 민주당의 간판정책의 하나인 소비세의 연금목적세, 자녀수당 증액 등이 제시되었다.

2001년에 접어들어 자민당은 고이즈미 정권이 출범하였다. 고이즈미 정권 출범 이후 2005년 총선거까지 민주당은 고이즈미 개혁에 밀려 고전을 거듭하면서 '대항세력'으로 성장해가는 시기였다. 2001년 참의원선거에서 민주당은 고이즈미 총리의 인기에 밀려 26석에 그치고 말았다. 비례대표 득표율은 감소하였으나 선거구득표율은 2.3% 증가하였다. 이 선거에서 민주당은 '도로특정재원의 일반회계화' '낙하산인사 금지법' '댐건설 중지' 등의 공약을 제시하였다. 그러나 고이즈미 정권이 공공사업의 축소와 분권개혁을 앞세운 개혁열기에 밀려 고전을 면치 못하였다.

2002년 12월 민주당 당수에 오카다 카츠야(岡田克也)가 당선된 이후 매니페스토선거의 쟁점화에 성공하게 되었다. 2003년 총선거에서 '고속도로 무료화' '연금제도의 일원화' '중의원 정수 80석 삭감' 등의 매니페스토를 제시하여 177석을 획득하게 되었다. 이 선거에서 민주당 의석은 40석이 증가하였다. 2003년 총선거에서 민주당의 의석증가는 2003년 9월에 이루어진 오자와의 자유당과 합당으로 선거전 의석이 늘어난 측면이 존재한다. 2003년 총선거는 민주당에게 매우 의미가 큰 선거이다. 자민당과 민주당의 득표율을 비교해 보면, 민주당은 비례대표선거에서 37.4%를 득표하여 34.9%를 얻은 자민당보다 더 많은 득표율을 얻었다. 중의원의 전체 의석점유율에서도 49.4%를 차지하는 자민당과의 격차를 줄일 수 있게 되었다.

2004년 참의원선거에서 민주당은 처음으로 자민당보다 많은 의석을 확보하게 되었다. 이 선거에서 50석을 확보하여 49석을 확보한 자민당보다도 많은 의석을 차지하였다. 참의원의 전체 의석수 면에서는 여전히 자민당이 139석을 차지하여 여당이지만 민주당은 82석으로 거대야당으로 존재감을 과시할 수 있게 되었다. 득표율에서도 민주당은 선거구와 비례대표선거 모두에서 자민당을 능가하게 되었다.

2005년 우정민영화 해산 총선거에서 민주당은 고전을 면치 못하였다. 고이즈미 개혁이 연일 미디어를 장식하게 되면서 민주당의 공약은 유권자의 관심을 끌지 못했다. 민주당은 '이익유도정치의 종식' '관료지배로부터 탈각' '공무원 인건비 삭감' '재원의 지방이양' '공공사업의 축소' '예산 집행에서 낭비요소 제거' '콘크리트에서 사람으로' 등 일본사회의 구조적 비합리성에 대한 개혁을 주장하였다. 2005년 총선거 결과는 이전 2003년의 177석에 훨씬 못 미치는 133석에 그치고 말았다. 당시 민주당 당수였던 오카다 대표는 선거결과에 대한 책임을 지고 사임하였다. 그러나 의석률에서는 민주당의 점유비율이 감소하였으나 득표율에서는 소선거구 36.4%로 이전선거와 거의 달라지지 않았다. 비례대표선거에서는 31.1%를 차지하여 이전선거보다 6.3% 감소하였다. 의석률의 감소는 소선거구가 가지는 제도적 효과의 영향이 크다고 본다. 후임대표에 당선된 마에하라 세이지(前原誠司)는 '세대교체'와 '탈노조의존'을 주장하면서 당 재건에 나섰으나 호리에 다카후미(堀江貴文) 메일문제로 비판이 거세지자 결국 사임하고 말았다.

2006년 4월 민주당의 당대표선거에서 오자와가 간 전 대표에게 승리함으로써 민주당의 선거전략은 본질적으로 변화하게 된다. 그리고 오자와 대표, 간 대표 대행, 그리고 하토야마 간사장의 3인체제가 출범하게 되었다. 오자와 대표가 이끄는 민주당은 전형적인 자민당식 선거전략을 구사하였다. 지방조직을 강화하고 이익유도형 선거전략 또는 현물제공형 선거전략으로 전환하게 되었다. 선거공약과 관련해서도 자녀수당 도입, 농가소득보전제도 등 2009년 총선거에서 제시된 당 공약이 만들어지게 되었다. 오자와체제에서 지방조직의 강화에 힘입어 2007년 4월에 실시된 지방선거에서 승리하게 되었다.

그리고 2007년 참의원선거에서는 60석을 획득하여 자민당보다 많은 의

석을 확보하게 되었다. 민주당의 승리로 참의원에서는 여야당 역전현상이
일어나게 되었다. 민주당은 2007년 참의원선거에서 비개선의석 49의석을
합하면 109의석으로 제1당으로 부상하였다. 득표율 면에서도 민주당은 선
거구 40.4%, 비례대표 39.5%로, 자민당의 선거구 31.4%, 비례대표 28.1%
보다도 많은 득표를 차지하였다. 민주당의 승리 원인은 1인 선거구에서 승
리이다. 전체 29개 1인 선거구 중 민주당은 23개 선거구에서 승리하였다.
특히 오자와 선거구가 있는 동북지방에서는 전승을 거두었다. 이러한 농
촌지역에서 승리는 오자와 당대표가 추진해 온 농촌지역의 1인 선거구 중심
의 자원배분과 선거유세의 결과이다. 그리고 민주당이 매니페스토로 제시한
농가 호별소득보전제도의 영향때문으로도 생각된다.

  2007년 참의원선거에서 연립여당인 자민당과 공명당의 의석은 103석으
로 민주당 의석보다 적었다. 이때부터 중의원과 참의원의 여당이 서로 다른
분점국회현상(ねじれ国会)이 만들어지게 되었다. 민주당은 국회에서 참의원
에서 다수의석을 무기로 자민당의 정책에 반대하는 전략을 전개하였다. 일
본은 양원제를 채택하고 있어서 법률이 통과되기 위해서는 중의원과 참의원
을 통과해야만 한다. 예산이나 조약의 경우, 중의원을 통과한 법률안이 참의
원에서 거부되면 중의원은 3분의 2 이상 찬성으로 재통과시켜야 한다. 이
경우 참의원이 반대해도 30일이 지나면 중의원 우선주의에 따라 자동적으
로 성립된다(일본헌법 제 60조, 61조 및 67조). 전후 중의원에서 3분의 2
이상 찬성으로 재가결된 조약이 참의원에서 의결하지 않아 자동적으로 성립
된 조약이 20건이 존재한다, 이 중 9건이 2007년 참의원선거 이후 2008년
에 집중적으로 이루어졌다.

  2007년 당시 연립여당인 자민당과 공명당은 중의원에서 3분의 2 이상 의
석을 확보하였지만 참의원선거에서 참패하여 야당으로 전락하게 되면서 정
국운영 주도권을 상실하고 말았다. 특히, 자위대의 인도양파견과 관련된 신
테러특별조치법이 민주당의 반대로 참의원통과가 곤란해지자 당시 후쿠다
야스오(福田康夫)는 오자와 민주당 대표와 연립구상에 합의하게 되었다. 민
주당지도부가 대연립구성을 승인하지 않게 되면서 자민당과의 연립정부구

성은 무산되기에 이르렀다. 그럼에도 불구하고 오자와체제는 2009년 3월까
지 지속되었다. 그러나 2009년 3월 자신의 비서가 정치자금법 위반으로 구
속되면서 민주당에 대한 지지율이 감소하게 되면서 5월 결국 오자와는 당대
표직을 사임하게 되었다.

　2009년 5월 16일 당대표선거가 실시되었다. 하토야마 전(前) 대표와 오
카다 전(前) 대표의 대결에서 하토야마가 승리하였다. 2009년 7월 12일 실
시된 동경도의회 의원선거에서 민주당은 54석을 획득하여 동경도선거에서
처음으로 제1당을 차지하게 되었다. 일본에서 동경도선거는 국정선거의 전
초전적 성격을 가지고 있으며 차기 총선거를 가늠해 볼 수 있는 선거라는
점에서 매우 중요한 의미를 가지게 된다. 결국 2009년 8월 30일 실시된 총
선거에서 민주당은 480석 중 308석을 차지하여 절대안정다수의석을 차지하
게 되면서 정권을 획득하게 되었다. 2009년 총선거에서 민주당이 획득한
308의석은 단일정당이 획득한 최다의석이다. 그리고 비례대표선거에서 획
득한 29,844,799표는 일본선거 사상 정당명 득표로서는 최고 득표수를 기록
하게 되었다.

　전후 일본의 선거정치사를 살펴보면, 선거에 의한 정권교체가 전무했던
것은 아니다. 1993년 총선거에서 자민당이 야당으로 전락하면서 비자민연
립정권이 형성되어 정권교체가 이루어졌다. 그러나 2009년 총선거에서는
민주당이 단독으로 과반수 이상의 의석을 획득하여 명실공히 정권을 담당하
게 되었다. 동시에 자민당과 민주당이 정권교체를 걸고 국민에게 매니페스
토(manifesto)를 제시하여 정권여당으로 선택받았다는 점에서 '선거에 의한
혁명'이라고 평가되기도 한다(고선규 2009).

　그러나 2009년 9월 출범한 하토야마 민주당 정권은 정국운영에서 순항하
지 못하고 말았다. 2010년 6월 민주당 정권의 총리는 간으로 바뀌게 되었
다. 간 총리 주도로 치러진 2010년 참의원선거에서는 소비세 인상안을 공약
으로 제기하여 44의석 획득에 그치고 말았다. 참의원선거 패배로 참의원에
서 민주당은 여당지위를 상실하고 말았다. 결국 중의원과 참의원의 여당이
서로 다른 분점국회현상(ねじれ国会)이 다시 출현하게 되었다. 이후 민주당

은 정국운영의 주도권을 상실하게 되었다.

2012년 11월 14일 노다 총리는 국회 당수토론에서 아베 신조(安倍晋三) 자민당 총재에게 내년 통상국회에서 국회의원 수 축소, 의원세비삭감을 처리한다면 국회해산을 약속할 수 있다고 제안하였다. 자민당과 공명당이 노다 총리의 제안을 수용하면서 국회해산이 11월 16일 전격적으로 이루어졌다. 노다 총리의 국회해산에 대하여 민주당 내 반대의견이 다수였으나 결국 해산을 강행하였다. 국회해산이 갑자기 이루어진 이유는 민주당 의원들의 탈당이 멈추지 않게 되면서 소수여당으로 전락할 가능성과 오사카유신회(大阪維新の会)와 같은 제3세력이 선거체제를 정비하기 이전에의 조기해산이 이익이라고 판단한 것으로 보인다.

2012년 12월 16일에 실시된 총선거에서 야당인 자민당이 압승을 거두었다. 자민당은 이번 선거에서 승리함으로써 2009년 8월 선거에서 대패한 이후 3년 3개월 만에 다시 정권여당으로 복귀하게 되었다. 자민당은 공명당과 연립정권을 형성하고 있으므로 공명당의 31석을 합하면 325석으로 전체 의석의 67.7%를 차지하게 되었다. 결국 중의원에서 자민당과 공명당은 3분의 2 이상의 의석을 확보하여 안정적인 정권 운영이 가능하게 되었다.

반대로 여당 민주당은 지난 2009년 선거에서 309석을 얻어 대승을 거두었으나 이번 선거에서는 57석에 그쳐 대패하고 말았다. 민주당은 선거 직전 당의 분열과 의원들의 탈당으로 선거 전 의석수가 230석으로 감소한 상태에서 선거를 치렀으나 당세를 회복하지 못하고 초라한 야당으로 전락하고 말았다. 2012년 총선거에서 패배한 민주당은 12월 25일 가이에다 반리(海江田万里)가 당대표로 선출되었다. 가이에다 대표의 민주당은 당 재건을 위하여 「당재생본부」를 설치하여 지난 3년간의 정권운영을 검증하는 작업을 진행하였다. 2013년 2월 「당재생본부」는 1차 검증보고서(党改革創生本部第1次報告)를 발표하였으나 민주당의 재생과정은 답보상태에 머물러 있다.

2013년 7월 실시된 참의원선거에서 민주당은 개선의석수 44석 중에서 17석 획득에 그치고 말았다. 이번 선거에서 민주당은 선거구에서 10석, 비례대표구에서 7석을 차지하였다. 비례대표구에서 획득한 7석은 공명당의 7석,

유신정당의 6석과 비슷한 수준이다. 이러한 결과는 2013년 참의원선거에서도 여전히 민주당이 유권자로부터 철저하게 외면당하고 있었음을 시사해주고 있다.

2013년 참의원선거에서 자민당은 또다시 압승을 거두었다. 자민당은 선거구 47석, 비례구 18석을 포함하여 65석을 획득하여 전체 121석 중 과반수 이상을 차지하였다. 여기에 연립여당인 공명당의 11석을 더하면 참의원의 모든 상임위원회에서도 다수를 차지하는 절대안정다수를 차지하게 되었다. 2013년 참의원선거에서 자민당이 획득한 의석수는 참의원선거제도가 현재와 같은 형태로 개정된 이후 최다 의석수이다. 이번 선거에서 자민당이 대승을 거두게 되면서 참의원 전체 의석수는 선거 전 84석에서 31석이 증가하게 되어 115석으로 대폭 증가하였다. 그리고 연립여당인 공명당의 20석을 추가하면 참의원에서 135석으로 과반수를 훨씬 초과하게 되었다. 연립여당이 참의원에서 과반수 이상 의석을 차지하게 되면서 참의원에서 「여소야대 현상」, 중의원과 참의원에서 각각 다수당이 다른 「분점국회(ねじれ) 현상」이 해소되었다. 현재 일본 정치는 자민당의 일방적 우위와 견제야당의 부재현상 속에서 자민당 일당우위체제로 복귀가 진행되고 있다.

III. 소선거구제와 민주당의 성장

일본에서는 1994년 1월, '소선거구비례대표병립제'가 도입되었다. 소선거구제도의 도입은 정당정치에 매우 많은 변화를 가져왔다. 2009년 총선거에서 민주당 정권의 실현은 이러한 선거제도 개혁의 결과이기도 하다. 일본에서는 1955년부터 자민당 단독정권이 지속되어 왔다. 중선거구제하에서 야당인 사회당은 총선거에서 후보자를 과반수는커녕 자민당의 절반 정도밖에 내세우지 못하였다. 결국 중선거구에서 선거는 정권교체를 전제로 하지 못하고 자민당의 집권을 위한 형식적인 절차에 불과하였다.

　그러나 1996년부터 소선거구제가 본격적으로 기능하게 되면서 일본의 정당정치는 양당제적 성격이 강화되었다. 특히, 양당제적 경향은 민주당의 창당과 깊숙이 관련되어 있다. 1998년 민주당 창당 이래, 야권진영은 민주당을 중심으로 통합이 이루어졌다. 민주당을 중심으로 한 야권진영의 통합은 소선거구제가 가지는 작동 메커니즘과 관련성이 깊다. 선거제도와 정당 시스템 간 관계를 설명하는 듀베르제법칙(Maurice Duverger 1955)에 따르면, 소선거구제도는 양당제를 촉진한다고 한다. 그 이유는 소선거구제가 가지는 제도적 효과와 자신의 한 표가 사표가 되는 것을 우려하는 유권자는 지지하는 후보자보다는 당선가능성이 높은 후보자를 선택하게 되는 심리적 요인 때문이라고 설명한다.

　〈그림 2〉는 1990년 이후 중의원선거에서 여당과 제1야당이 획득한 의석비율을 나타낸 그래프이다. 1990년과 1993년 총선거는 중선거구제로 실시된 선거이고 1996년 총선거부터가 소선거구제가 도입된 선거이다. 전체적인 경향을 살펴보면 1996년 이후 양대 정당이 차지하는 의석비율이 이전과 비교하여 볼 때 매우 높아지고 있다. 1990년에는 자민당과 사회당이 차지하는 비율이 70.6%였으나 1993년에는 여당의 분열과 신당의 창당으로 자민

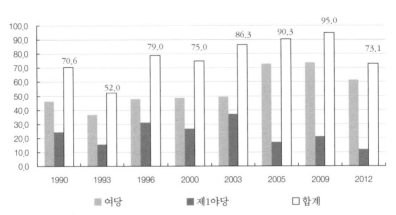

〈그림 2〉 1990년대 이후 양대 정당의 의석률 변화

당과 제1야당인 사회당이 차지하는 비율이 52%까지 감소하였다. 그러나 소선구제 도입 이후 1996년부터는 70% 이상으로 증가하였다.

2003년 이후 급증하여 2005년에는 자민당과 민주당의 의석비율 합계가 90%를 넘어섰다. 2009년에 실시된 총선거 결과를 보면, 2005년보다 증가하여 여당이 된 민주당이 73.3%, 제1야당인 자민당이 21.3%의 의석을 획득하여 두 정당이 차지하는 의석비율은 95%에 이르렀다. 이러한 결과는 소선거구제 도입이 자민당과 민주당에 의석집중을 가져오고 있음을 알 수 있다. 소선구제로 선거가 치러지는 횟수가 늘어날수록 양당에 집중되는 의석비율은 점점 증가하여 왔다.

2009년 총선거에서 자민당과 민주당에 선거구 의석의 95% 이상이 집중되었다는 것은 선거구에서 전개되는 정당경쟁구조도 양대 정당중심으로 이루어졌음을 의미한다. 그러나 2012년 선거에서는 이전과는 다른 양상이 나타났다. 여당과 제1야당의 의석 합계는 73.1%로 감소하였다. 물론 이러한 결과는 이번 선거에서 제3당 세력인 유신 정당이 의석을 다수 확보하였기 때문이다. 2012년 총선거 직전에 여당인 민주당의 패색이 명확해지면서 민주당 내 오자와그룹은 탈당하여 미래의 정당을 결성하여 독자적으로 후보자를 옹립하였다. 2012년 총선거에서 여당 민주당은 264개 선거구에 후보자를 내세웠다. 자민당은 288개 선거구, 미래의 당은 111개 선거구, 유신정당은 15개 선거구 그리고 공산당은 299개 선거구에 입후보하였다. 자민당은 공명당과의 선거협력에 따라 후보자를 내세우지 않은 선거구가 있어서 288개 선거구에 그치고 있지만 민주당은 사정이 좀 다르다. 민주당은 현역의원이 탈당함에 따라 후보자를 입후보시키지 못한 부분이 더 크다.

결국 1998년 민주당 창당 이후 민주당이 제1야당으로 부상하고 이후 야당세력을 결집하는 정당으로 성장할 수 있었던 배경에는 소선거구제도가 초래하는 제도적 효과가 존재하였다. 기존의 사민당과 공산당 그리고 공명당이 소선거구에서 의석을 확보하지 못하고 약화되는 상황에서 자신의 한 표가 사표가 되는 것을 회피하려는 유권자들이 대안정당으로 부상하는 민주당을 지지하게 됨으로써 거대야당으로 성장할 수 있었다고 본다.

IV. 민주당의 득표동원구조와 무당파층

　민주당의 성장 배경으로 작용한 또 하나의 요인은 무당파층의 존재이다.
그리고 무당파의 유동성(volatility)의 증가이다. 2000년대 이후 일본의 선거
에서 자민당과 민주당이 교대로 승리하는 현상이 나타나고 있다. 이러한 현
상을 시계추(振り子)논리로 설명하고 있다. 이렇듯 최근의 무당파의 유동성
이 높은 투표행태를 설명하는 분석 틀이 '변덕스러움(きまぐれ)'이다(季武嘉
也·武田知己 2011). 즉 2000년대 접어들어 선거 때마다 유권자의 투표선택
이 변덕스럽게 바뀌어 왔다는 것이다. 2005년에는 자민당이 압승, 2009년
에는 민주당이 압승, 그리고 2012년에는 다시 자민당이 압승하는 선거결과
가 나타났다. 결국 선거에서 유권자의 유동성이 증가하였고 선거 때마다 투
표정당을 바꾸는 유권자가 늘어나고 있다. 민주당의 지지조달은 주로 무당
파층에 의존하여 왔고 2009년 정권획득 이후 무당파층의 이탈이 민주당의
야당전략을 가져온 것이라고 본다.
　그럼 일본 유권자의 유동성 증가 현상과 민주당의 지지양상을 살펴보기
로 한다. 〈그림 3〉은 중의원선거에서 투표정당의 지속과 변화를 분석한 결
과이다. 2009년 선거에서 최근 10년간 같은 정당의 후보자에게 투표한 비율
은 52.0%로 나타나 유권자의 반 정도는 동일정당에 투표하고 있다. 그러나
투표정당을 바꾼 비율은 40.1%로 나타났다(밝은선거추진협회 데이터 2009).
일본 유권자가 선거 때마다 다른 정당에 투표하는 비율은 90년대 이후 급증
하고 있다. 이러한 유권자의 유동성 증대는 정당시스템의 불안정성을 가져
오고 있다. 그리고 유권자의 이러한 변덕스러움이 자민당과 민주당을 번갈
아가며 정권을 담당하게 만드는 기반으로 작용하고 있다. 이전처럼 특정정
당의 후원회나 지지기반조직에 소속되어 있는 유권자가 감소하고 선거 때마
다 등장하는 이슈에 따라 정당을 바꿔가면서 투표하는 유권자가 증가하고
있다고 볼 수 있다.
　다음으로는 민주당의 무당파의존현상을 참의원선거 비례대표 득표 결과

〈그림 3〉 일본의 선거에서 투표정당의 지속과 변화

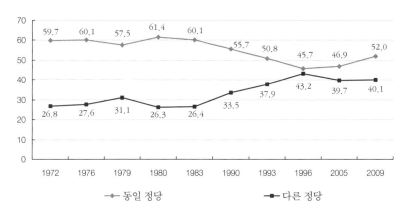

출처: 밝은선거추진협회 정치의식조사 결과를 재정리

를 통해서 살펴보기로 한다. 〈표 3〉은 현행 불구속명부식 비례대표명부제도가 도입된 2000년 이후 참의원선거결과를 정리한 것이다. 일본의 선거에서는 각 정당을 지지하는 집단이나 조직이 동원하는 득표가 다수 존재한다. 자민당은 직업단체나 농민단체, 건설업협회 등이 대표적 지지조직이다. 민주당은 각종 노동조합이 지지단체이고 공명당은 창가학회 등이 대표적인 지지단체이다. 각 정당은 지지단체의 득표동원을 위하여 단체의 대표나 임원을 비례명부 후보자로 공천하는 것이 일반적인 관례이다. 이러한 지지집단의 후보자는 조직원의 높은 투표로 당선을 보장받게 된다. 그러므로 참의원선거에서 민주당의 득표증감이 정당명 득표에 의한 결과인지 아니면 등재명부의 후보자의 득표에 의한 결과인지를 분석해 보기로 한다.

　민주당은 각종 노동조합이 주요한 지지단체이다. 그리고 민주당의 선거전략은 노조의존적인 측면이 존재하였다. 2007년 참의원선거 이후 오자와 대표가 농촌중심의 선거전략을 강화시키기 이전에는 노조의존적인 성격이 강하였다. 그리고 지지단체의 다양화와 조직정비가 이루어지고 그러한 지지단체를 동원하는 형태로 전략이 전개되었다면 지지단체가 추천한 후보자의

〈표 3〉 참의원선거에서 비례대표 득표율

	정당득표	비율	명부등재자 득표	비율	전체
2001	6,082,694	67.7	2,907,830	32.3	8,990,524
2004	17,345,037	82.1	3,792,420	17.9	21,137,457
2007	18,829,335	81.0	4,426,912	19.0	23,256,247
2010	14,433,171	78.2	4,016,968	21.8	18,450,139
2013	4,827,158	67.7	2,307,057	32.3	7,134,215

득표도 증가하는 현상이 나타나야 할 것이다.

2001년 참의원선거는 고이즈미 인기에 따라 민주당의 득표율은 높지 않다. 그리고 1998년 신민주당 창당 이후 조직정비가 진행되고 있는 시기이기도 해서 정당득표가 6,082,694표에 머물고 있다. 명부등재자 득표는 2,907,830표로 전체 비례대표 득표율의 32.3%를 차지하고 있다. 정당득표 비율이 67.7%에 비해 비례명부 득표율이 높은 이유는 고이즈미의 등장에 따라 무당파층이 자민당을 지지하게 되면서 정당득표가 적어지면서 상대적으로 명부등재자 득표비중이 늘었기 때문으로 보인다. 2004년과 2007년 두 번의 참의원선거에서 민주당은 득표율을 크게 증가시키게 되었다. 2004년에는 2,100만 표 이상 그리고 2007년은 민주당선거사상 최고 득표수인 2,300만 표 이상을 획득하였다. 명부등재자 득표도 증가했지만 정당득표의 비율이 더 크게 증가하였다. 이 두 번의 선거에서는 무당파층이 민주당으로 이동한 결과라고 본다. 명부등재자 득표비율은 2004년 17.9%, 2007년은 19.0%로 2001년보다 비중이 감소하였다. 2010년 참의원선거는 간 총리의 소비세 인상 문제로 민주당의 비례대표 득표율이 크게 감소하였다. 그러나 명부등재자 득표비중은 증가하였다. 상대적으로 정당득표가 400만 표 이상 감소하였기 때문이다. 민주당이 야당으로 전락한 상태에서 실시된 2013년 참의원선거는 2010년보다도 1,100만 표 이상 비례대표 득표수가 줄어들었다. 그러나 명부

등재자 득표비중은 2001년 수준으로 급증하였다. 결국 무당파층이 민주당 지지를 철회하면서 정당득표의 비중이 줄어들면서 상대적으로 명부등재자 득표비중이 증가하게 된 것이다. 이러한 결과는 민주당의 득표증가는 주로 무당파층에 의존하고 있었음을 예측할 수 있게 해준다.

〈표 4〉 역대 참의원선거에서 비례대표당선자의 득표수(민주당)

	2001년	2004년	2007년	2010년	2013년
1	412,087	301,322	507,792	373,834	271,553
2	259,576	247,917	306,577	352,594	235,917
3	230,255	220,311	297,035	207,821	235,636
4	216,911	217,095	292,272	207,227	191,167
5	202,839	216,760	255,451	159,325	176,290
6	195,238	211,257	242,740	150,113	167,437
7	184,476	209,382	224,994	144,782	152,121
8	173,705	203,052	211,829	143,048	
9		202,612	194,082	139,006	
10		182,891	171,084	133,248	
11		178,815	169,723	128,511	
12		167,709	166,969	120,987	
13		162,618	153,779	118,248	
14		142,656	151,375	113,468	
15		130,249	111,458	111,376	
16		120,306	110,126	100,932	
17		114,136	79,656		
18		110,043	72,545		
19		106,140	68,973	.	
20			67,611		
21			67,611		

〈표 5〉 역대 참의원선거에서 비례대표당선자의 득표수(자민당)

	2001년	2004년	2007년	2010년	2013년
1	1,588,262	722,505	470,571	299,036	429,002
2	478,985	305,613	449,183	278,312	338,485
3	460,421	282,919	385,914	254,469	326,541
4	295,613	253,738	272,348	210,443	294,079
5	278,521	250,426	261,404	168,342	279,953
6	265,545	242,063	251,578	156,467	249,818
7	264,888	199,510	230,303	148,779	215,506
8	227,042	196,499	228,167	145,771	208,319
9	218,597	194,854	227,123	135,448	205,779
10	207,867	188,630	223,068	131,657	204,404
11	197,542	179,567	221,361	121,441	201,109
12	174,517	171,945	203,324	108,258	191,342
13	166,070	167,350	202,315		178,480
14	160,425	152,685	201,301		153,303
15	156,656	152,630			142,613
16	156,380				104,175
17	147,568				98,979
18	142,747				77,173
19	114,260				
20	104,581				

　실제로 2001년 이후 참의원선거 비례대표에서 당선되는 민주당 후보의 득표수를 자민당과 비교해 보아도 민주당이 훨씬 적음을 알 수 있다(〈표 4〉와 〈표 5〉). 특히, 하위당선자의 득표수는 민주당 후보가 자민당 후보보다 적다.

　그리고 〈표 6〉은 2005년 총선거와 2009년 총선거의 투표 이동을 분석한 결과이다(일본 밝은선거추진협회 2010). 왼쪽의 열이 2005년 투표정당이고

〈표 6〉 2005년과 2009년 총선거의 민주당 지지자의 구성

2005년/2009년	민주당	자민당	공명당	공산당	사민당	국민신당	기권
자민당	41.6	37.6	2.0	1.2	0.5	0.6	8.8
민주당	78.8	2.6	0.9	2.6	2.4	1.2	5.6
공명당	12.4	5.6	69.7	1.1	0.0	0.0	7.9
공산당	20.7	1.7	0.0	67.2	1.7	3.4	1.7
사민당	36.1	2.8	2.8	5.6	41.7	2.8	5.6
국민신당	40.0	0.0	0.0	0.0	0.0	60.0	0.0
기권	30.5	11.5	1.7	0.0	1.1	0.6	52.3

위쪽의 행은 2009년 투표정당이다. 이 결과를 살펴보면, 2005년에 자민당에 투표한 유권자 중에서 41.6%가 2009년에는 민주당에 투표하였다. 그리고 2005년에 민주당에 투표하고 2009년에도 민주당에 투표한 충성파 유권자는 78.8%로 나타났다. 2005년에 공명당에 투표한 유권자 중에서 12.4%, 공산당에 투표한 유권자의 20.7%, 사민당에 투표한 유권자는 36.1%, 국민신당에 투표한 유권자는 40.0%가 2009년에는 민주당에 투표하였다. 2005년에 기권한 유권자 중에서 30.5%가 2009년에는 민주당에 투표하였다.

2009년과 2012년의 투표이동 상황을 살펴보면(일본 밝은선거추진협회 2013), 2009년에 민주당에 투표한 유권자 중에서 24.7%만이 2012년에 민주당에 투표하고 있다. 반대로 2009년에 민주당에 투표한 유권자 중에서 28.4%가 2012년에는 자민당으로 이동하였다. 2009년에 민나노당에 투표한 유권자 중에서 21.3%는 2012년에 자민당으로 이동하였다.

〈그림 4〉는 2005년, 2009년 그리고 2012년 총선거에서 연속하는 두 번의 선거에서 같은 정당에 투표한 유권자의 비율을 나타낸 그래프이다. 민주당에 투표한 유권자의 현황을 살펴보자. 2003년 총선거와 2005년 총선거에서 민주당에 계속해서 투표한 유권자는 64.0%이다. 그리고 2005년 총선거

〈그림 4〉 연속하는 두 번의 선거에서 동일정당 투표 비율

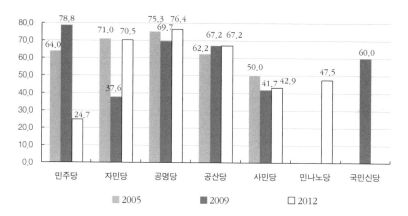

와 2009년 총선거에서 민주당에 계속 투표한 유권자는 78.8%로 증가하였다. 그러나 2009년 총선거와 2012년 총선거에 민주당에 계속해서 투표하는 유권자는 24.7%로 감소하였다. 민주당에 투표한 유권자는 2003년 총선거와 2005년 총선거에서 계속적으로 증가하지만 2012년에는 급락하고 있다. 자민당은 2005년에는 71.0%, 2009년에는 37.6%, 2012년에는 70.5%로 나타났다. 자민당의 경우도 등락의 폭이 여전히 크게 나타나고 있다. 그러나 공산당과 공명당은 고정적 지지기반을 형성하고 있어서 일정한 비율을 유지하고 있다.

이러한 결과는 선거 때마다 정당을 이동하며 투표하고 있는 비율이 매우 높게 나타나고 있음을 알 수 있다. 그리고 민주당의 지지층이 고정된 것이 아니라 유동층으로 형성되어 있음을 알 수 있다. 결국 민주당의 지지 동원은 유동층에 의존하고 있었으며 이들의 지지철회가 야당 전락을 가져왔음을 알 수 있다.

V. 민주당의 정책지속성과 정국 운영

민주당은 야당으로 전락한 이후 정권 운영을 평가하는 내부위원회(党改革倉生本部)를 만들고 검증을 진행하였다. 당개혁 재생본부는 지난 3년 3개월의 민주당 정권의 실패를 지방조직, 당원, 서포터즈와의 연대부족, 매니페스토에 대한 입법화, 재원확보 방안의 비현실적 대응, 정책수정이나 철회에 대한 설명책임 부족 등을 열거하고 있다. 그리고 정권 운영과 관련해서는 국가전략국 구상의 좌절, 정치가 주도를 주장하면서도 관료통제에 실패하였고 정치가가 각 성청을 관리하는 능력이 부족했음을 인정하고 있다(党改革倉生本部 2013). 더구나 2010년에 접어들어서는 참의원선거에 패배함으로써 여당 민주당이 참의원에서 야당이 되는 사태가 발생하게 되었다. 이로 인해 정치주도, 행정개혁, 예산재조정 등이 입법화되지 못하게 되었다. 그리고 2009년 하토야마 총리와 오자와 간사장의 정치자금 문제는 기존의 자민당 정권과 다르지 않다는 이미지를 각인시켰다. 이와 관련해서 연립여당이 2010년 참의원에서 과반수 이상 의석을 차지하게 되면서 「여소야대 현상」, 즉 중의원과 참의원에서 각각 다수당이 다른 「분점국회(ねじれ) 현상」이 발생하여 정책주도권을 야당에 빼앗기게 되었다.

그리고 민주당의 내각지원시스템도 원활하게 작동하지 않게 되었다. 민주당 이전의 정책결정구조는 정부와 자민당으로 이원화되었다. 정책결정의 이원화 구조는 일본 정치의 비효율성의 원인으로 지목되어 왔다. 더 나아가 자민당 정권 붕괴의 계기가 되었다고 평가한다(飯尾潤 2008). 2009년 총선거에서 관료주도의 정책결정시스템의 폐지와 '정치가 주도의 정치'는 민주당 매니페스토의 가장 핵심적인 내용이었다. 선거 결과 민주당 정권이 들어서면서 가장 명확한 변화는 역시 관료주도의 정책결정에서 '정치가 주도의 정치'로의 전환이 시도되었다. 그러나 내각과 당 역할의 일원화는 민주당의 내각지원시스템의 부족으로 제대로 작동하지 못하게 되었다. 결국 민주당 정권은 통치능력 부재로 국민들에게 인식되었고 이러한 민주당의 정권운영 실패는 2012년 총선에서 대패하는 배경이 되었다.

민주당 정권의 정국 운영을 내각별로 살펴보기로 한다. 우선 하토야마 내각은 출범 초기 70% 이상의 높은 지지율을 기록하였다. 특히, 정부예산 집행의 비효율적 요소를 제거하고 예산재배정을 위한 정부예산사업 재검토 (事業仕分け)는 국민들의 높은 지지를 받기도 하였다. 그리고 구체적인 사업내용이 공개되고 예산집행과정이 투명화되면서 정권교체를 실감하는 계기가 되기도 하였다. CO_2삭감목표 상향조정, 자위대인도양파견 철회, 그리고 얀바(八ㄱ場)댐 등 공동사업의 축소, 자녀수당, 고교무상화 등 2009년 총선거 매니페스토를 구체화하는 법안이 마련되었다. 그러나 오키나와 미군 후텐마(普天間)기지의 이전을 둘러싼 문제가 진전되지 못하게 되면서 오키나와 주민의 불만과 민주당의 정책추진의지에 대한 의구심이 높아지게 되었다. 2010년 5월 최소한 오키나와현 밖으로 이전한다는 민주당의 주장은 새로운 이전장소를 확보하지 못하고 이전을 포기하게 되었다. 결국 오키나와 주민들은 기존의 헤노코(辺野古沿岸)해안 이전을 거부하게 되었다.

이와 더불어 하토야마 총리와 오자와 간사장의 정치자금문제는 정치불신을 증폭시키게 되었다. 특히 오자와 간사장의 정치자금문제는 2010년 1월 자신의 비서가 정치자금수지보고서의 허위기재문제로 체포되는 사태로 발전하였다. 그리고 오자와 간사장이 당권을 장악하고 진정처리를 일원화하는 등 전횡이 '이중권력구조'로 연일 매스컴에서 비난받게 되었다. 민주당이 자민당식으로 운영되는 현상에 대해 유권자가 실망하게 되었고 이로 인해 내각지지율은 급락하게 되었다. 결국 하토야마 총리는 2010년 참의원선거를 앞두고 사임하고 말았다.

민주당 정권에서도 1년에 한 번씩 총리가 교체되는 현상이 발생하게 되었다. 민주당은 야당시절 자민당 정권에 대하여 잦은 총리교체를 비난하여 왔다. 그리고 민주당 정권에서는 결코 그런 일은 없을 것이라고 단언하여 왔다. 그러나 잦은 총리교체가 민주당 정권에서도 반복되면서 국민들의 비난이 높아졌다. 2010년 실시된 하토야마 총리의 후임대표를 선출하는 당대표선거가 실시되었다. 당대표선거에서 반오자와노선을 명확하게 제시한 간(菅直人)

전 대표가 당선되어 민주당 정권 두 번째 내각이 출범하였다. 간 총리는 출범과 동시에 소비세 인상안을 제시하여 2010년 참의원선거에서 패배하여 참의원에서 민주당이 야당으로 전락하게 되었다. 이후 9월 14일 민주당 당대표선거가 실시되면서 간 정권은 정국 운영보다는 당내정치에 몰두하게 되었다.

민주당은 일본의 경제상황이 엔고와 불경기임에도 불구하고 이에 대한 대책마련에 집중하고 못하고 더구나 정치공백의 발생이라는 야당이나 국민들의 비난에도 불구하고 2010년 9월 민주당 당대표선거를 실시하게 되었다. 그것도 2010년 6월에 취임한 간 총리의 임기가 3개월밖에 지나지 않았음에도 불구하고 당대표선거를 실시하였다. 당대표 선출방식은 전당대회나 의원총회가 아니라 당원이나 서포터즈가 참여하는 대대적인 경선을 선택하게 되었다. 당대표선거에 입후보하는 정치가는 민주당 분열을 초래할 수 있는 간 나오토(菅直人) 총리와 오자와 이치로(小沢一郎) 전 간사장이 출마하였다. 당대표선거 결과, 간 총리가 재선에 성공하였으나 친오자와세력과 반오자와세력 간의 갈등은 봉합되기 어려운 상황으로 악화되었다.

2011년에 접어들어 일본 동북지방에 3.11 대지진이 발생하였다. 대지진 이후 재난대응과 지진피해 복구를 둘러싼 정쟁과 후쿠시마 원전사고에 대한 민주당 정권의 대응에 대한 비난이 고조되면서 결국 8월 26일 간 총리가 사임을 발표하게 되었다. 후임총리를 선출하는 민주당 당대표선거는 반오자와그룹의 노다(野田佳彦) 후보와 친오자와그룹의 가이에다(海江田万里)가 결선투표를 치른 결과, 노다 후보가 당선되었다. 2011년 8월 30일 내각총리대신에 지명된 노다 총리는 당대표선거의 공약으로 소비세율을 현행 5%에서 10%로 인상안을 제시하였다. 노다 총리 취임 이후 소비세 인상안이 민주당의 당 공식노선이 되면서 친오자와그룹과의 분열은 점점 표면화되기에 이르렀다. 노다 총리 취임 이후 친오자와그룹 의원들의 탈당이 시작되기에 이르렀다. 2011년 한 해 동안 민주당을 탈당한 의원은 14명에 이르렀다.

2012년 1월 노다 내각은 1차 내각 개조를 실시하였다. 내각 개조의 주목적은 소비세 인상안 성립을 위한 야당과의 협력관계 구축과 당내융화였다.

그러나 노다 총리의 의도와는 달리 당내분열은 더 심화되기에 이르렀다. 소비세 인상법안의 각의결정과정에서 민주당 정부의 부대신 4명과 민주당 간사장대리 등 간부 14명이 사표를 제출하였다. 결국 노다 총리는 2012년 6월 2차 내각개조를 단행하였다. 6월 26일 소비세 인상법안의 국회가결과정에서 오자와를 비롯한 민주당 의원 57명이 반대표를 또한 13명이 기권하는 사태가 발생하였다. 이를 계기로 민주당 분열은 본격화되었다. 오자와를 중심으로 소비세 인상안에 반대한 의원들은 2012년 7월 11일 '국민생활이 제일' 정당을 결성하면서 민주당은 분열되고 말았다. 오자와그룹의 탈당 이후에도 민주당의원의 탈당은 계속되었다. 9월에는 하시모토(橋本徹) 오사카시장을 주축으로 하는 '오사카유신회(大阪維新の会)'가 결성되었다. 민주당을 탈당하여 오사카유신회에 합류하는 민주당의원들도 속출하였다. 결국 2009년 9월 민주당 정권 성립이후 2012년 12월 총선거까지 민주당을 탈당 또는 제적된 의원은 103명에 이르게 되었다.

마지막으로 민주당 정권의 정책지속성을 살펴보기로 하자. 민주당은 2009년 총선거에서 정권공약인 매니페스토를 제시하여 집권하였다. 이 당시 제시한 정책공약이 민주당 내각에서 어느 정도 추진할 의지가 있었는지를 세 명의 총리소신표명연설 내용을 분석한 결과(上神·堤 2012)를 토대로 살펴보기로 한다. 민주당은 '정치가 주도 정치' '사무차관회의 폐지' '국가전략국 신설' '고위공무원의 인사제도 확립' '행정쇄신위원회신설/국가행정조직법개정' 등 주요 「5정책」을 제시하였다. 그리고 (1) 예산낭비요소 제거, (2) 육아, 교육, (3) 연금, 의료, (4) 지역주권, (5) 고용, 경제정책, (6) 외교정책 등 각 분야별로 매니페스토를 제시하였다. 민주당의 매니페스토를 앞의 6가지 분야별로 정책을 대별하면 전체 44개 정책항목에 이르게 된다. 민주당 정권의 세 명의 총리가 취임 직후 행한 소신표명연설에서 언급된 비율을 살펴보면, 하토야마 총리는 31가지 정책에 대해서 언급하면서 구체적인 추진방향을 제시하였다. 하토야마 총리는 정치분야, 행정개혁, 예산낭비요소 제거, 낙하산 인사 금지 등을 강조하였다.

다음으로 총리에 취임한 간 총리의 소신표명연설에서 언급된 비율은 20

개 정책항목으로 줄어들었다. 간 총리는 예산낭비 근절, 고용, 경제, 육아, 교육, 지방주권 등에 대해서는 전혀 언급이 없었다. 마지막으로 노다 총리의 소신표명연설에서 언급된 비율을 살펴보면, 13개 정책항목으로 줄어들었다. 매니페스토의 연금, 의료, 지역주권 등의 정책에 대해서는 언급이 전혀 이루어지지 않았다. 노다 정권은 2011년 3.11 대지진 복구문제가 가장 큰 현안이었다는 점을 고려하더라도 매니페스토에 대한 언급비율이 급감하였음을 알 수 있다. 민주당 정권의 정권공약에 대한 지속성과 추진의지 부족은 2009년 선거에서 민주당을 지지한 유권자들의 기대를 저버리고 기만하였다는 평가를 받게 되면서 2012년 총선거에서는 민주당지지를 철회하게 되었다.

VI. 맺음말

1998년에 재창당된 민주당은 2009년 정권을 획득하기까지 빠르게 성장하였다. 국정선거인 중의원과 참의원선거에서 뿐만 아니라 지방선거에서도 의석을 확대하여 갔다. 지방의회 의석증가는 민주당의 조직기반 강화를 의미하지만 여전히 지방조직은 견고하지 못하다. 민주당은 후쿠이현(福井県), 시마네현(島根県) 그리고 미야자키현(宮崎県)에서는 아직 국회의원 당선자를 배출하지 못하고 있다. 민주당은 지금까지 살펴본 바와 같이 무당파층 또는 유동적 정당지지층의 지지를 토대로 의석을 확보하여 왔다. 민주당 지지자는 선거에서 지지정당을 바꾸기 쉬운 '변덕스러운(きまぐれ)' 유권자이다. 민주당은 정권을 획득한 이후 이러한 유권자들을 만족시키지 못했다. 정권공약의 입법화나 국회에 전개되는 야당과의 관계에서도 정국을 주도하지 못했다.

그리고 2009년 총선거에서 승리하여 참의원과 중의원에서 다수의석을 확보하고 있었음에도 불구하고 정국운영을 주도하지 못했다. 민주당은 매니페스토를 실현하기 위한 재원마련이나 법제화 그리고 국가전략국과 같은 구심점을 만드는 데 실패하고 말았다. 더구나 2010년 참의원선거에서는 소비세 증세안을 공약으로 제시하여 참의원에서 여당의 지위를 상실하고 말았다. 민주당주도로 예산을 편성한 2010년에 국채발행이 44조에 이르렀다. 이러한 재정불균형 상태를 감안하더라도 2009년 총선거에서 소비세 인상에 반대한 민주당이 2010년 선거에서 소비세 인상을 제기한 것은 정국운영이나 선거전략의 부재를 드러낸 것으로 이해할 수밖에 없다. 2010년 참의원선거 이후 소비세 인상 문제는 민주당의 당내대립을 격화시켜 노다 정권에서는 당내정치의 대결양상이 의회정치보다 여론의 주목을 받는 결과를 가져왔다. 그 결과 민주당은 오자와그룹의 탈당으로 분열되고 여론으로부터 외면당하는 결과를 초래하고 말았다.

민주당은 2003년 자유당과의 통합으로 정권획득을 가능하게 만들었지만 반대로 자유당과의 통합으로 민주당 정권이 붕괴되고 말았다고도 평가할 수 있다. 민주당과 자유당은 태생부터가 다른 정당이다. 민주당은 하토야마(鳩山)와 칸(菅)이라는 정치가를 주축으로 30대 젊은 정치가가 다수를 점한 젊고 자유스런 당풍으로 시작한 정당이다. 당내의 자유로운 토론과 합의를 기본 운영방안으로 새로운 형태의 정당을 목표로 창당되었다. 이에 비하여 자유당은 오자와의 카리스마와 중앙집권적 정책결정, 정치자금을 토대로 사람들을 모으고 점점 세를 확장해가는 정치자금과 국회의원 수에 기반한 권력논리(金と数の論理)를 강조한다. 이념이나 정책적 비전의 공유보다는 오자와의 개인적 인간관계를 토대로 마련된 정당이다(이진원·고선규 2011). 민주당 내 서로 다른 두 집단의 동거는 민주당이 정권을 운영하는 과정에서 다양한 국면에서 분열이나 대립양상을 나타냈다. 민주당의 당내 정치적 분열과 대립양상은 기존의 자민당정치와 다르지 않게 되었다. 결국 유권자는 민주당에 실망한 결과, 지지를 철회하고 자민당이나 일본유신회로 이동하거나 기권하게 되었다.

2010년 참의원선거에서도 두 집단의 정치적 성격의 차이는 소비세문제를 중심으로 나타났다. 그리고 국회운영에서도 분열 양상은 지속되었다. 2009년 총선거에서 압승을 기반으로 정국주도권을 잡은 민주당은 2010년 참의원선거 참패 이후 여소야대 국회 속에서 2009년 총선거의 매니페스토를 정책화하는 데 실패하고 말았다. 2011년 3.11 대지진 이후에도 복구정책이나 예산편성을 위한 국회운영에 실패하고 말았다. 결국 이러한 정국운영의 미숙함은 통치능력 부족으로 각인되기에 이르렀다.

　일본의 선거정치에서 민주당의 등장은 몇 가지 측면에서 의미 있는 변화를 가져왔다고 평가할 수 있다. 첫째, 민주당은 2003년 선거에서 정권 매니페스토(Manifesto)를 제시하여 유권자의 지지를 얻게 되었다. 2009년 총선거에서도 민주당은 정권 매니페스토를 토대로 정권을 획득하였다. 지금까지 일본의 선거정치는 후보자 중심의 이익유도에 입각하여 전개되어왔다. 이러한 측면에서 선거에서 정당이 매니페스토를 제시하고 이를 둘러싸고 경쟁하여 유권자의 지지를 획득하는 '매니페스토 경쟁형' 선거문화를 만들었다는 측면에서 민주당의 기여는 매우 크다. 둘째, 일본선거에서 정당의 공약이나 유권자에 대한 서비스가 자민당 정권 시기에는 공공사업 중심의 경기부양책이 제시되었으나 민주당은 의료·연금, 고속도로무료화, 고교무상교육, 자녀수당 등에서 볼 수 있는 바와 같이 '현물 제공형' 공약이나 서비스로 전환하게 되었다. 셋째, 민주당 정권이 추진한 예산재배정을 위한 정부예산사업 재검토(事業仕分け)는 정부예산 집행의 비효율적 요소를 제거하고 예산과정을 투명화했다는 점에서 매우 의의가 크다. 그리고 직접 국민을 대상으로 정책을 설명하고 참여를 유도했다는 점에서 정권의 설명책임(accountability) 제고를 시도하였다는 점에서도 일본 정치에 적지 않은 변화를 초래하였다고 평가할 수 있다.

▌ 참고문헌 ▌

고선규. 2001. "일본의 정치개혁과 선거정치의 변화."『일본연구논총』 13, 59-96.

_____. 2009. "2009년 일본 총선거와 민주당 정치."『의정연구』 5(1), 235-242.

_____. 2013. "2013년 참의원선거와 일본정당체계의 전망." 일본정경사회학회발표
논문.

김영일·김유정. 2013. "일본 참의원 선거 결과의 의미와 향후 전망."『이슈와 논점』
제692호. 국회입법조사처.

이진원. 2009. "일본 민주당정권 전망과 정치개혁."「일본정경사회학회 학술회의 발
표논문」.

이진원·고선규. 2011. "2010년 일본민주당 당대표선거 분석." 한국일본사회문화학
회.『日本文化学報』 48, 281-299.

森康郎. 2013. "일본의 정권교체와 향후 전망." 단국대학교 현대정치연구소 세미나
발표문.

季武嘉也·武田知己. 2011.『日本政黨史』. 吉川弘文館.

大川千寿. 2010. "政治家の政策意識と2009年政権交代." 日本政治学会発表論文.

明るい選挙推進協会. 2006.『総選挙実体意識調査』. 明るい選挙推進協会.

_____. 2010.『総選挙実体意識調査』. 明るい選挙推進協会.

_____. 2013.『総選挙実体意識調査』. 明るい選挙推進協会.

飯尾 潤. 2007.『日本の統治構造』. 中央公論.

白鳥浩. 2009.『都市対地方の日本政治』. 芦書房.

山口二郎. 2009.『政権交代論』. 岩波書店.

上神貴佳·堤英敬. 2012. "民主党政権における政策形成とマニフェスト." 日本政治学会
発表論文.

小林良彰. 2010. "2009年政権交代における民意の反映." 日本政治学会発表論文.

宇野重規·川本裕子·岸井成格.「2013年参議院選挙座談会」(毎日新聞 2013/07/23).

田中愛治·河野勝. 2009.『2009年なぜ政権交代だったのか』. けいそう書房.

井上拓也. 2010. "政権交代と特殊利益·公共利益." 日本政治学会発表論文.

總務省選擧部. 1998. 『第21回參議院調通常選擧結果調』. 總務省自治行政局.

_____. 2001. 『第21回參議院調通常選擧結果調』. 總務省自治行政局.

_____. 2004. 『第21回參議院調通常選擧結果調』. 總務省自治行政局.

_____. 2007. 『第21回參議院調通常選擧結果調』. 總務省自治行政局.

_____. 2010. 『第22回參議院調通常選擧結果調』. 總務省自治行政局.

_____. 2013. 『第23回參議院調通常選擧結果調』. 總務省自治行政局.

蒲島郁夫. 2004. 『戰後政治の軌跡』. 岩波書店.

読売新聞企画シリーズ. 「ねじれ政治」 2013.7.23-25.

毎日新聞企画シリーズ. 「日本どこへ: 安倍大勝」 2013.7.23-25.

産経新聞企画シリーズ. 「3分2時代: 政治はどこに向かうか」 2013.7.22-24.

朝日新聞企画シリーズ. 「安定政権の条件」 2013.7.23-26.

제2장

민주당의 조직과 지지기반, 그리고 정치자금*

경제희

I. 서론: 일본 민주당의 창당 배경

일본 정치에서 자유민주당(Liberal Democratic Party of Japan: LDP, 이하 자민당)의 존재는 절대적이다. 이른바 '55년체제'로 불리는 자민당의 일당우위체제(predominant-party system)는 1955년부터 1993년까지 38년 동안이나 유지되었다. 자민당은 1993년 제40회 중의원선거[1]에서 최다수의 석을 차지하였으나 단독과반수는 확보하지 못하였다. 이때 다른 8개 정당 및 회파(會派)가 비(非)자민연립정권을 형성함으로써 자민당은 야당으로 전락하였다. 하지만 자민당은 이듬해인 1994년에 사민당(社民黨, Social Democratic

---

* 본 장은 『현대정치연구』 제6권 2호(2013년)에 실린 글을 수정·보완한 것이다.
1) 정식 명칭은 중의원의원총선거(衆議院議員總選擧)이고 일반적으로 총선거라 칭하기도 한다.

Party: SDP)2) · 신당사키가케(新黨さきがけ, New Party Sakigake: NPS)와 이른바 자·사·사(自社さ) 연립정권을 성립시켜 다시 여당으로 부활하였다. 이후 1994년부터 2009년 민주당에로의 정권교체가 이루어지기 전까지 단독 정권이 아닌 연립정권의 형태로 여당의 지위를 유지하였다. 2009년 제45회 중의원선거에서 민주당이 압승을 거둠으로써 자민당은 15년 만에 다시 야당으로 밀려났으나 최근의 2012년 중의원선거와 2013년 참의원선거3)에서 과반수의석4)을 확보함으로써 그 존재감이 다시 한번 확인되었다. 1955년 결성 이후 2013년 현재까지 58년이라는 역사를 가지고 있는 자민당이 야당으로 불리어졌던 기간은 약 4년에 지나지 않는다.

물론, 장기간 자민당이 여당 지위를 유지했다고 해서 일본의 정당시스템이 꾸준히 안정적이었던 것은 아니다. 특히 1990년대부터 2003년 민주당이 본격적인 모양새를 갖추기까지 수많은 정당들의 이합집산으로 상당히 불안정하였다. 여기에는 자민당을 중심으로 한 일본의 정치적 환경 변화가 그 원인을 제공하였다. '55년체제'의 특성은 '이익정치'로 설명될 수 있다. 즉, 자민당의 장기집권이 가능했던 것은 선거를 매개로 지역 또는 직업 중심의 이익집단과 표의 교환시스템이 형성되었기 때문이다(斎藤淳 2010). 특히 1994년 공직선거법 개정 전까지 오랜 기간 중의원선거에서 사용된 중선거구제는 집단 이익과 표의 교환을 가능케 한 주요 제도적 요인이라 할 수 있다(三宅一郎 1995). 한 선거구에서 2명 이상의 의원을 선출하는 중선거구제하에서는 한 선거구에 같은 정당의 후보가 여러 명 출마하기 때문에 후보들은 자신의 소속 정당만으로 자신의 가치를 차별화하기 어렵다. 따라서 개

---

2) 정식 명칭은 사회민주당(社会民主党).
3) 정식 명칭은 참의원의원통상선거(参議院議員通常選挙)이고 일반적으로 통상선거라 칭하기도 한다.
4) 2013년 참의원선거에서는 개선(改選)의석에 한하여 과반수를 획득하였다(개선 121석 중 65석). 결과적으로 참의원 전체 242석 가운데 115석을 점유하게 되었다. 読売新聞, www.yomiuri.co.jp/election/sangiin/2013(검색일: 2013년 8월 1일). 일본의 참의원 의원의 임기는 6년이고 3년마다 의원 절반에 대한 참의원선거를 실시한다(일본의 선거제도에 대한 자세한 설명은 경제희(2011) 참조).

인적인 네트워크를 형성하여 자신을 특화함으로써 당선가능성을 높인다. 이
때의 개인적 네트워크란 지역 또는 직업 중심의 개인후원회 등을 말한다.
개인후원회 등은 선거 시에 동원투표를 행하여 후원하는 후보의 당선을 돕
고 당선된 후보는 정책을 통해 개인후원회 구성원들에게 이익을 제공하는
것이다. 이러한 관계는 정치부패의 주요 원인이 되기도 하였다(增山幹高
2003, 52-53).

　1993년에 일당우위체제가 붕괴되기까지, 즉 '55년체제'하의 일본의 정당
구도는 자민당과 사회당의 보혁(保革)5)대립구조를 형성하였다. 일본의 이
념대립은 서구와 달리 경제문제가 아닌 방위문제가 중심축을 이루었다. 방
위문제는 1950년대 초부터 논의되기 시작하여 1960년대 들어 제도화되었고
이후 약 40년간의 일본 정치 이념구조의 중심축이 되었다(大嶽秀夫 1999,
5-6). 자민당과 사회당은 방위문제를 둘러싼 이념뿐만 아니라 지역 또는 직
업 중심의 이익배분 면에서도 대립적 관계였다. 자민당은 농업 및 건설업
등을 중심으로 하는 자영업의 이익을, 사회당은 노동자의 이익을 대변하였
다. 정당들이 대변한 이익은 조직투표 또는 사회동원형 선거 방식으로 다시
각 정당에게 돌아가는 시스템이 형성되었고 이러한 과정이 반복되면서 일본
정당들은 이념실현을 위한 조직으로서의 이미지를 잃어 갔다.

　특히 일본의 경제성장기에는 전반적인 예산을 확대하여 양쪽 모두의 이
익 증대가 가능하였으나 1973년 오일쇼크 이후 경제 환경의 변화로 예산확
대가 어려워지면서 양 당은 원칙 없이 자신들의 이익만을 지키기 위해 대립
하는 모습을 보여 국민들의 실망감이 고조되었다. 또한 점차 냉전 종결과
도시화 등 일본의 국내외 사회적 환경이 변화하면서 유권자층에 변화가 나

5) 일본에서는 '보수(conservative)'와 '진보(progressive)'라는 용어를 '보수(保守)'와 '혁
　신(革新)'으로 표현한다. 진보(進步)의 반대말인 퇴보(退步)가 진보의 대립세력인 보수
　를 의미하여 보수의 이미지가 나빠질 수 있어 일본 언론에서 진보의 의미를 '혁신'으로
　표현한 이후 진보 대신 '혁신'이라는 용어가 정착되었다. 따라서 일본의 진보-보수 대
　립은 일반적으로 '보혁(保革)'대립으로 표현된다. 이 글에서는 '진보'의 의미로 '혁신'을
　사용하기로 한다.

타났고 이는 일본의 정치변화로 이어졌다. 도시중산층, 대학생 등의 젊은 유권자, 주부 등 가치 또는 이념으로 대립되었던 유권자층이 냉전 종식으로 정당지지의 방향성을 잃게 되었고 도시화가 확대되어 이익정치의 혜택을 보지 못하는 유권자층이 증가하면서 이익정치에 대한 비판이 증가하였다. 더욱이 이러한 상황 속에서 자민당의 부패정치로 인한 정치스캔들이 수차례 발생하였고 이를 비판하는 세력들을 중심으로 점차 일본 정치에 변화가 동반되었다(大嶽秀夫 1999, 21-23).

이러한 변화의 양상은 1976년 중의원선거에서의 신자유클럽(新自由クラブ, New Liberal Club), 1989년 참의원선거에서의 사회당(社会党, Social Democratic Party of Japan: SDPJ),[6] 1993년 중의원선거에서의 일본신당(日本新党, Japan New Party: JNP) 등의 높은 지지로 표출되었다. 1976년에 일본 최대 정치스캔들 중 하나인 록키드(ロッキード)사건이 발생하자 자민당 일부 의원들이 자민당의 부패정치를 비판하며 자민당을 탈당하고 신자유클럽이라는 새로운 정당을 창당하였다. 그리고 창당 약 6개월 후인 1976년 제34회 중의원선거에서 유권자들의 지지에 힘입어 25명의 후보 가운데 17명이 당선하는 커다란 성과를 거두었다.[7]

1989년 7월에 실시된 제15회 참의원선거는 '소비세',[8] '리쿠르트사건', '총리(首相)스캔들'이라는 세 가지 키워드로 정리될 수 있다(石川真澄·山口二郎 2010, 164-169). 제15회 참의원선거 전(前)의 상황을 살펴보면 먼저 소

---

6) 정식 명칭은 일본사회당이고 사민당의 모체로 1996년에 사회민주당으로 당명을 변경하였다.

7) 참고로 같은 선거에서 일본공산당 128명의 후보 중 당선자는 17명에 불과하였다. 선거 직전에 창당한 정당 후보 가운데 절반 이상이 당선했다는 것은 상당한 성과이다.

8) 일본의 소비세 도입은 1978년경부터 논의되기 시작되었다. 1986년 나카소네(中曾根) 내각에서 매상세법(賣上稅法)이 구체적으로 구상되었으나 법제화에 실패하였다. 하지만 1988년 다케시타(竹下) 내각에서 소비세법(消費稅法)이 성립된 후, 1989년 4월 1일부터 세율 3%로 시행되었고 이후 1997년 하시모토(橋本) 내각에서 5%로 인상되었다. 2012년 노다 제2개조내각에서 소비세 증세를 주요 골자로 하는 사회보장·세일체관련 법안(한자)이 성립하여 2014년 8%로, 2015년 10%로 인상을 예정하고 있다.

비자단체 및 야당의 반발에도 불구하고 일본의 소비세법이 1989년 4월 1일부터 시행되었다. 한편 다케시타 노보루(竹下登) 총리는 소비세 도입 후 얼마 되지 않은 1989년 4월 11일에 리쿠르트사건9)과 관련하여 리쿠르트 헌금, 파티권10) 등을 합하여 1억 5,100만 엔을 받았고 그 이상은 절대 받지 않았다고 공표하였지만 아사히신문은 약 10일 후인 4월 22일에 다케시타 총리의 비서가 1987년 총재선거 기간에 리쿠르트사로부터 5천만 엔을 빌렸고 후에 갚았다는 기사를 보도하였다(朝日新聞 1989/04/22). 다케시타 총리는 이를 계기로 퇴진하였고 후기 총리 선출 과정에서 여러 유력자가 리쿠르트사건과 관련된 결과, 결국 리쿠르트사건과 관계가 약한, 다케시타 내각의 외상이었던 우노 소스케(宇野宗佑)가 차기 총리로 임명되었다.11)

하지만 우노 총리는 취임 직후 여성스캔들이 폭로되어 자민당의 이미지는 더욱 악화되었다. 자민당이 혼돈 속에 빠져 있는 사이, 사회당은 도이 다카코(土井たか子)를 중심으로 다수의 시민운동가 출신의 후보를 출마시켜 사회당의 쇄신하는 모습을 적극적으로 홍보하였다. 매스컴도 사회당의 이러한 변화의 모습을 긍정적으로 보도하였다. 선거 결과 사회당은 개선 46석을 획득하여 14회 참의원의석 41석에서 68석으로 늘어난 대승을 거두었다.12)

---

9) 리쿠르트사건은 리쿠르트·코스모스사가 미공개 주식을 공개 직전에 정·관·언론계 등의 유력인사에게 싸게 양도하고 공개 후에 수배의 이익을 챙기도록 하는 수법으로 뇌물을 공여한 사건이다. 주식양도는 1984년과 1985년에 걸쳐 이루어졌으나 발각된 것은 1989년 참의원선거 전년도인 1988년 아사히신문 보도를 통해서이다(朝日新聞 1988/06/18).

10) 일반적인 파티권은 연회(party)에 참가하여 사용할 수 있는 식사권을 의미하지만 일본에서는 보통 정치가들이 행하는 정치자금파티 입장을 위한 티켓으로 간주된다. 일본에서는 정치자금규정법(政治資金規正法)에 의해 정치자금파티를 통한 정치자금 모금을 허용하고 있는데 한 정치자금파티에서 20만 엔을 초과지불한 사람은 이름, 주소 등을 기재해야 하고, 한 정치자금파티의 수입액이 1,000만 엔 이상인 경우에는 파티명, 수입금액 등을 수지보고서에 기재해야만 하며, 한 사람이 1회의 정치자금파티에서 지불 가능한 금액은 최대 150만 엔(약 1,800만 원, 100엔≒1,200원)으로 제한되는 등의 규제가 따른다.

11) 자민당 내 파벌 영수(領袖)가 아님에도 불구하고 총재로 선출된 것은 자민당 역사상 최초였다.

1993년 제40회 중의원선거에서의 일본신당의 약진 역시 같은 맥락이라 볼 수 있다. 1992년 5월 창립 후 1992년 7월 제16회 참의원선거에서 비례선거구에서 4석을 획득하여 주목받았던[13] 일본신당은 1993년 중의원선거에서도 35석을 얻어 자민당, 사회당, 신생당, 공명당의 뒤를 이어 5번째로 많은 의석을 차지하였다. 리쿠르트사건, 동경 사가와큐빈(佐川急便)사건 등으로 인한 자민당에의 실망감은 물론, 도이 다카코의 사퇴 후 PKO[14]에 대한 격한 반대 등으로 인한 사회당에의 실망감으로 유권자들의 선거 참여가 저조해진 가운데[15] 신당에 대한 높은 기대가 선거 결과로 이어졌다(石川真澄·山口二郎 2010, 171-179). 일본신당 외에 신생당(新生党, Japan Renewal Party)과 신당사키가케 등도 각각 55석과 13석이라는 좋은 결과를 얻었지만 이들은 선거 직전 자민당으로부터 탈당한 의원들로 구성된 신당으로 선거 직전에 탈당하여 자민당이 시간적으로 다른 후보를 공천하기 어려웠던 상황을 고려하면 이들의 승리에는 신당효과와 함께 현직효과(incumbent effect)가 상당부분 작용하였을 것으로 보인다.

이와 달리 자민당과 무관하게 탄생한 일본신당은 당수(党首)인 호소카와 모리히로(細川護熙)가 사적 재산을 담보로 당 운영비를 마련하였고, 당명을 공개적으로 모집하였으며, 여성쿼터제(20% 이상)를 도입하는 등 기존 정당들과는 차별적인 모습을 보였고 유권자들은 이러한 참신한 모습에 기대의 표를 던졌다. 특히 일본신당은 당시 선거에서 선거 전에 연립을 약속한 5대 정당(195석)[16]과 자민당(223석) 모두 과반수를 확보하지 못한 상황에서 신

---

12) 특히 당선자 가운데에는 여성이 많아 매스컴에서는 이러한 현상을 '마돈나 붐(boom)'으로도 불렀다.

13) 이전까지의 참의원선거에서의 신당들은 겨우 1~2석을 얻는 정도라 4석은 매우 큰 성과이다(石川·山口 2010, 175).

14) 정확한 명칭은 United Nations Peacekeeping Operations(국제연합평화유지활동)이지만 일본에서는 보통 PKO로 줄여 사용한다.

15) 1986년, 1990년 중의원선거의 투표율이 각각 71.40%, 73.31%이었던 것에 반해 1993년 중의원선거에서는 67.26%로 중의원선거 역대 최저투표율을 기록하였다.

16) 사회당 70석, 신생당 55석, 공명당 51석, 민사당 15석, 사회민주연합 4석, 합계 195석.

당사키가케(13석)와 함께 캐스팅보트(casting vote)를 쥐는 유리한 위치를 점하게 된다. 일본신당의 결정에 따라 자민연립정권 또는 비(非)자민연립정권이 성립되는 상황 속에서 호소카와 당수는 총리직에 오르는 조건으로 비(非)자민연립정권을 선택하였다. 결과적으로 1993년 중의원선거를 통해 점유순위 다섯 번째 정당의 당수가 총리가 되는 이례적 상황이 발생하였고, 이와 함께 자민당의 '55년체제'가 38년 만에 종지부를 찍었다는 점에서 큰 의미가 있다.

위에서 보인 사례들처럼 유권자들은 기존 정당과는 다른 새로운 정당의 변화 또는 새롭게 나타난 정당에 대해 종종 적극적인 지지성향을 보인다. 하지만 이러한 지지성향은 오랜 기간 지속되지 못하는 경우가 대부분이다. 신자유클럽은 창당 10년 후인 1986년에 다시 자민당으로 복당하였고 1989년 참의원선거에서의 선전했던 사회당은 1993년 중의원선거에서 이전 중의원선거(136석 획득)에 비하여 66석이나 감소된 70석 획득에 그친 이후 군소정당으로 전락하였다. 당수가 총리의 자리까지 올랐던 일본신당은 1993년 중의원선거의 이듬해인 1994년 12월에 해체하고 신진당 결성에 합류하게 된다.

이와 같이 정치권의 새로운 세력이 유권자로부터 지속적인 지지를 얻지 못하는 원인에 대해 오타케(大嶽秀夫 1999)는 다음과 같이 주장한다. 첫째, 여성 또는 특정 직업에 의한 참신한 인물은 선거 당시에서는 인기를 모을 수 있을지 모르지만 선거 후 얼마 지나지 않아 참신성의 메리트가 사라질 뿐만 아니라 짧은 시간 내에 참신성에 기대한 효과가 나타나지 않을 경우 유권자들은 참신했던 인물들로부터 금새 등을 돌린다.

둘째, 1950년대 말부터 기존 정치세력에 반(反)하는 주요 유권자층이었던 일본의 신중산층, 노동자 등의 소비지향, 레저지향의 성향이 강해지면서 점차 보수화되는 경향이 나타났다. 또한 일본인들의 사고(思考)가 점차 전통지향보다 전통탈피로 변화하는 동시에 사회적 가치를 존중하는 '신중한(まじめ)' 성향보다 개인적 자유를 존중하는 '즐기는(あそび)' 성향이 강해지면서 정치 참여에서도 '즐기는' 성향이 늘어나는 추세이다. 즉, 사(私)생활을

존중하는 '즐기는' 성향은 조직을 선호하지 않기 때문에 자신이 선호하는 정책을 추진하는 조직에도 적극적인 지지를 보이지 않는다. 신당들의 당원·당비 확보가 미진한 직접적인 원인이 여기에 있다고 할 수 있다.

세 번째로 유권자들의 삶의 만족에 대한 다양성이 확대되어 이를 골고루 만족시키는 정책을 마련하기가 쉽지 않다는 점이다. 여론조사의 결과를 보면 생활에 만족하는 비율은 높아도 정치가 직접적으로 국민 또는 자신의 생활에 영향을 미친다고 응답하는 비율이 낮다. 따라서 정치가 의미있는 사회적 활동으로 인식되지 않는다는 것이다.

마지막으로 상대적으로 반(反)자민당 성향이 강한 신중산층과 노동자층도 저리(低利)의 주택융자 정책, 대기업 우위조치 등의 자민당 정책으로 인한 이익정치의 간접적인 수혜자로 볼 수 있기 때문에 자민당의 횡포가 너무 심한 경우가 아니라면 과연 이들이 자민당이 아닌 다른 정권을 진심으로 바라고 있는지에 대해서도 생각해 봐야 한다는 것이다. 오타케는 이러한 상황 속에서도 신당들이 약진했던 중요한 배경으로 매스컴의 영향을 지적하고 있다. 매스컴이 참신한 신당에 대해 긍정적으로 보도함으로써 유권자들의 관심 및 지지를 이끌어 냈다는 것이다(大嶽秀夫 1999, 30-36).

일본의 무당파층 또는 '그때 그때(そのつど) 지지'[17]층의 증가 역시 위의 두 번째와 세 번째 이유와 같은 맥락에서 설명될 수 있다.[18] '그때 그때(そのつど) 지지자'는 선거에 따라 지지하는 정당이 달라지지만 자신은 특정 정당을 지지한다고 판단하는 유권자를 의미한다. 가령 이들은 선거 전후의 여론조사에서 지지하는 정당이 있냐는 질문을 받는 경우, '있다'고 답하지만 이들이 지지하는 정당은 선거에 따라 다르다. 학자에 따라서는 이들을 정당 지지자가 아닌 무당파층으로 간주하기도 한다(中北浩爾 2012; 松本浩爾 2013). '그때 그때 지지'층을 포함하여 무당파층 비율이 높아지는 것은 조직

---

17) 마츠모토(松本)는 '그때 그때 지지'를 '특정한 지지정당은 없고 선거 때마다 어느 정당이 좋을까를 선택하여 그때 그때 하는 지지'로 정의하고 있다(松本正生 2006).

18) 무당파층은 1990년경에 30%를 조금 넘는 수준에서 2010년에는 60%가 넘게 조사되어 약 20년간 2배 이상 증가하였다(中北浩爾 2012, 116).

생활보다는 사생활을 존중하는 성향이 늘고 정치가 사생활에 큰 영향을 미치지 못한다고 생각하는 유권자들이 늘어나는 것에 기인한다고 볼 수 있다.

기존 정당에 대한 지지자도 감소되는 상황에서 신당을 창당하고 이를 유지한다는 것은 앞에서 설명한 이유 등으로 좀처럼 쉬운 일이 아니다. 1990년대 혼돈스러운 일본의 정치환경 속에서 수많은 정당들의 이합집산이 이루어졌지만 대부분의 정당들은 유권자들의 기억 속에서 사라져갔다. 이러한 과정 속에서 규모 있는 야당으로 성장하고 자민당에 대항하여 정권을 획득한 정당은 민주당이 유일하다. 하지만 민주당은 집권 3년 만에 다시 자민당에 집권정당의 자리를 내주는 참패를 겪었다. 비록 3년 만에 집권정당의 좌를 내놓았지만 일본의 절대적 정당, 자민당을 상대로 정권을 획득했다는 점은 시사하는 바가 크다. 이처럼 민주당이 수많은 정당들의 이합집산 과정 속에도 유일하게 거대정당으로 성장하여 자민당을 누르고 정권을 획득할 수 있었던 이유는 어디에 있었을까? 또한 민주당 창당 13년 만에 어렵게 획득한 정권정당의 좌를 3년 만에 내줄 수밖에 없었던 이유는 무엇일까? 본 장에서는 이러한 원인을 민주당 조직, 지지기반, 정치자금의 측면에서 살펴보고자 한다.

본 장은 먼저 다음 II절에서 민주당의 형성·변화 과정과 함께 민주당의 조직에 대해 살펴본다. 의원구성의 변화를 검토하고 민주당의 구당파·그룹, 내각별 임원 구성, 정책결정시스템에 대해 논의한다. III절에서는 민주당의 지지기반을 조명한다. 민주당의 조직이자 지지기반인 당원·서포터 제도 및 그 수의 변화와 주요 지지층인 노동단체에 대해 검토한다. 다음 IV절에서는 민주당의 정치자금의 상황을 살피고 마지막 V절에서는 민주당이 자민당이라는 거대한 세력에 대응하여 정권을 획득할 수 있었던 이유와 다시 3년만에 여당의 자리에서 내려올 수밖에 없었던 이유를 점검해 보기로 한다.

II. 민주당의 조직

1. 민주당의 형성·변화 과정과 의원수 변화

민주당이 어떻게 형성되었고 어떠한 배경을 가진 인물들로 구성되었는지 등을 이해하기 위해서는 1993년 비자민연립정권 성립 이후부터 민주당 설립까지의 과정을 살펴볼 필요가 있다. 1993년 비자민연립정권 성립 이후 정치개혁의 박차가 가해졌다. 호소카와 내각은 1994년에 정치개혁의 일환으로 기존의 중선거구제를 소선거구비례대표병립제로 전환하는 등의 공직선거법 개정과 국가가 정당에게 1년에 약 300억 엔을 지원하는 정당조성법을 마련했다. 하지만 호소카와 총리가 취임 약 8개월 만에 금전문제의혹이 불거져 총리직을 사퇴하게 되고 후임으로 신생당의 하타 츠토무(羽田孜)가 뒤를 잇는다(1994년 4월 28일). 이 과정에서 신당사키가케가 연립에서 탈퇴하였다. 하타가 총리로 선정된 직후, 신생당·일본신당·민사당 등이 중의원에서 '개신(改新)'이라는 통일회파(会派)를 만들자 사회당도 연립정권에서 탈퇴하게 된다. 소수여당정권이 된 하타 내각은 사회당과의 연립복귀교섭을 시도하였으나 실패하자 하타 총리가 사임을 표명한다.

이후 비자민연립정권을 탈퇴한 신당사키가케와 사회당이 자민당과 연립하여 자·사·사(自社さ) 연립정권이 탄생하고 캐스팅보트를 쥐게 된 사회당의 위원장인 무라야마 도미이치(村山富市)가 총리로 취임한다(1994년 6월 30일). 사회당 출신의 총리가 탄생하였지만 사회당은 이미 신생당과 함께 호소카와 내각에 참여했을 때부터 혁신적 이미지를 잃어버려, 일본 정계는 공산당을 제외하고 보수와 혁신을 구분하는 의미가 사라졌다. 이러한 가운데 1994년 12월에 신생당, 일본신당, 민사당, 그리고 공명당 소속의 36명 참의원의원과 공명신당, 자민당 탈당 또는 무소속의 중의원의원 178명과 참의원의원이 모여 신진당(新進党, New Frontier Party: NFP)이라는 거대 정당을 창당한다. 200명이 넘는 의원으로 구성된 정당의 창당은 자민당 이후 처음이었다. 1995년에는 한신대지진과 옴진리교의 지하철사린테러사건 등 대형사건이 이어진 가운데 7월 참의원선거에서 신진당이 제1당이 되고 사회당 의석이 크게 줄었다. 자·사·사 연립정권은 과반수를 유지하였지만 의욕을 잃은 무라야마 총리가 퇴진하고 뒤를 이어 자민당의 하시모토 류타로(橋本龍太郎) 총재가 연립정권의 총리로 취임하였다(1996년 1월 11일).

이후 1996년 민주당이 설립되었고 1996년 10월에 소선거구비례대표병립제 도입 이후 첫 번째 중의원선거가 실시되었다. 거대정당인 자민당, 신진당과 함께 민주, 사민, 공산, 사키가케 등의 군소정당들이 경합하는 구도로 전개되었다. 선거 결과 자민당이 과반수에는 못 미쳤으나 제1정당이 되었고, 신진당은 156석이라는 저조한 결과를 낳았다. 각종 매스컴 등을 통해 소선거구제에서는 가장 많은 득표 후보 단 1명만 당선되기 때문에 거대 정당이 유리하여 양당화로 가게 될 가능성이 높다는 점이 계속 지적되어 정치가들은 물론, 유권자들에게도 엄청난 학습효과를 가져왔다. 야당들은 자민당에 대항할 수 있는 거대 야당에 대한 필요성을 절감하고 있었고 그 가운데 탄생한 것이 신진당이었다. 하지만 신진당은 기대만큼의 결과를 내지 못하면서 당내 불협화음이 끊이지 않았다. 1996년과 1997년에는 일부 의원들이 탈당하여 각각 태양당(太陽党)과 프롬파이브(フロム·ファイブ, From Five)를 설립하였고, 1998년에 결국 해체되어 자유당(自由党, Liberal Party), 개혁클럽(改革クラブ), 신당평화(新党平和), 신당우애(新党友愛), 여명클럽(黎明クラブ), 국민의 목소리(国民の声)의 6개 정당으로 분리되었다. 신진당 분열의 주요 원인은 오자와 이치로(小沢一郎)의 강권적이고 비밀스러운 당운영이었다(박철희 2006, 283).

이러한 과정 속에서 탄생한 민주당(民主党, Democratic Party of Japan)은 구(旧)민주당과 신(新)민주당이 구별된다. 구민주당은 1996년 9월에 구(旧)사회당(사민당)[19]과 구(旧)신당사키가케가 일부 합병함으로써 형성되

19) 정식 명칭은 일본사회당. 1996년 1월에 사회민주당(社会民主党: 사민당, Social Democratic Party: SDP)으로 정당명을 변경하였다.

었다. 이후 1998년 4월에 구민주당에 민정당(民政党, Good Governance Party),[20] 신당우애, 민주개혁연합(民主改革連合)(이하 민개련)이 합류하면서 신민주당이 탄생하였다. 그리고 신민주당 탄생 5년 후인 2003년 9월에 오자와가 이끄는 자유당이 신민주당과 합병하면서 본격적인 민주당의 모습이 갖추어졌다. 결과적으로 신민주당에는 구민주당(사민당, 신당사키가케), 민정당, 신당우애, 민개련 등 다양한 출신이 복잡하게 얽혀 있다고 볼 수 있다. 이러한 배경으로 인해 민주당은 한지붕다세대(寄り合い所帯)[21]라는 비판을 받기도 한다(伊藤惇夫 2008, 155).

〈그림 1〉 민주당의 의석수 추이[22]

(단위: 의석수)

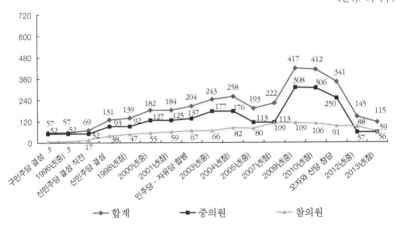

자료: 上神·堤 2011, 7 〈표 2〉, 朝日新聞 2012/07/12, 2012/12/17, 2012/12/20, nippon.com, 요미우리 온라인, 중의원 홈페이지를 참조하여 재구성

---

20) 민정당은 1998년 1월에 태양당, 국민의 목소리, 프롬파이브 3당이 합병하여 결성된 정당이다.

21) '한지붕 다세대'라는 표현은 한국어로는 그다지 부정적인 이미지로 표현되지 않지만 일본어 표현으로는 한 지붕 아래 여러 사람이 섞여 각자의 목소리를 따로 내는, 즉 한 그룹 안에 있지만 각각 자기 방식대로 행동하여 마치 사공이 많아 배가 산으로 갈 것 같은 부정적인 이미지를 노골적으로 표현할 때 많이 사용한다(필자).

이러한 민주당의 변화는 의원 수에도 나타난다(〈그림 1〉). 구민주당이 결성된 시점에서는 사민당과 신당사키가케 의원 각각 35명(중 31명, 참 4명)23)과 15명(중 14명, 참 1명) 등 총 57명이었고 1998년 신민주당 결성 시에는 구민주당 의원 42명(중 25명, 참 17명), 민정당 의원 34명(중 25명, 참 9명), 신당우애 의원 23명(중 14명, 참 9명), 민개련 의원 5명(중 2명, 참 3명) 등 131명이었다(上神貴佳·堤英敬 2011, 5-8). 이후 1998년 참의원선거, 2000년 중의원선거, 2001년 참의원선거를 통해 민주당 의원수는 꾸준히 증가하였고 2003년에는 오자와가 이끄는 자유당과 합당하여 의원수가 200명을 넘어선다. 자유당과 합당한지 2개월도 되지 않아 실시된 2003년 중의원선거를 통해 약 40석이 증가하였고 이듬해 2004년 참의원선거에서도 의석수가 늘어 258석으로 확장되었다. 우정민영화 법안을 쟁점으로 내건 고이즈미 준이치로(小泉純一郎)의 인기가 압도적이었던 2005년 중의원선거에서는 민주당의 성적이 좋지 않았다.

하지만 2년 후인 2007년 참의원선거에서 연금문제 등 자민당 내 문제가 속출하는 가운데 매니페스토로 국민의 주목을 끌었던 민주당은 121석의 참의원 개선 의석 중 60석을 획득이라는 대승을 거두어(전체 242석 중 109석) 참의원의 제1당으로 부상한다. 이어 2009년 중의원선거에서도 자민당에 대한 실망감이 해결되지 않고 매니페스토를 통해 다양한 민생공약을 제시한 민주당은 480석 중 308석이라는 놀라운 의석수를 획득해, 정권을 장악했다. 그러나 이듬해 2010년 참의원선거에서는 자민당 51석보다 7석 적은 44석 즉 선거 공시 전(116석)보다 10석을 잃은 106석에 그치면서 참의원 내 과반을 잃게 된다. 이후 오자와 세력과 다른 세력과의 심각한 대립이 계속되는 가운데 결국 2012년 7월 오자와가 자기 세력을 이끌고 민주당을 탈당한다.

---

22) 일본 중의원과 참의원 각각의 의석수는 480석(2000년 이후, 1996년에는 500석)과 242석(2004년 이후, 2001년은 247석, 1998년은 252석)으로 총 국회의원수는 722명이다. 〈그림 1〉의 (중)은 중의원선거를, (참)은 참의원선거를 의미한다. 양(兩)의원 의석수 변화에 관한 자세한 내용은 경제희(2011) 참조.
23) 중: 중의원 의원, 참: 참의원 의원으로 칭한다.

이 결과 민주당 의석수는 대폭 감소하였다. 이후 민주당 정권의 재신임을 물었던 12월 중의원선거에서 민주당은 57석밖에 획득하지 못해, 재집권에 실패하였다. 민주당이 정권획득 이후 행한 후텐마(普天間)기지 이전 문제, 소비세문제, 중일 간 영토문제, 동일본대지진과 원자력발전 사고 대처, 매니페스토 수정 등에 유권자들이 등을 돌린 것이다. 유권자들의 실망감은 다음 해에 실시된 2013년 참의원선거에서도 이어져 민주당은 개선의석 121석 가운데 겨우 17석밖에 얻지 못했다. 민주당은 중의원은 물론 참의원에서도 야당으로 전락한 것이다.

2. 민주당의 구(舊)당파 및 그룹

민주당의 의석수는 최초 57석에서 시작되었고 신민주당을 거쳐 자유당과의 합병을 통해 200석이 넘는 의석으로 확대되었다. 이후에도 꾸준히 의석을 증가시켰으며, 2007년 참의원선거와 2009년 중의원선거를 통해 중·참 양의원을 합하여 400석이 넘는 거대 정당으로 성장하였다. 그러나 최대 파벌이라 할 수 있는 오자와파의 탈당으로 의원수가 대폭 줄었고 최근의 2012년 중의원선거와 2013년 참의원선거에서 크게 패하면서, 현재는 1998년 신민주당이 결성된 시점보다도 적은 115의석만을 유지하고 있다.

민주당 의원 가운데 중의원 의원에 한하여 이전 당파별, 즉 구(舊)당파별 비율을 살펴보면 〈표 1〉과 같다. 구민주당이 결성된 1996년부터 참의원선거에서 대승을 거두었던 2009년까지 민주당의 중의원 의원수는 전반적으로 증가 추세를 보였다. 증가한 의원의 대부분은 민주당으로부터 의원생활을 시작한 의원, 즉 민주당파 의원이었다. 민주당파 의원수가 많아짐에 따라 점차 사민, 사키가케, 민정 등의 구당파의 적을 가진 의원수가 줄어들었다. 1996년에 약 71%였던 구당파의원의 비율이 약 15년 후인 2009년에는 약 21%로 대폭 줄었다. 이러한 기준으로 볼 때, 양(量)적 측면에서 다른 구당파에 비해 민주당파의 세력이 강하다. 그러나 민주당 의원들은 다양한 그룹

〈표 1〉 민주당 중의원 의원의 구당파별 비율

	1996년	1998년	2000년	2003년	2005년	2009년
사민당	44.2	24.7	15.0	7.9	8.0	3.6
사키가케	21.2	11.3	11.0	7.3	8.8	3.2
민정당		25.8	14.2	6.8	6.2	3.2
신당우애		14.4	7.9	4.5	1.8	1.9
자유당			0.8	8.5	7.1	2.9
기타	5.8	5.2	5.5	5.6	5.3	5.8
(구당파 합계)	71.2	81.4	54.4	40.6	37.2	20.6
민주당	28.8	18.6	45.6	59.4	62.8	79.4
의원수	52	97	127	177	113	308

자료: 濱本眞輔 2011, 37 〈표 2-3〉을 재구성

에 속해 있기 때문에 민주당의 성격을 알기 위해서는 그룹별 차이를 살펴보아야 한다.

2011년 현재 민주당 의원 417명 가운데 어느 그룹에도 속하지 않은 무소속 또는 미확정 의원은 95명으로 약 23% 정도이다. 반대로 말하면 약 77%의 민주당 의원은 어느 그룹에든 속해 있다는 것이다(濱本眞輔 2011, 6). 민주당 의원 상당수가 속해 있는 '그룹'은 다른 정당식으로 표현하면 파벌(派閥)에 해당한다. 하지만 다른 정당의 파벌은 나름대로의 기준에 따라 구분되었지만 민주당의 경우 그 구분이 불분명하다고 지적된다. 구사회당의 경우 '이념'을 중심으로, 자민당의 경우 '돈, 선거, 포스트(지위)'를 중심으로 파벌이 형성되었다. 하지만 민주당의 경우 이념을 바탕으로 모인 정당이 아니고, 당 운영비 대부분은 정당교부금 등에 의존하며, 야당시절에는 포스트(지위)가 특별한 의미가 없기 때문에 이들을 구분할 기준이 명확하지 않다는 것이다. 따라서 매스컴에서부터 민주당의 이러한 모임을 '파벌'이라기보

〈그림 2〉 민주당그룹

계열	1998년～2012년	그룹명	주요 의원	약칭
민사당계	→	민사협회	키와바타 타츠오	민사그룹
사키가케계	→	국가형태연구회	간 나오토, 에다 사츠키	간그룹
사민당계	→	신정국간담회	요코미치 타카히로, 아카마츠 히로타카	요코미치그룹
민정당계	→	정권전략연구회	하네다 츠토무	하네다그룹
(고명회)	→	능운회	마에하라 세이지	마에하라그룹
	→	화제회	노다 유키히코	노다그룹
	→	정권공약을 실현하는 모임	히토야마 요비히코	히토야마그룹
자유당계	(자유당협회) →	일신회, 북진회 등	오자와 이치로	오자와그룹
	→	국제비전연구회	오자와 사키히토	오자와사키그룹
	→	청산회	타루토코 신지	타루토코그룹
	→	소교회	시카노 미치히코	시카노그룹

자료: 濱本真補 2012, 4 〈그림-1〉을 재구성

다 '그룹'으로 칭하게 되었다(伊藤惇夫 2008, 165-166).

민주당의 그룹을 구체적으로 살펴보면 다음과 같다. 먼저 가장 대표적인 그룹이라 할 수 있는 일신회(一新会, 일명 오자와그룹)는 오자와 이치로 등의 구자유당 출신자들을 중심으로 한 그룹으로 구자유당의 캐치플레이즈였던 '일본일신(日本一新)'에서 따온 이름이다. 2004년 6월에 결성된 이 그룹의 초창기 멤버는 35명 정도였지만 2009년 중의원선거에서 초선으로 당선된 의원들이 다수 가입하여 다른 그룹보다 큰 규모로 2011년 현재 111명의 의원이 속해 있다(〈표 2〉). 오자와에의 충성심이 강한 그룹으로 자민당의 '총재파벌'과 유사하다. 한편 국가형태연구회(国のかたち研究会)는 일명 간 그룹으로 간 나오토(菅直人) 중심의 그룹이다. 간그룹은 간의 개인사무소를 거점으로 활동하고 구사민련, 구민주당 좌파를 중심으로 구성되었고 초창기 멤버는 25명 전후로 시작되어 2011년 현재 약 60명 정도로 성장하였다. 에다 사츠키(江田五月)가 모임을 정비하는 역할을 담당하고 합숙연수회를 실시하는 등 활발한 활동을 보인다. 세 번째로 하토야마 유키오(鳩山由紀夫)를 회장으로 '정권공약을 실현하는 모임(政権公約いを実現する会, 일명 하토

야마그룹)'24)이 있다. 보수계와 구민사당계를 중심으로 초창기 20명 정도로
시작하였고 2011년 현재 약 42명의 구성원이 속해 있다. 다음으로 마에하라
세이지(前原誠司)가 이끄는 '능운회(凌雲会, 일명 마에하라그룹)'는 구신당
사키가케 출신의 젊은 의원들을 중심으로 시작된 그룹이고 요코미치 타카히

〈표 2〉 민주당 그룹별 의원수(2011년 현재, 양원 합계)25)

	의원수	비율
요코미치그룹	25	6.0
간그룹	60	14.4
마에하라그룹	35	8.4
노다그룹	26	6.2
민사그룹	46	11.0
하토야마그룹	42	10.1
하네다그룹	14	3.4
오자와사키그룹	4	1.0
시카노그룹	10	2.4
타루토코그룹	26	6.2
오자와그룹	111	26.6
무소속/미확정	95	22.8
	417	

출처: 濱本真補 2012, 7 〈표-1〉

24) 2002년 처음 발족 시에는 '정권교체를 실시하는 모임(政権交代を実現する会)'으로 시
작하였으나 2003년에 '민주당 정권을 실현하는 동지회(民主党政権を実現する同志の
会)'로 다시 시작한 후, 2009년에 '정권공약을 실현하는 모임'으로 개칭하였다.
25) 의원들은 복수의 그룹에 가입할 수 있기 때문에 그룹별 의원수의 합이 양원 의원수의
합을 초과한다.

로(橫路孝弘) 중심의 '신정국간담회(新政局懇談会, 일명 요코미치그룹)'는 구 사회당 출신을 중심으로 시작된 그룹이다. 또한 일명 노다그룹으로 불리는 화제회(花斉会)는 원래 마츠시타 정경숙(松下政経塾) 출신 의원들을 중심으로 모여진 그룹으로 이전부터 모임은 형성되어 있었으나 화제회라는 이름으로 본격적으로 활동하기 시작한 것은 2006년부터이다. 이외에 구민사당의 이념 계승 주장을 위해 발족된 '민사협회(民社協会)', '정권전략연구회' 등이 있다. 한편, 각각 일명 오자와사키(小沢鋭)그룹으로 불리는 국제비전연구회(国際ビジョン研究会), 타루토코(樽床)그룹으로 불리는 청산회(青山会), 시카노(鹿野)그룹으로 불리는 소교회(素交会)는 2009년 정권교체 후 새롭게 탄생한 그룹들이다(田村重信 2007, 41-43; 伊藤惇夫 2008, 167-178; 濱本真補 2012, 6-7).

민주당그룹의 또 다른 특징은 한 의원이 복수의 그룹에 가입할 수 있다는 점이다. 의원들의 자유의사에 따라 복수의 그룹에 속하여 자유롭게 활동할 수 있다. 〈표 2〉의 전체 비율을 합하면 100%를 초과한다. 이는 여러 의원들이 복수의 그룹에 속해 있기 때문이다. 이러한 특징 역시 다른 정당의 파벌과는 대조되는 부분이다. 오랜 야당시절을 거치면서 형성된 다양한 이상과 같은 민주당그룹에 대한 인사는 정권획득 후, 어떠한 방식으로 진행되었을까? 다음에서는 내각별 임원 구성을 그룹차원에서 살펴보기로 한다.

3. 임원 구성

자민당의 임원에 관해서는 임원 구성, 임원의 배분 방법 및 변화, 임원의 임용 기준 및 변화 등 다양한 연구가 이루어졌다(佐藤誠三郎·松崎哲久 1986; 野中尚人 1995; 加藤淳子·マーション 2008). 이에 반해 민주당의 임원에 관한 연구는 소수에 불과하다(濱本真補 2012, 2011).

하마모토(濱本真補 2012)는 대신(大臣) 임용을 근거로 민주당 정권은 여

<표 3> 각 그룹의 내각별 대신 수

	하토야마 내각	간 내각	간 개조내각	간 2차개조내각	노다 내각
요코미치그룹	2	1	2	1	1
간그룹	2	2	3	3	1
마에하라그룹	2	2	2	2	3
노다그룹	0	2	2	2	3
민사그룹	3	3	2	2	1
하토야마그룹	3	1	2	2	0
하네다그룹	1	1	1	1	1
오자와사키그룹				0	0
시카노그룹					2
타루토코그룹				0	0
오자와그룹	2	2	0	0	3
무소속/미확정	2	4	4	3	3
	16	17	16	15	16

자료: 濱本真補 2012, 8-11 <표 3, 4, 5>를 재구성

당시절에 그룹대표형(하토야마), 주류파우위형(간 개조내각 이후), 그룹대
표형(노다)에 가까운 방식으로 그룹을 등용하였고 대표선거가 있을 때마다
임원의 수를 늘려 당내 결속을 유지하고자 했다고 주장한다. 각 내각의 대
신의 수는 <표 3>과 같다. 전반적으로 어느 내각에서나 각 그룹의 대신들이
비교적 균등하게 등용되는 가운데 간 2차개조내각의 경우 대신으로 등용되
지 않은 세 그룹이 등장하여 상대적으로 주류그룹을 우선하는 이미지를 남
긴다.

한편 부대신 및 정무관수를 그룹별로 나누어 본 <표 4>는 <표 3>과는
다른 양상을 보인다. 부대신(副大臣)과 정무관(政務官)의 수는 대신의 수와

〈표 4〉 각 그룹의 내각별 부대신 및 정무관수 · 비율[26]

	하토야마 내각		간 내각		간 개조내각		간 2차개조내각		노다 내각	
요코미치그룹	4	9.1	4	8.3	0	0.0	0	0.0	5	10.4
간그룹	12	27.3	14	29.2	11	22.9	11	22.9	4	8.3
마에하라그룹	7	15.9	8	16.7	7	14.6	7	14.6	2	4.2
노다그룹	10	22.7	9	18.8	5	10.4	4	8.3	3	6.3
민사그룹	4	9.1	3	6.3	6	12.5	6	12.5	9	18.8
하토야마그룹	3	6.8	3	6.3	6	12.5	6	12.5	10	20.8
하네다그룹	3	6.8	3	6.3	2	4.2	2	4.2	4	8.3
오자와사키그룹							1	2.1	1	2.1
시카노그룹									3	6.3
타루토코그룹							5	10.4	1	2.1
오자와그룹	4	9.1	3	6.3	9	18.8	10	20.8	15	31.3
무소속/미확정	8	18.2	10	20.8	9	18.8	9	18.8	5	10.4
	44	100.0	48	100.0	48	100.0	48	100.0	48	100.0

자료: 濱本真補 2012, 8-11 〈표 3, 4, 5〉를 재구성

비교하여 상대적으로 그룹별로 균등하게 배분되었다고 볼 수 없다. 하지만 그룹별 부대신 및 정무관의 비율을 그룹 규모의 비율(〈표 2〉)과 비교하면 유사하게 분포되어 있음을 알 수 있다. 이를 통해 민주당은 특정 그룹보다 전반적으로 균형있는 인사를 통해 당의 세력 균형을 유지하려 했던 것으로 보인다. 또한 민주당은 정권획득 이후 당내 결속을 유지하기 위해 당 내 임원수를 지속적으로 증가시킨 것으로 보여진다.

---

26) 의원들은 복수의 그룹에 가입할 수 있기 때문에 그룹별 의원수의 합이 양원 의원수의 합을 초과한다.

이상과 같은 구성으로 형성된 민주당의 의사결정은 어떠한 방식으로 진행되었는가에 다음에서 살펴보기로 한다.

4. 정책결정시스템

일반적으로 일본의 각 정당에는 정책 또는 법안의 입안을 위한 정책부회(政策部會)가 존재한다. 정당에 따라 조금씩 상이한 명칭을 사용하기도 하는데 가령 자민당의 경우 정무조사회가, 민주당의 경우 정책조사회가, 공명당의 경우 중앙간사회정무조사회가 이에 해당한다. 민주당의 정책조사회는 1996년 창당 시부터 2009년 집권 전까지 존재하였다가 하토야마 내각에서 사라졌었다. 그렇지만 2010년 간 내각에서 다시 부활하였다. 자세히 살펴보면 다음과 같다.

1) 1996년 창당부터 2009년 집권 전까지

1996년 민주당 창당 시에는 간사회를 중심으로 정책결정기관이 설치되었다. 국회 상임위원회에 대응하는 각 부회와 기타 조사회 및 프로젝트팀(Project Team: PT)이 간사회 하부 기관으로 배치되었다. 부회의 논의 사항이 상부의 정조(政調)위원회를 거쳐 간사회로 전달되는 체제로 정책결정이 진행되었다.

1998년 신진당 해체 후 여러 정당으로 분산되었으나 이들 중 많은 의원들이 민주당으로 합류하면서 구민주당계와 민우련(民友連)[27]의 대립이 발생하였다. 민주당 측은 상임간사회(당무)와 원내총무회(정책·국회)의 권한을 분산시키는 안을 선호하였다. 이들의 선출은 당대회에서 실시하고 상임간사

---

27) 1998년 1월 신진당으로부터 분열된 국민의 목소리, 신당우애의 각 당 결성과 함께 (구)민주당, 태양당, 프롬파이브, 민주개혁연합이 야당 공투를 목표로 결성한 원내회파가 각 정당의 이름을 모아 만든 '민주우애태양국민연합'이다. 이를 줄여 '민우련'이라 한다.

회의 책임자는 간사장, 원내총무회에는 국회대책위원회와 정책조사회를 배치하자는 제안이었다. 이에 대해 민우련측은 의사결정에 시간이 너무 걸린다는 이유로 당무전반을 통솔할 수 있는 총무회 설치를 제안하였다. 민우련의 총무회 방식은 자민당과 비슷한 유형이다. 결과적으로 당대회에 총무회를 설치하기로 하고 정책면에서 부회-정조심의회-총무회로 이어지는 결정과정을 선택하였다.

한편 1999년 1월 대표선거에서 간 나오토가 재선한 후 의사결정의 신속화를 위해 정책 및 국회대책을 담당하는 '원내임원회'를, 선거대책을 담당하는 '당무임원회'를 설치하였다. 간은 총무회는 당의 방침을 판단하는 곳이며 정책을 수정하는 곳이 아니라고 주장하며 총무회의 역할을 제한하였다(読売新聞 1999/01/31). 이후에도 총무회에 대한 대립이 이어져 총무회의 업무 담당 범위가 명확하지 않은 상태가 계속되었다.

1999년 9월 대표선거 전에 간은 '섀도 캐비닛(shadow cabinet)'[28]으로 '다음 내각(Next Cabinet: NC)' 설립을 제안하고 하토야마는 총무회 폐지 검토 의향을 보였다. 당대표로 선출된 하토야마는 임시 당대회를 열고 규약 개정을 통해 간이 제안한 다음 내각(NC)제도를 채용하고 총무회를 폐지하였다.

1999년 10월부터 NC 활동이 시작되었고 NC대신(大臣)은 부회(이후 부문회의)를 총괄하고 NC에서 결정된 정책안건은 정무임원회의 협의·결론에 따라 결정되는 방식이 성립되었다. 하지만 2009년 9월 제2차 하토야마NC가 발족하면서 정무임원회가 폐지되어 당정책결정을 NC로 일원화하여 최종결정을 담당하게 되었다.

---

28) 일명 그림자내각. 그림자내각은 야당이 정권을 잡았을 때를 대비한 예비내각을 의미한다. 영국에서는 야당이 정권 획득에 대비하여 총리 이하 각 각료를 예정해 두고 정권이 교체되면 그 구성원이 그대로 내각의 장관이 되는 경우에 해당된다. 따라서 그림자내각은 당 운영의 중추가 된다(이종수 2009).

2) 2009년 집권 이후부터 노다 내각까지

일본은 의원내각제를 채택하고 있기 때문에 야당에서 여당으로의 지위 변경에 따른 정책결정기관의 영향력 변화는 매우 크다.

민주당은 집권 이전에 제시한 매니페스토를 통해 집권 시 관료주도의 일본 정치시스템을 정치가 주도로 전환하여 일본 정치의 쇄신 추진을 약속하였다. 집권 후 이러한 매니페스토 실천의 일환으로 '사무차관회의'를 폐지하고 총리 직속의 '국가전략실'과 '행정쇄신위원회'를 신설하여 관료의 참여 없이 정책결정과 예산편성을 실시하는 시스템을 구축하였다(한의석 2013, 35-37). 이와 함께 자민당의 정무조사회에 해당하는 기관이라 할 수 있는 민주당의 정책조사회 역시 폐지되었다. 이는 상기(上記)하였듯이 여당의 사전심사의 역할을 수행하는 정책조사회는 족의원과 관료를 결탁시켜 이익정치를 초래하게 만들기 때문에 총리의 리더십 약화의 원인이 되고 나아가 정치가 주도의 정치를 약화시키는 역기능을 방지하기 위해서이다. 2009년 정권교체 후 오자와 간사장은 다음 내각(NC)을 중심으로 한 정책조사회의 기능을 모두 정부(내각)로 이행한다고 밝혔다. 이에 따라 정책조사회가 폐지되고 각 성(省)의 정책회의가 설치되었다. 정책회의는 여당의원 전체가 참가해야 하지만 각 부성(府省)의 부대신(副大臣)이 정책회의를 주최하고 각 성에 따라 다른 운영 방식을 취해 의원들은 의견을 전달하는 정도에게 그쳤다.

정책조사회 폐지 이후에도 임시국회 중의원예산위원회에서 민주당 의원이 정부 측에 질문하지 않는 방침이 발표되었다. 정권교체 후 이러한 시스템 정비로 여당의원의 역할이 축소되면서 내각에 속하지 못한 의원들의 불만이 높아졌다. 이러한 가운데 2009년 10월부터 위원회의 필두(筆頭)이사를 주최자로 하는 질문연구회가 개최되기로 결정되었다. 이들의 역할은 지식인 및 단체 등에 인터뷰를 실시하는 업무를 수행하는 것이다. 하지만 의원입법제한 및 질문주의서(質問注意書)의 원칙적 금지, 청원소개의 자숙 등 내각에 속하지 못한 여당의원의 역할이 점차 축소되었다. 400명이 넘는 민주당 의원 가운데 정부 및 당의 임무를 맡은 의원은 150명에도 미치지 못하는 상황에서 민주당 내 일반 의원들의 불만이 높아져 갔다(濱本眞補 2013,

7-8).

의원들과 정책을 논의하지 않는 집행부에 불만이 쌓인 의원들은 2010년 3월 '정부·여당 일원하에서의 정책조사회 설치를 위한 모임'을 발족하였다. 이들은 의원들과 정책을 논의하지 않는 집행부를 비판하며 정책조사회 부활을 요구하였다. 집행부 측은 이에 대해 질문연구회를 수정하여 '의원정책연구회'를 설치하도록 하였다(読売新聞 2010/03/08). 하지만 이러한 조치로 마련된 기구는 정책제언에 그치는 수준이었다. 이후 4월에는 선거제도 및 생명 등에 관한 것 외에 원칙적으로 금지로 되어 있던 의원의 입법활동이 다시 허용되었다.

하토야마의 사임으로 실시된 2010년 6월에는 대표선거운동 시, 간 나오토는 정책조사회 부활을 당개혁의 일환으로 표명하였고 당선 후 이를 실천하였다. 정책조사회장은 대신(大臣) 업무의 겸직이 허용되고 정책조사회는 각 성의 정책회의와 당측의 의원정책연구회를 통합하는 방식으로 부활되었다. 또한 부문회의, 조사회, PT(Project Team) 등의 기관이 다시 설치되었다.

2011년 9월에는 간 대표가 사임하고 노다가 새로운 대표로 선출되었다. 노다 대표는 정책조사회장과 각료의 겸무를 금지하고 정책결정에 당이 적극적으로 관여할 것을 표명하였다. 노다 대표하의 새로운 시스템에서는 '정부·민주삼역회의'가 당의(黨議)결정의 최종결정기관이 되었다. 정부·민주삼역회의에는 총리, 관방장관, 간사장, 정책조사회장, 국회대책위원장, 간사장대행의 6명으로 구성되었다. 정부 측 2명과 당 측 4명으로 형성된 구성이다. 정책조사회장의 상부에 정부·민주삼역회의를 설치하는 것으로 정책조사회는 당의결정 대표와 연결되는 위치를 확보하게 된다.

이상의 정권교체 후 정책기관의 변화를 정리한 것이 〈표 5〉이다. 〈표 5〉에서 나타난 기관들의 변화 추이를 보면 각 성의 정책회의, 질문연구회, 질문연구회를 개조한 의원정책연구회 등으로 변화한다. 이러한 과정을 통해 점차 당측 관여가 확대되고 있음을 알 수 있다. 마지막의 노다 내각은 사전심사제를 채용하여 당의결정 과정을 명확히 하였다. 이러한 방식은 대표(총

〈표 5〉 정권 획득 후 정책기관

내각	하시모토 내각			간 내각	노다 내각
회의명	각 성 정책회의	질문연구회	의원정책 연구회	정책조사회	정책조사회
주최자	부대신	위원회 필두이사	위원회 필두이사	정책조사회장	정책조사회장
설치기간	2009.9~ 2010.6	2009.10~ 2010.3	2010.3~ 2010.6	2010.7~2012.12	
정보제공	○	○	○	○	○
각종단체 인터뷰	△*	○	○	○	○
사전조사	X	X	X	△**	○
정조회장직	공석			임명	임명
각료 겸무				있음	없음

* 각 성청에 따라 차이가 있음. ** 각료를 겸무하는 정책조사회장의 서명에 의해 성립
출처: 濱本真補 2013, 17 〈표-1〉

리)가 최종결정기관에의 참여가 가능하고 구성원의 수가 적어 인사에도 관여할 수 있기 때문에 톱다운(top-down)적 성격이 강하다고 볼 수 있다(濱本真補 2013, 9).

III. 민주당의 지지기반

1. 당원·서포터

일본의 정당에는 당원(黨員)과 별도로 정당 지원을 위한 사람들로 구성된 조직이 존재한다. 정당에 따라 이들에 대한 명칭이 다른데 자민당에는 토유(黨友)가, 민주당에는 서포터(supporter, サポーター)가 이에 해당한다. 이들은 명칭뿐만 아니라 그 내용에서도 정당에 따라 약간의 차이가 있다.

민주당의 서포터는 당원과 함께 민주당의 조직규칙(組織規則)에서 규정된 민주당의 조직원으로 민주당 조직의 일부인 동시에 민주당의 지지기반이기도 하다. 당원은 1년에 2회 발행되는 민주당의 기관지를 정기 구독하는 사람으로 일반당원, 지방자치체의원당원, 국회의원당원으로 구분된다. 또한 이들은 총지부(總支部) 또는 현련(県連)29)이 정한 당비를 납부해야 한다. 당비는 연 6,000엔을 원칙으로 하지만 현련 등의 결정에 따라 증액이 가능하다. 이러한 당비 가운데 최소 1,000엔은 총지부의 수입으로 산정된다. 일반당원이 되기 위해서는 현련에 입당신청(소정의 입당신청서 작성 및 당비 납부)을 해야 하고 신청절차가 완료된 시점부터 1년간 당원 자격이 유지된다. 한편, 지방자치체의원당원이 되기 위해서는 자신의 선거구가 소속된 현련에 입당신고를 해야 한다.

서포터는 민주당 또는 민주당 후보를 지원하기 위한 만 18세 이상의 개인으로 연간 2,000엔의 회비를 지불하고 총지부에 등록한 사람(당원 제외)이 해당된다. 서포터의 자격 역시 당원과 마찬가지로 서포터로 인정된 날부터 1년까지만 유효하고 1인당 회비 2,000엔 중 1,000엔은 총지부의 수입으로

---

29) 현련은 도도부현총지부연합회의 약칭으로 중의원선거 비례대표선거구 11개 블록의 각각의 구역과 동일하게 배치되어 있다. 즉, 11개 블록당 1~8개의 현련이 비례대표선거구 구역과 동일하게 배치되어 총 43개의 현련이 존재한다. 11개 블록 및 각 구역에 관한 구체적 자료는 경제회(2011) 참조.

인정된다.[30][31] 서포터는 재외일본인과 재일외국인도 가입할 수 있다.

서포터는 당원은 아니지만 민주당의 중요한 행사에 참여할 수 있다.[32] 특히 당대표선거에 참여할 수 있기 때문에 당대표선거에서의 서포터 움직임에도 관심이 모아진다. 자민당의 경우 당원(300표)과 국회의원(200표)의 표로만 당대표가 결정되는 데 반해 민주당은 당원·서포터, 지방의원, 국회의원, 국정선거의 공천내정자에게 할당된 각 포인트의 합으로 당대표가 결정된다. 2012년 9월 당대표선거를 기준으로 보면 당원·서포터에는 409포인트, 지방의원에는 141포인트,[33] 국회의원에는 672포인트,[34] 국정선거 공천내정자에게는 9포인트가 할당되었다. 당원·서포터는 소속 총지부와 상관없이 등록된 주소지에 따라 도도부현 단위로 우편투표를 실시하고 각 대표후보자가 얻은 득표수에 따라 해당 도도부현에 할당된 포인트를 동트(d'hondt)[35]식으로 배분한다.[36]

자민당과 민주당 양 당 모두 각 표 또는 포인트의 합을 계산하여 한 후보가 유효득표수 또는 유효포인트의 과반수를 넘긴 경우에는 해당 후보가 당대표로 선출되고 과반수를 넘는 후보가 없는 경우 상위 2명의 후보에 대해 자민당은 국회의원만, 민주당은 공천내정자와 국회의원만 결선투표에 참여하여 당대표를 선출한다. 민주당의 2010년 9월 당대표선거까지 재일외국인 서포터에게도 선거권이 주어졌으나 2012년 1월 당대회의 규약 개정으로 일본국적자에게만 당대표선거권을 행사할 수 있도록 변경되었다(読売新聞

---

30) 민주당 홈페이지/민주당강령, http://www.dpj.or.jp/about/dpj/d_index(검색일: 2013년 9월 10일).

31) 민주당 홈페이지/조직규칙, http://www.dpj.or.jp/about/dpj/byelaw_organization (검색일: 2013년 9월 10일).

32) 금전적 지원만 하는 후원회는 당 행사 등에 대한 권리가 전혀 없다.

33) 2012년 9월 당대표선거 기준. 2010년 9월 당대표선거에서는 100포인트.

34) 국회의원 1인당(336명) 2포인트.

35) 동트식에 대한 자세한 설명은 경제희(2011, 64-66) 참조.

36) 민주당 홈페이지/대표선거규칙, http://www.dpj.or.jp/about/dpj/byelaw_presidential-election(검색일: 2013년 9월 14일).

2012/09/12).

　당대표선거에 당원과 서포터들이 항상 참여할 수 있는 것은 아니다. 당원
과 서포터가 참여할 수 있는 당대표선거는 임기만료에 따른 당대표선거로
제한된다. 임기 중에 열리는 당대표선거에는 당소속 국회의원, 공천내정자,
각 3명의 현련 대표의원으로 구성된다.[37] 2012년 9월 당대표선거까지 당원
과 서포터들이 당대표선거에 참여한 것은 3회(2002년 9월, 2010년 9월,
2012년 9월)에 불과하다.[38]

　민주당의 조직인 동시에 지지기반인 당원·서포터 수는 민주당의 인기 정
도를 반영하는 바로미터(barometer)이기도 하다. 민주당은 매년 5월 말 시
점의 국회의원, 지방의원, 일반당원, 서포터를 합한 '당원·서포터 등록수'를
밝히고 있는데(朝日新聞 2013/09/04) 당원·서포터 수 변화의 추이를 살펴
보면 〈그림 3〉과 같다. 각 연도의 수치는 5월 말 시점의 당원·서포터
수이다.

　2002년도의 당원과 서포터의 수는 약 10만 명 정도였고 2003년도에는
이 보다 조금 감소한 수준이었다(読売新聞 2012/09/12). 2004년도 이후 그
수가 꾸준히 증가하였고 2007년 참의원선거의 대승 이후 2008년에는 약 26
만 7천 명까지 이르러 역대 당원·서포트 수의 최고치를 갱신하였다. 민주
당은 2009년 중의원선거에서도 승리하여 정권을 획득하였고 이후 2010년에
민주당 당원·서포터 수의 최고치(약 35만 5천 명)를 기록하였다. 이후
2011년에는 약 5만 명 정도가 민주당을 떠났고 2012년에는 다시 약 34만
5천 명까지 확대되었으나 2012년 오자와를 비롯한 다수의 의원들이 민주당
을 탈당하고 2012년 중의원선거에서 재집권에 실패하면서 다시 야당으로
전락한 이후 당원·서포터의 수가 급감하여 2013년 5월 말 기준으로 약 21
만 9천 명 수준으로 급감하였다.

---

37) 민주당 홈페이지/대표선거규칙, http://www.dpj.or.jp/about/dpj/byelaw_presidential-
　　election(검색일: 2013년 9월 14일).
38) 중간의 일부 임기만료에 따른 당대표선거에 무투표로 당선이 결정된 경우가 있어 실
　　제로 당원과 서포터가 참여한 기회는 소수에 불과하다.

〈그림 3〉 민주당 당원·서포터 수의 추이

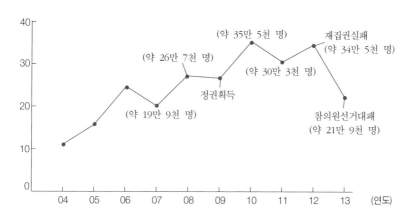

자료: 朝日新聞 2008/08/15, 2011/11/23, 2013/09/04, 神戸新聞 2012/05/29를 참조하여 재구성

　민주당의 규모는 비교적 일본의 다른 야당에 비해 큰 편이라 할 수 있지만 당원의 측면에서 자민당과 비교하면 초라한 수준이다. 일본 정치에서의 자민당의 존재감은 민주당의 당원·서포터 수와 자민당의 당원수 비교에서도 확인된다. 자민당은 당원수를 2009년 이후 공개하고 있지 않은데 2008년까지의 수치의 추이를 나타낸 것이 〈그림 4〉이다. 일본 유권자들 중 점차 무당파가 증가하는 추세로 전반적인 정당들의 당원수가 감소하는 가운데 자민당도 예외는 아니다. 하지만 당원수가 가장 많았던 1990년대 초반에는 500만 명을 넘었고 가장 낮은 수치를 보이는 2008년의 당원수도 100만 명을 넘는다.

　이처럼 민주당과 자민당의 당원 또는 서포터 수는 정당의 인기를 반영한다. 하지만 점차 무당파가 증가하는 가운데 일본 정당들의 수입이 당원들이 납부하는 당비보다는 정당보조금에 의존하는 경향이 높아지고 있다. 정당보조금에 대한 논의는 다음 절을 통해 구체적으로 살펴보기로 한다.

〈그림 4〉 자민당 당원수의 추이

(단위: 만 명)

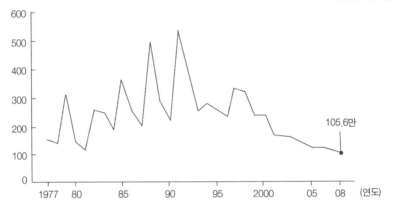

출처: 読売新聞 2013/09/12

2. 노동조합

　자·사·사 연립정권 탄생으로 일본 정치에서 이념축의 의미가 흐릿해지기 전까지 일본의 정당 구도는 자민당과 사회당을 주축으로 보혁대립구조가 형성되어 있었다. 혁신세력을 대표하는 사회당은 일본의 노동자 이익을 대변하는 정당으로 각인되어 있었다. 하지만 사회당(현 사민당)의 세력이 약해지면서 노동조합을 중심으로 한 노동자들의 정치적 지지 상당 부분은 민주당 지지로 옮겨 갔다.

　일본의 정치 환경의 변화와 함께 2000년 중의원선거 이후, 2003년과 2005년 중의원선거에서 노조의 자민당 지지성향이 높아지는 경향이 나타나기는 하였지만 2005년 중의원선거를 제외하고 노조세력은 자민당보다 민주당 또는 사민당 등을 지지하는 경향을 보여 민주당 또는 사민당의 주된 지지세력임을 입증하고 있다(谷口尚子 2010, 17-18). 다른 사례로 2004년 7월 참의원선거 시에 사단법인 국제경제노동연구소가 조사한 '제14회 공동조사 조합원정치의식종합조사'에 따르면 노동조합원 가운데 85.2%가 민주당을, 6.4%가 자민당을, 2.2%가 사민당을 지지하는 것으로 조사되어 노조의 민주당에 대한 높은 지지성향을 반영하였다(藤村直史·城戶英樹 2006, 130-132).

민주당 또는 사민당의 후보들은 노조의 각종 대회, 공부모임, 연수회, 대규모 집회, 이벤트 등을 통해 노조원들과의 대면의 기회를 넓힐 뿐만 아니라 정당에는 없지만 노조 측에서 갖추고 있는 선거노하우(know-how)를 습득하여 선거를 유리하게 이끌어 간다(堤英敬·森道哉 2008, 60-61).

일본의 노동조합은 정당지지에 힘을 실을 뿐만 아니라 조직 내 후보를 정당 후보, 즉 이른바 '조직 내 의원'이라는 제도를 통해 해당 후보 당선을 위해 지원하기도 한다. 국회의원뿐만 아니라 지방의원에서도 민주당의 조직 내 후보에 대해 노조의 지원이 적극적이다. 규슈(九州)지역의 경우, 지역 노조 중 하나인 규슈전력노동조합(九州電力勞動組合)의 정치단체인 '정치활동위원회(政治活動委員會)'는 2011년 지방선거에서 공천한 조직 내 후보 6명을 지원하기 위해 1인당 평균 약 1,100만 엔(약 1억 3천만 원)[39]을 제공하는 등 노조의 조직 내 의원에 대해 상당한 액수를 지원한 것으로 알려졌다(朝日新聞 2013/03/13).

민주당에 조직 내 의원을 배출하는 노동조합 등 민주당의 주요 지지 노동조합을 소개하면 다음과 같다. 먼저 일명 연합(聯合)으로 불리는 일본노동조합총연합회는 민주당을 지지하는 대표적인 노동조합으로 각기 다른 53개의 노동조합인 이른바 '구성조직(構成組織)(산업별 노동조합 등)'이 가맹한 조직이다. 이들은 전국 47개의 도도부현에 각 '지방연합회' 조직을 갖추고 있다. 이들의 전국 조합원수는 약 680만 명에 이른다.[40] 연합 산하에는 다양한 노동조합들이 속해 있는데 이 가운데 가장 큰 규모의 노동조합은 2,450개의 조합과 약 145만 명의 조합원으로 구성된 일명 UA젠센(UAゼン

---

39) 100엔≒1,200원.
40) 연합 홈페이지, http://www.jtuc-rengo.or.jp(검색일: 2013년 9월 14일).

센)이라 불리는 전국섬유화학식품유통서비스일반노동조합동맹(全国繊維
科学食品流通サービス一般労働組合同盟)[41]이다. 이 외에 자치로(自治労)로
불리는 전일본자치단체노동조합(全日本自治団体労働組合, 약 85만 명),[42]
자동차총련(自動車総連)이라 불리는 전일본자동차산업노동조합연합회(全日
本自動車産業労働組合総連合会, 약 77만 명),[43] JAM(Japanese Association
of Metal, Machinery, and Manufacturing Workers, 약 35만 명),[44] 일교
조(日教組, 日本教職員組合, 약 28만 명),[45] 기간노련(基幹労連, 日本基幹産
業労働組合連合会, 약 25만 명),[46] 전력총련(電力総連, 全国電力関連産業労
働組合総連合, 약 22만 명)[47] 등의 거대 조직이 다수 존재한다. 이들 내에는
조직 내 의원 등 민주당과 관련된 의원들이 다양한 활동을 전개하고 있다.

IV. 민주당의 정치자금

정당 운영은 자금과 밀접하게 관계한다. 이 절에서는 민주당의 정치자금
과 함께 일본 정당들의 수입액의 변천과 금액, 각 수입액에서 차지하는 내용
별 비중을 알아보기로 한다. 먼저 일본 정당들의 수입액 변천을 나타낸 것
이 〈그림 5〉이다.

1983년부터 2011년 현재까지의 일본 전체 정당의 수입액의 변천을 살펴

---

41) UA젠센 홈페이지, http://www.uazensen.jp/top.php(검색일: 2013년 9월 26일).
42) 자치로 홈페이지, http://www.jichiro.gr.jp(검색일: 2013년 9월 26일).
43) 자동차총련 홈페이지, http://www.jaw.or.jp(검색일: 2013년 9월 26일).
44) JAM 홈페이지, http://www.jam-union.or.jp(검색일: 2013년 9월 26일).
45) 일교조 홈페이지, http://www.jtu-net.or.jp(검색일: 2013년 9월 26일).
46) 기간노련 홈페이지, http://www.joho.or.jp(검색일: 2013년 9월 26일).
47) 전력총련 홈페이지, http://www.denryokusoren.or.jp(검색일: 2013년 9월 26일).

〈그림 5〉 일본 정당 전체의 수입액(1983~2011년)

(단위: 억 엔)

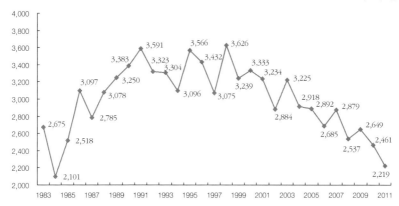

출처: 総務省 2013.1.22, 2

보면 1984년의 2,101억 엔을 기록한 이후 1990년대 후반까지 증가하는 추세를 보였다. 가장 많은 금액을 기록한 연도는 1998년으로 3,626억 엔에 이른다. 1998년을 정점으로 일본 정당 전체 수입액의 합계는 점차 감소하는 추세를 보이고 있고 2011년에는 2,219억 엔까지 감소하였다.

이 가운데 2009년부터 2011년까지 주요 정당들의 수입액을 정리한 것이 〈그림 6〉이다. 2009년에는 자민당의 수입이 가장 많았으나 2010년과 2011년에는 공산당의 수입이 가장 많았다. 다음으로 자민당, 민주당, 공명당, 사민당의 순으로 나타나고 있다. 공산당과 공명당은 2009년부터 2011년까지 각각 500억 엔대와 200억 엔대를 유지하는 반면 자민당은 2009년, 2010년, 2011년 순으로 약 580억 엔, 약 440억 엔, 약 360억 엔으로 낮아지고 있다. 한편, 민주당은 2009년부터 2011년까지 300억 엔대를 유지하고 있지만 증감폭이 비교적 큰 편이다. 사민당의 경우, 2009년 약 34억 엔의 수입액을 기록하였으나 2010년과 2011년에 걸쳐 약 32억 엔과 약 28억 엔으로 점차 감소하는 추세를 보인다. 이 가운데 자민당과 민주당의 상대적으로 큰 폭의

〈그림 6〉 일본 주요 정당의 연간 수입액(2009~2011년)

(단위: 천 엔)

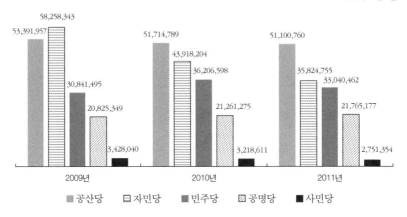

자료: 総務省 2013.1.22, 4; 2011.12.22, 5를 바탕으로 재구성

감소/증가의 원인은 선거 패배와 승리로 인한 정당교부금에 의한 영향으로
보인다. 정당교부금 제도는 정치개혁의 일환으로 마련된 정당조성법(1994
년)과 함께 도입되었다.

  일본의 정당교부금 총액은 최근의 국세조사를 통한 인구수에 250엔을 곱
하여 산정된다. 최근 일본의 인구는 2010년 국세조사에서 공표된 128,057,352
명으로 정당교부금 총액은 320억 1,433만 엔으로 산정된다. 우리 돈으로
약 3,840억 원[48]인 정당교부금 총액은 각 정당 소속 국회의원수와 중의원
및 참의원선거의 득표수를 기준으로 분배된다. 구체적으로 정당교부금의 반
은 의원수제로, 나머지 반은 득표수제로 할당된다. 의원수제는 각 정당에
속한 참의원과 중의원 의원수로, 득표수제는 참의원과 중의원선거에서 각
정당이 획득한 득표수를 바탕으로 계산된다(〈표 6〉). 먼저 의원수제는 전체
교부금 반액에 '해당 정당의 국회의원수/신고정당의 국회의원수 합'을 곱하

---

48) 100엔≒1,200원.

〈표 6〉 정당교부금 산정 방식

구분			각 정당에 교부되는 정당교부금 액수 계산
의원수제 (정당교부금 총액의 1/2)			의원수분(1/2) * $\dfrac{\text{해당 정당의 국회의원 수}}{\text{신고 정당의 국회의원수 합계}}$ ①
득표 수제 (정당 교부금 총액의 1/2)	중의원선거 (전회)	소선거구	득표수분(1/2) * 1/4 * 득표비율 ②a
		비례대표	득표수분(1/2) * 1/4 * 득표비율 ②b
	참의원선거 (전회·전전회)	비례대표	득표수분(1/2) * 1/4 * 득표비율 평균(전회·전전회) ②c
		선거구	득표수분(1/2) * 1/4 * 득표비율 평균(전회·전전회) ②d
각 정당의 정당교부금 배분액			① + ②(a~d합계)

여 산정한다. 득표수제는 중의원선거의 득표수와 참의원선거의 득표수를 구분하고 다시 소선거구와 비례대표를 분리하여 계산하고 이들의 각각의 합을 통해 각 정당에 대한 정당교부금을 결정한다.

먼저 중의원선거 소선거구와 비례대표에 대해서는 각각 정당교부금 총액의 1/2에 1/4를 곱하고 다시 중의원선거에서의 각각 소선거구와 비례대표의 득표비율을 곱한다. 다음으로 참의원선거에 대해서는 역시 마찬가지로 각각 정당교부금 총액의 1/2에 1/4를 곱하고 다시 참의원선거에서의 각각 선거구와 비례대표를 나누고 전회와 전전회의 득표비율의 평균을 곱하여 계산한다.[49] 이후 득표율에 의해 계산된 액수를 합한 결과와 의원수제로 계산된 결과를 합친 액수가 각 정당의 정당교부금에 해당된다.[50] 교부금은 매년 1월 1일을 기준으로 산정되지만 중의원과 참의원의 국정선거(보선은 제외)

---

[49] 참의원의원의 임기는 6년이지만 참의원선거는 3년에 한 번씩 실시되고 각 선거에서 참의원 1/2에 대해서만 선거가 진행되기 때문에 참의원 전체의 득표비율 구하기 위해서는 전회와 전전회의 평균을 구해야 한다.

[50] http://www.soumu.go.jp/senkyo/seiji_s/seitoujoseihou/pdf/seitoujoseiseido.pdf (검색일: 2013년 8월 20일).

후에 재계산되어 금액이 조정된다(朝日新聞 2010/12/20).

〈그림 7〉부터 〈그림 9〉까지는 〈그림 6〉에서 제시한 주요 정당들의 2009년부터 2011년까지 수입 내용을 비율로 정리한 것이다. 일본 총무성이 공개한 정치자금에 관한 자료는 2011년까지의 자료로 그 내용은 각 그림과 같다. 일본 공산당은 정당교부금을 받지 않고 있음에도 불구하고 2010년과 2011년에 가장 많은 수입을 기록했다. 이 가운데 가장 높은 비중을 차지하고 있는 부분은 사업수입이다. 공명당 역시 다른 수입보다 사업수입의 비중이 높은 것으로 나타났다. 한편 자민당의 경우 기부금이 수입의 가장 높은 비중을 차지하는 반면 민주당은 정당보조금에 의존하는 비율이 가장 높다. 2011년의 경우 50%를 넘어 전체 수입의 절반 이상을 보조금에 의존하고 있음을 알 수 있다. 하지만 실질적인 민주당 정치자금의 대부분은 정당교부금에 의존한다고 한다(마에하라 인터뷰 2013/10/18).

〈그림 7〉 일본 주요 정당 수입액 내용별 비중(2009년)

(단위: %)

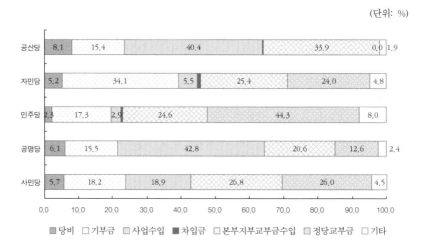

자료: 総務省 2011.12.22, 5를 바탕으로 저자 재구성

〈그림 8〉 일본 주요 정당 수입액 내용별 비중(2010년)

(단위: %)

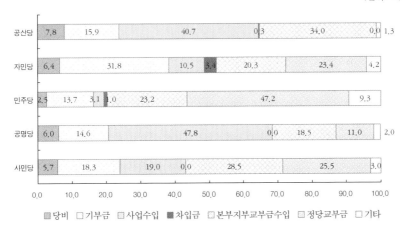

자료: 総務省 2011.12.22, 5를 바탕으로 저자 재구성

〈그림 9〉 일본 주요 정당 수입액 내용별 비중(2011년)

(단위: %)

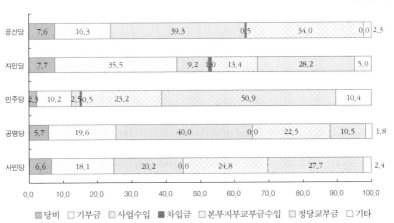

자료: 総務省 2013.1.22, 4를 바탕으로 저자 재구성

이상의 당원수와 정치자금 구성으로 볼 때 자민당은 상대적으로 고정적인 당원 및 기부금 구조를 유지하는 반면, 민주당은 자민당과 달리 고정적인 지지기반이 확보되어 있지 않음을 알 수 있다. 이러한 차이는 민주당과 자민당의 형성 및 발전 과정에 따른 결과이지만 이를 통해 민주당은 상대적으로 특정 유권자층보다 보편적인 유권자층 전반의 지지를 중요시할 수밖에 없는 구조를 갖추게 되었다고 볼 수 있다. 따라서 민주당은 상대적으로 선거전문정당의 성격이 강하게 나타난다.

V. 나아가며

자민당이라는 절대 권력이 존재하는 일본에서 신생 야당의 성장·유지는 물론, 자민당에 대항한 정권획득은 결코 쉬운 일이 아니다. 더욱이 유권자의 의식 변화는 신생 야당의 성장을 더욱 힘겹게 만드는 주요 원인이다. 냉전 종결로 인한 이념대립의 의미가 약해진지 이미 오래고 일본인들의 사고가 점차 사회적 가치보다 개인적 가치를 존중하는 방향으로 변화하면서 조직에 대한 지지성향이 점차 약화되고 있다. 또한 각 개인은 물론 사회집단별 추구 목표가 너무나 복잡하고 다양하여 기존의 정책으로는 예전만큼 유권자를 골고루 만족시키기 어렵다. 이러한 일본의 정치·사회적 환경 속에서 다양한 정당이 탄생하고 해체되기를 수없이 반복하였고 지금도 그 과정들이 진행 중이다. 이러한 상황 속에서 민주당은 복잡한 과정을 거쳐 2009년 여당의 좌에 올랐다는 점은 높게 평가할 만하다. 하지만 민주당은 3년 만에 다시 야당의 위치로 복귀하였다. 이는 민주당 조직이 정권획득은 가능한 조직이었지만 정권유지에는 부족한 조직이었기 때문으로 볼 수 있다.

1994년 공직선거법 개정으로 소선거구비례대표병립제가 도입되면서 자민당에 대응할 거대야당의 필요성이 높아졌다. 앞에서 설명한 바와 같이 일본의 사회적·정치적 상황 상 기존 정치인이 아닌 새로운 인물로 구성된 정당이 설립되어 거대정당으로 성장하기에는 여러 어려움이 따른다. 따라서 정당들은 기존의 조직과 지지세력을 가지고 있는 유력정치인을 중심으로 대형 정당을 만드는 것이 효과적이라고 판단한다. 이러한 조건에 부합하여 탄생한 거대정당이 신진당이었으나 끝없는 당내 대립으로 약 3년 만에 해체과정에 들어가게 된다. 비슷한 시기에 창당한 민주당 역시 유력 정치인들을 중심으로 규모를 늘려갔다. 특히 2004년 오자와가 이끄는 자유당과의 합병으로 의원수가 200명이 넘는 거대 정당으로 성장하게 된다.

이러한 민주당의 특징은 당 운영 방식이 말 그대로 민주적이었다는 점이다. 이는 긍정적인 측면에서는 의원들의 활동이 비교적 자유롭고 평등하게 이루어질 수 있다고 평가할 수 있으나, 부정적인 측면에서는 의원에 대한 당의 구속력이 낮아 당의의 일관성을 유지하기 어렵게 만들었다고 보여진다. 민주당은 민주당 결성 시에 다른 정당과의 합병과정에서 당적 차원의 합병이 아닌 개인 참가를 원칙으로 하는 네트워크형 방식으로 당을 결성하였다. 따라서 당적보다도 의원 개인의 생각이 존중되었다. 또한 민주당으로 결성된 이후에도 구당파를 넘어서 새로운 그룹이 형성되었다는 점 역시 민주적인 당 운영으로 평가할 수 있다. 그룹은 기존의 파벌 형식과 비슷하나 이념 또는 돈 등 기존의 파벌에서 보이던 특별한 기준에 의해 형성되지 않았다는 점에서 파벌과 다르다. 더욱이 각 의원들이 한 그룹에만 속하여 과거의 '파벌'과 같은 방식으로 정치활동을 하는 것이 아니라 복수의 그룹에 자유롭게 참여하여 민주적인 방식으로 정치활동에 임할 수 있었다. 또한 당내 임원 등용에 있어서도 각 그룹별로 비교적 균등한 비율을 이루어 그룹별 세력 다툼의 소지를 만들지 않았다고도 볼 수 있다. 이처럼 민주당이라는 큰 틀 안에서 비교적 평등하고 자유로운 정치활동이 가능했던 점이 장기적으로 민주당이라는 조직이 유지할 수 있었던 이유이다.

하지만 이러한 긍정적인 측면이 정권 획득 후에 오히려 단점으로 작용하게 된다. 각기 다른 생각을 자유롭게 펼쳐 온 민주당 의원들 각자가 하나의 쟁점에 대해 각기 다른 의견을 표명하여 국민들에게 일관성 없는 정당의 이미지를 형성하게 만든다. 이는 바꾸어 말하면 각 의원들에 대한 당 차원의 구속력이 약하기 때문으로 풀이할 수 있다. 실제로 일본의 매일경제신문이 2003년과 2005년에 자민당과 민주당 의원들을 대상으로 소속 정당의 당의(党議)에 대한 구속력 정도를 조사한 결과 2003년과 2005년 모두 자민당의 구속력이 상당히 높게 나타난다. 특히 2005년의 조사 결과에 따르면 자민당 의원들의 당의구속력 정도가 80% 정도였던 것에 반해 민주당 의원들의 정당구속력은 40%대에 머물러 민주당의 의원에 대한 당차원의 구속력이 상당히 낮음을 알 수 있다(濱本真補 2013, 6-7).

정권 획득 이후 이러한 면을 개선시키고자 하는 민주당의 움직임도 있었다. 먼저 자유로웠던 그룹의 복수 가입이 상대적으로 제한되었다는 점을 들 수 있다. 규정으로 복수 가입을 제한한 것은 아니지만 같은 요일에 정례회를 실시함으로써 실질적으로 복수그룹에서의 활동이 어려워졌다고 볼 수 있다. 또한 폐지했던 정책조사회 부활 역시 이러한 움직임 중의 하나이다. 정책조사회 부활은 정권획득 이후 내각과 당에서 역할을 제대로 부여받지 못한 의원들이 다수 발생하면서 이들의 정책결정 참여에의 요구가 강했기 때문에 이에 대응하는 차원에서 진행되기도 하였지만 이러한 노다 내각의 결정은 민주당 내 합의를 중요하게 생각했기 때문으로 보인다. 하지만 이러한 변화는 다시금 정치주도에서 관료기구를 포함하게 되면서 자민당 시대로 회귀했다는 비판을 받게 된다(진창수 2012, 35).

민주당의 자유로운 당 운영 방식은 자민당에 대항할 정도의 거대 야당을 형성하여 정권획득을 가능하게는 만들었다. 하지만 정권획득 후에는 이러한 운영방식이 오히려 당의 발목을 잡았다. 당의 구속력 부족은 당의의 일관성 부족으로 이어졌고 이는 다시 국민들에게 일관성 없는 정권이라는 부정적인 이미지를 심어주게 되었다.

정권획득 후 민주당은 나름대로 당의 구속력을 높이려는 움직임을 시도하였으나 국민을 만족시킬 만큼의 시기적절한 대응을 하지 못하였다. 특히 동일본대지진이라는 엄청난 사건 도래로 인하여 얻은 국민들의 충격에 재빨리 조직적으로 대응하지 못하는 미숙함을 보였던 점은 결정적으로 민주당에 대한 신뢰를 땅에 떨어뜨렸다. 이러한 실망감이 2012년 중의원선거의 참패로 이어졌다. 결론적으로 자유로운 당 운영방식은 민주당을 장기간 유지하게 하여 정권획득까지 가능하게 만들었지만 정권획득 이후에는 오히려 당의의 일관성 부족을 야기시키는 마이너스(−) 요소로 작용하였다. 여당 경험이 없는 미숙한 당 운영방식이 정권획득 실패의 주요 요인이라 할 수 있다.

▌ 참고문헌 ▌

경제희. 2011. "일본 선거제도의 현황과 변천."『미래정치연구』1(1), 59-92.

고선규. 2010. "일본 민주당 정권의 탄생과 정책결정방식의 변화."『동북아연구』15, 67-90.

진창수. 2012.『일본 국내정치가 한일관계에 미친 영향: 민주당 정권을 중심으로』. 세종정책연구 2012-2.

飯尾潤. 2008.『政局から政策: 日本政治の成熟と転換』. NTT出版.

石川真澄・山口二郎. 2010.『戦後政治史[第3版]』. 岩波新書.

伊藤惇夫. 2008.『民主党: 野望と野合のメカニズム』. 新潮社.

上神貴佳・堤英敬. 2011. "民主党の形成過程, 組織と政策."上神貴佳・堤英敬 編著.『民主党の組織と政策-結党から政権交代まで』. 東洋経済新報社, 1-28.

上神貴佳・堤英敬 編著. 2011.『民主党の組織と政策-結党から政権交代まで』東洋経済新報社.

梅澤昇平. 2000.『野党の政策過程』. 芦書房.

大嶽秀夫. 1999.『日本政治の対立軸』. 中公新書.

加藤淳子・キャロル マーション. 2008. "イタリア・キリスト教民主党と自民党の政党内組織(山本健太郎訳)."河田潤一 編『汚職・腐敗・クライエンテリズムの政治学』. ミネルヴァ書房, 109-151.

小林良彰. 1997.『現代日本の政治過程』. 東京大学出版会.

_____. 2012.『政権交代-民主党政権とは何であったのか』. 中公親書.

斎藤淳. 2010.『自民党長期政権の政治経済学』. 勁草書房.

境家史郎. 2013. "東日本大地震は日本人の政治意識・行動をどう変えたか."『選挙研究』29(1), 57-72.

佐藤誠三郎・松崎哲久. 1986.『自民党政権』. 中央公論社.

総務省. 2011.12.22.『平成22年文政治資金収支報告の概要(総務大臣分＋都道府県選管分)』.

_____. 2013.1.22.『平成23年文政治資金収支報告の概要(総務大臣分＋都道府県選管

分)』.

谷口尚子. 2010. "2009年政権交代の長期的・短期的背景." 『選挙研究』 26(2), 15-28.

田村重信. 2007. 『民主党はなぜ、便りないのか－不毛の二大政党制の根源を探る』. 成甲書房.

堤英敬・森道哉. 2008. "民主党候補者の集票システム－2007年参院選香川県選挙区を事例としてー." 『選挙研究』 24(1), 48-68.

_____. 2011. "民主党地方組織の形成過程 ― 香川県の場合." 上神貴佳・堤英敬 編著. 『民主党の組織と政策－結党から政権交代まで』. 東洋経済新報社, 99-134.

中井歩. 1997. "「外からきた」改革派－日本新党と細川護熙." 大嶽秀夫 編 『政界再編の研究』. 有斐閣, 34-75.

中北浩爾. 2012. 『現代日本の政党デモクラシー』. 岩波新書.

野中尚人. 1995. 『自民党政権下の政治エリート』. 東京大学出版会.

濱本真補. 2011. "民主党の形成過程, 組織と政策." 上神貴佳・堤英敬 編著. 『民主党の組織と政策－結党から政権交代まで』 東洋経済新報社, 29-69.

_____. 2012. "民主党政策下の内閣・党人事－野党時代から." 2012年度日本選挙学会研究会発表論文.

_____. 2013. "民主党政策調査会の研究." 2013年度日本選挙学会研究会発表論文.

藤村直史・城戸英樹. 2006. "労働組合の政治参加と政策的立場 ― 民主党支持の構造 ―." 『選挙学会紀要』 6, 127-146.

増山幹高. 2003. "政治家・政党." 平野浩・河野勝 編. 『アクセス日本政治論』. 日本経済評論社, 49-72.

松本正生. 2006. "無党派時代の終焉－政党支持の変容." 『選挙研究』 21, 39-50.

_____. 2013. "「そのつど支持」の政治的脈絡－短期的選択と選挙ばなれ." 2013年度日本選挙学会研究会発表論文.

三宅一郎. 1995. 『日本の政治と選挙』. 東京大学出版会.

宮崎学. 2013. 『政権崩壊 民主党政権とはなんだったのか』. 角川書店.

村松岐夫・伊藤光利・辻中豊. 2001. 『日本の政治[第2版]』. 有斐閣.

薬師寺克行. 2012. 『証言 民主党政権』. 講談社.

読売新聞政治部. 2012. 『民主瓦解: 政界大混迷への300日』. 新潮社.

마에하라 인터뷰 2013/10/18.
『朝日新聞』.
『読売新聞』.

이종수. 2009. 『행정학사전』. 대영문화사(http://terms.naver.com/entry.nhn?docId=
    75978&cid=482&categoryId=482).
중의원 홈페이지(http://www.shugiin.go.jp/index.nsf/html/index_kousei2.htm).
政治資金収支報告書および政党交付金使途等報告書:総務省HP(http://www.soumu.
    go.jp/senkyo/seiji_s/seijishikin).
nippon.com(http://www.nippon.com/ja/features/h00020/).

제3장

민주당 정권의 정치주도론과
정치주도를 위한 개혁의 좌절*

한의석

I. 서론

민주당은 2009년 8월 치러진 중의원선거에서 총 480석 중 308석을 차지하는 압승을 거두며 집권당이 되었다. 선거 당시의 매니페스토(정권공약)를 통하여 자민당의 이익유도정치와 관료지배를 강력하게 비판하면서 정치주도(政治主導) 체제로의 전환을 강조했던 민주당은, 2009년 9월 하토야마 정권의 출범과 함께 정치주도를 위한 다양한 제도적 개혁에 착수하였다. 하지만 정치주도 실현을 위한 민주당의 노력은 집권 초기부터 많은 문제점에 봉착하게 되었으며, 2010년 6월 하토야마 총리와 오자와 간사장의 퇴임 이후 정치주도를 위한 개혁은 지체되거나 후퇴하기 시작했다. 민주당은 간과

* 본 장은 필자의 논문 "일본 민주당 정권의 정치주도론과 제도개혁의 좌절," 『한국정당학 회보』 제12권 제3호(2013)를 일부 수정한 것이다.

노다 정부를 거치면서 집권 당시 내세웠던 정책의 집행과 수정, 특히 복지공약과 소비세 인상 문제 등을 둘러싸고 극심한 당 내분을 겪게 되었다. 이는 민주당에 대한 국민들의 신뢰상실과 오자와그룹의 집단탈당과 같은 현상으로 이어졌다. 결국 민주당은 2012년 12월 실시된 중의원선거에서 참패하여 자민당에게 정권을 내주게 되었다. 민주당이 정권을 잃게 된 배경에는 다양한 요인들이 있겠으나 매니페스토를 통해 약속했던 정치주도체제를 확립하는 데 실패했으며, 그 결과 정책 재조정을 통한 복지공약 등의 실천에 있어서 의미 있는 성과를 거두지 못했다는 점을 들 수 있다. 그렇다면 민주당이 내세운 정치주도론의 의미와 정치주도체제 확립을 위한 제도 개혁의 경과를 검토·분석하는 것은 집권 당시 민주당의 국정운영 목표와 개혁 방향에 대한 이해를 높이는 데 필수적이라고 할 수 있을 것이다.

이 장은 민주당의 정치주도론과 정치주도를 위한 제도개혁의 과정을 중심으로 첫째, 정치주도론이 가지는 의미와 의의가 무엇인지를 정관(政官)관계론과 1990년대의 정치·행정개혁론의 관점에서 살펴보고 있으며, 둘째, 민주당이 제시한 정치주도의 의미를 2003년 이후의 민주당 매니페스토를 중심으로 분석하고 있다. 셋째, 정치주도를 위한 제도적 개혁을 통해 민주당이 정치주도체제의 확립을 통해 달성하고자 했던 구체적 목표에 대해 논의하고 있으며, 마지막으로 정치주도를 위한 민주당의 제도개혁이 실패한 이유를 민주당의 정권운영 방식과 민주당 내부의 문제를 중심으로 설명하고 있다. 결과적으로 본다면, 정치주도를 위한 민주당의 제도개혁은 성공적이지 못했으며 집권 당시 약속하였던 정치주도의 체제도 확립하지 못하였다. 하지만 '정치주도' 체제를 실현하고자 했던 민주당의 시도는 1990년대부터 지속적으로 제기되고 있는 일본 정치행정체제의 변혁을 위한 큰 흐름 속에서 의미 있는 노력으로 평가될 수 있을 것이다.

II. 정치주도론의 등장과 전개

1. 관료우위론과 정치우위론

일본 정치에 있어서 정책결정과정에서의 주요 결정자가 누구인가에 관한 연구는 오랜 전통을 가지고 있다고 할 수 있다. 초기의 연구 결과는 관료우위론의 시각이 지배적인 가운데 1980년대부터 이른바 정치우위론 관점에서의 연구가 활발해지면서 커다란 논쟁거리가 되었다.[1] 이후 양자의 절충적인 관점에서의 정관(政官)관계에 대한 연구들이 등장하기도 하지만, 자민당 우위 체제하의 정책결정과정에서는 '관료우위'의 특징들이 많이 발견된다는 시각이 우세한 것으로 보인다. 그러나 관료우위론이나 정치우위론은 관료나 정당(정치가)의 실제적인 힘의 관계를 측정하는 것이 어렵기 때문에, 관점에 따라 여러 해석이 가능하다는 문제점을 안고 있다. 예를 들어, 자민당의 '사전심사' 관행은 관료우위론의 증거로 제시되기도 하지만 정치우위론의 증거로도 사용되고 있다(박성빈 2011, 139). 이러한 측면에서 본다면 양자 간의 관계를 협력적이고 융합적인 관계로 바라보는 절충적 시각이 바람직한 것으로 보인다. 무라마츠의 경우에는 자민당(정치인)과 관료의 관계를 주인-대리인(principal-agent)의 관계로 설명하고 있다. 비록 정치우위론적인 시각을 바탕으로 하는 경향이 있으나, 자민당 지배체제하의 일본 정치의 특징을 정관스크럼(政官スクラム)형 리더십으로 규정하면서 양자가 협력적 관계를 유지했음을 강조하고 있다(村松岐夫 2010).

이처럼 다양한 시각이 존재하고 있으나 '정치주도론'은 기본적으로 일본의 정책결정과정이 관료우위, 관료주도로 이루어진다는 인식을 바탕으로 이

---

1) 관료우위론 시각의 대표적 연구로는 辻清明(1969)의 『日本 官僚制の研究』, Charlmers Johnson(1982)의 *MITI and the Japanese Miracle* 등이 있다. 한편 정치우위론 시각의 연구로는 村松岐夫(1981)의 『戦後日本の官僚制』, M. Mark Ramseyer and Frances M. Rosenbluth(1993)의 *Japan's Political Market Place* 등이 대표적이다.

를 비판하는 논의들을 가리키는 것이라고 할 수 있다. 일본의 경제적 침체가
시작되고 재정악화 등의 문제가 불거지던 1990년대의 탈관료론 또는 정치
주도론은 기존의 정관(政官)관계론에 더하여 새로운 논의를 포함하고 있다.
과거의 논의가 관료와 자민당(정치인)의 정책결정과정에서의 기능과 역할
에 대한 분석을 중심으로 하였다면, 1990년대의 정치주도론은 정치개혁 및
성청개혁을 통한 총리의 리더십과 내각기능의 강화를 통한 정책결정체제의
변화에 중점을 두고 있다(이상훈 2005). 즉 기존의 관료우위론이나 정치우
위론이 각 행위자의 상대적 힘의 관계를 파악하는 데 중점을 두고 있었다면,
현재의 정치주도론은 일본이 당면한 정치경제적 문제를 해결하기 위한 새로
운 정관관계의 모색이라는 '문제해결'의 지향성을 가지고 있다.

2. 자민당 체제의 문제점과 정치주도론의 대두

  자민당 일당우위의 장기 집권체제는 중선거구제라는 선거제도적 특성과
결합하여 파벌정치를 발전시키고, 특정 부문의 이익을 반영하는 족(族)의원
과 관료세력의 유착을 통한 이익유도정치(利益誘導政治)를 발생시킨 것으로
비판받아 왔다. 이러한 행태는 여당에 의한 사전심사(事前審査)나 정부의
사무차관회의(事務次官会議)와 같은 제도를 통해 더욱 강화된 반면, 정책결
정에 대한 내각의 권한 및 총리의 리더십은 약화되는 문제가 발생하였다.
자민당의 이익유도정치는 1980년대 후반부터 커다란 비판에 직면하게 된
다. 특히 리쿠르트사건 및 사가와큐빈사건과 같이 자민당 정치인들의 부패
와 정경유착이 문제가 되기 시작하면서, 파벌정치 및 나눠먹기식 정치
(pork-barrel politics)를 타파하기 위한 정치개혁과 변화에 대한 요구가 급
증하였다. 그 결과 1994년에는 소선거구제로의 선거제도 개혁이 이루어졌
다. 한편 1993년 중의원선거에서 패배한 자민당은 1994년 이후 재집권하게
되었지만, 다른 정당과의 연립을 통해 집권하게 됨에 따라 자당 출신 총리들
의 권한 강화 문제에 대해 고민하지 않을 수 없었다(新藤宗幸 2012, 35).

버블경제의 붕괴와 함께 일본 정치행정체제의 다양한 문제점들이 드러남에 따라 정치개혁은 물론 행정개혁이 중요한 의제로 대두되었다. 특히 1995년의 고베대지진이나 옴진리교 테러 사건의 처리과정에서 보여준 관료들의 위기대처 능력 부족은 전후 행정체제의 한계를 드러내면서 행정개혁에 대한 요구를 증대시켰다. 1996년 하시모토(橋本龍太郎)는 총리의 리더십과 관저기능 강화를 위한 행정개혁에 착수하였는데, 오기노는 이러한 내각기능 강화가 '탈관료'의 원류라고 주장하고 있다(荻野徹 2012, 86). 한편 '대통령형 총리'를 표방한 나카소네 정권 시기부터 정치주도 개혁을 위한 노력이 시작되었음을 지적하는 주장도 있으나(新藤宗幸 2012, 29-34), 하시모토 정권에서부터 정치주도를 위한 논의와 개혁이 본격화되었다고 할 수 있을 것이다. 하시모토 정권에서 시작되어 2001년에 결실을 맺게 된 성청(省庁) 개혁안은 관료주의 체제를 정치주도로 변화시키기 위한 의도를 담고 있었는데, 이는 비자민정당들의 요구를 반영하는 것이기도 했다(진창수 2006). 예를 들어 성청 개혁안에는 정치주도를 위한 방안의 하나로 부대신(副大臣)·대신정무관(大臣政務官) 제도가 도입되었는데, 이의 도입은 1999년 1월 자민당과 자유당이 연립정권 형성을 협의하는 과정에서 오자와가 제안한 것을 자민당이 받아들인 것이다(新藤宗幸 2012, 68). 이처럼 정치주도론은 민주당의 독창적인 주장이라기보다는 1990년대부터 자민당을 포함한 일본의 정당들이 기존 체제의 문제점을 인식하게 되면서 이를 개선하고자 제시한 개념임을 알 수 있다.

3. 고이즈미의 등장과 관저기능 강화

하시모토가 행정개혁을 통해 실현하고자 했던 것은 내각의 기능과 역할, 총리의 리더십을 강화하는 것이었다. 이러한 제도변화에 힘입어 고이즈미는 2000년대 중반 구조개혁의 과정에서 강력한 리더십을 발휘하였는데 이는 '경제재정자문회의'와 같이 하시모토의 개혁을 통해 마련된 제도를 잘 운용한 결과이다.[2] 고이즈미 자신도 관저주도(官邸主導)·총리주도의 정책결정을 강조하였는데, 내각 관방에 속한 위원회 및 직속 기관들을 활용하여 구조개혁을 위한 정책결정 및 집행과정에서 강력한 권한을 행사하였다.

한편 고이즈미가 이전의 총리에 비해 강력한 권한을 행사할 수 있었던 것은 제도적 변화뿐만 아니라 이를 잘 활용한 고이즈미의 리더십이 작동한 결과이다(한의석 2012, 129-131). 즉 고이즈미 정권에서 관저주도·정치주도의 정책결정과정이 제도적으로 정착되었다기보다는, 개인적 리더십 요인에 의해 정치주도의 정책결정이 일시적으로 강화되었던 것으로 평가할 수 있다. 실제로 관저중심의 정치주도가 이루어진 것으로 보이는 고이즈미 내각과 달리, 고이즈미 이후의 자민당 소속 총리들은 강력한 리더십을 바탕으로 한 관저주도의 정치를 수행하지 못했다고 할 수 있다(박성빈 2010, 224). 그렇다고 아베(安倍晋三), 후쿠다(福田康夫), 아소(麻生太郎)와 같은 후임 총리들이 정치행정체제의 개혁을 전혀 시도하지 않은 것은 아니다.

아베 총리는 관료의 낙하산인사(天下り)를 폐지하고 국가공무원의 재취업을 일원화하는 '인재뱅크' 법안을 도입하려는 와타나베(渡辺喜美)를 적극 지지하였으며, 후쿠다 총리 시절인 2008년 6월에는 '국가공무원제도개혁기본법'이 성립되기도 하였다. 그러나 이들은 당내외의 문제들에 적절하게 대응하지 못하면서 큰 성과를 내지 못한 채 조기에 사임하게 되었다. 후임 아소 총리는 낙하산 인사 문제의 개선과 같은 개혁 의제에 있어서 오히려 후퇴하는 모습을 보여주었다. 그 결과 공무원제도개혁의 강력한 주창자이던 와타나베가 탈당하여 '민나노당(みんなの党)'을 결성하기도 했다(信田智人 2013, 124-128). 이러한 상황은 민주당으로 하여금 지체된 개혁과 자민당 내의 갈등을 근거로 내각주도의 정치, 관저주도의 정치를 통한 '정치주도'가 자민당 체제하에서는 어렵다는 것을 주장할 수 있는 근거를 마련해 주었다.

---

2) 1990년대 중반 선거제도의 개혁은 파벌정치의 약화와 함께 자민당 총재의 권한을 강화하는 효과가 있었다(한의석 2012, 129).

III. 민주당의 정치주도론과 제도개혁

유권자와의 후견주의적 연계(clientelistic linkage)를 통해 지지기반을 다져온 자민당과 달리, 자원제약형(資源制約型) 정당인 민주당으로서는 유권자의 지지를 얻기 위해 매니페스토를 적극적으로 활용할 수밖에 없었다(上神貴佳・堤英敬 2011, 22-26). 민주당에게는 매니페스토가 유권자들의 지지를 확보하는 가장 중요한 수단이었으며, 또한 다양한 이념 및 정책성향을 지닌 의원들로 구성된 민주당이 정책적 일관성을 확보할 수 있는 유일한 수단이기도 했다(中北浩爾 2012, 172). 따라서 이에 대한 검토는 민주당이 제시한 집권 이후의 정치적・정책적 비전을 파악하는 데 있어서 가장 필수적인 과정이라고 할 수 있다. 민주당은 2009년 중의원선거의 매니페스토를 통하여 구시대적인 자민당의 관료주도 체제를 정치주도의 새로운 체제로 변혁할 것임을 약속하였다.

1. 집권 이전 민주당의 기본정책과 매니페스토

간과 하토야마를 공동대표로 하여 출범한 민주당은, 1998년 4월 여러 야당을 통합하여 현재의 민주당을 결성하였다. 당시 민주당이 내세운 강령(기본이념)과 기본정책에는 자민당의 관료주도 체제에 대한 비판이 잘 나타나 있다. 예를 들어 당 강령에는 "현재의 일본은 관(官)주도의 보호주의와 획일주의, 담합과 유착이 구조화되어 시대의 변화에 대응할 수 없다"는 인식을 담고 있다.[3] 또한 행재정(行財政) 기본 정책으로 정치주도・국민주도를 통해 관료의 역할을 사전 조정으로부터 사후 관리・감독(事後チェック)으로 변환하고, 행정의 재량권을 감소시키는 한편 공무원 인사통제의 강화를 강

---

3) http://www.dpj.or.jp/about/dpj/principles_1998/(검색일: 2013년 8월 10일).

조하고 있다.4) 이처럼 관료주도 체제에 대한 부정적 시각은 민주당이 제시
한 매니페스토(정권공약)를 통해 지속적으로 확인되고 있다.

2003년 중의원선거에서 처음 제시된 매니페스토에서 간 나오토(菅直人)
의 민주당이 내세운 슬로건은 '탈관료(脫官僚)' 선언이었다. 구체적인 정책
과제로는 관료의 낙하산 인사나 보조금 문제, 공공사업으로 인한 예산낭비
등을 언급하고 있으며, 집권 후의 선결과제로 '사무차관회의(事務次官会議)'
의 폐지를 제시하고 있다. 특히 민주당이 '새 정부(新しい政府)' 구상에서
제시한 개혁 청사진은 2009년 민주당 정부의 '정치주도' 개혁의 바탕이 되었
음을 알 수 있다.5) 민주당은 자민당 지배체제를 '내각·여당의 이원체제',
'총리와 각(各) 대신의 이중구조', '정관유착의 관료주도 정책운용체제'라고
비판하면서 정부구조의 변화를 제안하고 있다. 무엇보다도 탈관료와 탈성익
(脫省益)이 가능한 체제로 개편하여 총리와 내각주도로 국익을 추구하는 정
부로 만들 것임을 강조하고 있다. 민주당의 관점에서 자민당 정부의 운영방
식과 민주당 정부가 추구하는 방식의 차이점은 〈표 1〉과 같다.

〈표 1〉 자민당 중심의 구(旧)정부와 민주당 중심의 신(新)정부6)

자민당 정부	민주당 정부
중앙관청 중심의 관료주도형 정부 운영 ▶	관저 중심의 정치주도형 정부 운영
내각과 여당의 이원화와 무책임성 ▶	내각과 여당의 일원화와 책임명료화
성익을 배경으로 한 부처할거주의 ▶	총리가 주도하는 종합적 정치
족의원 정관업유착의 이권정치 ▶	국익과 국민 우선의 공정한 정치
대신의 각 성 독립제(약한 관저) ▶	대신의 관저 상주제(슬림한 관료제)

4) http://www.dpj.or.jp/about/dpj/policy/(검색일: 2013년 8월 10일).
5) http://archive.dpj.or.jp/policy/manifesto/images/Manifesto_2003.pdf/(검색일: 2013
년 8월 10일).
6) 민주당 2003년 매니페스토 완전판(完全版), 24.

마찬가지로 2004년의 참의원선거와 2005년의 중의원선거에서 오카다 카츠야(岡田克也)의 민주당은 관료주도·이익배분의 정치를 비판하면서 정관업(政官業) 유착 구조의 타파와 '정치'를 통한 새로운 비전의 제시를 강조하고 있다. 또한 관료가 정치를 움직이는 중앙집권국가·관료주도국가 체제가 변화되어야 하며 국민으로부터 선출된 정치가가 리더십을 발휘해야 한다고 주장하고 있다.[7] 2005년의 매니페스토에서도 민주당은 족의원·이익유도·관료지배 정치의 탈피를 강조하고 있으며, 특히 재정낭비를 줄이기 위해 집권 후 '행정쇄신회의(行政刷新会議)'를 창설할 것임을 공표하였다. 오카다가 당대표이던 시절의 매니페스토에서는 신자유주의적 개혁 정책을 강조하는 점이 두드러진다. 2003년과 2005년의 중의원선거에서 민주당이 매니페스토를 통해 자민당 체제에 대한 대안으로 제시하는 개념은 '정치주도'로 표현되기보다는 자민당체제의 부정을 의미하는 '탈관료', '탈성익', '총리·내각주도'로 제시되고 있다.

한편 오자와가 당대표이던 2007년의 참의원선거에서 민주당은 '국민생활이 제일(国民の生活が第一)'을 구호로 내걸고 격차문제를 강조하며, 이를 교정하기 위한 수단으로서 담합이나 낙하산 인사의 근절 및 행정적 관행에 의한 예산낭비 억제를 강조하고 있다.[8] 민주당은 초기의 매니페스토에서는 신자유주의적 개혁을 강조했던 반면, '격차사회' 문제의 대두와 함께 점차 복지국가 구상과 이의 실현을 위한 정책방안들을 강조하게 되면서 정책구상에 일관성이 없다는 비판을 받기도 하였다. 하지만 와타나베는 적어도 국가체제 구상이라는 측면에서는 민주당이 일관성을 유지해 왔다고 평가하면서, 첫째, 분권개혁과 분권국가의 형성, 둘째, 총리의 권한강화와 관저주도·정치주도의 실현, 셋째, 작은 정부 및 작은 의회의 구성이 국가체제 개혁을

---

7) http://archive.dpj.or.jp/policy/manifesto/images/Manifesto_2004.pdf/(검색일: 2013년 8월 10일) 및 http://archive.dpj.or.jp/policy/manifesto/images/Manifesto_2005.pdf/(검색일: 2013년 8월 10일).

8) http://archive.dpj.or.jp/policy/manifesto/images/Manifesto_2007.pdf/(검색일: 2013년 8월 10일).

위한 민주당의 핵심 구상임을 지적하고 있다(와타나베 2010, 72).

2. 민주당의 2009년 매니페스토를 통해 본 정치주도

앞서 언급하였듯이 관료우위론이나 정치우위론과 같은 과거의 정관관계
론에서 정치주도란 자민당의 주도를 의미했다고 한다면, 1990년대의 선거
제도 개혁이나 하시모토의 행정개혁을 통해 추구된 정치주도란 내각과 여당
의 일체적 운영, 총리의 리더십과 내각주도의 정책결정이 이루어지는 체제
의 구축을 의미한다고 할 수 있다(이상훈 2005, 257). 먼저 민주당의 2009
년 매니페스토의 내용을 검토하여 이른바 '정치주도'가 무엇을 의미하는지
알아보고자 한다. 하지만 정치주도가 단지 정치가와 관료의 관계만이 아니
라 총리의 권한과 당·정관계를 포함하는 포괄적 개념으로 규정되면서, 의
미를 명확하게 알기 어려운 측면이 있다.

예컨대 정치주도란 첫째, 자민당 체제하에서 이익유도정치를 기반으로
하던 관료주도의 탈피. 둘째, 자민당 정권하에서 내각에 속하지 않는 파벌과
족의원 등의 정책과정에 대한 영향력 배제. 셋째, 총리의 리더십 강화 및
내각강화, 관저주도 등을 포함하는 개념으로 규정될 수 있다(박성빈 2010,
225). 무라마츠는 정치주도의 의미가 불명확함을 지적하면서, 정치주도라는
것은 정치가의 관료에 대한 지도력의 우위, 집권당의 우위, 총리·관저의 우
위 등을 모두 포함하는 것이라고 주장하였다(村松岐夫 2010, 272). 그렇다
면 민주당이 강조했던 정치주도는 무엇을 의미하는 것인가? 2009년 중의원
선거에서 민주당이 제시한 5원칙과 5책을 통해 정치주도의 의미를 살펴보
고자 한다.

민주당은 5원칙 중 제1원칙으로 정치가 주도를 내세우고 있는데, 앞서
언급한 포괄적인 의미의 '정치주도'라는 개념을 적용하면 2원칙과 3원칙 또
한 정치주도에 직접적으로 포함되어 있음을 알 수 있다. 한편 5책의 경우에
는 모든 항목이 정치주도의 실현에 필요한 구체적 정책방안임을 알 수 있

〈표 2〉 민주당의 2009년 매니페스토: 5원칙과 5책[9]

	5원칙	5책(策)
1	관료주도의 정치에서 집권당이 책임지는 정치가(政治家) 주도의 정치로	국회의원 약 100인을 정부에 정무3역(대신, 부대신, 정무관) 및 대신보좌관 등으로 배치하고, 정무3역을 중심으로 정치주도의 정책을 입안·조정·결정한다.
2	정부·여당이 분리된 이원(二元)체제에서 내각으로 일원화된 정책결정체제로	각 대신은 각 부처의 수장이지만 동시에 내각의 일원으로서의 역할을 중시한다. '각료위원회'를 활용하여 정치가가 관료를 선도하여 쟁점을 조정한다. 사무차관회의를 폐지하여 의사결정을 정치가가 주도한다.
3	각 성의 할거주의적 성익(省益)으로부터 관저주도의 국익으로	관저기능을 강화하고 총리 직속의 '국가전략국'을 설치하여 민관(民官)의 인재를 모아, 새로운 시대의 국가비전을 창조하고, 정치주도로 예산의 틀을 책정한다.
4	수직적인 이권사회에서 수평적인 연대(きずな) 사회로	사무차관·국장 등의 간부인사를 위해 정치주도하의 업적 평가에 기초한 새로운 제도를 확립한다.
5	중앙집권에서 지역분권으로	관료의 낙하산인사, 징검다리 인사를 전면금지한다. 국민의 관점에서 행정전반을 재검토할 '행정쇄신회의'를 설치하고, 예산과 제도를 재검토하여 낭비와 부정을 배제한다. 중앙과 지방의 역할분담을 재검토한다.

다. 오기노는 제1원칙인 '집권당의 정치가 중심주의'가 5책 전체의 출발점이라고 하면서, 제1원칙과 제3원칙이 1·2·3책에 강하게 표현되어 있음을 지적하고 있다. 한편 4·5책은 강력한 관료기구의 약화를 통한 정치주도의 확립이라는 관점에서 접근하여 제1원칙과 3원칙을 지지하는 것이라고 분석하고 있다(荻野徹 2012, 96-97). 한 가지 흥미로운 점은, 민주당이 자민당의

9) http://www.dpj.or.jp/policies/manifesto2009/(검색일: 2013년 8월 10일).

이원적(二元的) 정책결정과정을 강하게 비판하면서 정책결정의 일원화(一元化)를 제2원칙으로 내세웠음에도 불구하고, 5책을 통해 이를 실현하기 위한 구체적 정책 방안을 제시하지 않고 있다는 점이다.

다음으로 주목해야 하는 것은 5원칙, 5책과 함께 제시된 이른바 '다섯 가지 약속'이다. 이 부분은 '국민생활이 제일'을 내세운 2007년의 매니페스토를 상당 부분 반영한 것으로 보인다. 2009년 매니페스토는 다섯 분야의 정책각론을 포함하고 있는데, 제일 먼저 제시하고 있는 것이 낭비(ムダづかい)의 문제이다. 민주당은 국가 예산 207조 엔의 전면 재편성, 세금의 낭비와 낙하산 인사 전면금지 등을 내세우고 있으며, 예산 재편성의 경우 공공사업의 1.3조 엔 삭감, 인건비 1.1조 엔 삭감 등을 약속하고 있다. 이러한 사항들은 자민당의 관료주도 체제하에서는 관료 및 특정 단체의 이익과 결부되어 재원의 낭비가 만연하고 있다는 인식을 바탕으로 한 것이다. 민주당의 정치주도론에서 강조되는 정치가주도, 관저주도, 정책일원화는 이익유도정치에서 낭비되던 재원을 재검토하여 자신들이 제시한 공약을 실천하기 위한 전제조건이라고 할 수 있다.[10] 즉 민주당에게 정치주도란 정책결정과정의 제도적 개혁과 변화를 의미하는 것이며, 이를 통한 예산의 재편성과 정책 우선순위의 재조정을 포함하는 것이다. 제도적 측면에서 정치주도 즉 '탈관료의존'은 국가전략국과 행정쇄신회의의 창설, 사무차관회의의 폐지와 각료위원회의 설치를 통해 총리를 중심으로 내각이 톱다운(top-down)식의 정책결정을 내리고, 이에 따라 각 성의 정무3역이 관료를 지휘·통제하는 것이다(中北浩爾 2012, 173). 또한 정치주도는 '국민생활이 제일'이라는 슬로건과 연계된 다양한 정책, 특히 복지공약의 재원을 마련하기 위한 수단으로서도 중요한 의의가 있다. 즉 정치주도체제의 확립은 민주당이 매니페스토에서 내건 공약의 성패를 좌우하는 출발점이 된다고 할 수 있을 것이다.

---

10) 그러나 이러한 주장들은, 복지공약 등을 제외한다면, 고이즈미가 추구했던 개혁의 방향과 큰 차이가 없다는 비판이 있다(와타나베 2010, 57).

3. 정치주도 실현을 위한 제도개혁

1) 사무차관회의와 정책조사회 폐지

민주당은 자민당의 이익유도정치와 관료주도의 정책결정이 '사무차관회의'에서 비롯된 것으로 보았다.[11] 자민당 정부의 관행에 따르면 내각회의(閣議)에 제출되는 의제는 그 전날의 사무차관회의에서 논의되고 확인된 후에 각의의 안건이 되었는데, 사무차관회의가 법적 권한이 있는 것은 아니지만 사무차관회의의 방침이 각의에서 부정된 적이 없었다. 이러한 점 때문에 간 나오토는 사무차관회의를 관료지배의 상징으로 보았으며 사무차관회의의 폐지를 2003년 매니페스토에 포함시켰다(信田智人 2013, 53). 집권 후 민주당은 각 성(省)의 이익을 우선시하는 것으로 인식되는 사무차관들의 사전 조정을 배제하고, 정무3역(大臣, 副大臣, 政務官)이 중심이 되어 정책결정을 주도할 수 있도록 사무차관회의를 폐지하였다. 또한 중요한 정책은 총리와 관방장관이 그때마다 판단하도록 '각료위원회'를 열어 조정하도록 하였다(信田智人 2013, 131).

사무차관회의의 폐지와 함께 민주당이 정책조사회(政策調查会)를 폐지하면서 정무3역의 역할은 더욱 강화되었다. 자민당 체제하에서는 당내의 정무조사회(政務調查会)와 각 부회에서 관료가 제출한 법안을 국회제출에 앞서 여당의원들과 조정하는 '사전심사제'의 관행이 존재했는데, 이 과정에서 특수한 이익을 대변하는 족의원과 관료의 결탁을 통한 이익유도정치가 발생하였으며, 총리의 리더십 저하로 이어졌다(김젬마 2012, 126; 이상훈 외 2011, 28-29). 자민당 또한 이러한 문제를 잘 인식하고 있었다. 특히 관저주도·총리주도를 강조한 고이즈미 총리의 경우 집권 초기부터 여당의 사전심사 폐지 문제를 제기하였다. 실제로 고이즈미는 2003년에 우정공사설치 등과 관련한 법안을 국회에 제출하는 과정에서 일시적으로 사전심사 관행을 무시

---

11) 사무차관은 각 성에서 대신(大臣)과 같은 정무직을 제외하고 '전문관료'가 오를 수 있는 최고위직이다.

〈그림 1〉 정책결정 일원화를 위한 민주당의 구상[12]

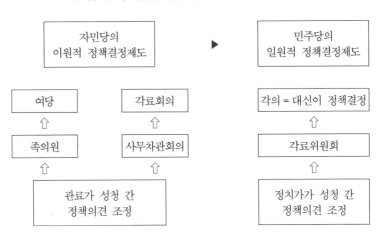

하기도 하였으나, 여당에 의한 사전심사는 그 이후에도 지속되었다(新藤宗幸 2012, 25). 사전심사 관행이 자민당 정부의 정책결정과정에서 두드러진 특징이었다는 점에서, 이의 폐지는 정책결정과정에 있어서 정치주도를 내세운 민주당 정권이 자민당 정권과 가장 차별화되는 점이라고 할 수 있다. 즉 사무차관회의와 정책조사회의 폐지는 자민당 시절의 정부·여당 정책결정 이원화(二元化) 문제를 개선하고 내각주도의 일원화된 정책결정체제를 구축하겠다는 민주당의 매니페스토를 실현하기 위한 최우선의 조치였다(〈그림 1〉).

하토야마 내각은 2009년 9월 16일의 첫 각의에서 여당에 의한 사전심사 관행의 폐지를 '기본방침'으로 정하였다(유진식 2012, 123). 이를 위해 민주당은 자민당의 정무조사회와 유사한 자당의 '정책조사회'를 폐지하였으며, 대신 의원들의 의견 수렴과 성청 간의 업무조정이 가능하도록 성청별로 정책회의를 신설하였다.

---

12) 고선규(2010, 82), 〈표 1〉을 필자가 일부 수정.

2) 국가전략실과 행정쇄신회의 설치

하토야마 내각이 발족된 2009년 9월 16일 국가전략담당 대신으로 간 나오토 부총리가, 행정쇄신담당 대신에는 센고쿠 요시토(仙谷由人) 내각부특명담당대신이 각각 임명되었다. 민주당의 원래 계획은 국가전략국(国家戦略局)을 설치하여 관저기능을 강화하고 국정의 지향점을 제시하는 한편, 재정 및 경제운영의 기본방침을 결정하는 기관으로 삼는 것이었다. 하지만 새로운 법 제정이 필요하였기 때문에, 임시방편으로 각의 결정에 근거하여 설치할 수 있도록 내각관방(內閣官房) 내의 국가전략실(国家戦略室)이라는 형식으로 조직을 구성하였다. 또한 총리 직속기관으로 행정쇄신회의(行政刷新会議)를 설치하여 행정 전반을 재검토하고 예산과 제도를 정비하는 역할을 담당하도록 하였다. 간 나오토는 이와 같이 국가전략실과 행정쇄신회의가 설치됨으로써 관료들이 정책결정과정이 정치주도로 변화하였음을 인식하게 되었다고 주장하였다(박성빈 2010, 230).

국가전략실은 '신성장전략'을 작성하여 2009년 12월 30일 각의에서 결정되는 등의 성과를 내기도 했으나,[13] 출범하면서부터 그 위상과 권한의 범위를 둘러싸고 갈등의 대상이 되었다. 후지이(藤井裕久) 재무상은 취임 초의 기자회견에서 예산편성과 관련된 질문에 대하여 "예산편성권은 재무성에게 있다. 이것이 대전제다"라고 답변하였으며 "국가전략회의는 전략을 만드는 것이 원칙이다"라고 답변했다.[14] 오카다(岡田克也) 외무상 또한 기자회견에서 국가전략실과 외교정책을 어떻게 양립해 나갈 것이냐는 질문에 대해, "국가전략실은 아직 법률에 기초한 조직이 아니기 때문에 탄력적으로 생각해야 하며, 당분간은 예산에 집중할 것으로 생각한다" "하토야마 총리가 지시할

---

13) 「新成長戦略 (基本方針) ─ 輝きのある日本へ」. 하지만 2010년 초 간이 재무상에 임명되고 행정쇄신담당상인 센코쿠가 국가전략담당상을 겸임하게 되면서 '신성장전략'의 내용이 변경되었다(信田智人 2013, 139).

14) 2009년 9월 18일 후지이 재무대신 각의 후 기자회견의 개요, http://warp.ndl.go.jp/info:ndljp/pid/1022127/www.mof.go.jp/kaiken/kaiken.htm/(검색일: 2013년 8월 12일).

문제이지만, 현재로서는 외교에 관한 지침이 나와 있지 않은 것으로 알고
있다"고 답했다.[15) 이러한 반응은 국가전략실의 역할에 대한 민주당 주요
정치인들의 입장이 일치되지 않고 있으며, 각 성의 업무에 대한 국가전략실
의 관여를 경계하고 있음을 잘 보여주고 있다.

　반면, 행정쇄신회의는 상대적으로 성과를 보여주었다고 할 수 있다. 2009
년 10월 22일 하토야마 총리를 포함한 행정쇄신회의의 첫 모임이 소집되었
는데, 예산 삭감의 수단으로 국민공개(国民公開) 방식의 사업재분류(事業仕
分け)를 시행하도록 결정하였다. 특히 각 성의 관료와 족의원, 압력단체로부
터의 저항이 강한 항목들이 대상이 되었다(信田智人 2013, 135). 이에 따라
2010년도 예산안, 독립행정법인 및 공익법인의 사업, 특별회계를 대상으로
3회의 사업재분류가 실시되었다.[16) 이처럼 공개적인 사업재분류의 가장 큰
목적은 국민의 시각으로 투명성을 확보하고 각각의 사업의 필요성을 판단한
후, 예산의 낭비를 줄여 '어린이수당'과 '공립고교 무상화' 등과 같이 매니페
스토에 언급된 공약의 실현에 필요한 재원을 확보하는 것이었다(清水克彦
2011, 40).[17)

---

15) 2009년 9월 17일 오카다 외무대신 회견 기록, http://www.mofa.go.jp/mofaj/press/
　　kaiken/gaisho/g_0909.html#8/(검색일: 2013년 8월 12일).

16) http://www.cao.go.jp/gyouseisasshin/contents/01/shiwake.html/(검색일: 2013년
　　8월 12일).

17) 사업재분류 진행 상황은 인터넷으로 생중계되기도 하였다. 사업재분류는 선인이 악인
　　을 응징하는 극장형정치와 같은 효과를 노린 측면이 있었는데, 대체로 성공적이었다
　　고 할 수 있다(新藤宗幸 2012, 10; 中北浩爾 2012, 174).

IV. 정치주도를 위한 민주당 개혁의 실패

집권 초기부터 시작된 국정운영의 혼란으로 인하여 2010년 6월 하토야마 총리가 조기에 퇴진하게 되었으며 오자와 또한 간사장직을 사퇴하게 되었다. 이어서 간이 총리에 취임하게 되었는데, 그는 관료에 대해 부정적 시각을 가지고 있었지만 후텐마기지 이전을 둘러싼 하토야마 정부의 혼란상을 통해 관료배제의 문제점을 인식하고 관료를 잘 활용하기 위해 노력했다.[18] 하지만 간 정부 또한 출범 초부터 소비세 인상 문제를 둘러싼 당내 갈등이 심화되는 한편, 2010년 9월의 센카쿠 열도 어선 충돌사고 및 2011년 3월의 동일본대지진 등 국내외의 문제에 적절히 대응하지 못함으로써 지지율 하락을 거듭하였다. 결국 간 내각은 1년 2개월 정도 지속하였고 2011년 8월에 노다가 민주당 정권의 새로운 총리가 되었다. 이처럼 총리 리더십이 변화하는 과정 속에서, 하토야마 정부 출범과 함께 야심차게 추진되었던 정치주도를 위한 개혁은 퇴색되기 시작했으며 매니페스토의 실천은 점차 어려워지게 되었다. 결국 노다 정부의 등장 이후 정치주도를 위해 민주당이 신설했던 조직들은 잘 작동하지 않는 한편 폐지한 조직들은 되살아나면서 원점으로 회귀하는 모습을 보여주었다.

1. 새로운 제도의 문제점과 개혁의 좌절

1) 정책결정 일원화를 위한 개혁 과정에서의 문제점

민주당은 자민당 체제의 관료주도 정책결정을 탈피하기 위해 사무차관회의를 폐지하였다. 또한 관료의 타(他)성청 및 정치가와의 접촉을 제한하였

---

18) 동일본대지진으로 발생한 후쿠시마 원전사고 처리과정에서 간 총리의 관료에 대한 불신감이 되살아나기도 하였다(信田智人 2013, 32).

는데, 이러한 조치는 정치인에 의한 관료의 통제를 넘어서 관료배제라고 할 수 있으며 성청 간의 조정 부재로 이어졌다(信田智人 2013, 144). 또한 관료에 대한 지나친 역할 제한으로 내각에 정보가 축적되지 않고 정무3역은 과도한 업무에 시달리게 되는 등의 문제점이 발생하였다(유진식 2012, 129). 이러한 상황 속에서 하토야마는 후텐마기지 이전 문제 및 자신과 오자와의 정치자금 문제 등으로 총리직에서 사임하게 되는데, 특히 후텐마 문제의 경우 관료들이 비협조적인 가운데 정보소통의 문제가 발생하면서 혼란이 가중되었다고 할 수 있다. 간 총리는 2010년 6월 8일 조각(組閣) 후 발표한 '기본방침'에서 정무3역과 관료의 정보공유와 의사소통을 강조했다. 그는 정관(政官)관계에 대한 기자의 질문에 대해 관료를 배제하지 않을 것이며 "국민의 입장을 우선하는 가운데, 관료의 힘을 이용하여 정책을 추진할 것이다"라고 답변하였다.[19] 이는 민주당 정부의 정관관계에 대한 인식 변화를 의미하는 것으로, 2003년 당대표 시절 매니페스토를 통해 탈관료를 강조한 간으로서는 상당한 변화임을 알 수 있다.

간 총리는 또한 관방장관으로 중앙 부처의 관료로부터 신뢰를 받는 센고쿠를 기용하였는데, 이는 후텐마기지 이전 문제와 관련한 혼란이 정책과정에서 배제된 관료들의 반발과 불충분한 정보전달에서 비롯되었다는 반성 때문이었다(朝日新聞 デジタル 2011/09/10).[20] 2011년 1월에는 간 총리가 관저로 소집된 각 성의 사무차관들 앞에서 과거 사무차관회의가 성청 간의 조정에 있어서 중요한 역할을 했었음을 인정하는 발언을 하기도 하였다(信田智人 2013, 160-161). 이러한 분위기 속에서 2011년 3월 11일 발생한 동일본대지진은 사무차관회의의 사실상의 부활로 이어졌다. 사태의 수습과 구호 과정에서 성청 간의 조정에 많은 문제점이 발생하였으며, 이를 해결하기 위해 3월 22일부터 '이재민생활지원각부성연락회의'를 개최하였다. 이 회의

---

19) 2010년 6월 8일 간 내각총리대신 기자회견, http://www.kantei.go.jp/jp/kan/statement/201006/08kaiken.html/(검색일: 2013년 9월 14일).

20) http://www.asahi.com/special/minshu/TKY201109090741.html/(검색일: 2013년 8월 13일).

는 5월에 '동일본대지진각부성연락회의'로 개칭되었으며 노다(野田佳彦) 내
각이 들어선 9월에는 국정전반의 주제를 다루는 '각부성연락회의(各府省連
絡会議)'로 정례화되었다.

한편, 정책조사회 폐지와 정책결정 일원화를 위한 일련의 당내 조치는 당
의 응집력을 떨어뜨리고 오자와의 당내 영향력을 강화시킴으로써 오히려 부
정적인 영향을 미쳤다.[21] 먼저 정무3역의 역할을 강화하고 협력을 강조하
는 과정에서 대신이 부대신과 정무관을 지명하여 선발하도록 함으로써 당내
그룹 간의 균형과 연공서열이 무시되었다는 불만과 혼란을 야기한 측면이
있다(信田智人 2013, 140). 또한 2009년 9월 18일에 오자와 간사장 명의로
'정부·여당의 일원화된 정책결정에 관하여'라는 제목의 문서가 모든 민주당
의원에게 배포되었는데, 정부와 여당의 의사결정 일원화를 위하여 선거나
의원의 정치활동에 관련된 법안을 제외하고는 의원입법을 원칙적으로 금지
한다는 내용을 담고 있었다(清水克彦 2011, 18). 이는 정무3역과 같이 내각
에 참여하게 된 의원들의 영향력은 증가하게 되지만, 그렇지 못한 의원들은
정책결정 과정에 참여하는 것이 거의 불가능하다는 것을 의미한다(박성빈
2011, 148). 이러한 변화는 정책조사회 폐지로 불만을 가졌던 의원들을 정
책과정에서 더욱 소외시키는 것으로, 당내의 불만은 결국 2010년 3월 초
우부카타(生方幸夫) 부간사장을 중심으로 한 '정조회의 설치를 목적으로 하
는 모임'의 결성으로 이어졌다.

2010년 6월 4일, 민주당 대표선거에 출마한 간 나오토는 정책조사회를
부활시킬 것임을 공언하였다(MSN産経ニュース 2010/06/16).[22] 간은 총리
취임 후 내각부특명담당대신인 겐바 고이치로(玄葉光一郎)를 정책조사회 회
장에 임명하였다. 비록 정책조사회를 부활시키긴 했으나, 정책과정에 대한
개입을 제한하기 위해 각료가 정조회장을 겸임하도록 한 것이었다. 하지만

---

21) 정부·여당 일원화를 위한 정책조사회 폐지와 내각제출 법안에 대한 여당의 사전심사
  부정, 의원입법의 원칙적 금지는 간사장에 취임한 오자와의 주장에 따른 것이다(中北
  浩爾 2012, 173).
22) 정책조사회의 부활은 반오자와, 탈오자와 노선을 의미하는 것이다.

노다 내각에서는 정책조사회가 정책결정과정에 참여할 수 있는 여지가 더욱 확대되었다. 정책조사회 회장의 각료 겸임 규정은 해제되었으며, 사전심사가 재도입됨으로써 자민당 시절과 같이 정부와 여당의 이원화 구조로 돌아가게 되었다(信田智人 2013, 189). 노다는 특히 당내의 융화를 중시하였기 때문에 여당 우위의 체제를 구축하고자 하였다(新藤宗幸 2012, 16). 이러한 변화는 과거 자민당의 방식으로 회귀하는 것이라고 할 수 있다.

2) 새로운 제도의 정착 실패

국가전략국 설치를 통한 정치주도의 실현은 하토야마 정부 수립 초부터 제한되기 시작했다. 국가전략담당대신인 간은 정책 면에서 강한 실권을 갖기 위해서는 자신이 민주당의 정조회장을 겸임해야 한다고 생각했으나, 오자와가 정책일원화를 위한 정책조사회 폐지를 강력하게 주장하여 관철시킴으로써 여당 내에 기반이 없는 상태가 되었다.[23] 더욱이 국가전략실은 법률이 아니라 총리의 지시에 의해 설치된 기관이었기 때문에 인원과 예산이 제한될 수밖에 없었고, 그 결과 업무를 제대로 수행하지 못하고 있다는 비판이 제기되기 시작했다(信田智人 2013, 137-138). 하토야마 내각은 2010년 2월 '정치주도확립법안(政治主導確立法案)'을[24] 제출하였지만 야당의 반대 등으로 처리가 지연되었다. 그 사이에 후텐마기지 이전 문제 등으로 위기를 맞이한 하토야마가 사임하였고 간 나오토가 총리가 되었다. 이후 치른 7월의 참의원선거에서 민주당이 패배하게 되자 간 총리는 '국회에서 법안이 통과하기 어렵게 되었다'고 하면서 법안의 철회 가능성을 언급하였다.[25] 정부

---

23) 민주당의 정책조사회 폐지 관련, 하토야마 총리와 오자와 간사장은 적극 찬성한 반면 간 국가전략대신과 오카다 외무대신은 이의를 제기하였다(이상훈 외 2011, 30).

24) 법안은 내각관방에 설치될 국가전략국의 기능을 경제전반의 기본방침과 재정운영, 조세관련 정책과 예산편성의 기본방침을 기획하고 조정하는 기구로 규정하고 있다. http://www.cas.go.jp/jp/houan/201002/youkou.pdf/(검색일: 2013년 9월 7일).

25) 池田信夫,「国家戦略局」がつぶされた本当の理由. 뉴스위크 일본판. 2010년 7월 22일. 이 결정에 대하여 경제학자이자 평론가인 이케다는 간의 결정에 재무성과 관료의 힘이 작용했으며, 소비세 관련 재무관료의 지원이 필요했기 때문이라고 주장한다. http://

는 2011년 5월 12일의 내각회의를 통해 정치주도확립법안을 철회하기로 결정하였으며 중의원에 승낙을 요구하는 통지를 제출했다(日本経済新聞 2011/05/12). 그 결과 국가전략실은 국가전략국으로 격상되지 못하고 총리에게 의견을 제시하는 자문(ブレイン)집단의 역할을 하는 데 그치게 되었다(小林良彰 2012, 64). 이는 민주당의 2009년 매니페스토의 5책 중 하나인 '총리직속의 국가전략국 설치를 통한 정치주도 예산 골격의 책정'이 좌절되었음을 의미한다.

행정쇄신회의의 사업재분류 또한 성과가 없었던 것은 아니지만 점차 기대에 미치지 못하게 되었다. 하토야마의 민주당은 예산 재편성을 통해서 낭비요소를 줄이면 증세 없이도 매니페스토에서 약속한 복지공약 실천에 필요한 재원마련이 가능하다고 주장했으나, 2010년 1월의 사업재분류 결과 삭감액은 기대치의 절반 수준인 3조 3천억 엔에 머무르는 등 기대했던 만큼의 예산절감 효과를 거두지 못했다. 이처럼 재원 확보에 어려움을 겪게 되자 하토야마 정부는 매니페스토에서 약속했던 어린이수당의 전액지급을 다음 해로 연기하고 금액의 절반만 지급하는 것으로 공약을 수정하였다(우준희 2012, 81-82).

한편 행정쇄신회의 사무국에는 재무성 관료가 근무하고 있었으며 사업재분류 과정에서 낭비라고 생각되는 사업들을 구분하는 작업에 참여함으로써 정치주도라기보다는 관료주도의 결정으로 볼 수 있다는 비판이 있었다(信田智人 2013, 136). 그 밖의 정책적인 측면에서도 민주당은 2009년의 매니페스토에서 내건 약속을 지키지 못하게 되었다. 대표적인 것이 소비세 인상 문제인데, 정치주도의 예산재편성을 통한 복지재원의 마련을 강조하던 민주당의 기존 방침과 달리, 간은 2010년 7월에 소비세 인상을 추진하겠다고 공언하였다. 이는 매니페스토에서 내건 증세 없는 복지를 강력하게 주장하던 당내의 하토야마그룹과 오자와그룹 등으로부터 강한 반발에 부딪쳤다.

www.newsweekjapan.jp/column/ikeda/2010/07/post-202.php/(검색일: 2012년 9월 4일).

9월의 당대표선거를 앞두고 재정문제를 둘러싼 갈등은 더욱 심화되었다. 간은 재정여력이 부족하므로 매니페스토의 일부를 수정해야 한다고 주장한 반면, 오자와는 소비세 증세론을 비판하며 매니페스토를 원안대로 실천해야 함을 주장했다. 2010년 9월 1일의 당대표선거 결과는 간의 압승이었다(小林良彰 2012, 69-71). 이러한 결과는 매니페스토의 실현가능성에 대한 민주당 의원들의 인식 변화를 보여주는 것이었다. 민주당은 또한 2011년 8월에는 자신들이 대표적인 복지프로그램으로 약속했던 어린이수당 제도를 소득제한이 있는 아동수당제도로 환원하기로 자민당과 합의하였다(이정환 2013, 153).

2. 정치주도를 위한 민주당 개혁의 실패 요인

개혁을 추진하기 위해서는 국민들의 강력한 지지와 같은 추동력이 필수적이라고 할 수 있다. 하지만 하토야마 정부는 취임 초부터 국정운영의 혼란을 겪기 시작했으며, 집권공약에 대한 실천이 예상대로 이루어지지 않는 가운데 안정적 집권 기반을 상실하게 되었다. 특히 2010년 7월 참의원선거의 패배로 인한 분점국회(ねじれ国会) 상황은 민주당이 주도적인 개혁을 추진하는데 장애가 되었다. 하지만 정치주도를 위한 개혁의 실패에 더욱 영향을 미친 것은 이러한 환경적 요인보다 민주당의 당내 역학관계와 미숙한 정부운영이라고 할 수 있다.

1) 분산된 리더십과 당내 갈등

민주당은 각기 다른 이념과 정책을 지향하는 다양한 그룹으로 구성되어 있었다. 현재의 민주당은 1998년 당시 구민주당, 민정당, 신당우애 등 여러 정당이 합당하는 형태로 결성되었으며, 각각의 유력한 지도자를 중심으로 보더라도 오자와그룹, 하토야마그룹, 간그룹, 노다그룹, 요코미치그룹 등 다양한 세력으로 구성되어 있었다. 이러한 특성은 자민당보다 더욱 분산된 리더십으로 이어졌으며 중앙집권적인 리더십은 존재하지 않았다고 할 수 있다(이재철·진창수 2011, 185). 한편 와타나베는 민주당을 하토야마, 간, 마에하라 등이 포함되는 신자유주의·자유주의파, 오자와를 중심으로 한 민주당형 개발주의, 복지정치 추구 그룹으로 구분되는 3개의 세력으로 분류하기도 하였다(와타나베 2010, 77-84). 이처럼 다양한 정책과 이념집단으로 구성되어 강력한 리더십이 존재하지 않는 민주당이 지속적이고 일관적인 모습을 보여주기는 어려운 일이다. 예컨대 2009년 7월의 설문자료를 분석한 결과에 따르면, 정치가와 관료의 관계에 대한 주요 정치인들의 인식차이가 발견된다. 오자와의 경우 양자의 관계를 대결적으로 보는 경향이 제일 강하며, 간의 경우에는 정치가와 관료의 협력관계에 긍정적인 성향을 보여주고 있었다(이재철·진창수 2011, 189).[26] 또한 재정건전화를 위한 소비세 인상 및 매니페스토의 실천과 수정에 대한 의견의 차이가 존재했으며, 정치주도를 위한 제도 개혁에 대해서도 각기 다른 입장을 보여주었다.

정치주도의 강력한 지지자이던 오자와는 민주당 간사장으로 집권 초기부터 강력한 영향력을 행사하게 되면서, 내각 중심의 정치주도 개혁에 대한 약속과 달리 당이 내각보다 우위에 서게 된 것으로 비판받기도 하였다(이상훈 외 2011, 10). 정책조사회의 폐지와 함께 이루어진 개별 의원 입법금지는 간사장실로의 권한집중으로 이어졌다. 더욱이 정권교체가 하토야마 총리의 개인적 능력보다는 오자와와의 선거전략에 의해 이루어진 측면이 강했기 때문에, 당과 내각의 권력관계에 있어서 실제적인 일원화가 실현된 것은 아니었다(中野雅至 2010, 177). 이러한 상황은 오자와그룹을 비롯한 각 세력 간의 권력 갈등으로 이어졌는데, 하토야마 총리시절 오자와가 당에서 막강한 영향력을 행사하며 독단적인 정당 운영을 함으로써 야당과는 물론 연립

---

26) 조사에 사용된 답변은 5점 척도로 측정되었는데, '정치가는 관료와 대결해서 따르게 하는 것이 좋다'에 가까울수록 1, '정치가는 관료와 협력해서 능숙하게 사용하는 것이 좋다'에 가까울수록 5로 답변하는 설문이었다(http://www.masaki.j.u-tokyo.ac.jp/ats/atpsdata.html). 오자와는 1, 하토야마는 2로 답변한 반면 노다는 3, 간이 4로 답변하였다(이재철·진창수 2011, 188).

여당 및 자당 내의 의견조율을 어렵게 하는 경우도 많았다(이상훈 외 2011, 32). 이는 민주당이 추진하던 내각으로의 정책결정 일원화와는 동떨어진 것이었다. 또한 간과 오자와는 2010년 9월 당대표선거를 통하여 매니페스토의 수정과 원안고수를 둘러싸고 치열하게 경쟁하였는데, 선거 이후에 화합하기 보다는 갈등이 더욱 표면화되었다. 총리 취임 이전부터 오자와의 영향력 배제하려 했던 간은 내각을 구성하면서 센코쿠나 에다노(枝野幸男)와 같은 반오자와 노선의 인물들을 중용함으로써, 정국운영에 있어서 반오자와 정책노선을 명확히 하였다(信田智人 2013, 160).

2) 관료배제와 정책조정기능의 약화

민주당이 정권운영 초기부터 혼란을 겪게 된 가장 큰 이유로 지목되고 있는 것은 정책결정과정에서의 관료배제이다. 민주당은 의원들이 집권 경험이 없고 행정 경험이 부족한 초선 의원들이 다수였음에도 불구하고 정치주도를 지나치게 의식하여 관료들과의 협력을 소홀히 한 측면이 있다. 특히 성청 간의 대립이 있을 때에는 조정기능이 필요한데 사무차관회의의 폐지로 관저가 정보를 총괄하여 정책조정과 정치주도의 결정을 하는 것이 어렵게 되었다(信田智人 2013, 143). 관료의 입장에서도 사무차관회의의 폐지는 각 성청의 관료가 직무 수행에 필요한 다른 성청의 정보를 얻지 못하는 정보의 단절(タコツボ) 상태를 야기했다. 즉 정무3역이 각 성의 정책을 결정하는 과정에서 관료들이 제공해야 할 정보의 획득이 제한되고, 정책결정과정에서도 역할이 제한됨으로써 행정 전반의 질이 저하되었다는 것이다(参議院自由民主党 2012, 5). 시노다는 민주당이 부정적으로 인식하고 있었던 사무차관회의가 오히려 총리의 정치주도에 있어서 중요한 기관으로 활용될 수 있었음을 지적하고 있다. 고이즈미의 경우에는 총리의 지시를 관료조직 전체에 알리는 최초의 장으로 활용하여 관저주도의 정책결정에 오히려 도움이 되었다고 주장한다(信田智人 2013, 142).

민주당이 정부운영을 제대로 하지 못한 것은 무엇보다도 강력한 정책조정기구를 확립하지 못한 상태에서 개혁을 추구했기 때문이다. 고이즈미의 경우에는 경제재정자문회의가 총리의 리더십 강화, 내각 강화의 정책결정 사령탑으로서 역할을 했다면, 민주당은 이러한 기구를 활용하지 못했다. 특히 민주당이 추구하는 정치주도체제에서는 총리가 각 성의 정무3역을 통제해야 함에도 불구하고 실제로 그러한 역할을 수행하는 데 미흡하였다(中野雅至 2010, 128). 결국 민주당 정부는 정무3역이 정책결정과정에서 핵심적인 역할을 담당하도록 하였지만, 이들을 조정하고 협력을 이끌어내는 컨트롤 타워 역할을 할 제도적 장치마련에 실패한 것이다(박성빈 2011, 152). 국가전략실은 이러한 기능을 담당하기 위해 고안된 것이지만, 앞서 언급했듯이 하토야마 내각 출범 초부터 유력 정치인들의 견제가 있었으며 국가전략국으로의 위상 강화 또한 좌절되고 말았다. 더욱더 근본적인 이유는 하토야마가 국가전략실을 통해 집권 초기, 개혁 초기에 리더십을 발휘하지 못했기 때문일 것이다.

3. 민주당 '정치주도' 개혁의 의의와 성과

하토야마는 2009년 9월 16일 전체 각료 앞에서 "오늘, 일본이 메이지유신 이래 지속한 정치와 행정체제를 전환하는 역사적인 제1보를 내딛지 않는다면 이 내각은 의미가 없습니다"라고 선언하며 출범하였다(淸水克彦 2011, 16). 그러나 민주당 정권의 정치주도를 위한 개혁조치들이 과거 자민당 정부의 방식과 유사하게 되돌아감으로써 실패로 평가받게 되었다. 하지만 정치주도를 위한 민주당의 개혁 시도를 1990년대 이래 추진되어온 일본의 정치행정체제의 개혁이라는 맥락에서 평가한다면, 전혀 의미가 없는 것은 아니었다고 할 수 있다. 오기노는 각각의 행위자들이 정치주도에 대해 일정한 학습을 하게 되어 정치주도(탈관료)의 정권운용이 새로운 단계로 진화하는 중이라고 주장한다(荻野徹 2012, 104). 예를 들어, 간 총리가 관료지배의 상징으로 지칭했던 사무차관회의는 '각부성연락회의'라는 이름으로 부활하긴 했지만, 과거의 자민당 시절과 달리 내각회의 이전에 개최되던 사전모임

이 아닌 사후모임으로 변경되었다(信田智人 2013, 190). 이와 더불어 공공
사업의 축소나 낙하산 인사의 근절 등에 있어서 민주당이 일부 성과를 내었
다는 사실 또한 긍정적으로 평가할 수 있는 측면이 있다. 물론 민주당이
공언했던 낙하산 인사의 근절과는 거리가 멀지만, 총무성 발표에 따르면 전
년도의 국가공무원 과장·기획관급 낙하산 인사(天下り)의 수는 1,423인이
었던 반면, 2010년 9월의 조사에서는 그 수가 1,185인으로 감소하였다(小林
良彰 2012, 75). 공공사업 관련 예산 또한 2010년의 경우 전년도 대비
13.8%, 2011년의 경우 8.1%의 감소를 보여주었다.[27]

단기적인 관점에서는 정치주도를 위한 민주당의 제도개혁 시도가 수포로
돌아간 것이 분명하다. 하지만 일본의 장기적인 체제 개혁의 지향점으로서
의 정치주도론은 민주당의 집권을 통해 강화된 측면이 있다. 정권을 탈환한
자민당의 아베 총리는 2012년 12월 28일의 제1회 차관연락회의(次官連絡会
議)에[28] 참석하여 "정관(政官)의 상호 신뢰관계에 기초한 진실한 정치주도
의 추진"과 "내각이 명확한 방침을 제시하고 각 대신의 지휘·감독하에 행정
의 전문가인 공무원 여러분이 큰 힘을 발휘하는 것을 기대"한다고 강조 하
였다.[29] 이러한 진술은 민주당 정부 시기의 관료배제에 대한 비판을 담고
있기도 하지만, 정책의 결정과 집행에 있어서 민주당이 추구했던 정치주도
의 방향으로 국정을 이끌어 가고자 하는 의지를 보여주는 것이다.

---

27) 물론 2000년대 들어 지속적인 감소추세를 보이는 것도 사실이지만, 민주당은 공공사
업비 축소에 더욱 적극적이었다. 일본 재무성 〈日本の財政関係資料〉 2011년 9월,
2012년 9월. http://www.mof.go.jp/budget/fiscal_condition/related_data/sy014_
2409.pdf/(검색일: 2013년 9월 25일); http://www.mof.go.jp/budget/fiscal_condi
tion/related_data/sy014_23.pdf/(검색일: 2013년 9월 25일).
28) 사무차관회의를 계승한 기구이다.
29) http://www.kantei.go.jp/jp/96_abe/actions/201212/28jikankaigi.html/(검색일: 2013
년 8월 12일).

V. 결론

민주당은 정치주도를 실현하기 위한 제도개혁과 이를 통한 예산의 재편성과 복지확대를 내걸고 집권하였다. 그러나 국내외에서 발생한 다양한 문제들에 대응하는 과정에서 민주당 총리들의 리더십 부재가 드러났으며, 매니페스토 및 정책을 둘러싼 당내 갈등의 심화로 정권을 상실하게 되었다. 무엇보다도 2009년의 매니페스토에서 약속했던 사항들을 실현하지 못하게 되면서 점차 국민들로부터 외면받게 되었다. 민주당은 정치주도를 위해 자민당 체제하의 다양한 제도를 폐지하거나 새로운 제도를 신설하였지만, 하토야마의 서투른 국정운영과 실각 이후에 간과 노다를 거치면서 점차 과거의 방식으로 회귀하게 되었다. 이러한 혼란은 민주당이 정권을 획득하기 위한 준비는 되어 있었으나 정권을 운영하기 위한 준비는 부족했음을 잘 보여준다(山本健太郎 2012, 32). 더욱이 2010년 7월 참의원선거의 패배와 분점국회의 형성이나 2011년 3월 동일본대지진과 같은 위기 상황은 민주당의 정국운영을 더욱 어렵게 하였다.

이러한 과정 속에서 민주당은 정책의 일관성을 보여주지 못하고 정치주도를 위해 새롭게 시도한 제도는 정착하지 못하게 되었다. 사무차관회의와 정책조사회는 동일하거나 유사한 조직으로 부활하였으며, 정치주도를 위한 제도 개혁의 핵심이던 '국가전략국'의 설치를 포함한 정치주도확립법안은 철회되었다. 결국 민주당은 과거의 방식으로 회귀한 셈이다. 하지만 탈관료, 관저주도, 총리리더십의 강화라는 정치주도의 의제는 지난 수십 년간 지속적으로 추구되었음에도 지체되고 있는 어려운 과제라고 할 수 있다. 강력한 리더십과 비전이 결여된 민주당으로서는 자신들의 역량으로 달성하기 쉽지 않은 목표를 내세운 셈이었다. 민주당으로의 정권교체 직전에, 무라마츠는 90년대 중반 이후 붕괴된 구체제를 대체할 새로운 체제의 모색이 민주당으로의 정권교체만으로 자동적으로 이루어지지는 않을 것임을 예측했었다(村松岐夫 2010, 273). 비록 민주당의 시도는 실패로 귀결되었지만, 자민당이 재집권한 현재에도 새로운 시대를 위한 관료와 정치인의 역할 및 양자관계의 재정립을 위한 노력이 여전히 진행 중이다.

▌참고문헌▌

강태훈. 1997. "전후 일본의 정치가와 관료의 관계." 『국제정치논총』 37(2), 99-118.

고선규. 2010. "일본 민주당 정권의 탄생과 정책결정방식의 변화." 『동북아연구』 15, 67-92.

김젬마. 2012. "하토야마 유키오의 '이념적 리더십' ― 성공과 실패 원인 분석을 중심으로." 『日本硏究論叢』 36, 113-139.

박성빈. 2010. "민주당 정권 탄생 이후의 정책결정과정의 특징과 변화." 『한국행정학보』 44(3), 219-237.

_____. 2011. "민주당 정권 탄생 이후 일본 금융규제정책결정과정의 변화." 『일본연구논총』 34, 135-156.

우준희. 2012. "일본민주당의 집권과 반(反)자민당 정책노선의 딜레마." 『국가전략』 18(3), 61-95.

유진식. 2012. "일본의 민주당연립정권하에서의 입법과정의 변화." 『충남대학교 법학연구』 23(2), 99-135.

이상훈. 2005. "일본정치의 변화와 정관(政官)관계론의 새로운 모색." 『일어일문학연구』 52(2), 245-262.

이상훈·이이범·이지영. 2011. 『일본 민주당의 정책결정 및 입법과정 연구』 2010년도 국회연구용역과제 연구보고서. 한국의회발전연구회.

이재철·진창수. 2011. "정치엘리트의 이념 및 정책성향: 일본 민주당의 중의원 분석." 『한국정당학회보』 10(1), 167-200.

이정환. 2013. "일본 민주당 정권의 소비세 인상으로의 정책전환과 분열." 『한국정치학회보』 47(2), 149-167.

진창수. 2006. "일본 정당정치의 변동과 정책변화: 2001년 성청 개혁을 중심으로." 『日本硏究論叢』 24, 39-80.

한의석. 2012. "일본의 정치리더십 위기와 고이즈미 재평가: 탈자민당 정치와 개혁의 리더십." 『세계지역연구논총』 30(3), 119-147.

渡辺治·二宮厚美·岡田知弘·後藤道夫. 2009. 『新自由主義か新福祉国家か民主党政権下の日本の行方』旬報社(한국어 번역본: 와타나베 오사무 외. 이유철 옮김. 2010. 『기로에선 일본』. 도서출판 메이데이).

菅原琢. 2012. "民主党政権と世論." 御厨貴 編. 『「政治主導」の教訓: 政権交代は何をもたらしたのか』. 勁草書房, 3-29.

砂原庸介. 2012. "政権交代と利益誘導政治." 御厨貴 編. 『「政治主導」の教訓: 政権交代は何をもたらしたのか』. 勁草書房, 55-79.

山本健太郎. 2012. "政権交代と人事." 御厨貴 編. 2012. 『「政治主導」の教訓: 政権交代は何をもたらしたのか』. 勁草書房, 31-54.

上神貴佳·堤英敬. 2011. 『民主党の組織と政策』. 東洋経済新報社.

小林良彰. 2012. 『政権交代 ― 民主党政権とは何であったのか』. 中央公論新社.

新藤宗幸. 2012. 『政治主導: 官僚制を問いなおす』. 筑摩書房.

信田智人. 2013. 『政治主導 vs. 官僚支配』. 朝日新聞出版.

荻野徹. 2012. "余はいたにして脱藩官僚とならざりしか." 御厨貴 編. 『「政治主導」の教訓: 政権交代は何をもたらしたのか』. 勁草書房, 83-106.

中北浩爾. 2012. 『現代日本の政党デモクラシー』. 岩波書店.

中野雅至. 2010. 『政治主導はなぜ失敗するのか?』. 光文社.

参議院自由民主党. 2012. 「民主党政権の検証 ― 迷走の3年を総括」(https://www.jimin.jp/policy/policy_topics/recapture/117907.html).

清水克彦. 2011. 『「政治主導」の落とし穴』. 平凡社.

村松岐夫. 2010. 『政官スクラム型リーダーシップの崩壊』. 東洋経済新報社.

민주당 홈페이지(http://www.dpj.or.kr).

총리관저 홈페이지(http://www.kantei.go.jp).

일본 내각부 홈페이지(http://www.cao.go.jp).

재무성 홈페이지(http://www.mof.go.jp).

『MSN産経ニュース』(http://sankei.jp.msn.com).

Newsweek 일본판(http://www.newsweekjapan.jp).

『日本経済新聞』(http://www.nikkei.com).

『朝日新聞(デジタル)』(http://www.asahi.com).

민주당의 생활자중심정치로의 시도와 좌절*

박명희

I. 문제제기

2012년 12월 16일 실시된 제46회 중의원총선거에서 민주당은 전체 의석의 61.25%인 294석을 자민당에게 빼앗기면서 극적으로 성공한 정권교체를 유지하지 못하고 3년 3개월 만에 물러났다. 2013년 7월 21일 참의원선거에서도 여당인 자민, 공명당이 참의원 과반수를 획득하게 되면서 중참 양원에서 야당으로서의 민주당의 향후 활동 역시 불안한 상황에 놓이게 되었다. 아사히신문(朝日新聞)의 여론조사에 의하면 민주당 정권에 대한 실망(81%)이 이러한 현상의 가장 큰 원인으로 작용하고 있다.1)

* 이 글은 "일본 민주당의 정책체계: 생활자 중심 정치로의 시도와 좌절," 『일본연구논총』 38집(2013)에 게재된 글을 수정·보완한 것이다.

1) 아사히신문(朝日新聞)의 여론조사에 따르면, 유권자의 자민당 지지이유는 정책(7%), 민주당 정권에 대한 실망(81%)인 것으로 나타났다(朝日新聞 2012/12/19).

그렇다면 유권자가 민주당에게 기대했던 것은 무엇인가? 2007년 참의원 선거 전부터 민주당의 선거 슬로건은 '국민생활이 제일'이었으며, 이를 대표하는 정책은 아동수당지급, 호별농가보조금 지급, 고교무료화 등의 생활중심 정책이었다. 국민의 생활을 강조하는 이 같은 정책과 슬로건은 신자유주의적 개혁과 내셔널리즘의 부각에 초점을 맞춘 자민당의 정책과 대립 축을 형성함과 동시에 2000년대 중반 이후의 확대되는 사회적 양극화에 대한 대중적 위기감에 부합한 것으로서 유권자의 지지를 확보할 수 있었던 것으로 평가되었다. 이후 민주당은 생활자중심 정당으로서의 이미지를 구축하게 되었다(박명희·최은봉 2013; 양기호 2011; 이지영 2011; Hyde 2011; Maeda 2010; 中北浩滋 2012; 山口次郎 2009). 민주당의 정권유지 실패의 이유는 다양하게 분석될 수 있지만, 기대가 컸던 만큼 생활자중심정치에 대한 유권자의 좌절도 그 이유 중 한 가지로 생각해 볼 수 있다.

선행 연구에서는 많은 경우 생활자중심 정당으로서의 민주당 노선을 2007년 이후 형성된 오자와 이치로(小沢一郎)의 선거전략으로 다루고 있지만, 초기 민주당의 창당시기로 거슬러 올라가면 생활자정치는 민주당 결당의 주된 모티브가 되고 있다. 민주당은 1990년대 중반 국가경제의 악화와 고령화라고 하는 구조적 문제로 형성된 사회적 불안과 자민당 중심의 이익유도정치, 관료의 부패에 대한 유권자의 불만고조 상황에 대한 대안제시를 목적으로 시작되었다. 특히, 생활의 불안은 1990년대 이후 정부에 대한 요망 여론조사 결과에서도 나타나고 있는데 사회보장, 사회복지 충실문제가 1990년 1위(39.4%), 1994년 2위(47.4%), 1996년 1위(54.8%)를 차지하였다.[2] 오오타케(大嶽秀夫)는 1990년대 일본의 정치환경을 이익정치와 이익정치에 대한 비판세력이 공존하는 시기로 요약하고 있는데, 자민당이 업계 등 공급자의 성장에 의한 간접 복지를 추진하였던 것에 반해 민주당은 개개인 즉 수요자의 복지를 중시하고, 시민이 주가 되는 사회개혁을 제시하면서 무당파

---

2) 「国民生活に関する世論調査」, http://www8.cao.go.jp/survey/index-ko.html(검색일: 2013년 8월 1일).

층을 필두로 한 이익정치 비판세력의 지지를 받고 성장하였다(大嶽秀夫 1999, 101-102). 이처럼 초기 민주당에게 있어 생활자정치는 단순한 선거 슬로건 이상의 의미를 지니는 것이었다.

　2013년 현재, 지난 3년간의 민주당 정권에 대한 다양한 평가가 이루어지고 있다. 일본 정치에서 자민당이 아닌 야당에 의한 집권가능성의 제시, 정책결정과정에서의 개방성, 일부 정책적 성과에 대한 긍정적 평가도 있지만(Stockwin 2012; 山口次郎 2012), 많은 연구자들은 민주당 내부의 당내 분열의 문제, 통치능력 부재의 문제 등을 민주당 정권유지 실패의 원인으로 주목하고 있다. 특히 매니페스토와 관련된 생활정책, 즉 아동수당, 고교무상화 등의 개별정책의 이행여부는 민주당의 통치 능력을 가늠하는 하나의 잣대가 되고 있다(정미애 2013; 山口次郎 2012; 小林良彰 2012).

　기존의 민주당 분석은 당의 내부 및 외부적 환경과 그에 따른 정책적 결과에 중점을 두고 있으며, 이러한 접근은 민주당 정권의 성공과 한계 요인을 밝히는 데 효과적이다. 본 연구는 환경과 정책적 성패 분석과는 별도로 근본적으로 민주당 결당의 모티브가 된 생활자정치가 무엇이며, 이것이 민주당 정권에서 어떻게 구현되었는가를 시계열적으로 분석하는 데 목적이 있다. 구체적으로 본 장에서는 첫째, 민주당 결당과정에서 나타난 생활자정치는 무엇인가. 둘째, 민주당의 매니페스토에서 생활자정치는 어떻게 정책으로 구현되며, 연속성을 가지는가. 셋째, 민주당의 생활자정치는 정책체계로서 자민당 정권과의 차별성을 만들어 냈는가를 검토하고자 한다.

II. 민주당의 정책체계와 생활자정치

　이이오 준(飯尾潤)은 민주당 정권의 문제를 단순한 운영미숙보다는 정책체계의 문제로서 파악한다. 정책은 현상을 개선하기 위한 구체적 요소이지만, 정책의 배경에는 그 정책이 필요로 하는 현황인식 및 가치판단이 포함되어 있고, 각각의 정책은 그 목적 및 가치관을 통해서 다른 정책과 연결되어 있다. 이이오는 이러한 개별정책을 넘은 가치관을 정책체계로 칭한다(飯尾 2013, 7-10). 정책체계는 개별정책 이면에 존재하면서 정치행위자들에게 정책적 로드맵을 제시하고, 정책의 안정성을 제시한다는 면에서 중요하다.[3]

그렇다면, 생활자정치는 무엇이며, 민주당에게 있어 생활자정치는 어떤 의미를 가지는가? 생활자정치는 시노하라 하지메(篠原一)가 1982년 처음 사용한 개념으로서, 기존정당이 주도하는 물질적 이익중심정치, 보수주의 자유주의 사회주의 등의 이념의 정치를 지양한다. 내용상으로 포스트 물질주의 즉, 생활에 관련된 정치를 의미하며, 형태상으로 민주주의, 자발성, 연대성에 근거를 둔 정치이다(篠原一 1982, 52; 양기호 2011, 327-329; 이지영 2011, 19; 박희숙 2009, 80-91). 최근 복지영역에서 생활자정치를 강조하고 있는 미야모토 타로(宮本太郎)는 생활자정치를 생활형식 자체에 대한 정치로 본다. 즉 가족의 형식과 남성과 여성의 역할, 생활과 양립 가능한 일하는 방식 등에 대한 서로 다른 가족관, 생활관, 도덕관의 차이를 조정하면서 복지나 고용제도를 만들어가는 과정이 생활자정치이다(宮本太郎 2008, 165-180).

요컨대, 생활자정치는 단순히 생활자의 이익을 대변하는 정치가 아니라 생활자의 관점에서 정치를 재편하는 의미를 가진다. 단순화하면 생활자정치는 내용 면에서 개개인의 생활의 문제를 정치적으로 의제화하는 것이며, 형식 면에서 개인의 자발적 정치적 참가를 기반으로 한다. 전자를 생활자정치의 사회개혁성으로 후자의 요소를 시민성으로 볼 때, 민주당의 결당선언에

---

3) 정책체계는 일종의 이데올로기로도 설명될 수 있다. 이데올로기는 어떤 가치를 기반으로 다양한 관념 및 의견, 태도, 신념 등의 복합체이다. 이데올로기는 현상인식과 장래의 비전, 목표에 도달하기 위한 방향성을 제시하고, 많은 인간을 동원가능하게 하며, 대중에게 호소력을 가진다(蒲島·竹中 2012, 33-34). 정책 체계와 이데올로기는 일정한 가치관을 배경에 두고 있는 점에서는 공통점을 가지지만, 일반적으로 이데올로기는 보다 광범위한 개념으로서 사회전체를 설명하려고 한다. 따라서 강력한 이데올로기에 의해 정책체계는 조정될 수 있다.

서는 이러한 요소를 발견할 수 있는가?

　민주당은 1996년 9월 28일 자민당과 제1야당인 신진당에 대항하는 제3극이 될 것을 목표로 창당(공동대표: 간 나오토(菅直人), 하토야마 유키오(鳩山由紀夫))되었다. 하토야마와 함께 대표로 취임한 간은 시민운동가에서 정치가로 전환한 인물로서, 노동조합에 기반을 둔 사회주의, 풀뿌리 시민의 참가를 중시하였다. 민주당 창당에서 발표된 기본이념에서는 민주당을 '시민의 당'으로 규정하고 있다. 1996년 발표된 1차 민주당의 결당선언에서 볼 때 민주당은 구조적·정책적인 측면에서 기존의 정당과 차별화된다. 첫째, 구조적인 측면에서 민주당은 기존 정당조직의 상의하달형 정당이 아니라 수평적 네트워크 정당임을 밝히고 있다. 구체적으로 전후 세대를 중심으로 시민의 정치참가를 실현하는 정치적 네트워크로서 기능할 것임을 밝히고 있다. 둘째, 정책 면에서 경제성장 지상주의를 탈피하고, 자원순환형 시장경제, 자연과의 공생, 세계와의 공생과 조화를 이루는 생활공간의 창설을 목표로 하고 있다. 또한 지구시민적인 의식과 행동, 지방분권, 시민참가, 지역공조형 복지 등의 용어를 사용하면서 참가형 데모크라시의 이념을 중핵으로 두었다.

　참가와 자치, 도덕적 입장에서의 리버럴한 입장의 강조는 1960년대 시민운동, 주민운동에서 대변되었지만, 이러한 세력은 정당정치 가운데 새로운 세력을 형성하지 못하고, 기존의 정당에 흡수된 바 있다. 1990년대 기존 정당에 대한 반감은 팽배해 있지만, 리버럴한 정당이 등장하여 대립 축을 형성하지 못한 상황에서 민주당이 시민화를 중심으로 기존 정당과의 차별화를 내세우게 된 것이다(박철희 2006, 285-286).

　한편, 1997년 12월 제1야당이었던 신진당이 해체를 선언하자, (구)민주당은 1998년 4월 민정당, 신당우애, 민주개혁연합 등을 통합하여 지금의 민주당을 창당하였다. 1998년 결당선언에서 민주당은 기존 이익구조에서 배제된 이들 즉 생활자, 소비자, 납세자 등의 입장에 설 것을 밝히고 있다.[4] 생

---

4) 출처: 民主堂, http://www.dpj.or.jp/about/dpj/principles_1998(검색일: 2013년 8월

활의 관점을 중시한다는 점에서는 1996년과 같지만, 1998년 결당선언에서
는 정부에 의한 공공정책의 영역을 축소하고, 시장의 원리를 확대하는 작은
정부로의 지향이 강화되고 있다. 관료지배는 관료가 자의적·선택적으로 개
입하여 시장의 효율성을 저해하고, 교육, 의료, 각 부분에서 공공시설관리의
경직성, 획일성을 초래하여 시민들의 불만의 배경이 되어왔다. 그런 의미에
서 시장화는 공공서비스 영역에서 소비자 주권의 원리를 실현하기 위한 수
단으로 간주되었다.

1996년과 1998년의 두 결당선언을 통해 볼 때, 민주당은 창당 초기부터
생활자 기반의 정당임을 밝히고 있으며, 생활문제를 의제화하는 사회개혁적
요소를 강조하고 있다. 한편, 시민의 자발적 정치 참가를 중시하는 시민성의
요소는 1998년 합당 이후의 민주당에서는 약화되고 있다. 여기서 주목해야
할 점은 초기 민주당의 두 차례의 결당선언문을 통해서 민주당이 생활자정
치를 통해 이루고자 하는 사회상 및 도달방법에 대한 합의가 없었다는 점이
다. 이 때문에 생활정치는 때로는 신자유주의적 개혁의 일환으로 활용되고,
때로는 서구의 사회민주주의 정책과 유사한 정책의 일환으로 다루어지기도
하였다.

III. 생활자중심정치의 전개: '국민생활이 제일'에서 신성장전략으로

1. 매니페스토의 도입과 '국민생활이 제일' 정책

1990년대 이후 기존의 표집기능을 담당하였던 노동조합 및 후원회가 약
화되는 반면 매스미디어의 영향력이 커지면서 일본의 정치는 이익유도형 정

1일).

치에서 대중정치로 변화하게 되었다. 여기에 상위 2개 정당에게 유리한 소선거구제로의 제도개혁은 민주당이 수차례에 걸친 합당을 통해 거대정당으로 거듭나게 하는 계기가 되었다. 위로부터의 합당이라는 방법을 통해 규모를 확대한 정당이기 때문에 사회적 기반조직이 약한 민주당은 유권자의 지지를 얻기 위해 대중적 커뮤니케이션을 중시해왔고, 그 일환으로 도입된 것이 매니페스토였다. 2003년 민주당은 국정선거에서 최초로 매니페스토를 도입하였고, 이후 국정선거에서 매니페스토가 정착되는 계기를 만들었다.

2003년 이후 민주당의 매니페스토에 나타난 생활자중심 정책의 주된 흐름을 살펴보면 다음과 같다(박명희·최은봉 2013, 116-126). 매니페스토 도입 후 2003년 처음 실시된 중의원선거에서 민주당의 매니페스토의 표제는 '탈관료'였으며, 공공사업의 낭비를 막고, 환경을 중시하며, 2006년까지 국가 직할 공공사업의 30%를 삭감한다는 주장을 담고 있다. 그 밖에도 정치자금 전면공개, 고속도로 요금무료화, 국회의원 정수 삭감, 공무원 인건비 10% 삭감, 기초연금 재원 소비세 충당, 새로운 연금보험 창설, 소학교 30인 학급 실현을 약속하였다. 이는 공공사업에 의존한 건설업자 등을 지지기반으로 하는 자민당으로는 내 놓을 수 없는 차별화된 안이었다.

2004년과 2005년의 매니페스토에서는 '시장의 일은 시장에게', '지역의 일은 지역에게', '국가의 역할 축소' 등 신자유주의 정책노선이 전면에 부각되었다. 신자유주의 노선이 개혁을 상징하면서 대중적 지지가 확대됨에 따라 민주당 역시 고이즈미 개혁노선과 유사한 작은 정부의 지향을 강화하게 된 것으로 보인다. 그렇지만, 민주당이 초기에 생활중심 정당으로서 내놓은 정책에 변화가 있었던 것은 아니다. 연금제도의 일원화, 청년층취업 지원, 지역의 교육력 회복 등은 여전히 매니페스토의 표제에서 다루어지고 있고, 대표적인 민주당의 생활 정책인 아동수당도 매니페스토 각론에 포함되어 있다. 다만, 이 시기에는 생활자중심 정책자체보다 신자유주의적 구조개혁에 중점이 두어지고 있다는 것을 매니페스토의 구성을 통해서 알 수 있다. 민주당의 매니페스토의 구성은 선거마다의 슬로건이 있고, 앞장에 몇 개의 약속, 혹은 몇 개의 제안 등의 표제어가 있다. 중간부분에 표제와 관련된 정책

군(본론)이 있으며, 본론보다 확대된 개별 정책군(각론)이 뒷편에 모여 있
다. 또한 매니페스토 발표에 앞서 실현하고 싶지만, 달성여부를 약속할 수
없는 것과 간판 정책에서 누락된 정책을 담아 정책인덱스로 발표하고 있다.
선거에서 민주당이 제시하는 정책의 중요성은 슬로건, 표제어, 본론, 각론,
인덱스 순이라고 볼 수 있는데 '국가의 역할 축소', '시장의 역할 확대'가 주
요 표제에 위치함으로써 각론에 위치한 아동수당, 농가호별보상제도 등 대
표적인 민주당의 생활정책보다 우선시되고 있다(上神貴佳·堤英敬 2011,
246-247).

　2005년 중의원선거 패배 이후 당대표가 된 오자와는 2007년 참의원선거
에 앞서 민주당을 본격적으로 생활중심 정당으로 프레이밍하는 데 성공하였
다. 2007년 민주당 매니페스토는 일본 민주당의 초기 정치적 이념인 생활정
치 담론을 부각시킨 것이다. 〈표 1〉은 민주당의 생활정치 담론이 가장 부각
된 2007년, 2009년 매니페스토를 정리한 것이다. 2007년 민주당의 정책 프
레이밍 즉, '국민생활이 제일'의 슬로건과 이를 대표하는 '연금보장, 아동수
당지급, 호별농가보조금 지급' 등의 생활밀착형 공약의 부각 전략은 1990년
대 후반부터 누적되어 온 정부의 신자유주의적 개혁노선에 대한 부작용, 즉
격차사회의 문제를 해결할 수 있는 것으로 받아들여졌으며, 대중의 새로운
정치의 변화에 대한 기대감을 자극하는 것이었다. 2009년 매니페스토는 생
활중심 정당으로서의 민주당의 이미지를 더욱 강화시키는 것이다. 2009년
선거에서 민주당이 내세운 대표적인 정책은 예산 낭비근절, 아동수당 및 고
교 실질 무상화, 연금제도일원화 및 월 7만 엔 최저보장연금, 고속도로 무료
화, 중소기업 법인세율 11% 인하, 월 10만 엔 수당지급형 직업훈련제도의
실시이다. 그리고 이러한 정책을 실시함에 있어 필요한 예산은 불필요한 공
공사업 근절 및 저장금 등을 활용할 것임을 밝히고 있다.

　'국민생활이 제일' 슬로건으로 민주당이 생활중심 정당으로 대중에게 각
인된 것은 2007년 이후이지만, 국민생활과 관련된 복지정책이 많이 언급되
어 있는 점, 기업 활성화 등의 성장을 강조하기보다는 정책대상자에게 서비
스를 제공하는 데에 초점을 맞추고 있는 점 등은 매니페스토가 도입된 2003

〈표 1〉 민주당의 생활정치 매니페스토(2007년, 2009년)

	2007년	2009년
당수	오자와 이치로	하토야마 유키오
선거슬로건	[국민의 생활이 제일]	[정권교대] [국민의 생활이 제일]
주요표제	〈3가지 약속〉 – 연금수첩제공 　국가가 책임지고 연금지급 – 안심 육아, 　1인 월 2만 6천 엔 아동수당지급 – 호별농가소득보상제도 창설 〈7가지 제안〉 – 고용을 지키고, 격차를 시정 – 의사부족 해소, 안심 의료 – 행정 낭비근절 – 분권국가 실현 – 중소기업 지원 – 지구환경에서 세계 선도 – 주체적 외교의 확립	〈5가지 약속〉 – 세금 낭비, 아마쿠다리 근절 – 중학졸업까지 1인당 연 31만 2,000엔 　아동수당지급, 고교실질무상화 – 연금수첩제공, 연금일원화 　월액 7만 엔 최저보장연금실현 – 지역주권확립, 지방 자주재원확대, 　농가 호별소득 보상제도창설, 　고속도로무료화 – 중소기업법인세 11% 인하, 　월액 10만 엔 직업훈련제도

출처: 박명희·최은봉(2013), p.125 필자 수정

년 이래 지속된 것으로서 연속성을 가지고 있다. 하지만 초기 민주당의 생활정치 담론에서 다루고 있지 않았던 복지부담의 문제가 2007년 이후 추가되면서 초기 민주당이 가지고 있었던 사회개혁이나 시민참여의 생활정치보다는 '증세 없는 복지확대'에 기반한 아동수당, 고교무상화 등의 개별정책이 곧 생활정치로 인식되면서 퍼주기(ばらまき)라는 비판을 받게 되었고, 이것이 결국 민주당 정권의 생활중심 정책의 실현에 걸림돌이 되었다.

2. 간 나오토 총리의 신성장전략과 생활자정치

2010년 6월 후텐마기지 이전 문제의 실정 및 정치자금 문제가 표면화되면서 하토야마 유키오가 내각 총리대신에서 사임하고, 뒤이어 간 나오토가 총리대신이 되었다. 하토야마 정부가 신자유주의 개혁의 부작용에 대한 해결책으로서 아동수당 창설, 공립고교무상화, 의료보험 일원화 등의 생활복지 정책을 내놓았다면, 간은 신자유주의의 대안모델로서의 신성장전략을 제시하였다. 신성장전략은 다나카 가쿠에이(田中角栄)의 일본열도개조론으로 상징되는 공공사업형 성장전략, 고이즈미가 추진했던 신자유주의적 성장전략이 아닌 보건, 의료, 사회복지부분에 대한 재정지출을 확대하여, 이것이 신성장 산업 및 내수, 고용의 확대로 이어지게 한다는 구상이다. 간은 이를 제3의 길로 명명하고 있다. 간 정부의 정책노선은 고령자의료, 노인복지서비스 등 사회복지에 대한 투자와 경제성장, 재정건전화에 초점에 맞추어져 있으며, 재정건전화를 위해 소비세를 10%로 인상하는 방안을 발표하였다.

간의 신성장전략은 복지를 강조하고, 신자유주의 개혁에 대한 대안노선이라는 점에서는 2007년 이후 형성된 민주당의 생활정치 노선과 공통점을 가지고 있지만, 신자유주의 노선이 초래한 격차, 빈곤, 실업 등의 문제를 정부투자와 고용창출을 통해 해소하고, 성장을 도모한다는 면에서 빈곤 및 격차문제를 복지강화로 해결하겠다는 기존의 민주당의 정책과는 차별화되는 것이다. 과거 공공투자에 의한 경기부양책이 심각한 재정압박을 가속화하였기에 간 나오토가 제안한 복지산업을 통한 새로운 산업구조 재편은 효율적인 대안이 될 수 있다는 긍정적인 평가가 내려지기도 하였지만, 결론적으로 간 나오토 내각은 2010년 참의원선거에서 44석을 획득함으로써 51석을 확보한 자민당에게 패하였다(宮本太郎 2013, 102-110).

신성장전략이 성공하지 못한 이유는 첫째, 정책목표와 정책 간의 이질성이다. 〈표 2〉는 간 나오토가 제시한 2010년 참의원선거의 매니페스토이다. 이 선거에서 민주당은 양육, 교육, 연금 등 복지정책을 강조하고 있지만, 2009년 제시한 대표적인 국민생활관련 정책이외 간 나오토가 정책목표로

〈표 2〉 2010 참의원선거 민주당의 신성장전략

선거 슬로건	강한 경제, 강한 재정, 강한 사회보장
주요 정책	- 낭비근절, 행정쇄신: 2011년 이후 3년마다 예산 설정 　　　　소비세 증세 등 조세제도 전면개혁 - 정치개혁: 참의원 20석, 중의원비례 80석 삭감 - 양육, 교육: 아동수당 13,000엔에서 상향조정, 현물서비스 고려 　　　　출산지원책 확충 - 연금, 의료, 개호, 장애인복지, 연금기록누락문제 2011년까지 해결, 　최저연금제 실행 위해 세제개혁, 2013 신고령자의료제도 - 고용: 구직지원제도 법제화, 비정규직, 신규졸업자 취직지원 - 농림수산업: 호별소득보장제도 타 분야 확대 - 지역주권: 일괄교부금으로 공공사업 재원, 농림어업의 6차 산업화로 재생 - 교통정책: 고속도로무료화 추후 추진

제시하고 있는 강한 경제, 강한 재정, 강한 사회보장에 부합된 사회복지에 대한 정책적 구상이 구체적으로 나타나고 있지 않다.

둘째, 국민의 민주당에 대한 신뢰성의 상실이다. 간 나오토의 산업 중심의 성장주도, 성장에 의한 복지의 확대 노선은 개개인의 보편적 복지를 추구해온 민주당의 생활정치 노선과는 거리가 있으며, 오히려 자민당의 정책에 가깝다. 나아가 2010년 6월 간 나오토는 소비세 인상을 제안하면서 2007년 이래 지속되어온 민주당의 증세 없는 복지확대 생활정치 노선의 변경을 선언하였다. 역사적으로 소비세 증세는 집권당에게 불리한 요소로 작용해 왔기 때문에 민주당 참패의 요인으로 소비세 증세문제가 꼽히고 있지만, 아사히신문의 여론조사 결과를 보면 간 나오토가 소비세 인상안을 발표할 당시 소비세 인상안에 찬성한다는 의견(49%)이 반대한다(44%)보다 많았다(朝日新聞 2010/06/21). 2010년 참의원선거에서의 민주당의 패배는 소비세 인상 자체보다는 민주당의 정책변경에 대한 유권자의 비판적 반응임을 알 수 있다.

셋째, 생활복지에 대한 정치권과 국민과의 소통 부재의 한계이다. 내각부

<표 3> 주요 OECD국가의 국민소득 대비 국민부담률

	일본 (2011)	미국 (2008)	영국 (2008)	독일 (2008)	프랑스 (2008)	스웨덴 (2008)
사회보험	16.8	24.0	36.2	30.4	36.8	46.9
조세부담률	22.0	8.6	10.5	21.7	24.3	12.1
합계	38.8	32.5	46.8	52.0	59.0	61.1

출처: 厚生勞動省, http://mof.go.jp/jouhou/shukei(검색일: 2013년 8월 1일)

가 2005년 실시한 사회보장제도에 관한 특별 여론조사(社会保障制度に関する世論調査)에 따르면, 현행 사회보장제도에 대해 만족한다는 응답이 전체의 20.3%를 차지한 반면, 불만이 있다는 응답이 75.7%를 차지하고 있다. 이 문제의 해결방법에 대한 동경대학의 조사결과는 정치권과는 다른 접근을 보여주고 있다. 동경대학 사회학과에서 실시한 일본의 복지국가 규모에 대한 국민 선호조사에 따르면, 2005년 59.2%의 설문 응답자가 고부담 고수준의 복지를 선호하고 있으며, 31.2%가 복지에 대한 저 부담을 선호하고 있는 것으로 나타났다(Takegawa 2010, 56). <표 3>은 주요 OECD 국가의 국민소득대비 국민부담률(조세부담률+사회보장부담률)이다. 스웨덴, 프랑스, 독일 등의 국가는 사회보장에 대한 국민부담률이 50%가 넘는 데 비해 미국, 일본은 각각 32.5%, 38.8%로서 국민부담률이 낮다.

요컨대, 2007년 이후 두드러진 민주당의 생활중심 정당으로서의 보편적 복지확대 노선은 많은 재정수요를 요구하기 때문에 이에 걸맞은 세수확보가 중요하다. 그리고 이 부분에 대해서는 국민 간 암묵적인 이해가 어느 정도 형성이 되어 있는 것으로 보인다. 그럼에도 불구하고, 민주당은 개혁하고자 하는 사회상을 제시하고 국민들을 설득하기보다는 국민 개인 부담률을 낮추는 데 우선순위를 두고, '증세 없는 보편적 복지확대'라는 슬로건을 지속적으로 강조하였으며, 이에 따른 재정부족 현상은 민주당의 생활자중심 정책을 자민당의 정책과 유사한 신성장전략으로의 전환하고, 소비세 인상이라는 정책 변경을 실시하도록 하여 결론적으로 국민의 신뢰를 잃는 계기가 되었다.

Ⅳ. 생활자중심정치의 성과: 자민당 정치에서 민주당 정치로의 변화

앞 절에서는 민주당의 생활자중심정치가 정책적 측면에서 어떻게 구성되었는가를 매니페스토를 통해 검토해 보았다. 여기서는 생활자중심정치의 실행 측면에서 과연 자민당에서 민주당으로의 정권교체가 어떤 변화를 가지고 왔는가를 검토하고자 한다. 생활자정치는 개개인의 생활 문제를 정치적으로 의제화하는 사회개혁적인 성격을 가지며, 동시에 개인의 자발적인 정치 참가를 기반으로 한다. 2007년 이후 민주당이 제시한 생활 정책 가운데 대표적인 사회개혁적 정책은 과거 자민당 정권의 공공사업에 의한 선별적 복지 증진의 방법에서 보편적 사회보장으로의 개혁이다. 시민성 확대 정책으로는 민주당 정권 수립 후 제시한 새로운 공공에 의한 NPO를 비롯한 시민의 다양한 사회참가 촉진책이다. 여기서는 이 두 가지 정책의 실행과 그 의미를 검토하기로 한다.

1. 공공사업비 삭감과 보편적 복지확대의 시도

민주당의 대표적인 생활정치의 이념을 함축한 슬로건은 '콘크리트에서 사람으로'이다. 예산의 쓰임새를 지역의 도로, 교통 등의 공공사업에 사용하기보다 개개인의 사회복지예산으로 활용하겠다는 민주당 정권의 의지이다. 여기서 자민당과 다른 민주당의 사회개혁성은 두 가지로 나누어 볼 수 있는데 첫째는 공공사업비의 삭감과 사회복지예산의 확충, 두 번째는 선별적 복지에서 보편적 복지로의 이행이다.

다나카 가쿠에이(田中角榮)의 일본 열도 개조론에 의해 시작된 공공사업 시스템은 도로, 주택, 댐 등 지역주민들의 편리를 만족시키고, 고용을 촉진하며, 경제를 성장시키고, 도시와 지방의 소득불평등을 해소하기 위한 수단이었다. 그리고 이는 자민당의 장기정권 유지를 위해 활용된 측면이 강하다 (Scheiner 2005). 하지만 1990년대 이후 이러한 국가의 공공사업 중심의 선별적 이익배분이 심각한 국가재정의 위기, 정치부패, 관료지배를 초래했다는 비판이 고조되면서 공공사업에 의한 이익배분을 축소하고자 하는 신자유주의적 구조개혁이 자민당 내부에서 시작되었으며, 작은 정부노선의 선두에 고이즈미(小泉純一郎)가 있었다.

한편, 민주당 역시 공공사업비의 삭감은 관료지배 및 이익유도정치의 타파라는 측면에서 유효한 정책이기 때문에 주된 개혁의 테마가 되었다. 특히 2007년 이후 형성된 민주당의 생활정치 노선에서는 공공사업의 불필요한 예산낭비를 줄여 재정을 건전화하여 사회복지 예산을 마련하고자 하였다. 과거 자민당이 빈약한 제도적 사회보장 대신 지자체에 공공사업투자를 제공함으로써 지역의 저소득층에게 고용의 기회를 보장하여 사회안전망을 마련하고자 한 것과 달리 민주당은 국민 모두에게 직접적 복지혜택을 제공하여 생활의 불안을 해소하고, 내수주도의 경제를 만들고자 하였으며, 그 대표적인 정책이 아동수당, 고교무상화, 호별농가소득보상제도 등이다.[5] 민주당은 대국민 직접 지원에 필요한 예산을 16조 8천억 엔으로 보고, 이를 공공사업비 축소 등 예산절감을 통해서 확보하고자 하였다.

〈표 4〉는 일본의 2007년부터 2012년까지 재정지출 총액 및 그 구성비를 나타낸 표이다. 2007년 이후 지속적으로 재정지출 총액과 사회보장비용은

---

5) 미야모토 타로(宮本太郎)는 일본 시스템에 있어서 공공사업은 단순히 민심지지를 위한 선심성 복지제공의 기능을 가진 것이 아니라, 세수를 사회보장에 투입하는 대신 저소득층에게 고용의 기회를 제공함으로써 국민의 사회안전망을 보장하는 하나의 도구였다고 설명하면서, 이러한 일본 복지의 특징을 생산레짐에 의한 복지레짐 대체로 설명한다(宮本太郎 2008).

증가하고 있으며, 공공사업비는 민주당 집권기 급격히 감소(2009년 10.4% → 2012년 6.7%)하고 있음을 알 수 있다. 2012년 총선거를 앞둔 민주당의 자체 평가에 의하면, 2009년 대비 2012년의 공공사업비 비용은 32%가 삭감되었고, 사회보장비는 16% 증가하였다. 하지만, 공공사업비의 절감으로 민주당이 확보할 수 있는 예산은 집권 1년차에 3조 3,000억 엔, 2년차에 6,000억 엔에 지나지 않았다. 민주당이 제시한 대국민 직접지원 필요예산 16조 8,000억 엔에 훨씬 못 미친 금액이다. 공공사업비의 삭감은 민주당에 의해 도입된 개혁정책이 아니다. 공공사업비는 이미 고이즈미 시기부터 삭감이 이루어져 왔고, 민주당 집권 직전인 2008년도 공공사업비의 비중 역시 전체 재정지출의 10.7%에 지나지 않았다(〈표 4〉 참조). 이 부분에서의 삭감은 사실상 한계가 있는 것이었다.

결과적으로 3년간 민주당이 제시한 대표적 보편적 복지정책 중 공립고교 무상화만이 실현되었다. 아동수당은 재원부족을 이유로 2011년 10월부터 3세 미만 월 15,000엔, 3세 이상 초등학생까지 10,000엔, 중학생 10,000엔으로 차등 지급되다가 2012년 연간수입 960만 엔의 소득제한 규정을 둠으

〈표 4〉 재정지출의 변화(2007~2012)

(단위: 조 엔)

년도	총액	구성비(국채비 제외) (%)				
		사회보장	교부세	공공사업	문교과학	방위
2007	82.9	34.1	24.1	11.2	8.5	7.8
2008	83.1	34.6	24.8	10.7	8.4	7.6
2009	88.5	36.4	24.3	10.4	7.8	7.0
2010	92.3	38.4	24.6	8.1	7.9	6.8
2011	92.4	40.5	23.7	7.0	7.8	6.7
2012	90.3	38.6	24.3	6.7	7.9	6.9

출처: 参議院自由民主党, 『民主党政権の検証』(平成24年8月), 17

로써 보편적 복지정책에서 선별적 복지정책으로 회귀하게 되었다. 고속도로 무료화 및 잠정세율 감세실현은 동일본대지진 복구비용 확보 및 온난화 대책과의 정합성 등이 문제가 되어 동결되었다.

2012년 6월 15일 민주당은 사회보장 재원확대를 목표로 기존의 매니페스토와는 달리 소비세 증세를 결정하고, 자민당과 소비세 인상안을 포함한 사회개혁과 소비세의 일체개혁안에 합의하였다. 재원의 뒷받침 없는 복지공약은 기존의 자민당의 선심성 이익유도정치와 다르지 않았고, 정책 면에서도 선별적 아동수당의 부활, 고속도로 무료화가 동결되는 등 보편적 복지정책의 실현에도 한계를 보였다.

민주당이 제시한 생활정치의 사회개혁적 요소 즉, 보편적 복지의 시행, 공공사업비 삭감과 복지예산 확충은 과거 자민당 정권에서 시도되지 못하였던 과감한 사회보장 확충으로서 사회적 기대감을 고조시켰으나, 극히 일부 정책만 시행되었고, 대부분의 정책이 지속되지 못하고 자민당 정치로의 회귀현상이 나타났다. 아동수당이 재정부족을 이유로의 선별적 복지로 전환되었으며, 공공사업이 다시금 확대되게 되었다. 자민, 공명, 민주 3당의 합의로서 소비세 일체개혁을 포함한 사회보장관련 5개 법안이 국회에 제출되었는데, 여기에 포함된 부칙 18조 2항은 '사전방재 및 감재 등에 관한 분야에 자금을 중점적으로 배분하는 등 나라 경제 성장을 행하는 시책을 검토한다'라고 밝히고 있다. 사전방지 및 감재분야는 공공사업을 의미하며, 결과적으로 소비세의 증세가 사회보장의 확충에 집중되지 않을 가능성을 보여주는 것이다(五十嵐敬喜 2012, 137-140). 2013년 1월 아사히신문 여론조사 결과를 보면, 공공사업을 위주의 아베 정권의 긴급경제대책에 대해 평가한다는 의견이 49%로서 반대한다는 의견 29%를 압도하고 있다(朝日新聞 2013/01/21). 이는 민주당의 보편주의적 복지가 대중에게 피부로 인식될 만큼의 성과를 거두지 못했다는 증거이다.

2. 새로운 공공과 시민의 자발성 확대

생활정치 노선과 함께 2009년 민주당 정권의 실천 전략으로 등장한 것이 새로운 공공(新しい公共)이다. 하토야마 총리는 2010년 1월 29일 시정방침 연설에서 새로운 공공을 주요 국가전략으로 발표하였다. 새로운 공공은 '사람과 사람이 상호간 도움을 주고받는 사회적 힘을 말하며, 사람을 지원하는 역할은 관료가 아닌 지역사회에 관여하는 사람들이 담당하려는 가치관'이다. 민주당 창당이념 중 새로운 공공은 시민성에 해당한다고 볼 수 있다. 하토야마는 새로운 공공의 이념을 사회에 파급할 것을 목적으로 새로운 공공원탁회의(新しい公共円卓会議)를 발족하였다. 공식회의는 8회 개최되었는데, 이후 새로운 공공선언과 정부대응안이 발표되었다. 새로운 공공원탁회의 선언문에는 국민이 주역이며, 기업 및 사업체의 사회적 환원을 중시하고, 정부는 국민이 정하는 사회를 구축하기 위한 구체적인 대책을 제시해야 함을 밝히고 있다. 이러한 새로운 원탁회의의 제안에 대해 정부는 기부세제 개혁, 비영리법인의 시장활동 촉진, 소규모 금융정비 등을 대응안으로 내놓았다. 이 가운데 비영리법인에 대한 기부세제 개정은 민주당이 추진한 정책형성의 성공적 업적으로 꼽히고 있다(山口次郎 2012, 10-17).

이 법은 NPO 등 일정 기준을 만족하는 시민활동에 대한 기부금을 소득세의 세액에서 공제하여 시민활동을 촉진하고자 하는 것이다. 이미 2000년 자민당은 NPO세제를 도입하여 시행하였지만, 우대를 받기 위한 인정조건이 지나치게 엄격하여 실제로 혜택을 받는 NPO는 극소수였다. 2001년 전체 6,596개의 NPO법인 중 인정조건에 해당한 NPO는 2건에 불과하였다(田中弥生 2012, 247). 하토야마는 새로운 공공원탁회의를 창설하고, NPO에 대한 세제우대를 중점과제로 선정하였고, 2010년 통상 국회 모두 시행방침에서도 이를 강조한 결과 2011년 1월부터 개정된 기부세제가 실시되었다. 기부세제 개혁의 구체적인 내용을 보면, 첫째 기부금 혜택을 받을 수 있는 인정 NPO법인에 대해서 소득공제뿐 아니라 세액공제방식을 선택적으로 도입하며, 세액공제의 비율을 기부금의 50%(소득세액의 25%상한)로 한다. 둘째 PST(Public Support Test)기준을 재검토, 3,000엔 이상의 기부자 100명 이상이 되면 인정 NPO로 간주한다. 셋째 NPO법인의 지원과 관련해 지방 자치단체가 추진하는 세제 정책도 추진한다 등이다.[6] NPO법인에 대한 기부금은 국민이 필요하다고 생각하는 분야에 국민이 직접 자금을 배분하는 것을 의미한다. 그런 의미에서 기부세제의 개정은 시민의 참여를 고취시키는 효과를 가진다.

새로운 공공은 작은 정부를 추진하는 민주당 내 신자유주의그룹과 사회민주주의 이념을 추구하는 그룹을 잇는 공생의 틀로서 기능하면서 간 내각으로 이어지게 되었다. 간 나오토 정권에서 새로운 공공 이념은 신성장전략에 반영되어, 2012년까지의 보정예산안의 근거가 되었다. 간 나오토는 '국민모두가 의욕과 능력에 따라 노동시장 및 다양한 사회활동에 참가할 수 있는 사회를 실현하고, 성장력을 높여갈 것을 목표로 새로운 공공을 지원한다'고 밝히고 있는데, 2020년까지 개인기부 총액 1,000억 엔(2000년 GDP 대비 0.02%)에서 1조 3,000억 엔(0.2%)으로 인상시킬 것을 목표로 제시하고 있다.[7]

한편, 이러한 목표와는 별도로 간 나오토 정권이 새로운 공공 관련 정책으로서 적극적으로 추진한 것은 지역사회 고용창조사업이다. 사회적 기업 창업 희망자에 대해 1인당 300만 엔을 한도로 800명을 보조하는 사업, 사회적 기업으로 활동하는 NPO에 인턴 및 유상 발런티어의 인건비를 월 10만 엔씩 1년간 보조하는 사업 등이다. 그 밖에도 사회적 기업 지원 및 인재 양성을 위한 문부과학성 사업에 1천 300억 엔, 사회적 기업을 지원하기 위한 중간지원 기관 양성사업에 13억 엔의 예산을 지원하고자 하였다(田中弥生 2012, 255-256).

자문기관인 새로운 공공원탁회의의 제안과 정부의 대응에는 간극이 존재

---

6) 内閣府 新しい円卓会議, http://www5.cao.go.jp/entaku/(검색일: 2013년 8월 31일).
7) 内閣府 新しい公共推進会議, http://www5.cao.go.jp/npc/suishin.html(검색일: 2013년 8월 31일).

한다. 시민사회관계자 등이 많이 참여하고 있는 새로운 공공원탁회의의 제 안은 국민 개개인의 공공에 대한 참가 활성화에 초점을 맞추고 있는 데 반 해 민주당 정권 특히 간 나오토 정권의 대응은 시민성의 확산보다는 소셜 비즈니스, 사회적 기업의 육성, 비영리법인의 시장활동 촉진 등 서비스제공 및 고용효과에 초점이 맞추어졌다. 그로 인해 본래 시민의 자발적 공공영역 의 확대, 시민성에 대한 모색은 둔화되었다.

공공사업을 관에서 NPO를 비롯한 민으로 이관시키고, NPO를 통한 고용 확대를 추구하는 것은 비단 민주당 고유의 정책이라고 볼 수 없다. 대표적 으로 고이즈미는 기본방침 2003(経済財政運営と構造改革に関する基本方針 2003)에서 530만 명 고용창출 프로그램을 제시하면서, NPO를 하나의 고용 처로 활용할 것임을 밝힌 바 있다. 기본방침 2006년(経済財政運営と構造改 革に関する基本方針2006)에서는 공공사업을 정부가 독점하는 것이 아니라 관에서 민으로 이관시키는 방침으로서 공익법인제도 개혁을 제안하고 있으 며, 민간자금 및 민간의 노하우를 활용하기 위한 민관협력형 사업, 민간위탁 을 적극 추진하고자 하였다. 간 나오토의 새로운 공공은 하토야마가 내세운 국민 개개인의 자립과 참가보다는 공공영역의 민간으로의 이전에 초점이 맞 추어진 점에서 오히려 고이즈미의 NPO정책과 유사하다고 할 수 있다.

민주당은 시민의 다양한 참가에 의해 새로운 민주정치를 만든다는 이상 을 가지고 출발하였다. 그러한 이상은 민주당이 야당시기 환경, 장애자, 빈 곤문제 등에서 NPO 등과 연계하면서 의원입법을 추진해온 것 등을 통해 실현해 왔다(박명희 2011, 333-336). 하지만 정권교체 이후 오히려 민주당 과 시민사회의 연계가 희박해졌다는 평가가 NPO 측에서 내려지고 있다(山 口次郎 2012, 146).

민주당은 생활정치와 이를 실현하기 위해서 제시한 새로운 공공이라는 이념을 통해서 강한 시민사회를 만들고자 했던 것으로 보인다. 하지만 이것 은 민주당 내부에서 공유된 목표라기보다는 하토야마 개인의 정책적 목표였 고, 민주당 내부의 주된 가치관은 아니었던 것으로 판단된다. 그 결과 하토 야마 이후 시민의 정치, 개인의 자립과 참가라는 시민성은 민주당 정권이 지속될수록 희석되고, 사회개혁성의 양상은 자민당 시기와 큰 차이를 보이지 않게 되었다.

V. 결론

민주당 정권을 상징하는 대표적인 슬로건은 '콘크리트에서 사람으로'이다. 과거 자민당 시기 토건국가라고 하는 공공사업 위주의 일본형 복지국가에서 예산의 쓰임을 개개인의 사회복지로 전환하여 격차, 빈곤, 실업 등의 사회적 문제를 해결하겠다는 민주당 정권의 의지이다. 개개인의 복지해결을 통한 사회문제 해결은 거슬러 올라가면 1996년 초기 민주당이 제시한 생활정치 이념과 연결된다. 생활정치 이념은 개개인의 문제를 정치적으로 의제화 하는 사회개혁성, 시민의 자발적 참여를 동원하는 시민성의 요소를 바탕으로 구성된다. 민주당은 스스로가 생활자 기반의 정당임을 밝히고, 결당선언을 통해 생활자의 관점에서 정치를 재편하고, 개인의 자발적 정치적 참여를 촉진할 것을 명확히 하고 있다.

본 장은 민주당 결당의 모티브로 작용하였던 생활자정치가 민주당의 정책에서 어떻게 구현되었으며 그 성과와 한계는 무엇이었는가. 궁극적으로 생활자정치는 정책체계로서 자민당 정권과의 차별성을 만들어 내었는가를 검토하고자 하였다.

첫째, 생활자중심 정당으로서 민주당은 복지문제를 지속적으로 제기하고, 경제성장에 의한 간접적 복지증진의 방법보다는 국민생활과 관련된 정책을 대상자에게 직접 제공하고자 하는 데에서 자민당과 차이를 보이며, 사회개혁적인 의미를 지니는 것이었다. 이러한 정책은 매니페스토가 도입된 2003년 이래 연속성을 가지고, 민주당 정권 3년간 일부 성과를 보였다. 공공사업 부문 예산이 축소되고, 사회보장비가 확충되었으며, 대표적으로 고교무상화가 실현되었다. 일부분이지만 보편적 복지정책으로서 아동수당이 중학생까지 지급되었고, 기부세제의 개혁으로 국민이 필요로 하는 부분에 대한 공공사업자의 확대에도 기여하였다.

둘째, 생활정치 이념은 민주당의 정책체계로서 자민당 정권과의 차별성을 나타내었는가. 결론적으로 민주당의 생활자정치는 선거전략을 넘어선 민주당의 정책체계로는 작용하지 못하였다. 그 결과 민주당의 정책은 점차 차별성을 상실한 채 자민당 정책으로의 회귀현상이 나타나게 되었다. 자민당 시기의 토건국가는 일본형 복지국가 통치시스템과 관련된다. 토건국가로부터의 탈각은 단순히 예산의 이동이 아니라 생활자정치가 새로운 통치시스템을 구축할 수 있는 것이어야 한다. '콘크리트에서 사람으로' 어떤 메커니즘의 통치가 가능한지 구체적인 도달방법이 민주당 창당 시기부터 합의점을 찾지 못하였다. 이 때문에 민주당의 생활자정치는 때로는 신자유주의적 개혁의 일환으로 활용되기도 하고, 때로는 서구 사회민주주의와 유사한 것으로 다루어지기도 하였다. 하토야마, 간, 노다 정권이 모두 생활자정치를 내세웠지만, 그 방법은 각기 달랐다. 특히 간 나오토의 산업 중심의 성장주도, 성장에 의한 복지의 확대 노선은 개개인의 보편적 복지를 추구해온 민주당의 생활정치 노선과는 거리가 있으며, 오히려 자민당의 정책에 가까운 것이었다. 또한, 시민의 자발성을 확대하려는 노력은 유보한 채 공공사업을 관에서 NPO를 비롯한 민으로 이관시키는 민주당의 정책 역시 민주당의 생활정치 노선의 정책이라기보다는 자민당의 신자유주의 노선과 흡사하다.

셋째, 민주당의 생활자정치가 민주당의 정책체계로서 일관성을 가지지 못하고, 기회주의적 전략으로 평가되는 데에는 이것이 민주당 내부에서 공유된 목표라기보다는 일부 민주당 지도부의 이념적 지향이었기 때문이다. 생활정치와 이를 실현하기 위한 새로운 공공 그리고, 이를 통한 강한 시민사회의 형성은 하토야마의 이상이었다. 이후 민주당 정권이 지속될수록 개인의 참가에 의한 시민성확보의 이념은 희석되었다. 이러한 문제의 배경에는 민주당이 내부적으로 정권교체라는 현실적 목표를 달성하기 위해 이질적 정당 간 합당으로 형성되었다는 문제가 존재한다.

정책체계를 공유하지 못하고, 모순적 정책이 한 정당 내에 공존하는 것은 비단 민주당만의 문제가 아니다. 민주당뿐 아니라 자민당 내부에도 이익유도정치에 찬성하거나 혹은 반대하는 그룹이 동시에 존재하고 있다. 고이즈미가 이익유도정치로부터의 탈피를 시도하였던 데 반해 현재 아베 총리는 공공사업중심의 이익유도정치로 회귀하고 있다. 각 정당 내부에 균열이 심화되면서 정당 간 경쟁은 정책적 차별성을 상실하고 선거의 결과는 각 정당의 정책보다는 당시의 감정에 치우치게 되었다.

결론적으로 생활현장의 문제를 의제화하고, 공공정책과정에 시민참여가 보장되는 생활자중심 시스템을 만들고자 했던 획기적인 민주당의 초기구상이 민주당 정권의 정책체계로서 완성되지 못했던 것은 일차적으로는 민주당 내부에서 생활정치에 대한 충분한 공유가 결여되어 있었기 때문이다. 나아가 민주당의 생활자정치의 시도와 좌절은 희박해진 이념적 기반하에서 상대정당과의 정책대결과 변경을 되풀이하고 있는 일본 정치 전반의 문제로도 해석될 수 있다.

최근 일본 정당의 정책적 일관성의 결여와 이에 따른 대중의 탈정치화는 정치권의 이념적 복권현상으로 이어지고 있다. 민주당은 2013년 15년 만에 당강령을 발표하여 생활자, 납세자, 소비자, 노동자 입장의 개혁 정당임을 다시금 확인하고 있으며, 자민당은 일본의 보수주의를 이념적 기반으로 지역사회와 가족 중시, 개인의 자립 중시노선을 피력하고 있다. 이러한 각 정당의 자구적 노력이 향후 일관성 있는 정책 체계 간 대결로 이어져 일본 정치의 변화를 유도할 수 있을지, 다시금 선거에서의 승리를 목표로 기회주의적 정책대결로 회귀할지 귀추가 주목된다.

▌ 참고문헌 ▌

김성원. 2011. "일본의 정권교체와 복지개혁: 실업, 빈곤대책을 중심으로." 『아세아연구』 54(1), 22-49.

박명희. 2011. "일본의 정당정치 변화와 NPO의 애드보커시." 『한국정치학회보』 45(4), 319-347.

박명희·최은봉. 2013. "일본 민주당 집권(2009년)과 매니페스토: 담론, 아이디어, 프레이밍." 『담론201』 16(2), 103-134.

박철희. 2006. "일본 야당세력의 재편과 정당경쟁체제." 『한국정치학회보』 40(5), 279-300.

박희숙. 2009. "일본의 생활정치의 과제와 전망." 『시민사회와 NGO』 7(2), 73-109.

양기호. 2011. "일본민주당의 정책노선과 생활정치." 『일본학보』 86, 325-335.

우준희. 2012. "일본 민주당의 집권과 반자민당 정책노선의 딜레마." 『국가전략』 18(3), 61-95.

이상훈·이이범·이지영. 2011. 「일본 민주당의 정책결정 및 입법과정 연구」. 의회발전연구회.

이지영. 2011. "일본민주당의 생활정치 이념과 복지정책." 『세계지역연구논총』 29(3), 7-34.

정미애. 2013. "일본 민주당의 '증세없는 복지확대'를 둘러싼 정치과정." 『국제정치논총』 53(1), 185-218.

진창수. 2010. "일본 민주당 정권 교체의 의미와 전망." 『세종정책연구』 6(1), 319-355.

Kaihara, Hiroshi. 2010. "A Dawn of Two-Party System in Japanese Politics?: The Emergence of the Democratic Party of Japan." *East Asia* 27, 221-244.

Krauss, E., and Robert Pekkanen. 2011. *The rise and Fall of Japan's LDP*. Itcha, NY, and London: Cornell University Press.

Maeda, Ko. 2010. "Factors behind the Historic Defeat of Japan's Liberal Democratic Party in 2009." *Asian Survey* 50, 888-907.

Saito, Jun. 2009. "Pork-Barrel Politics and Partisan Realgnment in Japan." Reed, Steven R & Kenneth Mori McElwain, eds. *Political Change in Japan*. The Walter H. Shorenstein Asia-Pacific Center.

Sarah, Hyde. 2011. "The Japanese 2009 House of Representatives elections: the beginning of real change and the end of one-party dominance in Japan?" *Japan Forum* 23(2), 157-183.

Scheiner, Ethan. 2006. *Democracy without Competition in Japan: Opposition in a One-Party Dominant State*. New York: Cambridge University Press.

Stockwin, J.A.A. 2012. "Has Changing the Party in Power in Japan made a real difference?" *Japan Forum* 24(4), 471-489.

Takegawa, Shogo. 2010. "Liberal Preference and Conservative Policies: The Puzzling Size of Japan's Welfare State." *Social Science Japan Journal* 13(1), 53-67.

Zakowski, Karol. 2011. "Evolution of Japanese Political Scene: Toward a Non-Issue-Oriented Two-Party System." *Asian Journal of Political Science* 19(2), 186-207.

飯尾潤. 2007. 『日本の統治構造: 官僚内閣制から議院内閣制へ』. 中央公論新社.
_____. 2013. 『現代日本の政策体系』. ちくま新書.
今井英策. 2013. "コンクリートから人へ." 『世界』 841, 93-102.
大嶽秀夫. 1999. 『日本政治の対立軸』. 中央公論新書.
蒲島郁夫・竹中佳彦. 2012. 『イデオロギ』. 東京大学出版会.
五十嵐敬喜. 2012. "再び土建国家へ." 『世界』 834, 137-145.
小林良彰. 2012. 『政権交代:民主党政権は何であったのか』. 中公新書.
斉藤淳. 2010. 『自民党長期政権の政治経済学: 利益誘導政治の自己矛盾』. 勁草書房.
篠原一. 1982. 『ポスト産業社会の政治』. 東京大学出版会.
参議院自由民主党 『民主党政権の検証』(平成24年8月).
田中愛治・河野勝・日野愛郎・飯田健. 2009. 『2009年なぜ政権交代だったのか』. 勁草書房.
田中弥生. 2011. 『市民社会政策論』. 明石書店.
堤英敬・上神貴佳. 2011. "民主党の政策－継続性と変化." 上神貴佳・堤英敬 編. 『民主党の組織と政策』. 東洋経済新聞社.
中北浩滋. 2012. 『現代日本の政党デモクラシー』. 岩波書店.

中野雅至. 2010. 『政治主導はなぜ失敗するのか』. 光文社新書.

山口次郎. 2007. 『ポスト戦後政治への対立軸』. 岩波書店.

_____. 2009. 『政権交代論』. 岩波新書.

_____. 2010. 『民主党政権はなにをなすべきか』. 岩波書店.

_____. 2012. 『政権交代とはなにだったのか』. 岩波新書.

白鳥浩. 2011. 『衆参ねじれ選挙の政治学』. ミネルヴァ書房.

宮本太郎. 2008. 『福祉政治』. 有斐閣.

_____. 2013. "ネオ土建国家を超えて." 『世界』 841, 102-110.

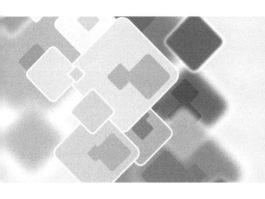

제**2**부
대내정책

제5장

민주당의 '증세 없는 복지확대'를
둘러싼 정치과정*

정미애

I. 서론

　최근 한국에서는 '보편적 복지확대의 필요성'과 '재정적자 확대 가능성'에 대한 경계가 주요한 정치의제로 부상하였다. 보편적 복지와 재정적자에 대한 논의는 일본에서 조금 더 일찍 논의되기 시작하였으며, 이들 의제는 일본의 주요 정당들의 당내 역학관계 변화의 요인으로 작용하였다.

　일본에서 보편적 복지확대와 재정적자 축소라는 정치의제는 2007년 참의원선거를 기점으로 부각되었다. 당시 야당이었던 민주당이 고이즈미(小泉純一郎) 내각의 신자유주의적 경제개혁에 대해 반대하면서 보편적 복지의 확대를 매니페스토로 내세웠고, 일본 정치경제의 오랜 근심거리인 재정적자를 공공사업 축소와 정부지출의 낭비를 줄임으로써 해결하겠다는 입장을 표명

* 이 글은 『국제정치논총』 제53집 1호(한국국제정치학회, 2013)에 게재된 것임을 밝힌다.

하였다. 이에 대해 당시 여당이었던 자민당은 효과적으로 대응하지 못했고, 이는 결국 2009년 중의원선거 패배의 중요한 원인으로 작용했다.

하지만 2008년에 발생한 글로벌 금융위기로 인해 2009년 집권여당이 된 민주당은 자신들의 정책과제를 실천하기 어려운 환경에 접하게 되었다. 민주당의 보편적 복지확대와 증세 없는 재정건전성 확보노선은 신성장전략 구상에 의존하여 입안되었으나, 글로벌 금융위기는 신성장전략이 원래 기대했던 성과를 낳기 어렵게 만들었다. 이에 더해 보편적 복지확대와 공공사업의 축소는 2011년 동일본대지진 피해복구에 대한 재원마련이라는 시급한 과제로 인해 더 어려워지게 되었다.

이와 같은 상황적 변화 속에서 일본 민주당 내에서는 기존의 보편적 복지확대와 공공사업 축소의 정책방향을 수정해야 한다는 의견이 제기되었고, 이와 더불어 소비세 인상이 새로운 의제로 부각되었다. '증세 없는 복지확대'라는 민주당의 정책방향의 수정을 놓고 민주당 내에 증세 없는 복지확대를 주장하는 '오자와(小沢一郎)그룹'과 증세(=소비세 인상)와 보편적 복지의 후퇴를 주장하는 간 나오토(菅直人), 노다 요시히코(野田佳彦)를 중심으로 한 '반(反)오자와그룹' 간에 심각한 갈등이 야기되었다. 결국 오자와그룹이 민주당을 탈당하고 '국민생활이 제일'당을 창당하는 분열에 이르렀다.

민주당의 당내 갈등이 보여주는 바와 같이 이제 일본의 정치는 자민당=보수, 사회당=혁신이라는 보혁의 대립 축으로 단순화할 수 있는 '55년체제'의 구도를 벗어난 지 오래이다. 그렇다고 해서 보수=신자유주의, 혁신=보편적 복지라는 식으로 등식화할 수 있는 것도 아니다. 정당 간의 정책적 대립은 물론이고, 정당 내에서도 정책을 둘러싸고 대립이 발생하기 때문이다(진창수 2007, 131).

'55년체제'하에서 중요한 대립 축은 보수 대 혁신이었다. 보혁의 대립 축은 안보를 둘러싼 호헌과 개헌의 문제로 표출되었다. 그러나 1980년대 이후 저성장과 재정적자로 인해 신자유주의적 쟁점들이 부상하면서 일본 정치에는 새로운 정책 대립 축이 형성된다. 즉, 기존의 안전보장과 헌법문제를 중심으로 하는 대립 축과는 별개로 시장경제를 중시한 규제완화, 기득권의 재검토를 요구하는 '신자유주의'와 재분배 정책의 유지·확대를 주장하는 '복지주의'의 축이 대립하게 된 것이다.

이상의 문제의식에 기초하여 본고에서는 보혁대립의 틀에서 벗어나 신자유주의 대 복지주의라는 틀로 일본의 정치지형을 바라보고자 한다. 이에 따라 자민 대 민주의 정당 간 대립과 더불어, 일본의 정치지형의 변화는 자민대 민주의 정당 간 대립보다는 민주당의 당내 갈등으로 인한 측면이 더욱크게 작용했다는 인식하에, 민주당에 초점을 맞추어 보편적 복지의 확대를둘러싼 당내 갈등에 주목한다.

이러한 관점에서 본고에서는 보편적 복지와 재정적자의 축소가 민주당의주요 정책과제로 부각되는 과정과 그 배경을 밝히고, 글로벌 금융위기와 동일본대지진이라는 예기치 못한 환경변화를 맞아 보편적 복지확대 노선에서후퇴하는 민주당 지도부의 결정과 이에 대한 당내 반발, 그리고 자민당 등야당과의 타협에 이르는 정치과정을 구체적으로 밝히고자 한다. 민주당의정책노선의 변화는 2008년의 글로벌 금융위기를 전후한 일본의 국정선거에해당하는 2007년의 참의원선거, 2009년의 중의원총선거, 2010년의 참의원선거에서의 민주당의 매니페스토를 중심으로 살펴본다.

II. 생활정치의 시도와 좌절

1. 신자유주의적 개혁 vs 생활정치

민주당은 2000년대 들어 지속된 고이즈미 구조개혁에 반대하며 2007년'생활이 제일(生活が一番)'이라는 슬로건을 내걸고 참의원선거에서 대승을거두었다. 그리고 그 여세를 몰아 2009년 중의원총선거에서 승리하면서 정권교체에 성공했다. 자민당의 신자유주의 개혁으로 인한 사회양극화와 복지

취약층의 증대가 2009년 중의원총선거에서 '생활정치' 이념을 표방한 민주
당에 대한 지지와 정권교체로 이어진 것이다.

　민주당의 생활중시 정책을 일반적으로 '생활정치'라고 말하지만(박희숙
2009; 정상호 2009; 양기호 2010; 이지영 2011), 엄밀하게 말하면 실제로
민주당이 '생활정치'라는 용어를 직접적으로 사용한 적은 없다. 민주당뿐만
아니라 일본에서 '생활정치'라는 용어가 직접 사용된 예는 거의 없다. 대신
에 생활대국, 생활자정치, 생활자 민주주의, 라이프 폴리틱스(life politics),
라이블리 폴리틱스(lively politics)와 같은 다양한 용어들이 사용되었다.[1]
다만 이러한 용어들에 대한 엄밀한 구분 없이 이데올로기나 정치, 경제, 외
교와 같은 거대담론이 아닌 '생활' 그 자체를 중시하는 총괄적 의미로 '생활
정치'라는 개념이 사용되고 있다. 본고에서는 민주당의 '생활 제일'의 노선과
정책을 '생활정치'라는 용어로 사용하고 있다.

　일본에 신자유주의 정책이 집중적으로 도입된 시기는 고이즈미 정권이
출범한 2001년 4월부터이다.[2] 고이즈미 총리는 '성역 없는 구조개혁', '개혁
없이 성장 없다'는 슬로건을 내걸고 퇴임하는 2006년 9월까지 신자유주의
개혁을 본격적으로 추진했다. 이른바 '고이즈미 개혁'은 신설된 경제재정자
문회의를 사령탑으로 하여, 우정사업의 민영화, 도로관계 4공단의 민영화
등 정부에 의한 공공서비스를 민영화 등을 통해 삭감하고, 시장에서 할 수
있는 것은 시장에 맡긴다는 '관에서 민으로'와 중앙정부와 지방의 삼위일체
개혁을 내건 '중앙에서 지방으로'를 개혁의 축으로 하고 있다.

　그러나 고이즈미의 신자유주의적 구조개혁은 기업복지와 공적복지의 동
시 약화를 초래하였다. 고이즈미 정권하에서 추진된 노동시장 유연화 조치

---

1) 각 용어들에 대한 이론적 검토와 상세는 박희숙(2009, 74-91) 참조.
2) 신자유주의는 크게 다음과 같은 세 가지 방법론적인 특징을 갖는다. ① 사회보장의
　축소·폐기를 통한 자본의 부담경감(법인세 인하, 사회보장비 경감 등), ② 자본에 대
　한 규제완화·철폐(노동시장 규제완화, 약소산업 보호 포기 등), ③ 민영화와 시장개방
　(공공부문 축소 등)이다. 즉 시장, 자본, 공급, 효율, 경쟁 등의 가치실현을 위해 그
　대척점에 있는 정부, 노동, 수요, 분배, 규제 등의 가치축소를 정당화하는 패러다임으
　로 이해된다(전영 2010, 3).

와 본격적인 부실채권 처리로 각 기업이 대규모 인원삭감과 정규직의 비정
규직화에 나서면서 기업복지는 약화되었다. 그 결과 사회적 약자뿐만 아니
라 기존의 중산층까지도 복지에서 배제될 위험에 놓이게 되었다. 신자유주
의적 개혁은 개혁의 부작용과 폐해로 인해 지탄의 대상이 되었고, 그런 와중
에 발생한 2008년의 글로벌 금융위기는 신자유주의 개혁 철회의 결정적 계
기로 작용했다. 금융자본의 독주로 인한 신용팽창의 과욕이 부른 참담한 결
과는 세계경제를 순식간에 불황에 빠뜨렸고, 그 결과 소득감소로 고전 중인
중산층의 상당수가 구조조정까지 당하면서 중산층에서 탈락하고 사회안전
망에서도 소외되어 사회적 약자로 전락하는 사례가 대거 발생했다.

이러한 일본의 상황에 대해 와타나베 오사무(渡辺治) 등 이른바 '신복지
국가론자'들은 사실 신자유주의적 개혁은 일본뿐 아니라 모든 국가에서 양
극화와 빈곤을 만들어내고 있지만, 각국의 신자유주의 모순의 발현이 모두
같은 모습이 아니라는 점에 주목하면서, 그 차이가 나타나는 요인을 각국의
성격, 즉 복지국가인가 개발형 국가인가에서 찾고 있다. 복지국가의 경우
강한 노동조합의 힘을 바탕으로 탄생한 친노동자 정권에 의해 복지가 제도
적으로 보장되며, 신자유주의적 개혁을 펼치려 해도 노동운동의 저항에 직
면하게 될 뿐만 아니라, 사회보장제도의 개혁을 하려 해도 복지국가라는 강
고한 구조물을 해체시켜야 한다는 것이다. 또한 복지국가를 개혁하려는 신
자유주의적 시도는 이미 복지급여를 받고 있는 국민들의 큰 저항을 받을
수밖에 없기 때문에 복지국가의 신자유주의는 이중의 의미에서 어려울 수밖
에 없다는 것이다. 그러나 와타나베는 일본은 개발형 국가였다고 단정한다.
이에 따라 일본의 대기업은 노동운동을 기업 안에 봉쇄하였고, 노동자를 종
신고용, 연공서열 등의 제도로 평생 회사에서 일할 수 있게 해주었다. 기업
의 성장과 함께 증가하는 세금수입은 복지 대신 지방 공공사업 투자 보조금
정치에 투입되어 자민당 정치의 안정화에 기여했다. 기업, 자민당의 이익
유도정치, 빈약한 사회보장을 특징으로 하는 개발형 국가 일본은 구조적으
로 신자유주의에 취약할 수밖에 없다는 것이다(와타나베 오사무 외 2010,
35-37).

  사실 민주당이 창당 초기부터 반(反)신자유주의 노선을 명확히 한 것은
아니었다. 민주당은 1996년 하토야마 유키오(鳩山由紀夫)에 의해 창당되어
2009년 중의원총선에서 승리하면서 일본의 집권여당이 되었다.[3] 1998년
통합 민주당의 출범 이후 일본에 양당제가 자리 잡았지만, 자민당과 민주당
사이에 큰 정책 차이는 없었다. 전반적인 보수화의 흐름 속에 구조개혁에
대해서 정치권 전반에 폭넓은 합의가 있었다. 하지만 2000년대 초 고이즈미
구조개혁을 거치면서 일본사회에서 신자유주의 개혁에 대한 비판이 비등하
기 시작했고, 이에 대한 대응의 차원에서 민주당의 보편적 복지확대노선이
등장하였다고 볼 수 있다.
  민주당은 창당 당시 유럽형 사민주의를 지향했으나, 1998년 신진당과 통
합하면서 창당 당시보다 진보적인 성향이 약화되어 자민당과 큰 정책적 차
이를 보이지 않게 되었다. 민주당은 개발주의에서 탈피하는 정치를 주장하
면서 '관에서 민으로', '규제완화', '이익유도형 정치파타' 등의 슬로건을 내세
웠다. 이러한 민주당은 사회·경제정책 분야에서 고이즈미의 신자유주의적
노선과 큰 차이가 없었다. 상대적으로 진보적인 사민당 계열의 정책노선보
다는 작은 정부, 분권화 등의 보수적 신자유주의적 정책노선이 민주당의 전
반적 정책 방향으로 자리 잡았고, 이후 고이즈미의 구조개혁 과정에서 자민
당이 개혁적 성향을 선점하면서 특별한 차별성이 없는 정체성을 유지하고
있었다.
  민주당은 2003년 오자와 이치로의 자유당과 합당하면서 조직적으로 확대
되고 의석수도 증가하면서 제1야당으로 성장하지만, 정책이념은 점차 신자
유주의적인 경향을 띠게 되었다. 민주당의 정책이념은 자유당의 정책이념인
공공정책 영역의 축소, 시장원리의 확대, 작은 정부, 민영화를 포함하게 되
어 복합화되었다(양기호 2010, 328-332). 결과적으로 생활정치 이념과 신자
유주의 이념이 상호 교차하면서 모순되는 내용의 정책들이 담기게 되었고,

---

3) 민주당의 중의원에서의 의석수 변화는 다음과 같다. 1996년 52석 → 2000년 127석 →
   2003년 177석 → 2005년 113석 → 2009년 308석 → 2012년 57석.

생활정치의 이념적 정체성이 모호해졌다. 2005년 9월 총선거에서 자민당 고이즈미 정권에 참패한 것은 민주당의 정책이념의 복합화로 인해 고이즈미가 주장하는 신자유주의적 구조개혁에 대항할 새로운 담론과 정책을 제대로 제시하지 못했기 때문으로 볼 수도 있다.[4]

그러나 고이즈미 사퇴 이후 '고이즈미 개혁'의 신자유주의적 성향에 대한 비판이 비등해진 일본사회의 여론 속에서, 민주당은 보편적 복지의 확대를 전면에 내세우면서 자민당과의 차별화에 성공하였다. 이 과정에서 민주당의 정책전환을 이끌었던 오자와는 자신이 1990년대에 내세웠던 국가비전과는 매우 달라진 노선을 추구하면서 큰 변신을 이루어냈다. 2006년 민주당 대표가 된 오자와는 자민당과 차별화된 정책의 제시를 통해 적극적이고 공격적으로 자민당에 대한 정책적 대립 축을 형성해 나갔다. 오자와는 고이즈미의 신자유주의적 구조개혁에 대항하기 위해 그 모순을 지적하며 취약해진 복지정책의 확충을 꾀하였다. 생활정치를 자민당과의 대립 축으로 내세우고 '생활이 제일'이라는 슬로건으로 생활정치 이념을 복지정책화한 것이다.

〈표 1〉 자민당과 민주당의 정책 비교

	자민당(고이즈미 내각)	민주당(오자와 대표 시기)
정책노선	신자유주의	신자유주의로부터의 탈피
정책방향	공급사이드 중시 민영화·규제완화를 통한 경기회복	수요사이드 중시 양극화·빈곤문제 해결을 통한 사회안정
정부역할	작은 정부	큰 정부
고용보장 사회보장정책	노동시장의 규제완화·복지억제 보험방식 사회보장제도 선별주의	노동시장의 규제강화·복지확대 부조방식 사회보장제도의 확충 보편주의

출처: 김성원(2011), 43의 표를 재구성

---

4) 2005년 중의원선거에서 자민당은 선거 전에 비해 59석 증가하여 296석을 획득한 반면, 민주당은 64석 감소한 113석을 획득.

〈표 1〉은 자민당(고이즈미 내각)과 민주당(오자와 대표 시기)의 정책을 정책노선, 정책방향, 정부역할론, 고용보장 및 사회보장정책으로 나누어 작성한 것이다. 자민당은 버블경제 붕괴 이후 경기회복을 위해 신자유주의 노선에 입각하여 노동시장의 규제완화, 선별주의적 복지정책에 의한 복지축소, 민영화와 규제완화를 추진해온 반면, 민주당은 신자유주의 정책으로부터의 탈피를 주장하면서 경제발전과 경기회복보다는 현재의 사회양극화, 빈곤문제의 해결을 통한 사회의 안정을 중시하면서 노동시장의 규제강화와 보편주의적 복지정책의 확충을 통한 복지강화를 주장하고 있다.

2. 생활정치의 후퇴

2009년 중의원총선에서 생활정치를 전면에 내세워 승리한 민주당은 점차 생활정치 노선에서 점차 후퇴하게 된다. 그 원인으로는 국제적 환경으로서 2008년에 발생한 글로벌 금융위기, 국내적 환경으로서 2011년에 발생한 동일본대지진을 들 수 있다. 이상의 환경요인들은 재정적 어려움을 가중시켜 집권 민주당으로 하여금 보편적 복지정책을 축소 혹은 폐지하게 하는 중요한 요인으로 작용했다.

1) 국제적 환경: 글로벌 금융위기

일본은 글로벌 금융위기 이전 약 6년 동안 '이자나기를 초월하는 호황'[5)]이라 불리는 호황상태를 구가했다. 그러나 글로벌 금융위기가 발발한 2008년 9월을 기점으로 수출이 급속도로 악화되었다. 미국의 금융공황은 전 세계로 전이되었는데, 일본에서는 금융위기 이상으로 수출이 급락하면서 더 심각한 경제불황을 야기하게 된 것이다.

---

5) '이자나기 경기'는 1965년 11월부터 1970년 7월까지 57개월간 계속된 전후 일본 경제의 최장기 호황기를 일컫는 말이다. '이자나기(いざなぎ)'는 일본신화에 나오는 신으로 일본열도를 만들었다고 한다.

글로벌 금융위기가 발발하자 서구의 금융위기에서 한발 벗어나 있던 일본의 금융시장의 안정성이 부각되었고, 이로 인해 세계 금융자본의 엔화에 대한 투자가 집중되어 엔화의 평가절상이 이루어졌다(Iwaisako 2010). 일본 엔화는 2008년 9월 이후 급격히 평가 절상되어 1달러에 110엔 대에서 90엔 대로 가격이 인상되었다. 이러한 엔고 현상은 일본기업들의 해외시장에서의 수출경쟁력을 낮추는 요인이 되었다. 특히나 세계시장에서 일본기업들과 주로 경쟁하는 한국기업들의 경우 원화의 평가절하의 환경 속에서 가격 경쟁력을 지닐 수 있었기 때문에, 일본의 엔고는 일본 수출기업들에게는 매우 심각한 수출부진의 장애요소로서 자리잡게 되었다. 그 결과 일본의 국내총생산이 급속히 하락하여 전후 최대의 불황기에 들어서게 되었다.

2008년 3분기부터 2009년 2분기까지 일본의 국내총생산은 심각한 마이너스 성장을 하게 된다. 수출 부진에서 비롯한 광공업생산의 축소와 국내총생산의 하락은 구조조정으로 귀결되었다. 수출부진에 가장 크게 타격을 받은 자동차업계는 리먼 사태 이후 반 년 동안에 약 3만 명이 넘는 비정규직 해고를 단행하였다. 이러한 상황은 일본 실물경제에서 내수부진을 더욱 강화하는 요소로 작동할 수밖에 없었다. 일본 기업들이 수출과 내수 모두 부진한 상황에서 좋지 못한 실적을 낳는 상황은 일본의 재정상황에 큰 부담을 주었다. 막대한 재정적자를 이미 갖고 있던 일본 정부에게 경기침체는 세수 감소를 의미하는 것이었다.

이러한 상황에서 2009년 9월에 민주당 정권이 들어서게 된 것이다. 민주당 정권은 수출부진에서 시작된 경기침체가 내수부진과 겹쳐 악화되는 이중침체의 위험성 속에서 출발하였다. 세수증가의 기반이 되는 성장 없이는 복지 확대는 어려운 일이다. 또한 공공사업의 축소와 낭비되는 정부예산의 축소를 통해 복지예산을 확보한다는 구상도 실제 구체적 사안으로 들어가면 축소할 수 있는 공공사업과 낭비성 정부예산을 발견하는 것이 쉽지 않았다. 이로 인해 민주당 신성장전략에 장애가 된 글로벌 금융위기는 민주당의 핵심 정책노선인 보편적 복지의 확대에 가장 큰 타격을 준 환경변화 요인이라고 할 수 있다.

2) 국내적 요인: 동일본대지진

글로벌 금융위기와 함께 일본 민주당의 정책노선의 추진에 장애를 가져온 또 다른 외부환경 요인은 2011년 3월 11일에 발생한 동일본대지진이다. 일본 동북부지방에서 발생한 동일본대지진은 대규모의 인적·물적 피해를 가져왔다. 동일본대지진 이후 민간보험회사의 피해보상에 필요한 재원 마련을 위한 일본 금융권의 엔화 확보는 심각한 엔고를 초래하였다. 또한 후쿠시마 원자력발전소의 사고로 인한 에너지수급의 불안정성으로 인해 일본기업들은 매우 어려운 상황에 놓이게 되었다.

지진 피해복구와 원전사고 피해 보상 및 사고수습을 위해 필요한 막대한 재원을 마련하기 위해 일본 정부는 대규모의 적자국채를 발행할 수밖에 없었다. 이러한 상황에서 일본 민주당이 보편적 복지정책을 지속적으로 추구하는 것은 어려운 일이었다. 이미 집권 전에 발생한 글로벌 금융위기로 인해 보편적 복지정책을 추구하기 어려운 환경이었는데, 동일본대지진으로 인해 어려움이 보다 증폭된 것이다. 더욱이 동일본대지진과 원전사고는 상정하지 못했던 세출 부분의 급증을 야기함으로써 증세 필요성이 더욱 강하게 제기될 수밖에 없었다. 때문에 동일본대지진의 재원마련을 위한 2012년 여름의 논의과정에서 보편적 복지의 후퇴와 증세로의 정책전환이 민주당 내에서 보다 큰 설득력을 갖게 되었다.

III. 중·참의원선거를 통해서 본 민주당의 정책변화

1. 2007년 참의원선거

2007년 참의원선거에서 민주당은 당시 당대표이었던 오자와 이치로의 지도하에 '생활이 제일'이라는 슬로건을 내걸고 국민 생활중시의 정책을 호소하면서 자민당과의 차별화에 성공하였다. 오자와는 사민당·국민신당과의 야당 공조를 실현시켜 자민당의 지반이었던 지역구에서 대승을 거두었다.

한편 선거를 한 달 남짓 앞두고 5월에 국회의 사회보험청 개혁 관련 법안 심의 도중에 사회보험청이 관할하고 있는 연금기록이 5,000만 건 누락된 사실이 발각되었다. 2007년 기존의 연금수첩번호를 기초연금번호에 통합하는 기초연금번호제도가 도입되었는데, 그 과정에서 국민연금기록 5,000만 건이 누락되고, 1,430만 건의 후생연금은 컴퓨터로 관리되지 않은 채 마이

〈표 2〉 2007년 참의원선거 결과[6]

	당선	선거구	비례	선거 후	선거 전
민주	60	40	20	109	81
자민	37	23	14	83	110
공명	9	2	7	20	23
공산	3	0	3	7	9
사민	2	0	2	5	6
국민	2	1	1	4	4
일본	1	–	1	1	0
제파	0	0	0	0	0
무소속	7	7	–	13	7
합계	121	73	48	242	240 (결원 2)
정수	121	73	48	242	242

자료: http://www.yomiuri.co.jp/election/sangiin/2007/

---

6) 일본 참의원의 의원정수는 도도부현(都道府県) 단위의 선거구제(정수 1~5명의 대선거구제) 146명, 전국단위의 비례대표제 96명으로 총 242명이다. 3년마다 의원정수의 절반씩 개선(改選)한다.

크로필름 상태로만 관리되는 등 연금관리체계상의 문제가 드러난 것이다.[7] 연금기록 누락사건을 계기로 사회보장시스템에 대한 국민들의 불안감이 증폭되었고, 이는 집권 자민당에 대한 불만으로 표출되었다. 그 결과 2007년 참의원선거는 〈표 2〉와 같이 민주당이 공시 전에 비해 28석이 증가한 109석을 차지하면서 참의원 제1당으로 부상하는 결과를 낳았다.

2007년 민주당 선거공약의 핵심은 '반(反)고이즈미=반(反)신자유주의'라고 할 수 있다. 민주당의 선거정책은 고이즈미 내각의 신자유주의 개혁의 부정적 측면을 치유하기 위한 보편적 복지정책의 확대를 강조하고 있다. 구체적으로 연금개혁, 1인 월 26,000엔의 어린이수당[8] 지급, '농가호별소득보상제도'를 세 축으로 한 정책을 내세웠다. 민주당은 보편적 복지확대 노선을 선명히 하는 동시에, 재정건전성 확보를 위한 세금 인상 주장을 철회하였다. 2000년대 전반 내내 민주당은 점진적 소비세 인상에 대해서 찬성하는 입장이었지만, 2007년에는 "소비세율을 현행대로 유지하면서 세금의 낭비를 철저히 없애 보편적 복지 확충을 위한 재원으로 사용한다"는 입장으로 선회하게 된 것이다.

민주당에 대해 자민당은 당초에는 헌법 개정 등 정치적인 문제를 쟁점으로 하려다 연금문제 등으로 옮겨가는 정책의 혼란을 노정하였다. 자민당은 지방의 격차문제를 배경으로 '성장을 실감으로(成長を実感に!)'를 테마로 내세우면서 동시에 아베 총리의 '아름다운 나라(美しい国) 만들기'라는 보수우익적 이념을 내세웠다. 자민당이 구시대적 보상의 정치에 중점을 두고 보수적 가치를 중시하는 방식을 통해 자민당 보수 지지층의 이탈방지에 노력한 반면, 민주당은 개인주의적 가치관에 바탕을 두고 약자와 지방을 중시하는

---

7) 후생노동성의 지속적인 복구 작업에도 불구하고 약 2,000만 건의 기록이 특정 불가능 상태로 남아 있다.

8) 자민당에서는 아동수당제도가 처음 실시된 1971년부터 '아동(兒童)수당'이라는 명칭을 사용해왔다. 반면에 민주당에서는 자민당의 선별주의적 아동수당제도와 차별화하려는 의도에서 '어린이(子ども)수당'이라는 명칭을 사용하고 보편주의적 수당지급을 공약으로 제시했다. 따라서 본고에서는 기존의 '아동수당'과 민주당의 '어린이수당'을 구별하여 사용하고 있다.

복지주의 노선을 통해 자민당에 대한 대항 축 형성에 주력했다. 그 결과 2007년 참의원선거에서 민주당은 대승을 거두고 오자와 대표 체제를 이어간 반면, 자민당은 아베 신조(安倍晋三) 총리가 퇴진하고 후쿠다 야스오(福田康夫) 총리가 취임하게 된다.

2. 2009년 중의원선거

2009년 중의원총선거에서는 〈표 3〉과 같이 민주당이 480석 중 308석을 차지하며 대승을 거두고 정권교체에 성공했다.[9] 연립여당인 자민당과 공명당은 민주당에 대한 네거티브 캠페인을 전개하며 공세를 펼쳤으나 공시 전 의석보다 181석이 감소한 119석을 획득하는 데 그쳐 1955년 보수합동에 의한 창당 이래 처음으로 중의원 제1당의 자리에서 내려왔다. 공명당도 소선거구에서 오타 아키히로(太田昭宏) 당대표마저 낙선하면서 21석으로 역대 최소 의석을 기록했다. 2008년 9월 일본을 강타한 글로벌 금융위기는 반자민 정서에 결정적 계기를 제공했다.

자민당의 참패는 신자유주의적 개혁에 대한 일본 국민의 신뢰가 무너진 것을 의미한다. 글로벌 금융위기에 따른 최악의 마이너스 성장(2008년 4/4분기 전기 대비 마이너스 3.5% 성장), 실업률 급상승(2009년 7월 5.7%로 1953년 이래 최고치) 등이 발생하면서(김규판·이형근 2009, 2) 1990년대 이후 자민당이 추구해온 신자유주의 정책의 한계에 대한 비난여론이 비등해졌고, 유권자들은 2009년 총선거에서 생활정치와 정권교체를 표방한 민주당을 압도적으로 지지했다.

그러나 고이즈미 사퇴 이후 아베, 후쿠타, 아소(麻生太郎)로 이어지는 자민당 총리는 고이즈미 구조개혁의 사회적 반동을 실감하면서도 신자유주의

---

9) 단일정당이 획득한 의석 및 의석점유율(64.2%)로는 전후 일본국헌법하에서 치러진 선거 중 최고기록.

<표 3> 2009년 중의원선거 결과

	소선거구	비례	선거 후	선거 전
민주	221	87	308	115
자민	64	55	119	300
공명	0	21	21	31
공산	0	9	9	9
사민	3	4	7	7
국민	3	0	3	4
민나노당	2	3	5	4
개혁	0	0	0	1
일본	1	0	1	0
제파	0	1	1	1
무소속	6	-	6	6
합계	300	180	480	478 (결원 2)
정수	300	180	480	480

자료: http://www.yomiuri.co.jp/election/sangiin/2009/

적 개혁을 보다 강화하려는 노력도, 신자유주의적 개혁에서 과감하게 벗어
나려는 노력도 보여주지 못했다. 자민당 정책노선의 애매한 입장은 자민당
자체가 신자유주의적 개혁에 동의하는 재계와 대도시권 중산층, 이러한 개
혁에서 피해를 받는 이익유도정치의 수혜자들 모두를 정치적 지지기반으로
하고 있었기 때문이다.

  반면에 민주당은 2007년 참의원선거공약에 나타난 복지주의 노선을
2009년 중의원선거로 이어나갔다. 〈표 4〉의 2009년 민주당의 매니페스토
를 보면 고용보장분야에서는 자민당의 노동시장 규제완화와는 반대로 비정
규직, 특히 파견노동의 금지와 최저임금의 상향조정 등의 규제강화를 통해

고용안정을 도모하고자 하고 있다. 사회보장정책에 있어서도 자민당의 복지 억제정책과는 반대로 고용보험의 확대, 어린이수당제도의 도입, 생활보호제 도의 강화, 최저보장연금의 도입 등 복지확대정책들을 제시하고 있다.

〈표 4〉 민주당의 2009년 중의원선거 매니페스토 개요

구분		주요 내용
경제성장	성장전략	- 내수주도형 경제로 전환(어린이수당, 고등학교 무상화, 고속도로 무료화 등을 통해 소비확대) - IT, 바이오, 나노테크 등 첨단기술의 개발·보급, 환경 관련산업을 미래성장산업으로 육성 - 농림·수산업, 의료·간병을 새로운 성장산업으로 지원
	감세·보조금	- 가솔린세, 경유거래세, 자동차중량세, 자동차취득세의 잠정세율 폐지 - 공적연금공제의 최저보상액을 140만 엔(현재: 120만 엔)으로 높이고, 노령자공제(50만 엔)도 부활[1] - 중소기업의 법인세율 인하(18% → 11%)
	고속도로	- 고속도로 요금 할인율을 단계적으로 인상하고 최종적으로는 무료화
	공공사업	- 불요불급한 사업, 효과가 적은 사업의 동결·폐지
재정재건		- 국가예산 약 207조 엔을 전면적으로 재편 - 예산낭비 근절 등으로 2013년까지 16.8조 엔 마련
고용	고용창출·유지	- 직업훈련제도 도입(월 10만 엔의 수당지급)
	고용제도	- 전국 최저임금(시급 800엔)을 설정하고 궁극적으로는 시급 1,000엔으로 인상 - 제조현장에 대한 파견과 일용파견을 원칙적으로 금지하고, 기간제한을 초과한 파견노동의 경우에는 직접고용을 인정하는 직접고용 간주제도를 도입
육아지원	출산·육아	- 어린이수당 지급(중학교 졸업 때까지 아동 1인당 월 26,000엔, 단 2010년은 월 13,000엔) - 어린이수당 도입에 맞춰 소득공제를 폐지하고, 중·저소득층에 유리한 제도로 변경 - 출산일시금의 인상(42만 엔 → 55만 엔) - 아동가정성(가칭) 설치 검토
	교육비	- 공립고등학생의 수업료 지원, 사립고등학생의 경우는 세대소득에 맞춰 12~24만 엔 지원 - 대학생 희망자 전원에게 학자금대출 실시

연금	기록문제	- 모든 연금기록 건에 대한 조회를 조기 실현 - 연금통장을 교부하여 연금기록의 상시확인을 가능하게 하고, 연금보험료의 연금지급 외의 유용을 금지
	연금제도	- 연금제도의 일원화 - 소비세를 재원으로 하는 최저보장연금(월 7만 엔 이상) 도입 - 2013년까지 연금제도 개혁법안 성립
의료 간병	의료체계	- 의사수를 1.5배 늘리고, 의료종사자의 증원에 힘쓰는 의료기관에 대해서는 진료보수를 증액
	후기고령자 의료제도[2]	- 후기고령자 의료제도를 폐지하고, 이에 따른 국민건강보험 부담증가분은 국가가 지원
	간병	- 간병종사자의 임금을 월 4만 엔 인상
농업		- 주요 곡물 등의 자급률 목표 100% - 농축산물의 판매가격과 생산비 차액을 기본으로 하는 호별소득보상제도 실시
환경·자원		- 재생가능에너지/1차 에너지 비율을 2020년까지 10% 정도로 개선 - 국내 배출권 거래시장을 도입하고, 지구온난화대책세의 도입 검토 - CO_2 배출량을 2020년까지 1990년 대비 25% 삭감
행정· 국회 개혁	행정개혁	- 중앙공무원의 총인건비 20% 삭감 - 특별회계, 독립행정법인, 공익법인의 존속 여부 재검토 - 정부 내에 100명 이상의 여당 의원 배치
	국회개혁	- 중의원의 비례정수를 80개 삭감하고, 참의원 정수도 중의원에 준해서 삭감
지역 주권	지방자치	- 중앙정부와 지방의 2중 행정배제
	보조금	- 조건부 국고보조금을 폐지하는 대신 지방이 자유롭게 사용할 수 있는 일괄교부금으로서 지급
	정부 보조기관[3]	- 중앙정부의 보조기관은 원칙적으로 폐지
	직할사업[4]	- 지자체의 부담금 제도 폐지

주: 1. 공적연금공제: 연금에 부과되는 소득세에 대한 부담경감조치를 의미함.
  2. 2008년 4월 75세 이상의 후기고령자(65세~74세의 전기고령자 중장애 인정자 포함)를 대상으로 한 건강보험제도. 국가재정이 압박을 받는 가운데 국민의료비가 대폭 증가함에도 불구하고, 국민건강보험 대상에 후기고령자가 포함되어 젊은 세대와 후기고령자 간 불공평한 부담과 재정압박 문제가 제기됨으로써 후기고령자만을 대상으로 의료급부를 집중관리하게 됨.
  3. 정부 본청 혹은 본국 외에 지방에 설치된 출장소 등과 같은 보조기관을 의미함.
  4. 우리나라의 국고보조사업에 해당됨.
자료: 『民主党の政権政策Manifesto2009』

민주당은 선거과정에서 중장기 경제성장 목표를 제시하지 않는 대신 생활정치의 정책방향성을 분명히 하고 국민들에 대한 과감한 직접지원 확대를 가장 중요한 공약으로 제시했다. 민주당의 대국민 직접지원책 가운데 큰 관심을 끈 공약은 중학교 졸업 때까지 어린이 1인당 월 26,000엔의 어린이수당을 지급하고, 공립 고교교육의 무상화를 실시하며, 고속도로 요금을 단계적으로 무료화하겠다는 것이었다. 민주당은 이외에도 출산일시금 인상(42만 엔→55만 엔), 간병종사자의 임금인상(월 4만 엔), 직업훈련제도 도입(월 10만 엔의 수당 지급), 최저보장연금 도입(월 7만 엔 이상) 등 생활과 밀접한 공약을 구체적으로 제시했다. 반면 자민당은 2010년 이후 2%대의 경제성장을 실현하겠다고 선언하고, 아동수당이나 고속도로 요금에 대한 언급 없이 일본형 워크 쉐어링(work-sharing)이나 노동자파견법 개정, 연금기구 설립 등과 같은 구체성이 결여된 주장으로 일관함으로써 유권자들에게 어필하지 못했다.

총선 승리 후 민주당은 국민신당·사회민주당과 연립정권을 구성하고 하토야마 내각을 발족시켰다. 하토야마 내각은 당초 70%를 넘는 높은 내각지지율을 보이며, 발족 직후부터 공공사업을 재검토하는 등 적극적으로 정책전환을 추진했다. 그러나 한편으로 오자와 간사장의 정치자금 결산보고서의 허위기재 문제가 다시 불거지고, 하토야마 총리 자신도 증여세를 납세하지 않은 사실이 드러나 자민당 집권기에 단골 스캔들이었던 '정치와 돈'을 둘러싼 문제가 민주당 정권에서 재연됨으로써 출범 초부터 유권자의 기대에 어긋나는 상황이 이어졌다. 또한 하토야마 총리보다 오자와 간사장이 실질적인 권력을 행사하는 '이중권력구조'가 문제시되었다. 이에 따라 내각지지율은 지속적으로 하락했다.

이에 더해 오키나와의 후텐마(普天間) 미군기지를 현외 혹은 국외로 이전하겠다는 선거공약을 백지화하면서 민주당·국민신당·사회민주당에 의한 연립정권은 사민당의 이탈로 붕괴되었고, 내각지지율은 20% 아래로 떨어졌다. 이러한 상황에서 하토야마 총리로는 2010년 참의원선거에서 승산이 없다고 생각한 민주당 참의원 의원들의 불만이 높아지자, 하토야마 총리는

2010년 6월 민주당 대표와 총리직에서 물러나겠다고 사의를 표명한다.

3. 2010년 참의원선거

하토야마 총리의 뒤를 이은 것은 하토야마 내각의 재무대신이었던 간 나오토이다. 간 총리는 취임하자마자 2010년 6월 신성장전략으로 '제3의 길'을 제시했다. 신성장전략은 다나카 가쿠에이(田中角栄)의 '일본열도개조론'으로 상징되는 공공사업 의존형 성장전략(제1의 길)도 아닌, 고이즈미가 추진했던 신자유주의적 성장전략(제2의 길)도 아닌 환경, 의료, 관광분야에서의 수요창출에 의한 성장전략을 의미한다. 정부가 세금을 많이 거두어도 제대로 투자만 하면 고용, 소비가 늘어나는 선순환을 만들 수 있다는 것이다. 정부투자의 대표영역은 고령자의료, 노인복지서비스, 기초연금 등이다. 동시에 복지재원은 소비세와 소득세 인상 등 세제개편으로 확보된다. 즉 경제확대, 재정재건, 사회보장 충실의 3대 선순환 창출 전략으로 제3의 길을 제시하고 있는 것이다(이지영 2011, 25; 전영수 2010, 27). 간 정권이 제시한 신성장전략은 2010년 7월의 참의원선거를 앞두고 매니페스토에 구체적으로 정책 입안되었다.

〈표 5〉는 민주당의 2010년 참의원선거 매니페스토를 정리한 것이다. 언뜻 보더라도 2009년 중의원선거 매니페스토와 비교하여 내용적으로도 왜소화했을 뿐 아니라 생활정치가 후퇴했음을 알 수 있다.

우선 가장 눈에 띄는 것은 소비세를 증세하겠다는 것이다. 소비세를 올리지 않겠다는 중의원선거에서의 공약이 1년 만에 바뀐 것이다. 2010년 6월 간 총리가 취임하면서 제안한 소비세 인상 구상은 2007년 이래의 민주당 정책노선의 근본적 변경을 의미하는 것이었기 때문에 민주당 안팎의 정가와 일본 국민들에게 큰 반향을 불러 일으켰다.[10] 소비세 인상은 증세 없는 재

---

10) 2010년 6월 19일 간 총리는 소비세율은 자민당의 10%안을 참고로 하겠다고 밝혔다.

〈표 5〉 민주당의 2010년 참의원선거 매니페스토

항목	주요 내용
세금낭비	2011년 후 3년마다 예산 설정 신정책재원은 기조예산 삭감·수입분 소비세 증세 등 조세제도 발본개혁
육아·교육	어린이수당 부족분 현물서비스 고려 출산관련 지원책 확충 교육격차 시정(장학금·수업료 활용) 취학 전 보육·교육의 일체 제공 추진
연금·의료	연금기록문제 2011년까지 해결 2013년 신고령자의료제도 개시 자살대책 적극 대처 등
지역주권 우정개혁	일괄교부금으로 공공사업 재원 농림어업의 6차 산업화로 재생 도모 우정개혁법안 차기 국회 신속처리
고용·경제	2011년 중 구직자 지원제도 법제화 비정규직·신규졸업자 취직지원 강화 동일노동 균등대우 일·가정 양립 조화

자료: 『民主党の政権政策Manifesto2010』

정건전성 확보를 공약으로 내세웠던 민주당의 기본 노선과는 배치되는 것이었으며, 오히려 자민당의 오랜 공약 중의 하나였다. 뿐만 아니라 소비세 인상은 재정건전성 확보를 위해 민주당이 원래 추구했던 방안들이 비효과적이라는 선언과 같은 것이었으며, 이는 민주당의 정체성 자체의 변동과 관련되는 것이었다. 결국 소비세 인상 이슈는 2010년 7월 참의원선거의 가장 핵심적인 쟁점이 되었다. 자민당을 비롯한 야당들은 소비세 인상에 대한 찬반 여부를 떠나서 집권한지 1년이 안 된 민주당 정권이 자신들의 원래 공약을 갑작스레 전환하는 것을 공격하였다.

다음으로 민주당의 보편주의적 복지정책의 상징인 어린이수당에 대한 재

검토이다. 민주당은 어린이수당의 부족분에 대한 현물서비스를 고려하고 있
다. 또한 폐지를 약속했던 후기고령자 의료제도에 대해서도 신고령자 의료
제도를 2013년에 개시하겠다고 되어 있는데, 후기고령자 의료제도와 비교
하여 구체적으로 어떻게 달라지는지에 대해서는 명확히 밝히지 않고 있다.
2009년 선거에서 관심을 집중시켰던 고속도로 무료화에 대한 언급 또한 전
혀 없다.

결국 간 총리의 제3의 길은 그를 위한 재원으로서의 소비세 인상만 부각
되면서 참의원선거에서 참패를 가져다주었다. 〈표 6〉은 2010년 참의원선거
결과를 나타낸 것이다. 민주당은 2010년 7월 참의원선거에서 44명만이 당

〈표 6〉 2010년 참의원선거 결과

	당선	선거구	비례	선거 후	선거 전
자민	51	39	12	84	71
민주	44	28	16	106	116
민나노당	10	3	7	11	1
공명	9	3	6	19	21
공산	3	0	3	6	7
사민	2	0	2	4	5
일어서라 일본	1	0	1	3	3
개혁	1	0	1	2	6
국민	0	0	0	3	6
제파	0	0	0	1	1
무소속	0	0	-	3	4
합계	121	73	48	242	241 (결원 1)
정수	121	73	48	242	242

자료: http://www.yomiuri.co.jp/election/sangiin/2010/

선되어 선거 이전보다 10석이 줄어든 106석밖에 확보하지 못했다. 연립여당인 국민신당 및 여당계 무소속을 모두 합쳐도 110석에 그쳐 참의원 정족수의 과반수인 122석에는 턱없이 못 미치는 사태에 직면했다. 반면 야당인 자민당은 민주당의 자충수에 힘입어 13석이 늘어난 84석을 얻었다.

민주당의 2009년 총선 승리와 2010년 참의원선거 패배를 동시에 설명하기 위해서는 민주당과 자민당의 정책 대립 축의 설정과 이행을 살펴보아야 한다(박철희 2011). 다시 말해 2009년 중의원총선거에서 민주당은 복지주의에 기초한 생활정치를 전면에 내세우고 자민당의 정책 중심 축에 대항하는 정책적 대안을 구체적으로 제시함으로써 민주당에 대한 유권자의 기대와 반자민당 정서를 효과적으로 흡수할 수 있었지만, 2010년에는 복지정책에서의 방향선회로 민주당의 정체성에 대한 논란을 불러와 결국 선거참패로 이어진 것이다.

IV. '증세 없는 복지확대'의 한계

1. 재정적 한계

2008년 글로벌 금융위기로 발생한 대량실업, 빈곤문제는 2009년 정권교체의 주요한 원인을 제공했다. 그러나 최근의 대량실업·빈곤문제는 단지 경제위기로 인한 일시적인 사건이라기보다는 제2차 세계대전 이후 일본이 구축해 온 복지정책의 구조적 한계를 드러내는 사건이라고 볼 수도 있다(김성원 2011, 25). 충실한 기업복지와 취약한 공적복지를 특징으로 하는 일본형 복지사회는 높은 수준의 지속적인 경제성장과 완전고용에 가까운 고용상태를 통해 성공적으로 운영될 수 있었다. 연금, 의료, 자녀교육 등은 자민당 정권기의 개발국가 노선하에 성장한 대기업의 종신고용과 연공제 임금에 의해 충당되었으며, 지역에 기반을 둔 중소기업의 소득보장과 고용창출은 지자체에 대한 보조금과 대규모 공공투자사업을 통해 이루어져왔다. 이에 따라 공적 복지는 기업복지에서 배제된 고령자, 장애인, 모자가정을 포섭하는 보완적 복지의 형태로 선별적으로 이루어졌다(신동면 2011, 192; 이지영 2011, 8).

민주당은 자민당의 선별주의적 복지정책에 반대하며 2007년 참의원선거와 2009년 중의원선거에서 '생활과 지역이 제일 중요', '콘크리트에서 사람으로'의 슬로건을 내걸고 어린이수당의 보편적 지급, 고교교육 무상화, 고속도로 무료화 등 보편적 복지정책을 구체적 공약으로 내세웠다.[11] 민주당은 우선 기존의 경제재정자문회의를 폐지하고 국가전략실을 신설[12]하여 예산편성기본방침을 결정하는 한편, 행정쇄신회의를 설치하여 정부의 예산안에 대해 항목별 예산심사와 수정을 주도하였다. 그리고 기존의 재무성과 당 정책조사회, 업계단체 3자 간의 사전협상을 제한하기 위해 정책조사회를 폐지하였다.

그러나 민주당의 2009년 매니페스토는 막대한 대국민 직접지원에 대한 재원확보책이 미흡함은 물론 재정건전화에 대한 목표나 방안도 전혀 제시하지 않고 있어 불안요소로 지적되었다. 민주당은 재원확보 방안과 관련하여 연도별 로드맵을 제시하지는 않았지만 2013년 기준으로 구체적 방안을 명시했다. 민주당은 2013년의 매니페스토 실행에 필요한 16.8조 엔을 예산낭비 억제(9.1조 엔), 정부자산 매각·활용(5.0조 엔), 조세특별조치 폐지(2.7조 엔)의 세 가지 방법으로 확보한다는 계획을 제시했다.[13]

민주당은 연금제도개혁 법안을 마련하는 2013년까지, 즉 향후 4년간 소

---

11) 특히 오자와는 어린이수당을 중요시했는데, 어린이수당이 민주당의 매니페스토에 등장한 것은 2005년부터이다. 당시에는 소득수준에 상관없이 의무교육기간 동안 모든 어린이에게 월 16,000엔을 지급할 것을 공약했고, 2007년에는 월 지급액을 26,000엔으로 증액했다. 양기호(2010) 참고.
12) 국가전략담당대신은 부총재인 간 나오토가 겸임.
13) 『民主党の政権政策Manifesto2009』(http://www.dpj.or.jp).

비세율을 현행 5%로 유지하고 중소기업에 대한 법인세를 현행 18%에서 11%로 인하한다는 계획이었다. 그러나 일본 학계에서는 2000년 이후 매년 정부가 국채를 30조 엔 정도씩 발행하고 있는 상황을 타개하기 위해서는 법인세율은 낮고 소비세율은 높은 EU형(특히 북유럽) 세수구조로 전환해야 한다는 주장이 오래전부터 제기되어 왔다. 2008년 기준 일본의 법인세율 (국세법인세 30.0%와 법인지방세, 법인사업세를 더한 법정실효세율)은 40.69%로 EU의 27.97%에 비해 10%포인트 이상 높은 반면, 소비세율은 5%로 덴마크, 노르웨이, 스웨덴의 북유럽국가들의 25%에 비해 20%포인트 나 낮은 상황이다.[14] 민주당의 소비세율의 현행 유지와 법인세율의 인하는 학계의 주장과는 배치되는 것이다(김규판·이형근 2009, 3-5).

　민주당 정권이 선거기간 내 표방한 정책공약은 재원확보 방안의 현실성 부족과 사회보장관련비나 국채상환비 등 재정압박으로 계획대로 이행될지 여부에 대해 회의적인 시각이 지배적이었다. 또한 어린이수당 지급, 고속도 로 무료화 등 많은 재원이 소요되는 정책은 일시적인 경기부양효과는 기대 할 수 있으나, 중장기적으로는 재정악화를 초래할 뿐 성장기반 강화에는 도 움이 되지 않는다는 비판도 제기되었다.

　처음부터 매니페스토를 실천하기에는 재정적 어려움을 안고 출발한 민주 당 정권은 2008년 글로벌 금융위기로 인한 세수감소로 인해 증세 없이 보편

---

14) 참고: OECD 국가의 소비세율 비교(단위 %)

국가	표준세율	국가	표준세율	국가	표준세율	국가	표준세율
아이슬란드	25.5	아일랜드	21	독일	19	스페인	16
덴마크	25	오스트리아	20	그리스	19	룩셈부르크	15
헝가리	25	체코	20	네덜란드	19	뉴질랜드	12.5
노르웨이	25	이탈리아	20	슬로바키아	19	호주	10
스웨덴	25	포르투갈	20	터키	18	한국	10
핀란드	22	슬로베니아	20	영국	17.5	스위스	7.6
폴란드	22	프랑스	19.6	이스라엘	16	캐나다	5
벨기에	21	칠레	19	멕시코	16	일본	5

출처: 西沢和彦(2011)에서 재인용

적 복지를 확대한다는 공약을 실천하기에는 매우 힘든 상황에 놓이게 되었다. 세금의 낭비를 줄여 보편적 복지확대를 위한 재원을 마련한다는 구상에서 공공사업 전면 재검토, 아마쿠다리(天下り) 폐지, 보조금 삭감 등을 단행하려 했으나 관료·주민과의 충돌로 당초 계획처럼 원활하게 진행되지 않았다.

그나마 2010년 하토야마 정권에서 추진된 개정 예산은 2009년 총선에서 이슈가 되었던 복지정책을 모두 반영하고 있어 생활정치는 한계를 지니면서도 민주당 정권의 새로운 정책 패러다임으로 안착하는 듯이 보였다. 그러나 오키나와의 후텐마 미군기지 이전 문제로 출범한 지 1년도 안 되어 2010년 6월 4일에 하토야마 총리가 물러나고, 새로운 민주당 대표를 선출하는 선거에서 간 나오토가 오자와에 승리하면서 생활정치는 후퇴하기 시작했다.

먼저 생활정치의 상징적 제도였던 어린이수당이 수정되었다. 1971년부터 시행된 아동수당제도[15])는 소득제한이 있는 선별주의적인 제도였고, 급여수준 또한 충분하지 못했다. 이로 인해 보편주의적인 제도로의 개혁이 요구되기도 하였지만, 기업이 제공하고 있는 가족수당제도가 실시되고 있다는 이유로 받아들여지지 않았다. 하지만 2009년 민주당 정권이 출범한 후 소득제한 없는 보편주의적인 제도로 한 달에 13,000엔을 지급하는 어린이수당이 도입되었다. 이는 기업이 제공해왔던 기업복지의 혜택을 받지 못하는 비정규직 노동자와 실업자가 증가하는 상황에서 고용상태와 관계없이 아동과 가족에 대한 복지책임을 국가가 수행한다고 하는 취지이다.

그러나 민주당은 재정적 한계로 인해 소득제한 없이 모든 어린이에게 중학교 졸업 시까지 한 달에 26,000엔을 지급하는 것은 2011년 4월부터 실시하기로 하고, 2010년 4월부터 2011년 3월까지 한 달에 13,000엔을 지급하는 시한입법인 어린이수당지급특별법을 시행해왔다. 그러나 간 정권은 2011

---

15) 1971년부터 시행된 아동수당제도는 일본의 사회보장제도 중 가장 늦게 성립한 제도이다. 더욱이 임금형태로서의 가족수당이 널리 존재하는 일본의 임금제도하에서 가족수당이 아동수당을 대체·보완하는 기능을 하고 있으므로 불필요하다는 지적이 계속해서 있어 왔기 때문이다. 자세한 내용은 정미애(2005, 172-173) 참조.

년 4월 이후 월 26,000엔 지급을 단념하고 월 13,000엔으로 방침을 전환했다.

사실상 민주당이 2009년 매니페스토에서 제시한 어린이수당은 실시 초년도 예산만 2조 2500억 엔, 다음 해부터는 4조 5,000억 엔 정도가 필요한 것으로 추산되면서 그 실현성에 많은 의문이 제기되었다. 민주당은 어린이수당의 재원확보를 위해 부양공제[16]와 배우자공제를 폐지하겠다고 밝혔다. 그러나 이에 의해 얻을 수 있는 세수는 부양공제 8,000억 엔, 배우자공제 6,000억 엔으로 어린이수당의 필요경비에는 미치지 못한다. 더욱이 부양공제·배우자공제의 폐지는 16세 미만의 자녀가 없는 가정, 자녀가 없으면서 남편이 홑벌이로 아내가 전업주부인 세대, 대학생 이상의 자녀를 둔 세대 등은 오히려 세금 부담이 증대되는 결과를 초래한다는 이유로 반대의견이 많았다. 부양공제는 어린이수당의 도입에 따라 2010년의 세제개정에 의해 폐지되었으나, 배우자공제는 2011년의 세제개정 시에도 폐지론이 재부상했지만 민주당 내에서도 신중론이 우세해 보류되었다(読売新聞 2012/02/25).

보편적 복지정책의 후퇴는 2011년 3월 동일본대지진으로 인해 결정적인 계기를 맞이하게 된다. 예상하지 못했던 엄청난 피해를 가져온 동일본대지진으로 인해 일본 정부는 부흥을 위한 막대한 재원이 필요하게 되었고, 피해지역의 재건을 위한 공공사업예산이 증가할 수밖에 없는 상황이 되었다. 2011년 4월 22일 일본 정부는 4조 153억 엔의 동일본대지진 복구비를 포함하는 2011년도 제1차 보정예산안의 개요를 각의 결정하였다. 더불어 동일본대지진 복구비를 긴급히 마련하기 위해 약 2조 5,000억 엔 상당의 기초연금재원을 우선 전용하기로 했다. 민주당 정권은 기초연금재원의 전용을 통해 긴급하게 마련한 지진피해복구의 재원을 국채발행을 통해 조달할 수밖에 없었다. 그러나 민주당이 중의원에서 안정적 과반수를 확보하고 있는 것과는 달리, 참의원에서는 2010년 7월 선거의 패배로 인해 과반수를 확보하고 있지 못하였고, 부흥재원 마련을 위한 적자국채발행법안이 중의원과 참의원

---

16) 납세자에게 16세 미만의 부양친족이 있는 경우에 적용되는 소득공제.

을 모두 통과되기 위해서는 자민당과 공명당의 협조가 필수적이었다.

2010년에 이미 '어린이수당지급특별법'을 수정한 간 정권은 2011년 3월 31일에 국민생활의 혼란을 피하기 위해 4월부터 9월까지 월액 13,000엔을 계속 지급하기로 결정하고, 동일본대지진 부흥재원의 우선 확보를 위해 야당과의 협의하에 10월 이후 다시 논의하기로 했다. 이에 따라 어린이수당은 2011년 10월부터 '2011년도 어린이수당지급특별조치법'에 의해 일률지급에서 연령에 따라 3세 미만 월액 15,000엔, 3세 이상에서 초등학생까지 10,000엔(셋째부터 15,000엔), 중학생 10,000엔으로 차등 지급되었다. 또한 민주당의 어린이수당은 2012년에 자민당과 공명당의 요망에 의해 조건 없이 수당을 지급하는 보편주의에서 연간 수입 960만 엔의 소득제한 규정을 두는 선별주의로 복귀하는 한편, 연소부양공제를 부활시켰다. 명칭도 '아동수당법'에 기초하여 '아동수당'으로 되돌아갔다. '어린이수당'은 '어린이수당지급특별조치법'에 의한 지급이 완료된 2012년 3월 31일로 폐지되었다. 어린이수당제도의 폐지는 민주당의 보편적 복지정책 후퇴의 상징이라고 할 수 있다.

2. 분점국회와 민주당의 당내 갈등

2011년 여름 일본의 정치지형은 간 총리의 사퇴에 대한 여야의 광범위한 요구, 간 총리의 퇴진 조건으로서의 제2차 보정예산안과 재생에너지특별조치법, 적자국채 발행법안의 통과 제시, 이들 법안 통과를 위한 민주당과 자민당, 공명당 사이의 협의과정으로 정리된다. 2011년 여름 일본의 정치지형이 복잡하게 전개될 수밖에 없는 이유는 2010년 참의원선거에서 민주당이 참패하여 국민신당의 의석수를 합쳐도 여당이 과반수가 되지 않는 이른바 '분점국회(ねじれ国会)'[17] 상황이 되었기 때문이다. 2010년의 분점국회 상

---

17) 양원제인 일본국회에서 중의원에서 여당이 과반수 의석을 차지하고, 참의원에서는

황이 2007년과 다른 점은 사민당의 연립정권 이탈로 인해 민주당·국민신당의 연립여당으로서는 중의원에서의 재가결[18])이 불가능하다는 것이다. 따라서 민주당으로서는 원활한 국회운영을 위해서는 야당과 연대할 수밖에 없게 된 것이다.

그러나 참의원선거에서 패배한 후 간 총리의 당내 장악력이 저하되었고, 취임 초부터 반오자와 노선을 취했던 간 총리와 오자와의 대립이 격화되면서 당내 갈등이 심화되었기 때문에 자민당과 공조할 수 있는 상황이 아니었다. 더욱이 동일본대지진과 후쿠시마 원자력발전소 사고에 대한 위기관리 능력을 문제삼아 간 총리에 대한 퇴진 압력은 광범위하게 이루어졌다. 여야를 막론하고 간 총리의 자진 사퇴를 요구하였다. 2011년 6월 자민당, 공명당, 일어서라 일본(たちあがれ日本) 등이 내각불신임안을 제출하자 오자와 그룹이 찬성하는 움직임을 보였고, 결국 간 총리가 동일본대지진 수습 이후 자진 사퇴하기로 하면서 내각불신임안을 부결시켰다(김용복 2012, 252).

간 총리는 사퇴조건으로 지진피해부흥재원 마련을 위한 제2차 보정예산안과 적자국채 발행법안, 그리고 원자력사고에 대한 대응책으로서의 재생에너지특별조치법의 통과를 내세웠다. 이에 민주당 집행부와 자민당, 공명당 집행부는 세 법안의 통과를 둘러싸고 협의에 들어갔다. 자민당과 공명당은 세 법안의 통과 조건으로 민주당 선거공약의 핵심이었던 보편적 복지정책의 축소 또는 폐지를 요구하였다. 야당의 요구에 대해서 민주당 집행부는 보편적 복지정책의 후퇴를 받아들이기로 하였다. 어린이수당제도의 폐지는 기술한 바와 같이 재정적 한계로 인한 측면이 크지만, 정치적 타협의 산물이기도

야당이 과반수를 차지하는 상태를 가리킨다.

18) 예산안의 의결, 조약비준의 의결, 내각총리대신 지명선거에 관해서는 중의원과 참의원이 의결이 서로 다른 경우나 중의원 의결 후에 일정 일수 내에 참의원이 의결하지 않는 경우, 중의원의 의결을 국회의결로 할 수 있다(중의원의 우월 규정에 의해 자연성립). 그러나 관련 법안이 야당의 반대로 참의원에서 가결되지 않은 경우, 예산집행이나 조약이행에 지장이 발생할 가능성이 있다. 한편 법률안의 경우, 중의원이 먼저 의결하여 가결한 법안을 참의원이 부결한 경우, 이를 성립시키기 위해서는 중의원에서 3분의 2 이상의 특별다수로 재가결할 필요가 있다(일본국헌법 제59조 제2항).

하다.

이 과정에서 민주당 내에서 정치적 갈등이 도출되었다. 보편적 복지확대와 증세 없는 재정건전성 확보의 정책방향을 제시하며 2007년에 민주당을 이끌었던 오자와 전 대표는 간 총리와 오카다 간사장의 보편적 복지정책 후퇴의 선택을 비판하면서 공약의 이행을 촉구하였다. 하지만 야당과의 합의도출의 필요성과 보편적 복지확대를 위한 재원확충의 어려움을 느끼고 있던 민주당 집행부는 보편적 복지확대의 후퇴를 현실적인 선택으로 받아들일 수밖에 없었다. 결국 2011년 8월 적자국채발행법안, 재생에너지특별조치법안이 어린이수당검토특별조치법과 함께 성립되면서 보편적 복지확대 후퇴가 정해지고, 간 총리는 법안 통과 직후 퇴진했다.

2011년 8월 간 총리의 사퇴 후의 새로운 민주당 대표를 놓고 벌어진 대표선거에서 핵심 이슈는 여전히 소비세 인상에 대한 입장이었다. 소비세 인상을 지지하던 노다 요시히코 재무대신과 소비세 인상에 대해 부정적인 경제산업대신 가이에다 반리(海江田万里)가 경쟁구도를 이루었다. 증세 없는 복지확대의 고수를 주장하는 오자와그룹과 하토야마그룹은 가이에다 반리를 지지하였다. 당내 최대 그룹인 오자와그룹과 전 총리 하토야마의 지지 그룹이 지지하던 가이에다 반리가 1차 선거에서 1위를 차지하였지만, 2차 결선투표에서 노다 재무대신이 역전 승리하면서 민주당 내에 소비세 인상을 지지하는 그룹이 강력함을 보여주었다.

2011년 하반기의 민주당은 하나의 정책노선에서 사소한 차이를 지닌 그룹 간의 갈등이라고 보기에는 어려운 당내 갈등에 놓이게 되었다. 그리고 이러한 갈등은 2012년에도 지속되었다. 2012년 일본 정치는 민주-자민의 양당 대결이라기보다는 노다 총리를 중심으로 하는 민주당 지도부, 민주당 내 오자와그룹, 자민당의 세 세력 간의 합종연횡의 가능성 속에 놓여 있었다.

2011년 9월에 취임한 노다 총리는 간 내각에서 재무대신을 역임하면서 소비세 인상을 적극 지지하였고, 총리 취임 후 본인의 최대 정치과제를 소비세 인상안의 입법화로 설정하였다. 12월 민주당은 소비세 인상을 둘러싼 당내 갈등이 격화되었다. 오자와그룹이 격렬하게 반대하는 가운데 당 집행부는 소비세율의 단계적 인상 시기를 약간 미루는 식으로 대응하였지만, 기본적으로 당론 확정을 서둘렀다. 결국 2011년 12월 정부와 민주당은 소비세율을 2014년 4월에 8%, 2015년 10월에 10%로 인상하는 내용을 포함하는 사회보장과 소비세 인상의 일체개혁안을 완성하였고, 2012년 1월 이를 정식으로 결정하였다. 오자와그룹은 소비세 인상의 선택이 당의 핵심 공약을 뒤집는 것으로 당의 정체성 자체를 훼손하는 것으로 판단하였다.

2012년 3월 노다 내각은 기결정된 소비세 인상과 관련된 법안을 각의 결정하여 의회에 제출하였다. 2012년 4월에서 6월 사이에 노다 총리의 민주당 지도부, 오자와를 중심으로 하는 민주당 내 반중세파, 자민당은 미묘한 역학관계를 유지하면서 일본 정국의 혼란을 야기하였다. 민주당이 소비세 문제를 둘러싸고 사실상의 분열 상태에 있는 상황에서 자민당은 일종의 캐스팅보트를 쥐고 있었다. 자민당의 협조 없이는 소비세 인상안이 참의원을 통과할 수 없는 분점국회의 상황에서 자민당의 협조는 반드시 필요했다. 한편 오자와그룹은 자민당과 노다 총리의 협조는 불가능하다고 파악하였다. 자민당이 소비세 인상안 자체에 찬성한다 하더라도 노다 총리의 구체적 입법안에 협조하지 않으면 노다 내각이 붕괴될 것이고, 자민당은 중의원 해산과 총선거를 기회로 재집권할 기회를 엿볼 것으로 판단하였다.

2012년 5월 말과 6월 초 노다 총리는 오자와 전 대표와 다니가키 사다카즈(谷垣禎一) 자민당 총재와 연속적으로 만나 소비세 인상안을 중의원에서 통과시키고자 시도하였다. 이 과정에서 오자와의 예상과 달리 노다 총리는 자민당과의 소비세 인상에 대한 개혁안의 합의도출에 성공하였다. 노다 총리가 자민당과 소비세 인상을 포함한 일체개혁안에 대해 합의를 도출하고, 이 법안이 6월 중의원에 통과되면서 오자와그룹은 선택의 기로에 놓이게 되었다.

오자와를 비롯한 57명의 민주당 의원에 소비세 인상 관련 법안에 대해 당론에 위배되는 반대표를 던지면서, 민주당 집행부와의 결별의 길을 걷게 되었다. 7월 오자와를 비롯한 50여 명이 민주당을 이탈해 신당 '국민생활이

제일'당을 창당하였다.[19) 당명 '국민생활이 제일'은 2007년과 2009년 선거
에서 민주당이 사용하였던 슬로건으로서 오자와그룹은 신당을 통해 증세 없
는 보편적 복지정책 확대를 실천하겠다는 입장을 명확히 하였다. 증세 없는
보편적 복지 확대의 공약이 글로벌 금융위기와 동일본대지진의 구조적 상황
속에서 후퇴되는 과정에서 결국 민주당은 분열하게 된 것이다.

노다 총리는 다니가키 자민당 총재와의 회담에서 '가까운 장래'에 중의원
을 해산하고 총선거를 실시하겠다는 약속을 하였고, 소비세 인상법안은 8월
참의원을 통과하여 최종적으로 성립되었다. 그리고 2012년 12월 치러진 중
의원총선거에서 민주당은 자민당에 참패하고 정권을 내주게 된다. '증세 없
는 복지확대'를 내걸었던 민주당은 복지주의라는 대항 축이 흔들리면서 복
지를 확대하지도 못하고 증세만 한 채 물러나게 된 것이다.

V. 결론

본고에서는 개헌 대 호헌이라는 보혁대결의 틀에서 벗어나 신자유주의
대 복지주의라는 틀로 일본의 정치지형을 조망하였다. 보수와 혁신의 대립
구도가 사라진 1990년대 이후의 일본 정치에서 새로운 대립 축은 오랫동안
등장하지 않았다. 보수 양당제가 1990년대 후반 이후 민주당의 성장과 함께
진척되었지만, 민주당이 자민당으로부터 확실한 정책노선의 대립 축을 구축
하지는 못하였다. 일본 정치에서 2000년대 새로운 정치 대립 축의 등장은

---

19) 오자와는 2012년 11월 '국민생활이 제일'을 해당(解黨)하고 '일본미래당'에 합류했다.
일본미래당은 제46회 중의원총선거에서 61의석에서 9의석으로 줄어드는 참패를 했
다. 총선 후 일본미래당 내에서 가다 유키코(嘉田由紀子) 당대표와 오자와계 의원 간
에 대립이 표면화하면서 결국 가다계가 탈당하는 형태로 '생활당'으로 개칭하고 2013
년 1월 25일에 오자와가 생활당 당대표로 취임했다.

고이즈미의 신자유주의적 구조개혁의 산물이라고 할 수 있다. 고이즈미는 규제완화와 탈관료주의의 구조개혁을 전면에 내세우면서 자민당 장기지배의 정치경제시스템의 변화를 가져왔다. 고이즈미의 정책노선은 민주당의 초기 국가비전과 상당히 유사하였기 때문에 일본 민주당은 고이즈미의 신자유주의적 구조개혁에 대해 효과적인 대립각을 세우지 못했었다.

하지만 고이즈미의 신자유주의적 구조개혁의 부정적 결과가 경제격차의 증가로 나타나자 민주당은 정책노선을 전환했다. 2003년 민주당에 합류한 오자와가 고이즈미 구조개혁의 사회적 피로감을 잘 파고들어 증세 없는 복지확대라는 새로운 프레임을 제시하여 자민당과 대립 축을 형성하는 정책노선을 선명히 하였다. 고이즈미 구조개혁의 폐해를 극복하기 위한 방법으로 선택한 보편적 복지확대와 그 재원마련 방법으로써 증세 대신 예산용도 변경을 내세웠던 민주당은 사실 2000년대 전반에는 증세에도 찬성하는 입장이었고, 보편적 복지확대에 적극적 찬성의 입장이 아니었다. 증세 없는 복지확대라는 정책노선으로의 슬로건하에 민주당의 정치인들이 연대할 수 있었던 것은 반(反)고이즈미에 대한 강한 시대적 필요성 때문이었다.

그러나 글로벌 금융위기와 동일본대지진 사태로 인한 재정적자의 심화는 간과 노다를 비롯한 민주당 지도부가 반(反)고이즈미보다 재정건전화에 보다 방점을 찍게 되는 계기가 되었다. 결국 원래 민주당의 규제완화, 작은 정부, 탈관료주의에 대한 노선이 글로벌 금융위기와 동일본대지진의 환경적 변화의 상황 속에서 재정건전화를 위한 소비세 인상의 선택으로 다시 등장하게 되었으며, 이에 대해 2007년과 2009년의 '증세 없는 복지확대'의 선거공약을 고수하여야 한다는 오자와그룹의 반발은 당을 분열상황으로 치닫게 했다. 고이즈미의 신자유주의적 구조개혁에서 출발한 신자유주의 대 복지주의라는 2000년대 일본 정치의 대립 축은 구조적 환경변화로 인해 반(反)고이즈미보다 재정건전성이 보다 앞선 과제로 부각된 환경에서 사라져가고 있다(Lee 2012).

일본 민주당이 글로벌 금융위기와 동일본대지진이라는 외생변수에 직면하였을 때 정책노선의 변화과정에서 보여준 정치적 혼란은 당내의 합의기반

없이는 확고한 정책실천도 과감한 정책변화도 어렵다는 것을 보여준다. 일본 민주당의 증세 없는 보편적 복지확대의 정책노선은 당내의 탄탄한 합의에 기반하였다기보다 반(反)고이즈미에 입각한 면이 크다. 탄탄한 합의 기반이 부재한 상태에서 당 지도부에 의한 정책노선 전환이 시도되었을 때, 이에 대한 당내 저항과 반발은 피할 수 없었다. 민주당은 2007년의 참의원 선거와 2009년의 중의원선거에서 고이즈미 구조개혁에 대한 반대라는 대항축 설정에 성공하여 정권교체를 이루었지만, 이후 선거에서의 패배는 자민당과의 대결구도가 아닌 복지주의의 해법을 둘러싼 정당 내 갈등에 기인한 측면이 크다. 보편적 복지의 후퇴와 소비세 인상안을 둘러싼 민주당과 자민당의 합의와 이후의 민주당의 분열은 일본 정치사에서 2000년대 양당 정치의 대립 축이 붕괴되었음을 의미한다.

▌참고문헌 ▌

구본관·정호성. 2009. "정권 교체와 '새로운 일본'의 도래 가능성." 삼성경제연구소 연구보고서.

김규판·이형근. 2009. "일본 민주당 신정권의 경제정책에 대한 평가와 전망." 대외 경제정책연구원. 『오늘의 세계경제』 9(31).

김성원. 2001. "일본의 정권교체와 복지개혁: 실업·빈곤대책을 중심으로." 『아세아 연구』 54(1).

김용복. 2012. "일본 선거제도 개혁과 정당체계의 변화: 양당제의 가능성과 한계." 『한국정당학회보』 11(1).

남중현. 2009. 『글로벌 금융위기』. UUP.

미야모토 타로 저, 임성근 옮김. 2011. 『복지정치: 일본의 생활보장과 민주주의』. 논형.

박철희. 2011. "일본 민주당의 정책대립축 이행과 정당간 경쟁의 불안정성." 서울대 국제학연구소. 『국제·지역연구』 20(1).

박형준. 2012. 『일본을 바꾼 동일본대지진』. 논형.

박희숙. 2009. "일본의 생활정치의 과제와 전망." 『시민사회와 NGO』 7(2).

신동면. 2011. "경제침체기의 일본형 복지체제 변화에 관한 연구: 자본주의 다양성 관점의 적용." 한국사회정책학회. 『한국사회정책』 18(2).

양기호. 2010. "일본민주당의 정책노선과 생활정치." 한국일본학회. 『일본학보』 86.

이지영. 2011. "일본 민주당의 생활정치 이념과 복지정책." 한국세계지역학회. 『세계 지역연구논총』 29(3).

전영수. 2010. "일본의 신자유주의 도입과정과 그 특징: 경제적 관점을 중심으로." 『일본연구논총』 32.

정미애. 2005. "젠더 시각에서 본 일본의 사회복지정책의 변화: 1990년대 이후의 저 출산·고령화 대책을 중심으로." 『국제정치논총』 45(2).

정상호. 2009. "정치담론으로서 '생활정치' 연구의 현황 및 과제." 『시민사회와 NGO』 7(2).

진창수. 2007. "90년대 이후의 일본정치." 현대일본학회. 『일본정치론』. 논형.

Acharya, Viral, and Mattew Richardson. 2009. *Restoring Financial Stability: How to Repair a Failed Systems*. John Wiley & Sons(한국어 번역판: Acharya, Viral, and Mattew Richardson, 김경환·손재영 외 역. 2010. 『미국발 글로벌 금융위기의 진단과 처방: 실패한 시스템의 복구』. 교보문고.

Iwaisako, Tokuo. 2010. "Challenges for Japanese Macroeconomic Policy Management." Draft.

Lee, Junghwan. 2012. "DPJ's Broken Promise and the End of Anti-Koizumi Era in Japan." EAI Issue Briefing.

Pempel, T. J. 1998. *Regime Shift: Comparative Dynamics of the Japanese Political Economy*. Ithaca: Cornell University Press.

板垣英憲. 2010. 『民主党政変 政界大再編－小沢一郎が企てる「民主党分裂」と「大連立」』. ごま書房新社.

内山融. 2007. 『小泉政権: 「パトスの首相」は何を変えたのか』. 中央公論新社.

白鳥浩 編. 2011. 『衆参ねじれ選挙の政治学－政権交代下の2010年参院選』. ミネルヴァ書房.

中島政希. 2011. 『鳩山民主党とその時代』. 東洋出版.

中野雅至. 2010. 『政治主導はなぜ失敗するのか?』. 光文社.

西沢和彦. 2011. 『税と社会保障の抜本改革』. 日本経済新聞出版社.

山口二郎. 2007. 『ポスト戦後政治への対抗軸』. 岩波書店.

_____. 2012. 『政権交代とは何だったのか』. 岩波書店.

渡辺治·二宮厚美·岡田知弘·後藤道夫. 2009. 『新自由主義か新福祉国家か－民主党政権下の日本の行方』. 旬報社(한국어 번역판: 와타나베 오사무 외 지음, 이유철 옮김. 2010. 『기로에 선 일본: 민주당 정권, 신자유주의인가? 신복지국가인가?』. 메이데이).

삼성경제연구소(http://www.seri.org).

民主党(http://www.dpj.or.jp).

統計庁(http://www.stat.go.jp).

『読売新聞』(http://www.yomiuri.co.jp).

『日本経済新聞』(http://www.nikkei.com).

민주당 정권의 소비세 인상으로의
정책전환과 분열*

이정환

I. 서론

2009년 8월 30일 중의원총선거에서 정원 480석 중 308석을 차지하여 절대과반을 차지하며 집권에 성공한 일본 민주당은, 2012년 12월 16일 총선거에서 57석만을 차지하면서 자민당에게 대패하고 3년 만에 정권을 내어주었다. 이러한 민주당 정권의 몰락은 2010년 이후 민주당 지도부가 추구한 소비세 인상으로의 정책전환과 이를 둘러싼 분열에 대한 일본 유권자의 심판에서 주로 기인한다. 본 장은 민주당 정권의 몰락을 가져온 핵심 요인이었던 민주당 지도부의 소비세 인상으로의 정책전환의 원인에 대해서 밝히고자 한다.

---

* 본 장은 『한국정치학회보』 제47집 제2호에 게재된 필자의 논문을 저서 형식에 맞추어 편집한 글이다.

2010년 6월 하토야마 유키오(鳩山由紀夫)에 이어 민주당 정권의 두 번째 총리로 취임한 간 나오토(菅直人)는 기존의 민주당 정책노선과 상이한 소비세 인상을 제안하였다. 하지만 증세 없는 보편적 복지확대라는 기존 정책노선의 유지를 주장하는 오자와 이치로(小沢一郎)와 당내 갈등을 야기하여 민주당을 혼동으로 몰아넣었다. 2011년 9월 총리에 취임한 노다 요시히코(野田佳彦)가 간 전 총리의 소비세 인상 제안을 이어받아 이의 입법화를 보다 적극적으로 추구하면서 민주당의 당내 갈등은 심화되었다. 결국 2012년 6월 소비세 인상안이 중의원에서 통과된 후 오자와와 그의 동조세력은 민주당을 탈당하였다. 소비세 인상안을 둘러싼 민주당의 당내 갈등과 분열은 2007년 참의원선거 이래로 민주당이 유지해오던 증세 없는 보편적 복지확대라는 정책노선이 붕괴됨을 의미하는 것이었다.

2007년 이후 민주당의 증세 없는 보편적 복지확대의 정책노선은 고이즈미 준이치로(小泉純一郎)의 신자유주의적 구조개혁에 대한 반대테제로서 등장하였고, 이를 통해 민주당은 집권에 성공할 수 있었다. 정책적 측면에서 반(反)고이즈미 노선에 입각하여 성공한 민주당은 정당정치의 측면에서 보수양당체제를 일본에 견고화할 수 있는 세력으로 기대를 받았다. 하지만 민주당 지도부가 2010년 이후 소비세 인상으로 정책전환을 추구하면서 이로 인해 민주당과 자민당의 정책적 측면에서의 입장 차이는 현저하게 줄어들었고, 2012년 6월 소비세 인상안이 민주-자민-공명 3당의 합의에 의해 중의원을 통과함으로써 정책적 측면에서의 양당 대립 구도는 급격하게 소멸되었다. 즉, 민주당의 소비세 인상으로의 정책전환은 일본 정치에서 2000년대 후반의 정책적 대립 구도와 보수양당체제의 정당정치 구조에 혼란을 초래한 원인이었으며, 그 혼란 속에서 민주당은 2012년 12월 중의원선거를 통해 몰락하였다. 본 장의 질문은 정책적 측면과 정당정치의 측면에서 민주당이 기대고 있던 증세 없는 보편적 복지확대의 정책노선을 민주당 지도부가 스스로 포기하게 된 원인은 어디에서 기인하는가이다.

민주당의 지도부가 기존의 정책노선에서 변화된 소비세 인상안을 제시하게 된 원인으로는 두 가지가 지적될 수 있다. 첫 번째는 예상하지 못했던 글로벌 금융위기와 동일본대지진과 같은 외생적 환경변화로 인해 더욱 곤란해진 일본 정부의 재정상황이다. 글로벌 금융위기와 동일본대지진은 일본 정부에게 세수감소와 정부지출 확대의 필요성이라는 요인을 제공했고, 이로 인해 일본 정부의 재정상황을 더욱 곤란하게 만들었다. 외생적 변수로 인해 곤란해진 재정상황을 극복하기 위한 논리적 계산의 결과가 소비세 인상으로의 정책전환이라는 주장이다.

하지만, 글로벌 금융위기와 동일본대지진의 구조적 환경변화만으로 민주당의 정책노선 전환을 전적으로 설명할 수는 없다. 글로벌 금융위기가 발발했던 2008년 자민당의 아소 다로(麻生太郎) 내각과 같이 양적완화와 적극적 재정정책을 선택할 수도 있었을 것이다. 적극적 재정정책은 증세 없는 보편적 복지확대의 정책노선과 부합하는 면이 크다. 하지만 2010년 이래 간과 노다 내각의 선택은 재정건전성 확보를 위한 소비세 인상이었다. 글로벌 금융위기와 동일본대지진의 구조적 환경변화 같은 외생적 변수는 민주당 지도부의 재정운영에 대한 셈법 속에서 소비세 인상의 필요에 대한 인식을 강화하는 배경, 즉 필요조건이 되지만, 충분조건이 되지는 못한다.

본 장에서는 민주당 지도부의 정책전환을 가져온 내생적 변수에 보다 주목하고자 한다. 본 장이 주목하는 내생적 변수는 정치가-관료 관계, 정당조직의 성격, 정당의 이념적 응집성이다. 본 장은 민주당이 강조했던 정치주도의 정책과정이 실제로는 성공적이지 못했고 오히려 재무성에 의한 재정건전의 담론구조에 민주당 지도부가 포섭되었다는 점, 민주당 하부조직의 취약성과 이로 인한 의원 중심 선거정당형 조직구조에서 지도부의 정책적 자립도가 높다는 점, 그리고 민주당의 증세 없는 보편적 복지확대라는 기존 정책노선에 대한 당내의 이념적 응집성이 낮았다는 점을 강조한다. 이러한 내생적 변수를 통해 민주당 지도부는 소비세 인상안으로 정책전환을 선택하였고, 이에 대한 당내 반발이 민주당의 분열을 가져왔다는 것이다.

본 장의 구성은 다음과 같다. II절에서는 민주당 지도부에 의한 소비세 인상 제안에서 입법화까지의 정치과정을 설명할 것이다. III절에서는 글로벌 금융위기와 동일본대지진의 구조적 환경변화라는 외생적 요인이 어떻게 민주당 지도부의 소비세 인상안으로의 정책노선 전환의 배경이 되는지를 밝힐 것이다. 이어서 IV절에서는 실제 정책노선 전환으로 창출되는 과정을 매개하는 내생적 변수로서 민주당 지도부와 재무성의 관계, 민주당 정당조직의 성격, 민주당 내의 낮은 이념적 응집성에 대해 밝힐 것이다.

II. 소비세 인상의 정치과정

1. 간 나오토(菅直人) 총리의 소비세 인상 제안의 충격

하토야마 내각의 재무대신이었던 간 나오토가 2010년 6월 새로운 총리로 취임하면서 제안한 소비세 인상 구상은 2007년 이래 민주당 정책노선의 근본적 변경을 의미하는 것이었다. 소비세 인상 제안은 민주당의 생활친화적 정치노선과 배치되는 동시에, 복지확대를 위한 재원을 행·재정개혁을 통해 마련할 수 있다는 민주당의 기존 입장이 불가능하다는 선언과 같은 것이었다.

간 총리의 소비세 인상 제안은 여러모로 충격적인 제안이었다. 우선 간 총리는 소비세 인상 제안을 당내 협의과정을 거치지 않고 공개하였다. 당의 정체성과 관련된 중요한 정책노선 변화를 당내의 폭넓은 협의 없이 제안한 것은 당연히 강한 반발을 야기했다(日本経済新聞 2010/06/28). 소비세 인상 제안의 시기 또한 문제시되었다. 간이 하토야마에 이어 총리에 취임하게 된 직접적 계기는 2009년 9월에 집권한 하토야마 내각이 정권의 운명을 걸고 추진했던 오키나와현 소재 후텐마(普天間) 미군기지의 현외 이전 실패에 있었다(日本経済新聞 2010/06/02). 하지만 정치공학적 관점에서는 2010년 7월 참의원선거를 앞두고 하토야마 내각의 지지율이 큰 폭으로 하락한 문제가 컸다. 하토야마를 민주당의 얼굴로 해서는 2010년 7월 참의원선거에서 승리하기 어렵다는 판단하에 선거를 위한 총리 교체의 의미가 컸던 것이다 (日本経済新聞 2010/06/06).

선거를 한 달 앞두고 취임한 간 총리가 만약 소비세 인상을 제안하지 않 았다면 선거 결과는 크게 달라질 수 있었을 것이다. 선거 직전에 증세를 제안하는 것은 정치적 자살에 가깝다. 자민당은 소비세 인상에 기본적으로 동의하는 입장이었지만, 민주당의 소비세 인상안이 국민에 대한 약속위반이 라는 민주당 비판 프레임으로 선거에 임하였다. 일본 대중들도 소비세 인상 의 논리 자체보다는 민주당의 갑작스런 정책전환에 대해 동의하지 않으면서 이에 대한 비판적 입장에서 민주당에 대한 처벌투표행태를 보였다. 결국 2010년 7월 참의원선거에서 민주당은 패배하고 그 결과 참의원에서 과반수 를 잃게 되었다. 참의원에서 여당인 민주당의 과반수 상실로 인해 중의원에 서 압도적 과반수로 통과된 법안도 참의원에서 야당인 자민당 등의 반대로 입법화가 불가능한 분점국회 상황이 도래하였다. 선거를 목전에 둔 시점에 서 소비세 인상을 제안한 것은 간 총리의 정치적 감각부족을 보여준다.

일본 현대 정치사에서 소비세는 언제나 집권 내각에게 정치적 좌절을 안 겨주었다. 일본에서 소비세가 처음으로 정치적 쟁점으로 부각된 것은 오히 라 마사요시(大平正芳) 내각 시절이었다. 오히라 총리는 1978년 일본에서 최초로 소비세 도입의 필요성을 주장하였다. 1970년대 증가하는 복지예산 과 공공사업예산의 재원확보를 위한 소비세 도입 주장은 일본의 정책집단 내에서 상당한 동의를 받았지만, 광범위한 대중적 반발을 야기했다. 그 결과 1979년 자민당은 선거에서 크게 패하면서 정권 유지가 힘들 수도 있는 위기 에 직면하게 되었다(박철희 2011, 161-162). 이로 인해 오히라 총리는 사퇴 하고 스즈키 젠코(鈴木善幸)가 총리로 취임하게 되었다. 또한 1980년대 초 장기집권하면서 강력한 리더십을 보여주던 나카소네 야스히로(中曽根康弘) 총리도 1986년 소비세 도입을 시도하였는데, 다시 대중의 강한 반발에 직면 하게 된다. 1988년 우여곡절 끝에 다케시타 노보루(竹下登) 내각에서 최초 로 3%의 소비세가 전면적으로 부과되었다(박철희 2011, 218-219).

하지만 1990년대 들어 3%의 소비세율로는 재정수요를 감당할 수 없다는 판단하에서 소비세 인상 제안이 재등장하였다. 1993년 자민당 탈당파와 기존 혁신정치세력들의 연립정권으로 들어선 호소카와 모리히로(細川護熙) 내각은 1년이라는 짧은 집권 시기 동안 자민당 장기지배 구조를 붕괴시키기 위한 정치개혁과 분권개혁을 시도하였다. 하지만 호소카와 내각은 소비세를 국민복지세로 이름을 바꾸고 세율을 5%로 인상하려고 시도하면서 무너졌다. 이러한 소비세 인상 제안에는 연립정권의 실력자였던 오자와의 의도가 강하게 반영되었다(박철희 2011, 264-265). 2000년대 후반 소비세 인상에 대한 반대 입장에 섰던 오자와는 1993년에는 소비세 인상에 대한 적극적인 지지자였다. 그는 소비세 인상을 통해 복지재원을 확보하고자 하는 관료들의 판단을 지지하면서 소비세 인상을 적극적으로 시도하였다. 하지만 사민당을 비롯한 혁신정치세력들이 이에 대해 반발하면서 결국 1994년 연립정권은 붕괴되고 만다(박철희 2011, 265-269). 이후 소비세율은 1998년 하시모토의 자민당 정권하에서 5%로 인상되었다. 비자민당 정권이 소비세 인상을 제안하고 정권을 잃은 후, 자민당 정권이 뒤를 이어 소비세 인상을 실현하는 양상은 2012년의 일본 정국의 양상과 매우 유사하다.

간 총리가 일본 정치사에서 정권 유지의 무덤이라 불리던 소비세 인상안의 정치적 폭발력을 몰랐을 리가 없다. 하지만 2009년 9월부터 하토야마 내각에서 재무대신을 역임하면서 보편적 복지확대를 위한 재원마련, 낭비성 정부지출의 삭감, 재정건전성의 확보라는 동시에 달성하기 어려운 세 가지 과제를 한꺼번에 짊어졌던 간에게 소비세 인상은 피할 수 없는 논리적 선택이었다.

2. 소비세 인상안의 민주당 당론 확정의 정치과정

2010년 6월 취임과 함께 소비세 인상을 제시하였다가 7월 참의원선거에서 민주당의 패배를 야기한 간 총리는 그해 9월 민주당 대표선거에서 오자와와 정면으로 충돌하게 된다. 오자와는 증세 없는 복지확대의 정책노선 유

지를 내세우면서 간과 대립각을 세웠다(日本経済新聞 2010/09/01). 9월 당
대표선거에서 간은 오자와를 물리치고 민주당 대표직과 총리직을 유지할 수
있었지만, 당내의 큰 반발을 의식하지 않을 수 없었기 때문에 소비세 인상안
의 입법화에 적극적으로 임하기 어려운 환경에 처하게 되었다. 하지만 간
총리는 2011년에 들어서면서 소비세 인상안을 입법화하는 데 호의적인 정
치환경을 만나게 된다. 2011년 1월 오자와가 정치자금법 위반으로 검찰심
사회에 의해 강제기소되면서, 오자와의 당원자격이 정지된 것이다(日本経済
新聞 2011/01/31). 당원자격이 정지된 오자와의 영향력은 그 전에 비해 축
소될 수밖에 없었고, 간은 이러한 당내 역학구도의 변화 속에 소비세 인상안
을 당론으로 확정하는 데 호의적 여건을 맞이하였다. 하지만 2011년 3월
예기치 않던 동일본대지진과 후쿠시마 제1원자력발전소의 방사능유출 사고
는 소비세 인상안의 입법화를 지연시켰다. 국가적 대재앙의 상황에서 소비
세 인상안은 후순위 정책과제로 밀릴 수밖에 없었다.

　간 총리는 오히려 동일본대지진 피해복구에의 늦장 대처와 후쿠시마 원
전사고의 미숙한 처리에 대한 문제가 제기되면서 정치권 전체로부터 물러날
것을 요구받았다. 자민당은 지진과 원전사고에 대처하는 데 필요한 적자국
채법안과 보정예산안의 성립을 무기로 간 총리의 퇴진을 압박하였다. 이에
간 총리는 적자국채법안과 보정예산안의 중참 양원 통과를 퇴진 조건으로
내세웠다(日本経済新聞 2011/06/27). 민주당은 자민당과의 협상을 통해 최
대한 빨리 적자국채법안과 보정예산안을 통과시키고, 차기 내각을 구성하고
자 하였다. 자민당은 이 법안들을 통과시키는 데 보편적 복지프로그램의 축
소 또는 폐지를 조건으로 내세웠고, 이에 대한 타협의 결과가 민주당이 집권
목표로 내세웠던 보편적 복지 프로그램의 후퇴였다.[1]

　간 총리 후임 총리 선출을 위한 2011년 민주당 대표선거에서 가이에다

---

1) 예를 들어, 2011년 8월 민주당과 자민당은 민주당 정권의 복지확대 노선의 상징적 프
　로그램이었던 어린이수당 제도를 소득제한이 있는 아동수당 제도로 환원하는 데 합의
　하였다.

반리(海江田万里)와 노다의 대결은 소비세 인상에 대한 반대파와 찬성파의
대결이었다. 가이에다가 소비세 인상에 반대하며 오자와그룹과 하토야마그
룹의 지지를 받았지만, 2차 결선투표에서 노다가 역전승리하면서 민주당의
소비세 인상으로의 정책전환은 탄력을 받았다(日本經濟新聞 2011/08/29).
하지만 노다 총리의 소비세 인상 입법화 시도는 민주당 내 반증세파의 강한
반발을 받을 수밖에 없었다.[2] 노다 총리는 2011년 12월, 2014년 4월까지
소비세율의 8%, 2015년 10월까지 10%로의 인상을 당론으로 확정하는 데
성공하였지만, 오자와그룹을 중심으로 하는 반증세파는 입법과정에서 당론
과 달리 반대 투표할 수 있음을 공공연히 밝히고 있었다.

3. 민주-자민-공명 3당 합의와 오자와그룹의 탈당

2011년 하반기에서 2012년 상반기의 일본 정치는 민주당 대 자민당의
대결 구도가 아닌 민주당 내에서 소비세 인상을 둘러싼 찬성파와 반대파의
대결구도 속에 진행되었다.

총리 취임 당시 소비세 인상의 실현에 정치적 명운을 걸겠다고 단언하였
던 노다 총리에게 오자와그룹을 중심으로 하는 민주당 내 반발과 자민당의
비협조적 자세와 함께 큰 부담요인은 소비세 인상에 대한 부정적 여론이었
다. 하지만 2011년 노다 총리가 취임하던 초기에 소비세 인상안에 대한 여
론은 그다지 적대적이지 않았다. 〈그림 1〉에서 확인할 수 있듯이 소비세
인상안에 대한 구체계획이 나오기 전인 노다 내각 초기 시기에는 소비세
증세 찬성 의견이 소비세 인상 반대의 입장보다 우위에 있었다. 새로운 내

---

2) 소비세 인상 문제와 더불어 환태평양경제동반자협정(TPP) 가입 문제에서도 오자와그
룹과 노다를 비롯한 민주당 집행부는 갈등을 빚었다. 오자와그룹은 농민 등에 피해를
줄 수 있는 TPP 가입에 신중하여야 한다며 사실상 반대의 입장이었고, 노다 총리는
TPP 가입에 적극적으로 참여하여야 한다는 입장을 보이고 있었다(日本經濟新聞 2011/
11/09).

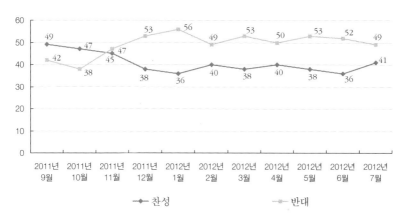

〈그림 1〉 소비세 인상에 대한 일본의 여론 추이

출처: 『日本経済新聞』의 월간 여론조사 결과에 기초하여 필자 작성

각에 대한 기대감과 더불어 소비세 인상에 대한 지지도 함께 증가하는 사태가 벌어진 것이다. 하지만 소비세 인상의 구체안이 마련되고 민주당 내 당론확정 과정에서 당내 갈등이 심화되면서 노다 내각에 대한 지지율이 하락했고 소비세 인상안에 대한 지지도 감소하였다. 〈그림 1〉에서 파악할 수 있듯이 2011년 11월을 기점으로 소비세 인상안에 대한 반대 여론이 찬성 여론을 앞서게 된 후, 2012년 내내 소비세 인상에 대한 반대 여론이 50%를 상회하는 수준을 유지하였다.

소비세 인상안에 대한 부정적 여론 속에서, 오자와그룹은 민주당 지도부에 의한 소비세 인상의 입법화에 대해 자민당과 공명당이 협조하지 않을 것으로 판단하였다. 그러한 판단하에서 소비세 인상안의 입법화 실패 후 노다 내각이 붕괴되면 민주당의 주도권을 확보하여, 원래의 선거공약을 실천하겠다는 구상을 지니고 있었다.[3]

_____

3) 2012년 4월 26일 오자와 전 대표가 정치자금법 위반 공판에서 무죄판결을 받고 당직정직 처분이 취소되면서 오자와의 민주당 내 위상이 다시 증가되어 민주당 내의 역학관계는 다시 요동치게 되었다(日本経済新聞 2012/04/26).

2012년 상반기에 소비세 인상안의 입법화에 대한 선택권은 자민당에게 있었다. 자민당의 협조 없이 소비세 인상안은 참의원을 통과하기 어려웠고, 또한 오자와그룹의 반대 투표 가능성으로 인해 중의원에서 소비세 인상안이 통과되는 데도 자민당의 협조가 반드시 필요했다. 하지만, 오자와그룹의 예상과는 달리 자민당은 노다 총리와 소비세 인상안의 입법화에 합의했다. 2012년 6월 15일 노다 총리와 다니가키 사다카즈(谷垣禎一) 자민당 총재는 소비세 인상안을 포함한 사회개혁과 소비세의 일체개혁안에 대한 합의를 이끌어냈다. 이 법안은 민주당, 자민당, 공명당의 협조 속에 6월 26일 중의원을 통과하였다. 소비세 인상안에 반대하던 민주당 반증세파 중에서 오자와를 비롯한 57명은 소비세 인상안에 반대 투표했다(日本経済新聞 2012/06/26).[4] 그리고 오자와는 7월 2일 49명의 동료의원들을 이끌고 민주당을 탈당한 후, 추가 탈당자들과 함께 '국민생활이 제일(国民の生活が第一)'당을 창당하였다. 민주당이 증세 없는 보편적 복지정책 확대를 내세우던 2007년과 2009년의 선거에서 사용하던 슬로건 '국민생활이 제일'을 당명으로 삼은 오자와는 민주당의 복지확대 노선을 신당을 통해 실천하겠다는 의지를 보여주었다(日本経済新聞 2012/07/11).

소비세 인상안은 2012년 8월 참의원에서 심의를 거쳤다. 민주, 자민, 공명 3당이 합의한 내용이기에 참의원에서 무난하게 통과될 가능성이 높았지만, 자민-공명 양당과 민주당 사이에는 통과 시점에 대한 입장 차이가 존재하였다. 자민당과 공명당은 8월 10일 이전에 통과를 목표로 하였고, 민주당은 8월 하순 통과를 주장하였다. 이것은 자민-공명 양당이 소비세 인상안의 입법화를 빨리 마무리하고 이를 기점으로 빠른 시간 내에 중의원 해산과 총선거를 희망하였기 때문이다. 이것은 노다 내각과 민주당에 대한 낮은 지지도 속에서 중의원선거가 벌어지면 자민당이 480석 중 220석 이상을 차지할 수 있다는 조사결과에 기반을 둔 정치적 압박이었다(日本経済新聞 2012/

---

4) 하토야마 전 총리도 소비세 인상법안에 당론과 달리 반대표를 던졌지만, 탈당하지 않고 당론위배에 대한 당의 처분에 응할 것임을 의사표력하였다(日本経済新聞 2012/06/27).

08/18).⁵⁾ 자민당은 노다 내각에 대한 불신임안을 무기로 노다 총리를 압박하여 결국 타협을 이끌어 내었다. 8월 10일 소비세 인상안의 참의원 통과는 '가까운 장래'에 중의원을 해산하고 총선거를 한다는 노다 총리의 8월 8일 약속으로 가능할 수 있었다(日本経済新聞 2012/08/10).

III. 소비세 인상으로의 정책전환의 외생적 요인

1. 글로벌 금융위기와 일본 경제

민주당의 증세 없는 보편적 복지확대 노선은 보다 많은 재정수요를 요구하기 때문에 이에 걸맞은 세수확보의 필요성이 존재했다. 2007년 참의원선거 당시부터 증세 없는 보편적 복지확대 노선의 재정적 계산이 불확실하다는 비판이 많았기 때문에(中北 2012, 170-171), 민주당 정권은 집권 후에 경제활성화 대책을 세워 경기를 개선하고, 이를 통한 세수확보에 노력을 기울이고자 하였다. 하지만 민주당은 글로벌 금융위기로 인한 일본 경제침체가 악화되는 상황 속에서 집권하게 되었다.

2008년 글로벌 금융위기가 일본 경제에 미친 영향은 금융부분보다 제조업부분에서 더욱 컸다. 그 이유는 2000년대 일본 경제가 금융부분에서보다 무역부분에서 세계경제에 보다 긴밀하게 연결되어 있었기 때문이다.

2008년 글로벌 금융위기는 세계 자본주의 경제체제 전체를 위기로 몰아갔다. 과거 금융위기들이 세계 금융체제의 주변부에서 불거진 국지적 위기였다면, 2008년의 금융위기는 세계 금융자본의 핵심인 미국에서 출발하였

---

5) 2012년 12월 16일의 중의원선거에서는 자민당은 2012년 여름의 예상을 크게 상회하는 293석을 획득하는 대승을 거두게 되었다(日本経済新聞 2012/12/17).

기 때문에 위기의 여파가 전 세계적으로 매우 심각하였다.6) 하지만 서브프
라임모기지 사태의 연쇄 금융위기에 일본의 금융기관들은 직접적 연관성이
상대적으로 적었다. 1990년대 부실채권 문제 처리에 큰 곤욕을 치른 일본의
금융기관들은 2000년대 미국의 서브프라임모기지와 관련한 파생상품에 대
한 적극적인 투자자가 아니었다. 때문에 금융위기 초기 일본 경제에 미칠
영향에 대해서는 큰 우려가 존재하지 않았다(Kojima 2009).

하지만 일본 제조업은 2000년대 세계무역구조에 더욱 긴밀하게 연결되어
있었다. 고이즈미의 신자유주의적 구조개혁은 2000년대 일본 경제를 상대
적으로 개선한 요인으로 간주된다. 하지만 2000년대 중반 일본의 경제적
개선이 사회 전반으로 확산되지 못했던 이유는 경기 호전이 일본 내수시장
의 수요증가가 아닌 해외시장으로의 수출증가에 의존하고 있기 때문이었다
(Kawai and Takagi 2009). 이러한 2000년대 일본의 수출의존형 경제 개선
은 미국의 주택, 증권의 호황에 의존해 이루어진 것이었다. 미국은 주택,
증권 시장의 호황 속에서 채무의존형 과잉소비를 발전시켰고, 여기서 유발
된 수요가 일본 수출증가의 배경이 되었다. 문제는 수출의존형 과잉공급 구
조가 외부경제환경의 변화에 취약할 수밖에 없다는 점이다. 이러한 일본 경
제의 과잉공급 구조의 모순은 2008년 글로벌 금융위기로 인해 일본 경제에
어두운 그림자를 드리우게 된다(와타나베 오사무 외 2010, 162-165).

하지만 글로벌 금융위기로 미국의 소비버블이 급속하게 붕괴되었고, 이
에 기대고 있던 일본의 수출의존형 성장도 한계에 봉착했다. 즉, 일본의 소
비 디플레이션을 상쇄하던 미국의 소비버블이 붕괴되면서, 일본의 과잉생산
부분이 수요를 찾지 못한 채 불황에 빠지게 된 것이다. 일본의 수출은 글로
벌 금융위기가 발발한 2008년 9월을 기점으로 급속도로 악화되었다. 생산
침체의 여파는 수출의존도가 높은 산업부분에서 더욱 심각했다(Kawai and
Takagi 2009).

한편, 미국의 실물경제 위축으로 미국으로 직접적 수출만 감소한 것이 아

6) 글로벌 금융위기에 대해서는 남중현(2009), Acharya 외(2010), Dal(2010)을 참조.

니라, 미국에 수출의존도가 높은 신흥국들에 대한 일본의 수출 또한 감소하였다(Fukao and Yuan 2009). 2000년대 일본 제조업체들의 개선된 실적은 미국과 선진국에 대한 수출뿐만 아니라, 글로벌 생산네트워크의 발전 속에서 중국과 여타 신흥국으로부터 산업기계와 부품공급의 수요가 증가한 데서도 기인한다. 이러한 글로벌 생산네트워크 속에서 미국의 수요감소는 일본 제조업 입장에서는 미국에 대한 수출뿐만 아니라, 중국과 같은 신흥국들에 대한 수출의 감소로 이어졌다.

세계무역구조에서 수요감소로 인한 공급과잉의 문제점을 갖게 된 일본 제조업체들은 엔화 평가절상으로 가격경쟁력을 잃으면서 큰 타격을 입었다. 글로벌 금융위기 이후 선진국들과 신흥국들은 G20의 틀 속에서 국내 경기회복을 위한 통화팽창정책의 필요성에 동의하고, 양적 완화를 적극적으로 추진하였다. 양적 완화가 주요 국가들의 협조체계 속에서 이루어졌지만, 일본은행에 의한 통화 팽창 규모는 미국이나 중국에 비해서 상대적으로 적었다. 이러한 결과가 엔고 현상의 대두이다. 〈그림 2〉에서 볼 수 있듯이 금융위기 이전 일본 수출기업들은 1달러에 100엔을 상회하는 엔저 환경하에 놓여 있었다. 하지만 글로벌 금융위기 후 세계적 양적 완화의 추세 속에서 양적 완화조치가 더뎠던 일본의 엔화가 평가절상되는 흐름으로 귀결되었다. 엔고 현상은 글로벌 금융위기 발발 이후 2012년 하반기까지 지속되면서 일본 수출기업들에게 큰 장애요소가 되었다. 세계시장에서의 수요 감소와 엔고로 인해 일본 기업들의 실적은 악화되었고, 그 결과가 〈그림 3〉에서 보듯 일본 국내총생산의 축소였다.

경기침체는 일본 정부에 세수감소라는 어려운 과제를 부과하였다. 재정수요에 비해 충분한 세수를 확보하지 못한 상황에서 이미 막대한 규모의 재정적자 문제를 안고 있던 일본 정부는 글로벌 금융위기로 인한 경기침체로 대규모 세수감소라는 문제까지 부딪히게 되었다. 〈그림 4〉에서 볼 수 있듯이, 일본 정부의 세수는 2007년 51조 엔에서 2008년에는 44.3조 엔으로, 2009년에는 38.7조 엔으로 감소하였다. 일본 정부는 이러한 경제침체의 상황을 극복하기 위한 적극재정을 실천할 수밖에 없었다. 때문에 2009년

100조 엔을 넘는 대규모의 세출을 단행하였고, 이로 인해 적자국채 발행규모도 급격하게 증가할 수밖에 없었다.

〈그림 2〉 일본 환율 추이(2000년~2012년, ￥=1$)

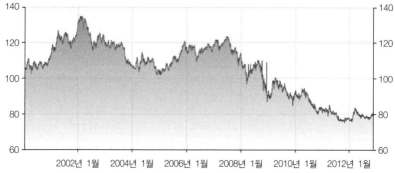

출처: www.tradingeconomics.com

〈그림 3〉 일본의 국내총생산 추이(2008년~2009년)

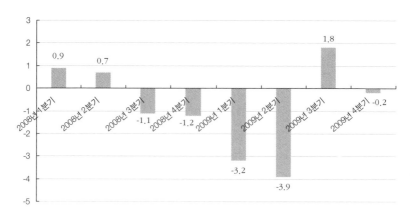

출처: www.tradingeconomics.com

〈그림 4〉 일본 정부 세수, 지출, 국채발행 추이

단위: 조 엔

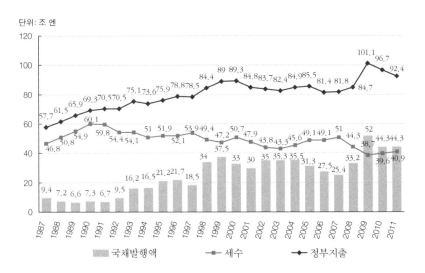

출처: Ministry of Finance Japan, Debt Management Report 2011

2. 동일본대지진과 부흥재원의 필요성

글로벌 금융위기가 일본 경제에 미친 충격의 여파가 채 가시지 않은 가운데, 일본의 재정상황을 보다 악화시킨 외생적 변수는 동일본대지진의 발발이다. 2011년 3월 11일에 일어난 동일본대지진이 일본 경제와 일본 정부 재정에 미친 영향은 글로벌 금융위기의 영향과 유사하면서도 상이하다.

동일본대지진은 글로벌 금융위기와 마찬가지로 일본 제조업체들의 실적 악화를 가져왔다. 하지만 대부분의 일본 제조업체들은 1년 이내에 동일본대지진의 영향을 대부분 극복했다. 지진으로 인한 단기적 생산네트워크의 중단은 일본 경제에 그다지 큰 충격을 주지 못했다. 일본 기업들은 단기간 내에 서플라이체인을 복구하여 생산체계를 재가동하는 데 성공할 수 있었다(德井丞次 외 2012). 일본의 민간보험회사들이 지진피해를 보상하기 위해 대규모의 엔화 확보에 나설 것이라는 예측으로 인해 국제금융시장에서 엔고 현상이 심화되었지만(日本経済新聞 2011/03/17), 신흥국의 경제여건이 회복되는 추세에서 일본 기업들에 대한 세계시장의 수요는 더디지만 회복되고 있었다. 동일본대지진으로 인한 일본 제조업체들의 실적악화는 글로벌 금융위기의 영향에 비해 단기적이라고 할 수 있다.

하지만 동일본대지진은 일본 정부의 재정운영에 '상정하지 못한' 상황을 만들어냈다. 복구와 부흥을 위한 재정수요가 증가하면서, 일본 정부는 대규모의 적자국채 발행과 예산편성을 추가적으로 시행할 수밖에 없었다.

동일본대지진은 민주당 지도부가 소비세 인상안으로 정책전환을 한 지 9개월 후에 발생한 일이기 때문에 정책전환의 직접적 원인으로 볼 수는 없다. 하지만 부흥재원의 마련을 위해 소득세, 법인세, 주민세, 담배세 등에 10조 엔 규모의 임시증세를 하기로 결정한 상황에서, 소비세 인상의 논리적 정당성을 강화하는 요인으로 작동했다.

글로벌 금융위기와 동일본대지진의 공통점은 민주당의 기존 정책노선에 들어가는 지출 이외에 예상치 못한 재정지출의 요소를 일본 정부에게 부과했다는 점이다. 새로운 복지프로그램을 위한 재원이 명확하지 않은 상태에서, 증세 없이 낭비성 정부지출을 찾아 복지확대에 이용한다는 민주당의 구상은 이러한 외생적 변수로 인해 재정적 측면에서 실현가능성이 낮아졌다. 때문에 글로벌 금융위기와 동일본대지진은 민주당 지도부가 소비세 인상으로 정책전환을 한 것의 배경이 된다고 할 수 있다.

Ⅳ. 소비세 인상으로의 정책전환의 내생적 요인

글로벌 금융위기와 동일본대지진은 소비세 인상으로 정책전환을 한 배경이지만, 그 선택을 이끌어 낸 결정적 원인이 되지는 못한다. 소비세 인상을 통한 재정 건전의 논리가 글로벌 금융위기와 동일본대지진 상황에서 반드시 우선순위에 놓여야 하는 것은 아니다. 재정 건전의 논리보다 양적 완화와 적극 재정을 강화하여야 한다는 소위 '리플레이션파'의 주장이 일본 내외의 경제정책 논쟁에서 오히려 설득력을 얻어가고 있었다. 리플레이션파 이론가들의 주장은 경기침체 상황에서 소비세 인상이 국내경기를 보다 침체시킬 것이기 때문에 타당한 정책선택이 아니며, 재정적자 심화의 위험에도 불구하고 국내경기활성화를 위해 통화팽창과 적극재정을 보다 강화하여 한다는 것이다(高橋洋一 2012). 글로벌 금융위기와 동일본대지진과 같은 외생적 요인에 대한 대처법을 놓고 경제구상의 논쟁이 지속된다는 점은, 외생적 요인 때문에 소비세 인상으로의 정책전환이 이루어졌다는 주장의 논리적 인과관계가 부족하다는 것을 보여준다. 따라서 외생적 변수로 인해 불거진 일본경제와 재정의 문제점에 대한 대처법으로 민주당 지도부가 소비세 인상안을 선택하게 된 내생적 변수들을 살펴보아야 한다.

본 절은 민주당 지도부가 여러 정책 선택지 중에서 재정건전을 위한 소비세 인상을 채택한 내생적 변수로 세 가지를 지적하고자 한다. 첫째는 재정건전을 위해 소비세 인상이 필요하다는 재무성 담론에 민주당 지도부가 동조하는 양상의 정관관계이다. 둘째는 정책선택을 하는 데 있어서 민주당 지도부의 높은 자율성의 배경이 되는 민주당 하부조직의 취약성이다. 셋째는 증세 없는 보편적 복지확대 노선에 대한 민주당 내의 이념적 응집성이 매우 취약했다는 점이다.

1. 재정건전에 대한 재무성 담론에의 포섭

간 총리가 소비세 인상을 제안하게 된 것은, 취임 전 재무대신으로 재임하면서 소비세 인상이 필요하다는 재무성 관료들의 담론구조에 포섭되고 동조하였기 때문이다. 간 총리의 소비세 인상 제안은 탈관료주의를 내세웠던 민주당 정권이 집권한 후 오히려 관료의 정책이니셔티브에 포섭되어 관료주도의 길을 정치적으로 터 준 사례로 볼 수 있다.

민주당은 정책결정과정에서 관료에 의해 거의 모든 것이 결정되고 정당과 의회가 그 결정을 확인해주는 형태로 머무르는 것이 일본 정치경제시스템의 경직성과 기능부전을 가져왔다는 비판적 관점을 유지하여왔다. 민주당은 관료주도적 정책결정과정에 자민당 정치인들이 자신의 지지기반이 되는 생산부분과 지역사회에 자원배분의 특혜가 주어지도록 개입하는 형태로 재원이 낭비되어 왔으며, 이러한 정책결정과정으로 인한 자민당 장기지배의 부정적 측면이 1990년대와 2000년대 장기경기침체의 배경이 된다고 보았다. 때문에 민주당은 탈관료주의를 전면에 내세우면서 정치인들이 정책결정과정을 직접 지배할 필요성이 있다고 주장하였다(와타나베 오사무 2010, 76). 그러한 주장을 상징하는 슬로건이 '정치주도'이다.

민주당은 관료주도적 정책결정과정에서 낭비되는 예산집행 부분을 찾아서 이를 보편적 복지를 위한 재원으로 사용하면 증세 없는 보편적 복지확대노선의 실현이 가능하다는 구상을 지니고 있었다. 이를 위해서 정치인들이 책임을 지고 각 행정부분을 통제하여 낭비되는 재원을 찾아내야 한다고 보았다. 하지만 이러한 민주당의 정치주도 구상은 실제 집권 후 좌절의 연속이었다. 낭비되는 예산집행 부분을 찾아 그 부분의 예산을 삭감한다는 구상은 실제 정책과정에서 예상과는 달리 쉽게 이루어지지 않았다.7) 〈표 1〉에서 확인할 수 있듯이 2000년대 후반 국채비와 지방교부금을 제외한 일본 정부의 일반지출에서 사회보장 부문에 소요되는 예산은 이미 절반에 육박하고 있었다. 낭비되는 예산으로 민주당이 주목하던 공공사업비 예산은 정부 일반지출의 15%를 넘지 않았고, 이 부분에서의 삭감은 한계가 있을 수밖에 없는 것이었다(西沢和彦 2011, 19-22). 한편 일본의 경우 노령화 문제로 인해 앞으로 사회보장비용의 부담이 증가할 것이 선명하다. 노령화로 인한 연

7) 대표적으로 민주당이 2009년 선거에서 낭비되는 공공사업의 대표적 예로 제시하여 집권 후 건설 중단을 공약했던 군마현 소재 얀바(八ン場)댐은 민주당 정권하에서 논의 끝에 사업 재개가 결정되었다.

금 비용지출은 급상승 추세에 있으며 이러한 상황에서 추가적 복지 프로그램은 고사하고 기존 연금제도에 입각한 사회보장비용을 위한 재원마련조차

〈표 1〉 정부일반회계에서 사회보장관계비용의 추이(2007년~2011년)

(조 엔)

		2007년도 결산	2008년도 결산	20009년도 결산	2010년도 예산	2011년도 예산
수 입	1. 세수	51	44.3	38.7	37.4	40.9
	2. 공채금	25.4	33.2	52	44.3	44.3
	3. 기타	8.2	11.8	16.4	10.6	7.2
	계	84.6	89.2	107.1	92.3	92.4
지 출	1. 일반세출	47.6	49.9	66	53.5	54.1
	사회보장관계비	21.1	22.6	23.7	27.3	28.7
	− 연금의료 개호보험 급부비	17.1	17.9	19.7	20.3	21
	− 사회복지비	1.5	1.9	4.2	3.9	4.4
	− 생활보호비	2	2	2.3	2.2	2.6
	− 보건위생대책비	0.4	0.4	1.1	0.4	0.4
	− 고용노재대책비	0.2	0.3	1.4	0.3	0.3
	공공사업관계비	7.3	6.9	8.4	5.8	5
	문교과학진흥비	5.5	5.5	6.2	5.6	5.5
	기타	13.8	14.9	22.7	14.8	14.9
	2. 국채비	19.3	19.2	18.4	20.6	21.5
	3. 지방교부세 교부금 등	14.9	15.7	16.6	17.5	16.8
	합계	81.8	84.7	101	92.3	92.4

자료: 재무성자료
출처: 西沢和彦(2011)에서 재인용

도 어려울 정도의 재정상황이다.

사회보장비용이 확대되는 흐름 속에서 이를 위한 재원마련은 재무성에게 매우 핵심적인 과제이다. 재무성은 정부지출에 걸맞은 재원확보와 그를 위한 세수확대의 필요성을 항상 강조하여왔다(中野雅至 2012). 하지만 현재 일본의 세제환경에서 법인세와 소득세의 인상은 쉽지 않은 조건이다. 40%에 달하는 일본의 법인세율은 경제협력개발기구(OECD) 회원 국가들의 평균세율인 25% 내외를 훨씬 상회하고 있기에, 세계화된 국제경제 여건에서 법인세율 인하 요구는 일본 내에서 매우 거세고 정당한 요구로 받아들여지고 있다(日本経済新聞 2010/12/14). 또한 소득세율 인상은 직접과세의 특성상 보다 큰 조세저항을 야기할 수 있기 때문에 쉬운 선택지가 아니다. 반면에 일본의 소비세율은 OECD 회원국 전체에서 가장 낮은 수준을 유지하고 있다(西沢和彦 2011, 51-56). 대부분의 유럽 국가들이 20% 내외의 소비세율을 유지하는 상황에서, 일본의 소비세율은 5%로 세계적 흐름에서 크게 벗어나 있다.

재무성 관료들은 이 부분에 초점을 두고 재정건전화를 위한 소비세 인상을 핵심적 과제로 삼아 지속적으로 입법화를 시도하였다. 민나노당(みんなの党) 전 간사장 에다 겐지(江田憲司)는 간 총리가 재무성 관료들의 소비세 인상 주장을 수용한 것은 일본의 재정여건에 대한 인식을 재무성 관료들과 공유하고 있기 때문이었다고 주장하고 있다(江田憲司 2012). 재정건전의 우선적 중요성을 부정하는 리플레이션파들은 이러한 관점을 소비세 인상의 배경으로 인식하고 있다(高橋洋一 2010).

실제로 2010년 7월부터 2012년까지 8월까지 예외적으로 장기간 재무성 사무차관을 역임한 가츠 에이지로(勝栄次郎)는 간 내각과 이어지는 노다 내각에서 소비세 인상을 정책이슈화하고 입법화하는 과정에 막대한 영향력을 행사하였다(山田厚史 2012). '최후의 대물차관' 또는 '노다 정권의 실제 지배자' 등으로 불리던 가츠 사무차관은 간 총리가 재무대신으로 재임할 때에 예산 실무를 담당하는 주계국장으로 있으면서 간 총리와 소비세 인상 필요성에 대한 담론을 공유하였고, 2010년 7월 이후 노다가 간 내각에서 재무대신으로 재임할 때 사무차관으로서 노다와 함께 재정문제에서 의견을 함께 하고 있었다(山田厚史 2012).

간과 노다의 민주당 지도부가 재무성 관료들의 소비세 인상 프레임에 포섭되었다고 파악하는 민주당의 반증세파, 즉 오자와그룹과 양적 완화와 적극재정의 중요성을 강조하는 리플레이션파들의 주장에는 설득력이 있다. 하지만 그들이 비난하듯 민주당 지도부가 아둔해서 그런 선택을 한 것이라고는 볼 수 없다. 간과 노다의 민주당 지도부는 재정운용의 어려운 상황을 타개할 방법 중에서 가장 구체적이고 체계적인 계획을 제시한 재무성의 논리를 수용한 것이었다. 이것은 정치적으로는 문제적이었지만, 재정운용의 측면만 놓고 보면 매우 합리적인 선택이었다. 반면에 오자와그룹으로 대표되는 민주당 내 반증세파는 재무성 관료들이 제시한 구체적인 재정전망과 세제개편의 구상에 대한 대항적 비전을 제시하지 못했다. 즉 증세 없는 보편적 복지확대의 정책노선이 가지는 재정운영 측면의 문제점은 민주당이 정책과제에 대한 구체적 계획이 결여된 상태에서 출발했다는 것을 보여준다.

2. 선거중심형 정당조직과 지도부의 높은 자율성

민주당은 구조적으로 경제정책구상에 대한 지도부의 정책선호에 의해 정책방향이 크게 영향을 받을 수밖에 없는 조직양태를 보이고 있었다. 그 이유는 민주당이 국회의원 중심의 선거중심정당으로 발전하여 왔기 때문이다.

지도부의 정책선택에 대한 높은 자율성은 민주당이 선거중심형으로 발전하여 온 결과이다. 1990년대 중의원선거에서 소선거구제도의 도입과 정치자금법 개정으로 일본 정치에서는 양당제의 경향이 증가하는 동시에, 정치인들과 지역사회, 특정 이해세력과의 정치적 연관성이 낮아졌다. 지역사회에서 후원회 조직을 통해 일정 규모의 정치적 지지를 동원하는 전략이 통하던 중선거구제도와는 달리 소선거구제도하에서는 지역구 내에서 1위를 해야 했기 때문에 출마자들에게는 특정 지지세력의 구축보다 전국단위에서 소속정당의 위상이 보다 중요해졌다.

이러한 상황 속에서 선거결과에 더욱 중요해진 존재는 무당파층이다. 무당파층은 정치적 무관심층을 의미하는 것이 아니다. 정치에 관심을 가지고 선거에 참여하지만, 평상시에 지지정당을 선택하지 않고, 매번 선거 때마다 선거의 국면에 따라서 지지정당을 결정하는 행위패턴을 보이는 이들이다(中北 2012, 115-119). 무당파층은 지역구 단위의 출마자들에 대한 선호보다 전국 단위의 정치현안에 대한 관심이 크기 때문에, 이들에 대한 효과적인 선거전략이 보다 중요해지는 와중에 민주당을 포함한 일본 정당들은 중앙집권적 성격이 강화되었다.

한편, 민주당은 지도부의 정책적 선택을 제약할 강력한 하부조직을 갖고 있지 못하다. 중앙정치 차원에서 1990년대 후반 이래 확고한 제1야당의 위치를 점하는 상황에서도 지방조직의 발전은 더디기만 하였다(上神貴佳 외 2011, 12-13). 당원수도 크게 증가하지 않았다. 민주당의 당원수는 1997년 1만 5천 명이었는데 그 후 5만 명 정도의 수를 유지하다가, 대표선거에 당원투표가 도입되었던 2002년 일시적으로 30만 명을 넘었던 것을 제외하고는 그 후 지속적으로 20만 명 내외 정도를 유지하는 데 그쳤다. 이는 당원수가 크게 감소하고 있던 자민당의 30% 수준밖에 안 되는 것이다(上神貴佳 외 2011, 13). 하부조직이 탄탄하지 못한 민주당은 정책결정과정에서 상부 지도부의 판단에 크게 영향을 받을 수밖에 없다. 즉, 정당의 정책적 입장을 구속하는 조직이 강하지 못한 상태에서 지도부의 정책선택에 대한 자율성이 높았다.

선거중심정당화된 민주당을 포함한 일본 정당들의 집권적 성격을 대변하는 것이 매니페스토이다. 매니페스토는 일본 정당들이 정책적 지향을 통일하고 이를 유권자에게 어필하는 시장경쟁형 민주주의로 이행하는 증거로 간주된다(中北 2012, 127). 즉 매니페스토를 공급자인 정치인이 수요자인 유권자에게 내놓는 상품이고, 이를 통해 계약이 이루어진다는 것이다. 하지만 실제 매니페스토는 일본에서 구체적 내용보다는 무당파층에게 어필할 수 있는 슬로건을 창출하는 이미지 선거의 수단으로 사용되었다(中北 2012, 134).

정치인과 유권자 사이의 고정적 관계가 약한 가운데 지지동원을 위한 이미지 창출의 방법으로 매니페스토가 사용된 것이었다. 이러한 성격을 지니는 매니페스토는 자민당과 민주당 모두 당내 의견을 수렴하는 상향식이 아니라, 지도부에 의해 하향식으로 결정되었다. 매니페스토로 대변되는 일본 정당의 선거중심형 정당화는 민주당을 포함한 일본 정당 내부의 당내 역학관계에서 지도부의 정책선택의 자율성이 매우 높아졌음을 의미한다.

민주당 지도부의 정책선택에 대한 높은 자율성은 2000년대 중반 증세 없는 보편적 복지확대의 정책노선을 추구하는 상황에서도 발견된다. 민주당 초기의 국가구상은 2007년 이후의 민주당 노선보다는 오히려 분권과 규제완화를 강조한 고이즈미의 신자유주의적 구조개혁 노선에 가깝다(와타나베 오사무 외 2010, 55). 세출증가를 가져올 복지확대는 민주당의 초기 비전과 오히려 반대되는 성격을 지니고 있었다. 이러한 정책전환은 민주당의 상부 지도부의 높은 정책선택의 자율성 속에서 가능할 수 있었다. 정책선택의 높은 자율성은 글로벌 금융위기와 동일본대지진이라는 구조적 환경변화 속에서 다시 한번 발휘되었다고 볼 수 있다.

3. 증세 없는 보편적 복지확대 노선의 이념적 취약성

2007년 이후 민주당의 증세 없는 보편적 복지확대 정책에 대한 당내 응집성은 반고이즈미적 노선의 필요성에 대한 폭넓은 당내 합의에 기반을 두고 있다(Lee 2012). 하지만, 집권 후 반고이즈미적 노선을 지속적으로 추구할 필요성이 줄어들었을 때, 민주당 내 다양한 정치세력을 하나로 묶을 중심적 이념성향은 존재하지 않았다.

전통적으로 자민당은 개발지향적 산업정책과 후견주의적 재분배정책을 효과적으로 융합하면서 1955년 이래 장기지배를 유지할 수 있었다. 고도성장을 견인했던 산업정책을 통해 대기업 중심의 일본제조업 부분이 세계시장에서 경쟁력을 확보할 수 있었고, 세계시장에서 경쟁력을 확보한 일본제조업 부분은 자민당의 장기지배에서 기인하는 정치안정의 절대적 지지세력으로 역할하였다(Pempel 1998, 42-48). 한편 자민당은 대기업 중심 일본제조업 부분의 경제성장 성과를 사회 전반에 확산시키기 위해서 농민, 자영업자, 중소상공인, 지역주민 등 경제성장 과정에서 뒤처지는 세력을 보호하기 위한 재분배정책을 1970년대 이래로 효과적으로 사용해 그들의 정치적 지지도 확보하였다(Calder 1988). 자민당은 선별주의적 재분배정책을 통한 이익유도정치 메커니즘을 정착시키고 이를 통해 장기지배를 유지할 수 있었다(山口二郎 2011, 8-11). 자민당은 다른 경제적 이해관계를 지닌 사회세력 양쪽에서 모두 정치적 지지를 획득할 수 있었기에 장기지배를 유지할 수 있었다(寺西重郎 2003, 272-280).

하지만 2001년 집권한 고이즈미는 일본 내 낙후부분에 지속적으로 혜택을 주던 재분배정책의 기본틀을 부수고, 세계시장에서 일본 대기업 부분의 경쟁력 제고를 위한 규제완화를 적극적으로 실시하였다(竹中平蔵 2006, 328-332). 이를 위해 고이즈미는 경제재정자문회의(經濟財政諮問会議) 등의 총리자문기관을 정책결정의 중심으로 삼아 자민당 내의 합의과정을 회피하여 적극적인 신자유주의적 경제정책을 도입하는 데 성공할 수 있었다(清水真人 2005). 이는 고이즈미가 자민당이 오랫동안 기반을 두고 있던 이익유도정치 메커니즘을 부수는 역할을 수행하였음을 의미한다. 이러한 고이즈미의 신자유주의적 정책노선은 자민당 내의 반발을 불러올 수밖에 없었다. 지방에서의 공공사업을 정치적 기반으로 하던 많은 자민당 내 정치인들은 고이즈미의 구조개혁 노선에 반발하였고, 이러한 반발이 결정적으로 드러난 것이 2005년 우정개혁법안에 대한 일부 자민당 의원들의 반발이었다(竹中平蔵 2006, 222-224). 하지만 고이즈미는 중의원해산을 선택하고 뒤이은 총선거에서 대도시권 중산층의 전폭적 지지를 받으면서 자민당 내의 지배력을 공고화하였다(內山融 2007). 이러한 자민당 내의 지배력 공고화를 바탕으로 고이즈미는 규제완화와 탈관료주의의 구조개혁을 전면에 내세우면서 자민당 장기지배의 정치경제시스템에 변화를 가져왔다(村野雅義 2002).

한편 1996년에 출범하여 1998년 구 신진당 세력을 흡수하여 현재의 모습

을 갖추고 그 후 제1야당의 위치를 지켜온 민주당은 확고한 정책지향성을
지니고 출발했다고 보기 어렵다. 비자민당 보수정치인들의 연합체적 성격을
지니는 민주당은 무당파층의 증가 속에서 성장해왔다(上神貴佳 외 2011,
20). 자민당의 장기지배에 염증을 느낀 무당파층의 증가에 기대어 발전해온
민주당은, 자민당의 이익유도정치와 이를 뒷받침하는 관료의 정책통제가 일
본 정치경제체제의 경직성을 야기하는 요소로 보고, 이를 개선하기 위한 탈
개발주의적 분권형, 정치주도, 작은 정부의 국가구상을 주로 주장하여왔다
(와타나베 오사무 외 2010, 72-77).

하지만 2000년대 초 이익유도정치 메커니즘을 타파하고자 하는 신자유주
의적 구조개혁이 고이즈미의 자민당 정권에 의해 추진되었을 때, 민주당은
자민당 정권과의 차별화에 어려움을 겪게 되었다. 고이즈미 구조개혁의 규
제완화적 성격과 총리관저에 의한 정책과정 통제는 민주당이 원하던 개혁방
향과 상당히 일치했기 때문이다. 이에 민주당은 고이즈미보다 자신들이 보
다 구조개혁을 더 잘 할 수 있다는 정도의 주장을 펼칠 수밖에 없었다.[8]

민주당이 2000년대 중반에 들어 고이즈미의 자민당과 차별화되는 선명한
정책노선을 형성하게 된 계기는 고이즈미 신자유주의적 구조개혁이 초래한
사회적 결과에 대한 부정적 인식이 증가하게 된 데 있다. 규제완화로 인한
비정규직 노동자 비율의 증가는 물론, 공공사업의 축소로 인한 지방경제의
침체도 문제로 부각되었다(이정환 2012, 167-168). 고이즈미의 신자유주의
적 구조개혁으로 인한 경제개선의 성과가 사회 전반으로 골고루 퍼지지 못
하고 경제격차가 심화된다는 논의가 고이즈미 구조개혁에 대한 비판논리로
서 대두되기 시작하였고, 고이즈미가 물러난 2006년부터 민주당이 집권하
게 된 2009년 사이에 일본의 담론을 지배하게 되었다(小林良彰 2012, 26-
28).[9] 이러한 상황 속에서 당시 민주당 대표였던 오자와는 신자유주의적

---

8) 고이즈미 정권의 신자유주의적 구조개혁에 대해서 민주당은 표절이라고 비난하였다
   (와타나베 오사무 외 2010, 67).
9) 격차사회론에 대해서는 橘木俊詔(2006), 白川真澄(2008), 山家悠紀夫(2007)를 참조.

구조개혁의 부정적 요소를 치료할 수 있는 증세 없는 복지확대라는 정책노선을 제시하면서 자민당으로부터 민주당의 정책노선을 차별화하는 데 성공하였다(와타나베 오사무 외 2010, 48-50).

2009년 민주당의 집권은 고이즈미의 뒤를 이어 총리에 취임한 세 명의 자민당 지도자—아베 신조(安倍晋三), 후쿠다 야스오(福田康夫), 아소 다로—의 리더십 부족과 연금미납문제라는 정국의 측면뿐만 아니라, 신자유주의적 구조개혁에 대한 대항테제로서 보편주의적 재분배강화라는 정책노선을 수립한 정책적 차원의 측면을 통해서도 이해할 수 있다. 정책적 차원에서 반고이즈미적 성격을 지니는 민주당의 증세 없는 복지확대의 정책노선은 2007년 참의원선거와 2009년 중의원선거의 압승을 통해 민주당이 10여 년간 염원하던 정권교체를 실현시킨 핵심적 요인이다.

하지만 집권 후 반고이즈미적 노선의 중요성이 줄어들면서, 민주당 내 상이한 정치세력은 다른 가치에 초점을 두면서 차별화되어 갔다. 경제개선이 없는 상황에서 구조적 환경변화에 대한 대응책으로 정책커뮤니티에서 높은 설득력을 얻고 있던 재정건전의 가치가 민주당 지도부에 의해 제안된 것은 그다지 놀라운 변화는 아니라고 볼 수 있다. 민주당 지도부가 재정건전에 높은 가치를 부여한 것은 민주당 창당 초기의 작은 정부 구상으로 다시 돌아간 것으로 볼 수 있다.

하지만 재정건전의 가치가 오자와그룹에게는 그다지 중요하지 않았다. 오자와그룹에게는 세출조정을 통해 그 재원을 확보한다는 2007년과 2009년의 약속은 꼭 지켜야 하는 요소였다. 증세 없는 보편적 복지확대 노선에 대한 오자와그룹의 견고한 방어자세는 재분배정책의 정치적 중요성에 대한 인식에서 비롯된다. 오자와에게 있어 민주당의 증세 없는 보편적 복지확대 노선은 재분배정책을 중시하는 정책지향점의 재설계를 통해 민주당에 대한 정치적 지지를 획득하고자 하는 정치공학적 계산이 깔려 있는 것이었다. 이 익유도정치의 선별성과는 다르게 보편성을 가졌다는 차이점이 있지만, 복지확대를 통한 재분배 강화는 정치적 지지동원에 효과적이라는 것이 오자와의 셈법이다. 이는 2007년과 2009년 선거에서 민주당의 오랜 지지층이었던 대도시권 중산층뿐만 아니라 지방도시권의 주민들로부터도 민주당이 지지를 획득할 수 있던 요인이기도 하다(Imai and Kabashima 2008). 소비세 인상은 복지확대를 통한 재분배기제의 정치적 의미를 상쇄하는 것으로서, 재분배기제의 중요성에 입각해 경제정책을 구상하는 오자와그룹에게는 받아들여질 수 없는 것이었다. 만약 증세 없는 보편적 복지확대 노선과 위배되는 소비세 인상안을 민주당이 수용하여 이행한다면 이것은 민주당이 집권할 수 있었던 정치적 지지층 규합의 근간을 흔드는 것으로 오자와는 파악하였던 것이다. 때문에 오자와는 보편적 복지확대 노선의 구체적 프로그램이 후퇴하는 것을 반대하는 동시에, 세출조정을 통해 복지 프로그램을 위한 재원을 확보해야 한다는 정책선호를 지속적으로 견지했다.

이러한 민주당 내의 상이한 비전은 소비세 인상안에 대한 당내 논의과정에서 충돌하였고, 입법화 과정에서 분열의 길로 들어서게 되었다. 이는 2007년 시점에서 증세 없는 보편적 복지확대 노선에 대한 민주당의 응집성이 상당히 취약한 기반하에 서 있었음을 보여준다. 즉, 소비세 인상안에 대한 민주당 당내 갈등과 분열은 소비세 인상을 주장하는 간과 노다의 민주당 지도부와 이에 반대하는 오자와그룹 사이에 반고이즈미적 성격을 넘어서 증세 없는 보편적 복지확대 노선에 대한 강력한 연대가 존재하지 않았기 때문에 발생하였다고 볼 수 있다.

V. 결론

이념과 조직에서 취약한 민주당은 자신들이 2007년과 2009년 선거에서 승리할 수 있었던 것과 같은 이유로 2012년 중의원선거에서 대패하고 만다. 2007년과 2009년 선거에서 자민당에 대한 처벌투표행태를 보여주었던 일본의 유권자들은 정책노선 전환 과정에서 혼란과 부진한 리더십을 보여준 민주당에 대한 처벌투표행태를 2012년에도 보여주었다. 유권자들이 2007년과 2009년 선거에서 신자유주의적 구조개혁의 사회적 영향에 대한 불만을 가지고 자민당에 대한 처벌투표행태를 보여주었던 것처럼, 2012년 선거에서는 증세 없는 보편적 복지확대 노선을 폐기한 민주당에 대한 처벌투표행태를 보였다.

글로벌 금융위기와 동일본대지진이라는 구조적 환경변화하에서 반고이즈미적 성격을 지니는 증세 없는 보편적 복지확대 노선의 유지에 대한 민주당 내에서의 합의는 사라져갔다. 민주당 지도부의 소비세 인상으로의 정책전환은 재무성의 재정건전 담론을 수용한 결과이다. 강력한 이념적 응집성이 없는 선거중심형 정당구조 속에서 상대적으로 정책선택의 자율성을 지니고 있던 민주당 지도부는 합리적 선택을 했다고 볼 수도 있다. 하지만 이 선택은 정치적으로 민주당에 괴멸적인 결과를 낳았다.

이러한 정치변동 속에서 민주당과 자민당의 보수 양당 외부에서 일본유신회의 하시모토 도루(橋下徹) 오사카시장이나 이시하라 신타로(石原愼太郞) 전 도쿄도지사와 같은 제3극의 정치세력들의 중요성이 커지고 있다. 하지만 이들은 경제정책의 정책방향성에서 민주당과 자민당의 보수양당으로부터 크게 차별화되지 못하고 있다. 정책방향성보다 정치지도자의 개인적 매력의 중요성이 보다 중요하게 부각되는 상황은 경제정책 차원에서 정책대결을 중심으로 하던 2000년대 일본 보수양당체제의 안정성이 저하되고 있음을 의미한다. 이런 의미에서 민주당 정권하에서의 소비세 인상은 2000년대와는 다른 성격의 새로운 단계로 일본 정치가 진입하는 계기가 될 가능성이 크다.

▌참고문헌▐

남중현. 2009. 『글로벌 금융위기』. UUP.

박철희. 2011. 『자민당정권과 전후 체제의 변용』. 서울대학교출판문화원.

이정환. 2012. "분권화 개혁의 일본적 변용—균형발전을 위한 국가주도(國家主導)와 탈(脫)국가주도를 위한 민관협동의 충돌." 서울대학교 국제문제연구소 편. 『동 아시아에서 정책의 이전과 확산』. 사회평론, 145-186.

Acharya, Viral, and Mattew Richardson. 2009. *Restoring Financial Stability: How to Repair a Failed Systems*. John Wiley & Sons(한국어 번역판: Acharya, Viral, and Mattew Richardson. 김경환·손재영 외 역. 2010. 『미 국발 글로벌 금융위기의 진단과 처방: 실패한 시스템의 복구』. 교보문고).

APLA. 2011. 『民主党の成長戦略を考える』. APLA.

Calder, Kent E. 1988. *Crisis and Compensation: Public Policy and Political Stability in Japan, 1949-1986*. Princeton: Princeton University Press.

Das, Dilip. 2010. *Financial Globalization: growth, integration, innovation and crisis*. Palgrave Macmillan(한국어 번역판: Das, Dilip. 강태훈 역. 2010. 『금 융세계화와 글로벌 금융위기』. K-books.)

Fukao, Kyoji, and Tangjun Yuan. 2009. "Why is Japan so heavily affected by the global economic crisis? An analysis based on the Asian international input-output tables"(http://www.voxeu.org/article/why-has-japan-been-so-hard-hit-global-crisis).

Imai, Ryosuke, and Kabashima Ikuo. 2008. "The LDP's Defeat in Crucial Single-seat Constituencies of the 2007 Upper House Election." *Social Science Japan Journal* 11(2), 277-293.

Iwaisako, Tokuo. 2010. "Challenges for Japanese Macroeconomic Policy Management." Draft.

Kawai, Masahiro, and Shinji Takagi. 2009. "Why was Japan Hit So Hard by the Global Financial Crisis?" ADBI Working Paper Series.

Kojima, Akira. 2009. "Japan's Economy and the Global Financial Crisis." *Asia-Pacific Review* 16(2), 15-25.

Lee, Junghwan. 2012. "DPJ's Broken Promise and the End of Anti-Koizumi Era in Japan." EAI Issue Briefing.

Pempel, T. J. 1998. *Regime Shift: Comparative Dynamics of the Japanese Political Economy.* Ithaca: Cornell University Press.

岡田知弘. 2008. 『道州制で日本の未来はひらけるか: グローバル化時代の地域再生・地方自治』. 自治体研究社.

江田憲司. 2012. 『財務省のマインドコントロール』. 幻冬舎.

高橋洋一. 2010. 『消費税「増税」はいらない! 財務省が民主党に教えた財政の大嘘』. 講談社.

_____. 2012. 『日本経済の真相』. 中経出版.

橘木俊詔. 2006. 『格差社会: 何が問題なのか』. 岩波書店.

内山融. 2007. 『小泉政権: 「パトスの首相」は何を変えたのか』. 中央公論新社.

徳井丞次, 荒井信幸, 川崎一泰, 宮川努, 深尾京司, 新井 園枝, 枝村一磨, 児玉 直美, 野口尚洋. 2012. 『東日本大震災の経済的影響 — 過去の災害との比較、サプライチェーンの寸断効果、電力供給制約の影響』. RIETI Policy Discussion Paper Series 12-P-004.

渡辺治・二宮厚美・岡田知弘・後藤道夫. 2009. 『新自由主義か新福祉国家か一民主党政権下の日本の行方』. 旬報社(한국어 번역판: 와타나베 오사무 외 지음・이유철 옮김. 2010. 『기로에 선 일본: 민주당 정권, 신자유주의인가? 신복지국가인가?』. 메이데이).

白川真澄. 2008. 『格差社会を撃つ一ネオ・リベにさよならを』. インパクト出版会.

寺西重郎. 2003. 『日本の経済システム』. 岩波書店.

山家悠紀夫. 2007. 『「痛み」はもうたくさんだ!: 脱「構造改革」宣言』. かもがわ出版.

山口二郎. 2007. 『ポスト戦後政治への対抗軸』. 岩波書店.

山口二郎 編. 2011. 『民主党政権は何をなすべきか: 政治学からの提言』. 岩波書店.

山田厚史. 2012. "勝栄二郎次官は異例の在任3年目に突入一財務省も懸念する消費税増税"完勝"の結末." DIAMOND online(http://diamond.jp/articles/print/21105).

上神貴佳・堤英敬. 2011. 『民主党の組織と政策』. 東洋経済新報社.

西沢和彦. 2011. 『税と社会保障の抜本改革』. 日本経済新聞出版社.

小林良彰. 2012. 『政権交代: 民主党政権とは何であったのか』. 中央公論新社.

五十嵐敬喜・小川明雄. 2003. 『「都市再生」を問う: 建築無制限時代の到来』. 岩波書店.
田中角榮. 1972. 『日本列島改造論』. 日刊工業新聞社.
竹中平蔵. 2006. 『構造改革の真実: 竹中平蔵大臣日誌』. 日本経済新聞社.
中北浩爾. 2012. 『現代日本の政党デモクラシー』. 岩波書店.
中野雅至. 2012. 『財務省支配の裏側: 政官20年戦争と消費増税』. 朝日新聞出版.
清水真人. 2005. 『官邸主導: 小泉純一郎の革命』. 日本経済新聞社.
村野雅義. 2002. 『小泉改革 vs. 田中角栄』. 新潮社.

『日本経済新聞』.

제7장

민주당 정권의 원전정책

이현웅

I. 서론

2011년 3월 11일 일본 동북지방에서 발생한 대지진(이하 3.11 대지진)은 일본 국내 관측 사상 최대 규모(매그니튜드 9.0)를 기록했을 뿐만 아니라 거대한 쓰나미까지 동반하여 미증유의 대재해를 일으켰다. 또한 그 여파로 인해 후쿠시마(福島) 제1원자력 발전소의 시설과 설비가 심각한 피해를 입어 대규모의 방사선 누출사고가 발생했다.[1] 동 사고 이후 일본 국내에서 가장 큰 이슈는 원전정책이었으며 연일 원전 관련 보도가 TV와 신문지상을 장식했다. 민주당에서 자민당으로의 정권교체가 이루어진 2012년 12월의 중의원총선거에서도 원전정책은 디플레 정책, TPP, 사회보장 등과 함께 중

---

1) 현재까지도 후쿠시마 원전의 오염수 누출 문제가 계속 이어지는 등 여전히 뚜렷한 수습의 기미는 보이질 않고 있다.

요한 선거논점 중의 하나였으며 '탈(脫)원전'을 전면에 내걸고 선거전에 임하는 정당들도 출현할 정도였다.

그러면 후쿠시마 원전사고 이후 2년 7개월이 지난 현재(2013년 10월) 일본 원전정책의 방향성은 정해졌는가? 결론부터 말하면 '노'이다. 그 1차적 책임은 민주당에 있을 것이다. 원전사고를 계기로 반원전을 외치는 국내 여론이 높아지자 당시 간 나오토(菅直人) 총리는 기존의 원전 중심의 에너지정책을 백지화하고 탈원전 방향으로 나아갈 방침을 표명했다. 그러나 간 총리의 뒤를 이은 노다 요시히코(野田佳彦) 총리는 원전 재가동의 필요성을 역설하며 일본 국내에 만연한 탈원전론에 일선을 긋고 간사이(関西)전력 오이(大飯)원전 3, 4호기의 재가동을 결단한다. 이와 같은 노다의 결정은 향후 일본의 에너지정책에 큰 전기가 될 것으로 기대되었다.

그러나 국내의 반원전 감정이 수그러들 기미가 보이질 않자 노다 정권은 '원전제로' 방침을 우선하는 태도로 전환하였고, 2012년 9월에는 '2030년대 원전제로' 방침을 골자로 한 '혁신적 에너지환경전략'을 책정했다. 이는 다가오는 중의원총선거를 겨냥한 포퓰리즘 정책에 다름 아니었다. 그러나 동 전략은 원전 반대 여론을 등에 업었음에도 불구하고 민주당 정권에서 각의결정에 이르지 못했다. 결국 2012년 12월의 중의원총선거를 통해 민주당에서 자민당으로의 정권교체가 이루어짐에 따라 '2030년대 원전제로' 방침은 흐지부지되었고 이후의 원전정책은 자민당 정권에게 위임되고 만다.

3.11 대지진 이후의 원전정책을 둘러싼 민주당 정권의 행보를 한마디로 표현하자면 '오락가락'이라고 말할 수 있으며 그나마 상술한 '혁신적 에너지환경전략' 조차도 앞뒤가 맞지 않는 모순된 정책이었다.

본 장에서는 3.11 대지진 이전과 이후로 구분하여 원전정책과 관련한 민주당 정권의 행보에 초점을 맞추어 시계열적으로 검토해 나갈 것이다. 그 결과 동 정책과 관련한 민주당 정권의 한계를 조명함과 동시에 민주당 정부 주도의 탈원전 방침이 내포하고 있는 의의를 살펴보는 것을 목적으로 한다.

II. 에너지기본계획과 원전

일본 에너지정책의 기본 방향성을 제시하는 것이 '에너지기본계획'이다. 동 계획은 2002년에 제정된 에너지정책 기본법에 근거하여 2003년에 책정된 것으로 안정공급 확보(Energy security), 환경에의 적합(Environment), 시장원리를 활용한 경제효율성(Economic efficiency)의 3E 실현이라는 에너지정책의 기본이념에 입각하고 있다. 당연히 일본의 원자력 정책도 동 계획안에서 정해지게 된다. 동 계획은 3년에 한 번씩 재검토되는 것이 법정 의무화되어 있기에 2007년 3월에 제1차 개정이 실시되었고, 민주당 정권 시기인 2010년 6월에 제2차 개정이 이루어졌다.

제2차 개정에서는 다음의 세 가지가 중시되었다. 첫 번째는 에너지안전보장확보이다. 아시아를 중심으로 세계 에너지 수요가 급증함에 따라 자원권익확보를 둘러싼 국제경쟁이 치열해졌으며 그로 인한 자원내셔널리즘의 고양이 그 배경에 있다. 게다가 중동 지역의 지정학적 리스크도 증가하여 2008년에는 원유가격이 1배럴당 140달러를 돌파하는 등 급격한 유가의 널뛰기 현상이 나타났으며 향후에도 중장기적인 가격상승이 예상되었다.

두 번째는 지구온난화 대책이다. 2008년부터 교토의정서에 근거한 제1차 온실가스 의무감축 기간이 시작된 상태였다. 또한 동년 홋카이도(北海道) 도야코(洞爺湖)에서 개최된 G8 정상회담에서는 2050년까지 세계 온실가스 배출량의 50% 감축을 목표하는 공동성명이 채택되었고, 2009년 이탈리아 라퀼라 G8에서는 동 목표가 재확인되었다. 게다가 2009년 9월 뉴욕에서 개최된 UN기후변동정상회담에서 당시 하토야마 유키오(鳩山由紀夫) 총리가 온실효과가스를 2020년까지 1990년 대비 25% 삭감한다는 방침을 선언하여 국제사회에서 지구온난화문제에 대한 일본의 적극적인 대처자세를 표명한 상태였다. 일본의 온실효과가스 90%는 에너지 이용에서 발생한다. 따라서 상기 목표를 달성하고 지구온난화를 저지하기 위해서는 국민, 사업자, 지방공공단체 등이 긴밀하게 연계하여 에너지 수급 구조를 저탄소형으로 개조해 나갈 필요가 있었다.

세 번째는 에너지를 기축으로 한 경제성장의 실현이다. 2008년 리먼 쇼크를 계기로 세계경제가 역사적인 대불황에 직면하게 되자 각국은 자국의 산업구조 및 성장전략을 재구축하는 데에 온 힘을 기울였다. 많은 국가들이 에너지 환경 관련 기술 및 제품의 개발과 보급을 통한 새로운 시장개척과 고용창출을 국가전략의 기축으로 삼기 시작했으며 그 귀결로서 원자력, 스마트그리드, 에너지절약기술 등의 환경 에너지 분야에서 세계적 규모의 시장 쟁탈전이 점점 치열해져 가고 있었다. 이러한 상황 속에서 하토야마 정권은 일본이 건강 장수국, 환경대국, 과학기술 대국, 치안대국으로서의 세계적 브랜드를 가지고 있다는 인식 아래, 상기 강점을 살린 그린혁신(Green Innovation)을 통한 환경·에너지 대국전략을 모색했다.

그 결과 동 정권은 향후 10년 후를 내다 본 '신성장전략(기본방침)'을 수립한 후 2009년 12월의 각료회의에서 정식으로 확정하였다(経済産業省 2009, 5). 동 전략은 2020년까지 달성해야 할 목표로서 (1) 50조 엔 이상의 환경 관련 신규 시장 개척, (2) 환경 분야에서 140만 명의 고용 창출, (3) 일본의 민간기술을 활용한 세계온실효과가스 삭감량을 13억 톤(일본 전체 총 배출량에 상당) 이상으로 할 것을 제시하고 있다.

따라서 제2차 개정에서는 에너지정책 기본이념인 3E에 더하여 에너지를 기축으로 한 경제성장의 실현과 에너지 산업구조의 개혁을 기본적 시점으로 제시했다. 그 외에도 중장기적으로 높아지는 자원 및 환경적 제약에 적절히 대처하기 위한 방안으로서 에너지 수급 구조뿐만 아니라 사회시스템 및 라이프스타일까지도 포괄하는 개혁의 필요성을 강조하는 한편 향후 20년 정도를 시야에 넣은 구체적 시책을 명확하게 제시한 점을 특징으로 들 수 있다.

다시 말해 2030년을 향한 목표로서 (1) 에너지 자급률 및 화석연료의 자주개발 비율을 배증하여 자주 에너지 비율을 현재의 38%에서 70%정도까지 향상시키고, (2) 제로에미션 전원 비율을 현재의 34%에서 약 70%로 제고하며, (3) 가정 내 에너지 소비로부터 발생하는 이산화탄소를 반감하고,

(4) 산업부문에서 세계 최고의 에너지 이용 효율을 유지 및 강화하며, (5) 국내 기업군의 에너지 제품이 국제시장에서 톱 쉐어를 획득할 것을 내세우고 있다(経済産業省 2010, 9).

상기 목표를 달성하기 위한 수단으로서 강조된 부분이 원자력 발전소의 증설이었다. 즉 민주당 정권은 2020년까지 9기의 원자력 발전소를 신설하고 2030년까지 적어도 14기 이상을 증설하는 한편, 원전의 가동률도 높여 국내 총 발전량에서 차지하는 원전의 비율을 2007년의 26%에서 53%로 올린다는 계획이었다(経済産業省 2010, 27). 그 외에도 국시인 비핵 3원칙을 견지하는 한편, 원자력 기본법에 입각하여 원자력의 연구개발 및 이용을 엄격하게 평화적 목적에 한하여 추진한다고 명시하고 있다.[2]

그 다음에 강조된 부분이 재생가능에너지의 도입 확대였다. 그 구체적인 실현 계획으로서 민주당 정부는 일본의 실정에 입각한 '재생가능에너지고정가격매입제도'를 구축하기로 했으며,[3] 이를 위해 2011년 3월 11일 '재생가능에너지 특별조치법'[4]을 각의결정하기에 이른다(성립은 동년 8월). 동 법률은 태양광, 풍력, 수력, 지열, 바이오매스 등 재생가능에너지를 이용하여 발전된 전기를, 일정 기간 동안 일정 가격으로 전력회사가 전량 매입할 것을 의무화시킨 것이다.

공교롭게도 민주당 정부가 상기 특별조치법을 각의결정한 날에 3.11 대지진이 발생한다. 상술한 바와 같이 동 지진은 일본 국내 관측 사상 최대 규모였으며 거대한 쓰나미까지 동반하여 수많은 인명 및 재산 피해를 냈다. 일본 경찰청 자료에 의하면 2013년 8월 9일 시점에서 동 재해로 인한 사망자 및 행방불명자가 18,539명, 파괴된 건축물은 전괴와 반괴를 합쳐 39만 8,770호가 공식적으로 확인되고 있으며,[5] 현재까지도 여전히 많은 사람들

---

2) 비핵 3원칙의 형성과 정착에 관해서는, 졸고 "佐藤政権期における『非核三原則』の実相," 『筑波法政』 第42号(2007) 참조.
3) 동 제도 구축을 위한 세부적인 검토 작업을 진행하기 위해 경제산업성 안에 '재생가능에너지의 전량매입에 관한 프로젝트 팀'이 설치되었다(「エネルギー基本政策」, 25).
4) 정식명칭은 전기사업자에 의한 재생가능에너지 전기 조달에 관한 특별조치법.

〈그림 1〉 2030년 1차 에너지 공급에서 차지하는 각 에너지 비율

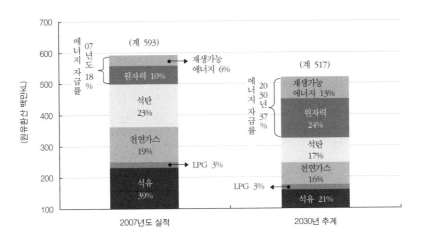

출처: 資源エネルギー庁, 「エネルギー基本計画について」(http://www.enecho.meti.go.jp/info/committee/sougoubukai/1st/1st-2.pdf)

이 피난생활을 강요받고 있다. 일본 부흥청에 의하면 2013년 8월 22일 시점의 피난인 수는 약 29만 명으로 집계되고 있다.[6]

또한 3.11 대지진과 쓰나미의 여파로 인해 후쿠시마 제1원자력 발전소의 설비가 심각한 손상을 입어 대규모의 방사선 누출사건이 발생하는 전대미문의 대재앙을 일으켰다. 그러나 갑작스러운 대재앙에 맞닥뜨린 간 내각은 원전사고에 침착하게 대응하지 못하고 허둥대고 당황하는 모습을 노정하는 등 초동 대응에서 많은 문제점을 노출했다. 후쿠시마 원전사고를 검증하기 위

---

5) 警察庁(2013.8.9), 「東日本大震災について被害状況と警察措置」, http://www.npa.go.jp/archive/keibi/biki/higaijokyo.pdf(검색일: 2013년 9월 11일).

6) 復興庁(2013.8.22), 「全国の避難者等の数」, http://www.reconstruction.go.jp/topics/main-cat2/sub-cat2-1/20130822_hinansha.pdf(검색일: 2013년 9월 11일). 한편 경제산업성 보도발표 자료에 의하면, 지진발생 직후에는 피난자 수가 40만 이상, 정전 세대가 800만 호 이상, 단수세대가 180만 호 이상 등의 수치가 보고되었다. http://www.meti.go.jp/press/index.html(검색일: 2013년 8월 10일).

<그림 2> 2030년 발전전력량에서 차지하는 각 에너지 비율

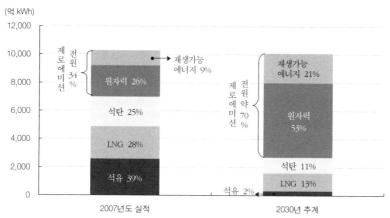

* 제로에미션(zero-emission): 배출가스 제로를 의미함

출처: 資源エネルギー庁,「エネルギー基本計画について」(http://www.enecho.meti.go.jp/info/committee/sougoubukai/1st/1st-2.pdf)

해 결성된 민간조사위원회 '후쿠시마 원전사고 독립검증위원회'가 작성한 조사 보고서에 의하면, 사고 당시 간 총리를 비롯한 총리 관저의 초동 대응을 "즉흥적인 위기관리"였다고 평가하고, 총리 관저의 개입이 "불필요한 혼란과 스트레스로 인해 상황 악화의 리스크를 높였다"고 지적하고 있다(每日新聞 2012/02/28).

또한 동 사고를 검증하기 위해 국회차원에서 설치된 '국회사고조사위원회'도 총리 관저의 초동 대응에 대해 "총리 관저 관계자가 빈번하게 전화하여 적절치 않은 초보적 질문으로 현장 대응에 나서야 할 직원들이 헛힘을 쓰게 만들었고, 관저의 빈번한 개입이 현장의 지휘계통체계를 혼란시켰다"고 비난하고, "총리 관저에 의한 과잉 현장 개입이 사고 대응을 방해하고 관저의 초동 대응 지연이 주민 피난의 혼란 확대를 야기했다"고 결론지었다(読売新聞 2012/06/10).

각 매스컴의 평가 또한 이와 별반 다르지 않았다. 간 총리는 일방적인 대국민 메시지를 전하는 것 이외에는 지진발생으로부터 2주간 이상이나 기자단 취재 및 질문에 응하지 않고 국회 답변도 행하지 않았는데, 이에 대해 각 언론들은 간 총리와 총리 관저의 대응을 비난하는 논조의 보도들을 쏟아내었다. 이는 말할 필요조차도 없이 국민들에게 큰 충격과 실망으로 다가왔다. 결론적으로 원전사고에 대한 간 내각의 초동 대응은 총체적 실패였다고 볼 수 있다.

III. 후쿠시마 원전사고 이후의 원전정책

1. 에너지환경회의 설치

한편 후쿠시마 원전의 치명적 사고로 인한 피해가 확대됨에 따라 일본 국내에 탈원전론이 크게 대두되자 2011년 5월 10일 간 총리는 일본 에너지정책의 토대인 '에너지기본계획'을 백지상태에서 재검토하겠다는 방침을 표명했다. 이는 기존의 원전 증설 계획을 철회하고 탈원전 방향으로 나아가겠다는 의지의 표현이었다. 약 1개월 후 간 총리의 발안으로 '에너지환경회의'가 국가전략실 안에 설치되었다. 동 회의는 에너지와 환경에 관한 국가전략을 통합적으로 논의하기 위한 것으로 의장에 국가전략담당대신이, 부의장에 경제산업대신과 환경대신이 임명되었다.

한편 간 총리는 여야당의 조기퇴진 요구가 거세짐에 따라 8월 26일에 사임을 표명했는데, 동일 저녁에 열린 기자회견에서 "(원전사고를) 미연에 방지하지 못하고 많은 피해자를 발생시켰다. 총리로서의 역량부족, 준비부족을 통감했다"는 소감을 피력하는 한편, 퇴진 이후에도 원자력 행정의 발본개혁 및 '탈원전의존'을 위해 노력하겠다는 의향을 강조했다. 그런데 간 총리의 뒤를 이어 총리의 자리에 오른 노다 요시히코(野田佳彦)는 원전재가동론

자였다. 노다 총리는 2011년 9월 13일 국회에서 행한 첫 소신표명연설에서 중장기적으로 원전의존도를 가능한 한 낮춰가는 동시에 안전성이 확인된 원전에 대해서는 원전 입지 지역의 신뢰를 얻은 후 재가동하겠다는 취지의 발언을 했다.[7] 그 이후에도 노다 총리는 일관되게 원전 재가동에 긍정적인 자세를 보였으며 이는 동인의 간사이전력 오이원전 재가동 결단으로 이어진다.

후쿠시마 원전사고 이후 원자력 안전에 대한 불안과 원자로 입지 주민들의 반대로 인해 정기점검을 마친 원전의 재가동이 금지되었다. 따라서 2012년 5월 5일 홋카이도전력 도마리(泊)원전 3호기가 정기점검에 들어감에 따라 42년 만에 일본 내 모든 원전이 정지된 상태가 되었다. 이에 여름 전력수급문제가 시급히 해결해야 할 과제로서 떠오르자 당시 호소노 고시(細野豪志) 원전담당대신은 2012년 6월 4일 후쿠이(福井)현의 니시카와 잇세이

〈그림 3〉 가동원전의 감소 추이

(단위: 만kW)

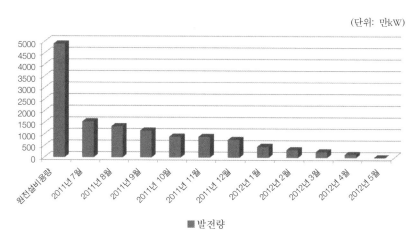

■ 발전량

자료: 특별비영리활동법인 기후네트워크 보고서에 의거하여 작성(http://kikonet.org/)

---

7) 「第178回衆議院本会議」 第1号(2009.9.13), 5.

(西川一誠) 지사를 방문하여 원전입지 지역에 경제산업성 부대신을 상주시
키는 등 새로운 안전 감시 체제 아래 간사이전력 오이원전 3, 4호기의 재가
동에 동의해 줄 것을 청원했다.

　그러자 니시카와 지사는 재가동에 동의하기 위한 전제조건으로서 총리가
직접 국민에게 재가동의 필요성을 역설해 줄 것을 요구했다. 노다 총리는
니시카와 지사의 요구를 수용하는 형태로 6월 8일에 기자회견을 열어, "원
전을 멈춘 상태에서 일본사회는 지탱될 수 없다. 원전은 중요한 전력원이
다. 국민생활을 지키기 위해 (원전을) 재가동해야만 한다는 것이 나의 판단
이다"고 역설하며 일본 국내에 만연한 탈원전론에 일선을 그었다(読売新聞
2012/06/06).

　이는 노다 총리가 당해 여름의 전력수급을 위해서만이 아니라 원전을 중
장기적으로 안정된 에너지원으로서도 중시하겠다는 생각을 표명한 것이었
다. 그 배경에는 전년도 일본의 무역수지가 31년 만에 적자로 돌아선 점이
있다. 원전 대체 수단으로서 풀가동 상태에 있었던 화력발전의 연료인 액화
천연가스(LNG)의 수입이 큰 폭으로 증가했기 때문이다. 동 기자회견과 관
련하여, 일본 내 최대부수를 자랑하는 보수논조의 요미우리신문은 "노다 총
리가 원전 재가동을 향한 흔들림 없는 결의를 표명했다"고 평가하고, 노다
총리의 발언이 향후 일본의 에너지정책에 큰 전기가 될 것으로 기대했다(読
売新聞 2012/06/09). 여하튼 노다 총리의 결단으로 인해 후쿠이현 간사이
전력 오이원전 3호기가 7월 1일부로, 4호기가 7월 18일부로 재가동에 들어
갔다.

　한편 2012년 6월 13일에는 원자력규제 관련 법안을 둘러싼 민주·자민·
공명의 3당간 합의가 이루어졌다. 이에 따라 동년 9월에 기존의 원자력규제
체제를 쇄신한 조직인 '원자력규제위원회'가 발족될 전망이었다. 후술하겠
으나, 동 위원회의 활동이 향후 일본 원전 재가동의 가장 큰 장벽으로 기능
하게 된다.

2. 에너지정책 세 시나리오

아울러 노다 정권은 2012년 6월 29일에 열린 에너지환경회의에서 2030
년 시점의 원전 발전 비율을 0%, 15%, 20~25%로 하는 에너지정책의 세
시나리오를 정식으로 결정했다.[8]

〈표 1〉에서 보듯이 2010년 현재 총 발전량에서 재생가능에너지가 차지
하는 비율은 대형 수력발전을 포함해도 약 10% 수준임을 알 수 있다. 민주
당 정부는 2030년까지 재생가능에너지 비율을 25~35% 정도로 끌어올려 동
에너지를 기간전원으로 키우는 한편, 원전의존에서 점차 탈피해 나간다는
생각이었다. 여기서 각 시나리오를 살펴보도록 하자.

먼저 시나리오 1(원전제로)의 경우, 원전 대체 수단으로서 태양광 및 풍
력 등의 재생가능에너지 비율을 35%까지 높일 필요가 있다. 일본 정부 계산
에 의하면 이를 위해 총 세대 4분의 1에 해당하는 1,200만 호 주택에 태양
광 패널을 설치해야 하며 아울러 내진성이 약한 주택은 보수가 필요하게
되므로 경제적 비용이 매우 증가한다. 풍력발전은 동경도 약 2.2배 면적의
크기에 설치해야 한다. 또한 후술하겠으나 재생가능에너지가 보급되면 될수

〈표 1〉 에너지환경회의가 제시한 3개의 선택지

	2030년 시점의 에너지 구성비			온실가스 삭감량 (1990년 대비)	사용후 핵연료
	원자력	재생가능	화력		
시나리오 1	0%	35%	65%	23%	직접처분
시나리오 2	15%	30%	55%	23%	재처리/직접처분
시나리오 3	20~25%	25~30%	50%	25%	재처리/직접처분
2010년 현재	26%	10%	64%	0.3%	재처리

8) 国家戦略室(2012.6.29), 「エネルギー環境に関する選択肢」, http://www.cas.go.jp/jp/
   seisaku/npu/policy09/pdf/20120629/20120629_1.pdf(검색일: 2013년 9월 11일).

록 일반가계의 부담도 함께 커지는 구조이므로 전기료 월 1만 엔의 가정은 2만 1,000엔의 전기료를 지불해야 한다(読売新聞 2012/07/30). 이렇게까지 재생가능에너지 보급을 서둘러도 원전을 전부 대체할 수는 없으므로 화력발전 비율이 65%로 증가하게 되며, 따라서 이산화탄소 등 온실효과가스 배출량을 90년 대비 23% 삭감하기 위해서는 에너지절약효과가 적은 제품의 판매를 규제할 필요도 생긴다. 이 시나리오에서는 모든 사용후 핵연료를 지중에 매장하는 것을 상정하고 있다.

시나리오 2는 원전 비율을 15%로 줄이고 화력발전소에의 의존도를 55%로 억제하는 시나리오이다. 앞서 민주당 정부는 40년이 경과한 원전을 폐로(廢爐)한다는 방침을 세웠는데 원전의 신설 없이 '40년 폐로' 원칙을 고수하면, 현재 50기의 원전이 2030년에 20기로 줄어들어 자연히 원전 비율은 15%가 된다. 그러나 원전은 정기검사가 필요하므로 모든 원전을 가동할 수는 없다. 예를 들어 20기의 원전으로 15%의 발전량을 확보하기 위해서는 80% 이상의 가동률이 필요하다. 과거 10년간 일본의 원전 가동률은 70% 전후였다. 그러므로 가동률을 높이지 않는 한 폐로를 늦추거나 새로운 원전을 신설할 필요가 생긴다. 이 시나리오는 2030년 이후에 탈원전을 향해 나아갈지가 명확하지 않다. 따라서 탈원전을 둘러싼 논의를 뒤로 미룬 시나리오라고 평가할 수 있으며 채택이 가장 유력시되는 시나리오였다. 상대적으로 국토가 작으며 비가 많은 일본에서는 태양광 및 풍력으로 대량의 전기를 안정적으로 확보하기에는 무리가 있기에 원전 등의 기간전원을 보완하면서 무리 없이 재생에너지를 확대해 나가는 것이 현실적인 정책이기 때문이다.

시나리오 3은 원전 비율을 서서히 낮추면서 일정 정도의 원전 비율을 계속 유지해 나가려는 시나리오이며 원전의 신설 및 갱신이 필요하다. 상기 세 시나리오 중에서 화력발전 비율이 가장 낮으므로 석유 및 천연가스 수입량이 크게 줄어든다. 따라서 온실효과가스 배출량을 삭감해 나갈 수 있으며 일본 경제에의 영향도 가장 적다고 볼 수 있다. 또한 재생가능에너지의 비율을 2010년의 10%에서 25~30%로 유연하게 설정하여 재생에너지 보급의 진행상황에 따라 2030년 시점에서의 원전 비율이 변동될 수 있는 여지를 남겨두었다. 시나리오 2와 3의 경우, 사용후 핵연료의 일부는 재이용하고 일부는 지중에 매장하는 것을 상정하고 있다.

3. 재생가능에너지고정가격매입제도(FIT)[9]의 도입

상기 세 시나리오가 공표된 직후인 2012년 7월 1일 태양광 등의 재생가능에너지를 보급시키기 위한 조치로서 '재생가능에너지고정가격매입제도'가 실시되었다. 상술한 바와 같이 동 제도의 도입은 3.11 이전부터 검토되어 온 것으로 그 내용은 재생가능에너지(태양광, 풍력, 수력, 지열, 바이오매스)

〈표 2〉 재생가능에너지 매입조건

종류	규모/종류	1kWh 가격	기간
태양광	10kW 이상	42엔	20년
	10kW 미만	42엔	10년
풍력	20kW 이상	23.1엔	20년
	20kW 미만	57.75엔	
지열	1.5만kW 이상	27.3엔	15년
	1.5만kW 미만	42엔	
중소수력	1,000kW~3만kW	25.2엔	20년
	200kW~1000kW	30.45엔	
	200kW 미만	35.7엔	
바이오매스	가스화	40.95엔	20년
	고형연료(목재)	13.65~33.6엔	
	고형연료(쓰레기)	17.85엔	

---

9) FIT: Feed-in Tariff.

에 의해 발전된 전기를 일정 기간 동안 일정 가격으로 구입할 것을 국가가
전력회사에게 의무지우는 제도이다.

〈표 2〉에서 보듯이 민주당 정부는 발전사업자들의 신규참여를 장려할 목
적으로 전력회사의 매입가격을 높게 책정하는 한편, 최장 20년간의 매입을
보장했다. 태양광에 의한 전기 매입가격의 경우 1kWh당 42엔, 풍력이 23
엔 정도로 일본보다 선행하여 매입제도를 채택하고 있는 독일에 비해 2배
정도 비싼 가격이었다. 이는 일본 정부가 보급을 촉진하기 위해 업계 단체
가 희망하는 가격을 그대로 수용했다는 후문이다. 즉 확실한 이익을 보장함
에 따라 재생가능에너지를 이용한 발전 설비 투자의 확대를 유도하고, 이로
인해 도입확대가 가속화되면 설비의 양산화가 진행되어 현시점에서는 타 에
너지에 비해 고가인 재생가능에너지 비용도 낮아질 것으로 기대되었다. 일
본 경제산업성은 2012년도 말(2013년 3월 31일)까지 재생가능에너지에 의
한 발전설비용량이 약 2,195만 킬로와트가 될 것으로 예측했으며, 그중 중
소수력발전이 약 961만 킬로와트로 최대를 차지하고 태양광은 주택용과 사
업용을 합쳐서 680만 킬로와트가 될 것으로 전망했다.[10]

그러나 전력회사가 재생가능에너지 매입비용을 전기 요금 고지서에 추가
하여 일반 가정 및 기업에 전가하는 구조이기에 재생가능에너지가 보급되면
될수록 가계 및 기업의 부담이 커진다는 딜레마가 존재한다. 예를 들어, 일
본보다 앞서서 전량매입제도를 채택한 독일의 경우, 전기요금 상승에 의한
가계에의 부담증가가 큰 문제가 되어 2012년 4월에 태양광 발전에 의한 전
기매입가격을 최대 30%까지 인하한 바 있다. 재생가능에너지 보급과 가계
및 기업이 지불하는 부담과의 균형을 어떻게 맞춰 나갈지가 향후 남겨진
과제라고 볼 수 있다.

---

10) 経済産業省(2012.11),「再生可能エネルギー発電設備の導入状況について」, http://www.
   enecho.meti.go.jp/saiene/kaitori/dl/setsubi/201211setsubi.pdf(검색일: 2013년 9
   월 11일).

〈그림 4〉 재생가능에너지 고정가격 매입제도의 구조

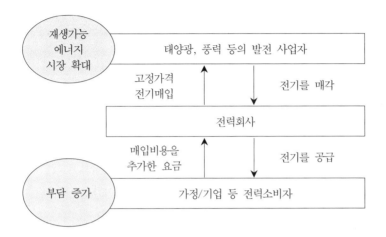

IV. 혁신적 에너지환경전략

　한편 노다 내각은 상기 세 시나리오에 대한 국민의 의견 등도 수렴하여 가을경에 책정할 예정인 '혁신적 에너지환경전략'에 삽입할 계획이었는데, 현실적인 관점에서 시나리오 2가 채택될 것이라는 것이 일본 정부 내의 일반적 견해였다(読売新聞 2012/08/12). 그런데 8월에 들어오면서 탈원전을 의식한 발언이 일본 정부 내에서 이어졌다. 즉 노다 총리는 8월 6일에 각료들에게 원전제로를 달성하기 위한 과제를 검토하도록 지시했으며, 에다노 유키오(枝野幸男) 경제산업대신은 8월 7일의 기자회견을 통해 "원전제로 시나리오(시나리오1)도 실현가능하다"고 강조했다(新潟日報 2012/08/08). 8월 17일에는 후루카와 모토히사(古川元久) 국가전략대신이 "개인 생각으로서는 원전 없는 사회를 지향하고 싶다"고 언급하며 원전 반대입장을 명확히 표명했다(朝日新聞 2012/08/18).

그 배경에는 탈원전을 외치는 시민운동의 확대와 높아만 가는 국민들의 반원전 정서가 있었다. 노다 총리가 오이원전 재가동을 결정한 이후에 매주 금요일 총리 관저 근처에서 '수도권반원전연합' 주최로 행하는 시위운동의 규모가 급격히 늘어났으며 탈원전을 호소하는 시민집회도 더욱 확대되었다. 특히 2012년 7월 16일 도쿄 시부야구 사사키 공원에서 열린 '사요나라 원전 10만 집회'에는 주최 측 추산으로 약 17만 명이 운집했다(경시청 추산은 약 7만 5천 명). 또한 노다 정권은 상기 세 시나리오에 대한 국민들의 의견을 수렴한다는 취지로 전국 11개소에서 '의견청취회'를 개최하였는데, 그 결과에 의하면 2030년까지 원전제로를 요구하는 의견이 약 70%에 달했다(朝日新聞 2012/08/05).

이와 별도로 행해진 '의견공모(Public Comment)'에서도 집계된 총 8만 9천 건 중 약 90%가 원전제로를 지지하는 결과가 나왔다(新潟日報 2012/08/22).[11] 아울러 8월 4~5일에 실시된 아사히신문 여론조사에 의하면, 노다 내각에 대한 지지율이 출범 당시의 53%에서 22%로 떨어져 정권 발족 이후 최저를 기록했다. 또한 원전에 대한 정부의 안전대책을 신뢰하지 않는 사람들의 비율이 '별로 신뢰하지 않음'과 '전혀 신뢰하지 않음'을 합쳐서 79%에 달했다(新潟日報 2012/08/06).

상술한 바와 같이 일본 정부 내에서는 당초 원전비율 15%가 현실적이라는 견해가 주를 이뤘으나 상기 국민정서를 무시하고 원전 재가동을 추진할 수도 없는 딜레마에 직면했다. 이러한 상황 속에서 노다 총리는 8월 8일 다니가키 사다카즈(谷垣禎一) 자민당 총재와의 회담에서 소비세 증세 관련

---

11) 한편 의견청취회의 경우 관심이 많은 사람들만 적극적으로 참가하는 경향이 있기 때문에 국민의견의 축도라고 볼 수 없으며, 국민의 의견을 수렴하는 '퍼블릭 코멘트'도 의견 분포가 편중할 가능성이 있다. 따라서 민주당 정부는 여론조사에 상세한 대학교수 8인으로 구성된 유식자회의 '국민적 논의에 관한 검증회합'을 설치하여 상기 여론 결과를 검증하게 했다. 그리고 동 회합은 8월 28일에 "국민의 과반수가 탈원전을 바라고 있다"는 총괄적인 평가를 내렸다(朝日新聞 2012/08/29).

법안을 통과시키는 것을 조건으로 하여 '가까운 시일 내에' 중의원 해산을 약속한 바 있었다. 따라서 연내에 중의원총선거가 이루어질 전망이었는데 민주당 내에서 소비세 증세와 원전에 반대하는 의원들은 오이원전 재가동으로 인해 민주당이 원전추진파라는 이미지가 강해졌음을 우려하고, 노다 내각의 현재 상태로는 선거에서 싸울 수가 없다며 위기감을 표출하기 시작했다.

이에 원전재가동의 필요성을 역설했던 노다 정권은 중의원총선거를 의식하여 명확하게 원전제로 방침으로 돌아선다. 먼저 8월 12일에 차기 중의원총선거 매니페스토(정권공약)의 주요 정책으로서 '탈원전의존'을 명기할 방침을 결정했다(新潟日報 2012/08/13). 이어서 8월 24일에는 민주당 내에 2030년의 원전의존도를 재검토하기 위한 '에너지환경조사회'를 신설했다. 동 조사회의 회장과 사무총장에는 원전 재가동에 적극적이었던 마에하라 세이지(前原誠司) 정조회장과 센고쿠 요시코(仙谷由人) 정조회장 대행이 취임했으며 원전에 부정적인 간 전 총리가 고문으로 임명되었다. 동 조사회는 발족한지 2주도 채 지나지 않아 '원전제로 사회를 지향하며' 제하의 제언서를 작성했는데, 그 핵심 내용은 2030년대 원전가동제로를 지향한다는 것이었다. 그 후 9월 14일에 열린 '에너지환경회의'에서 상기 제안서에 입각한 '혁신적 에너지환경전략'이 결정되어 공표되었다.[12]

동 전략의 골자는 (1) 2030년대 원전가동제로가 가능해지도록 모든 정책자원을 투입하고, (2) 원전운전을 40년으로 엄격히 규제하고 원전의 신증설을 금지하며, (3) 원자력위원회의 폐지·개편을 포함한 발본적인 검토에 착수하고, (4) 고속증식로 원형로인 몬쥬의 실용화를 단념한다는 것이다. 그 외에 안전성이 확인된 원전을 중요전원으로 활용하는 한편, 사용후 핵연료의 재처리사업을 계속한다고 명시했다. 그러나 핵연료 사이클 계획의 일환으로 추진하고 있는 몬쥬의 실용화를 단념하면서 핵연료 재처리사업을 계속

---

12) 国家戦略室(2012), 「革新的エネルギー環境戦略」, http://www.cas.go.jp/jp/seisaku/ npu/policy09/pdf/20120914/20120914_1.pdf(검색일: 2013년 9월 11일).

한다는 것은 앞뒤가 전혀 맞지 않는 내용이라고 볼 수 있다.

상기 내용이 포함된 것은 핵연료 재처리 시설이 소재한 지역을 배려한 것이었다. 일본 전국의 원전에서 발생한 사용후 핵연료는 수년간 냉각된 후, 현재 건설 중에 있는 아오모리(青森)현 롯카쇼무라(六ヶ所村)의 재처리공장으로 반입된다. 원전제로 방침이 결정되면 당연히 핵연료 사이클 사업의 앞날도 어찌될지 알 수 없다. 따라서 롯카쇼무라를 포함한 아오모리현 내 여덟 곳의 시정촌(市町村)은 7월에 핵연료 사이클 사업을 견지해줄 것을 요구하는 요청서를 정부에 제출하였으나 그 시점까지 아무런 답을 얻지 못한 상태였다.

이에 롯카쇼무라 의회는 정부가 원전 관련 시설 입지 지역의 사정을 완전히 무시한 논의를 진행하고 있다고 반발하며, 정부가 재처리 사업을 철회하면 현재 저장하고 있는 모든 사용후 핵연료를 롯카쇼무라 밖으로 반출해줄 것을 요구하는 의견서를 9월 7일에 만장일치로 가결한 후 정부에 송부했다.[13] 아오모리현은 원전 관련 시설을 받아들인 대가로 정부로부터 '전원3법교부금'[14]을 지급받아 왔으나 원전제로 방침으로 인해 핵연료 재처리 사업이 철회되면 지금껏 받아왔던 교부금을 지급받지 못하게 될 가능성도 배제할 수 없었다.

다시 말해 '혁신적 에너지환경전략'은 시민단체를 중심으로 한 원전 반대파와 경제계 및 관련지자체 등 원전 추진파의 환심을 동시에 사려고 했기에 모순이 노정된 형태였다. 그러나 민주당 정부의 의도와는 정반대로 양쪽 파로부터 구체적 절차나 근거가 부족하다며 거센 비난을 받았다. 정부가 '혁신적 에너지환경전략'을 발표한 14일 저녁, 총리 관저 앞에는 원전반대파들의

---

13) 반환을 요구하는 근거는 재처리공장을 운영하는 일본원연주식회사 및 아오모리현, 롯카쇼무라의 3자 사이에서 1998년에 교환된 각서임. 동 각서는 재처리사업 실시가 어렵게 된 경우에는 사용후 핵연료를 각지의 원전에 반환한다는 내용임(読売新聞 2012/09/12).

14) 발전소 설치 및 운영의 원활화를 도모하기 위한 목적으로 원전 입지 지자체에 지원되는 보조금.

시위가 이어졌는데 시위 참가자들은 동 전략이 명백히 선거를 노린 전략이라며 강도 높게 비판했다(新潟新聞 2012/09/15).

원전추진파인 경제계도 가만히 있지 않았다. 일본 내 경제3단체 수장은 9월 18일에 동경 도내에서 기자회견을 열어 '2030년대 원전제로'를 목표로 한 혁신적 에너지환경전략을 철회하도록 요구했다. 동 회견에서 요네쿠라 히로마사(米倉弘昌) 일본경제단체연합회 회장은 "경제계는 일본 전체 노동인구의 절반 이상을 고용하고 있는 기업 및 단체의 집합이다. 경제계는 고용과 국민생활을 보호하는 입장에서 원전제로에 반대해 왔으나 그러한 목소리가 전혀 반영되지 않은 것은 매우 유감이며 (원전제로 방침을) 도저히 받아들일 수 없다"고 언급하며 책임 있는 에너지 전략을 처음부터 다시 만들 것을 요구했다.

하세가와 야스치카(長谷川閑史) 경제동우회 대표간사는 "국가의 번영과 국민생활의 안정이라는 관점에서 정부의 판단은 문제가 많다"는 의견을 피력한 후, "가능한 많은 전력원을 확보해 두는 것이 중요하며, 그것이야말로 화석연료에 대한 가격협상력을 높이고 지구온난화방지에 공헌하는 것이다"고 강조했다. 또한 오카무라 다다시(岡村正) 상공회의소 회두는 "재생가능에너지 실현가능성에 대한 해결책이 명확하지 않을 뿐더러 전기료의 대폭적인 인상으로 인해 국제경쟁력을 크게 떨어뜨릴 것이다"고 주장했다. 당시 일본 경제 3단체가 공동회견을 행하는 일은 매우 이례적인 일로 평가되었다(読売新聞 2012/09/20).

더욱이 민주당 정부의 원전제로 방침은 '혁신적 에너지환경전략'을 발표한 다음 날부터 오락가락하기 시작했다. 9월 15일에 아오모리현을 방문한 에다노 경제산업대신은 3.11 이후에 건설이 중단되었던 J-Power의 오마(大間)원전과 주고쿠(中国)전력 시마네(島根)원전 3호기의 건설 재개를 용인하는 한편, 아오모리현 측에게 핵연료 사이클 정책에 변경이 없음을 전달했다. 또한 18일에는 히라노 히로후미(平野博文) 문부과학대신이 후쿠이현 니시가와 지사에게 동현 소재의 고속증식로 원형로인 몬쥬와 관련하여, "종래의 정책을 크게 변경한 것은 아니다"고 설명하며 연구 개발을 계속 이어나갈

〈표 3〉 원전정책을 둘러싼 경위

2011.03.11	동일본대지진, 동경전력 후쿠시마 제1원전 사고가 발생함.
2011.07.13	간 나오토 총리가 탈원전을 표명함.
2011.09.02	노다 내각 발족, '안전성을 확보하여 재가동하고 싶다'고 표명함.
2012.06.16	관서전력 오이 원전 3, 4호기의 재가동을 결정함.
2012.06.29	2030년 시점의 원전의존도에 관한 세 시나리오를 제안함.
2012.07.14	의견청취회 시작(전국 11개소)
2012.08.22	노다 총리가 반원전 시민단체 멤버와 면회함.
2012.08.28	유식자회의가 "국민의 과반수가 탈원전을 바라고 있다"고 총괄함.
2012.09.06	에너지환경조사회가 '원전제로 사회를 지향하며' 제하의 제언서를 공개
2012.09.14	정부가 '혁신적 에너지환경전략'을 결정함.

방침을 표명했다.

후지무라 오사무(藤村修) 관방장관도 9월 18일 오전의 기자회견을 통해, 가동한지 40년이 지난 일본원자력발전 쓰루가(敦賀)원전 1호기와 간사이전력 미하마(美浜)원전 1, 2호기를 폐로할 방침을 천명했으나, 오후에는 그 발언 수위를 낮추는 등 갈팡질팡 대응이 이어졌다(読売新聞 2012/09/20).

한편 노다 정권은 9월 19일의 각료회의에서 '혁신적 에너지환경전략'을 정식으로 결정할 예정이었다. 그러나 동 회의에서는 '혁신적 에너지환경전략'의 각의결정을 미루고, "혁신적 에너지환경전략에 입각하여 관계 자치체 및 국제사회와 책임 있는 논의를 행하고, 국민의 이해를 구하면서, 유연성을 가지고 부단의 검증과 재검토를 하면서 수행한다"라는 대응 방침만을 각의 결정했다.15) 동 전략의 각의결정을 미룬 배경으로서 국내 경제계의 반발이 예상외로 거세었던 점 이외에도 관련국에 대한 배려를 들 수 있다.

---

15) 首相官邸(2012.9), 「今後のエネルギー・環境政策について」, http://www.kantei.go.jp/jp/topics/2012/pdf/20120919kakugikettei.pdf(검색일: 2013년 9월 11일).

당시 일본의 원전정책과 직접적인 관련이 있는 나라로서 미국, 영국, 프랑스를 들 수 있다. 일본의 원전 제로 움직임이 연일 언론을 통해 알려지자 포네만(Daniel Poneman) 미국 에너지성 부장관은 9월 11일 당시 미국 방문 중이었던 마에하라 세이지(前原誠司) 정무조사회장과의 회담에서, "일본의 에너지 문제는 일본이 결정할 일이지만 일본이 원전제로 방침으로 선회할 경우의 마이너스 영향을 최소한으로 해 주길 바란다"고 언급하며 일본의 원전제로 방침에 대한 미국의 우려를 에둘러 표명했다. 이에 일본 정부는 나가시마 아키히사(長島昭久) 총리 보좌관과 오구시 히로시(大串博志) 내각부 정무관을 급거 미국에 파견하여 미국 에너지성 간부에게 "(혁신적 에너지환경전략은) 제로의 가능성을 지향하는 것이지 제로로 정한 것이 아니다"라고 설명했다(読売新聞 2012/09/15). 9월 11일에는 워렌(David Warren) 주일영국 대사가 총리 관저를 방문하여 후지무라 관방장관과 회담을 갖고 일본의 원전제로 방침에 관심을 표명하였으며, 13일에는 매셋(Christian Masset) 주일프랑스 대사가 총리 관저를 방문했다. 영국과 프랑스의 대사가 연달아 관저를 방문한 것은 이례적인 일이었다(読売新聞 2012/09/14).

미국은 핵기술개발 및 안전보장의 관점에서 일본의 원전제로 방침을 경계했다. 1979년 스리마일 섬 원전사고를 계기로 미국 내 원전 신설이 정지된 상태다. 그 후 도시바(東芝)가 원전 원천 기술을 가진 미국의 웨스팅 하우스를 인수하고, 히타치(日立)가 제너럴 일렉트릭과 원전 사업 부문을 통합하여 일본의 원전 관련 기술은 미국 원자력 산업에서 활용되어 왔다. 일본은 핵무기를 보유하지 않은 국가 중에서 유일하게 핵연료 재처리를 할 수 있는 국가이다. 핵무기 재료인 플루토늄을 추출할 수 있는 재처리 사업이 국제적으로 용인될 수 있었던 것은 미일원자력협정이 존재하기 때문이다.16)

현재 미국은 자국 내에서 핵연료 재처리를 하고 있지 않다. 즉 재처리 기술을 동맹국인 일본에게 맡기고 동 기술을 공유하는 형태라고 볼 수도

---

16) 재처리문제를 둘러싼 미일교섭과 관련해서는, 全鎮浩(2001) 참조.

있다. 따라서 일본이 '원전제로'를 선택하면 안전보장의 관점에서 매우 중요
한 핵관련 기술(플루토늄을 추출하는 핵재처리기술 등)의 쇠퇴로 이어질 수
있다. 플루토늄은 핵무기의 재료이며 핵무기가 군사전략상 매우 중요한 의
미를 가진다는 것은 말할 필요조차 없을 것이다.

한편 일본은 방사성 폐기물의 재처리를 영국과 프랑스에 위탁하여 재처
리된 폐기물을 아오모리현 롯카쇼무라에 소재한 저장시설에 반입하고 있다.
일본 미쓰비시 중공업은 프랑스의 원전 건설 회사인 아레바(AREVA)사와
원전부문에서 제휴를 맺고 있으며 아레바 주식의 90%를 프랑스 정부가 소
유하고 있다. 따라서 동회사를 통해 롯카쇼무라의 재처리 사업에 관여하고
있는 프랑스 정부는 일본이 원전 사업을 멈추게 되면 큰 수입원을 잃게 될
우려가 있었다. 또한 일본의 전력회사로부터 총 10톤의 플루토늄을 보관하
고 있는 영국은 MOX 연료 공장을 신설할 방침을 내세우고 있었는데, 일본
이 탈원전을 향해 나아가면 당사업의 수익이 줄어들 뿐만 아니라 재처리를
통해 발생하는 고준위 방사선 폐기물의 귀속문제도 애매해지기 때문에 신경
이 곤두서 있었다(読売新聞 2012/09/15).

결국 노다 정권은 상술한 바와 같이 9.19 각료회의에서 '혁신적 에너지환
경전략'을 정식 정책으로서 채택하지 않고 '동 전략에 입각하여 끊임없이 검
증해 나간다'는 방침만을 각의결정하게 된다. 이는 '혁신적 에너지환경전략'
을 애매모호하게 매듭지어 재해석의 여지를 남겨둠에 따라 노다 정권에게
쏟아지는 비난의 화살을 피하면서 차기 정권에게 모든 부담을 떠넘기려는
전략이라고 볼 수 있었다.

V. 원자력규제위원회

1. 원자력규제위원회 탄생 경위

상기 각료회의 개최일인 9월 19일, 기존의 원자력 안전규제조직을 일원화한 원자력규제위원회와 동 위원회 사무국인 원자력규제청이 발족하여 후쿠시마 원전사고 이후 약 1년 반 만에 쇄신된 원자력안전규제 체제가 출범했다. 원자력규제위원회의 설립은 3.11 이후 일본 원전정책상의 가장 큰 변화로 볼 수 있다.

과거 일본 원자력규제조직의 문제점으로서 ① 독립성 결여, ② 일원화 결여, ③ 전문성 결여가 지적되어 왔으며 이 중에서 독립성 결여가 가장 큰 문제점으로 평가되어 왔다. 즉 원전 추진 담당 기관인 자원에너지청과 원자력규제 역할을 담당하는 원자력안전보안원이 경제 산업성 안에 함께 설치되어 있었기에, 원전의 안전함을 철저히 추구해야 할 기관이 원전을 추진하는 측을 배려할 수밖에 없는 불완전한 안전규제 형태였다고 볼 수 있다. 국제원자력기관(IAEA) 또한 2007년에 이와 같은 일본 원자력규제조직의 문제점을 지적한 바 있다.

후쿠시마 원전사고로 계기로 상기 문제점이 크게 부각됨에 따라 2011년 6월에 민주·자민·공명 3당 합의에 의해 기존 원자력규제조직의 문제점을 개선한 새로운 원자력규제위원회가 탄생한 것이었다. 동 위원회는 국가행정조직법 제3조에 근거한 소위 '3조위원회'[17])로서 강한 독립성이 담보되는 환경성 외국이며 위원장 1인과 4인의 위원으로 구성된다. 사무국 역할을 담당

---

17) 중앙성청 기구 등에 관한 법률인 국가행정조직법 제3조에 의거하여 설립된 위원회를 말함. 동 조항은 "내각의 행정사무를 행하는 조직을 부(府)와 성(省)으로 하고, 그 외국(外局)으로서 위원회와 청(廳)을 둔다"고 규정하고 있음. 3조에 근거하여 설치된 위원회는 청과 동격으로서 매우 강한 독립성이 보장됨. 내각부 外局인 공정거래위원회와 국가공안위원회, 후생노동성 外局인 중앙노동위원회 등이 이에 해당함.

〈그림 5〉 새로운 원자력규제체제의 구조

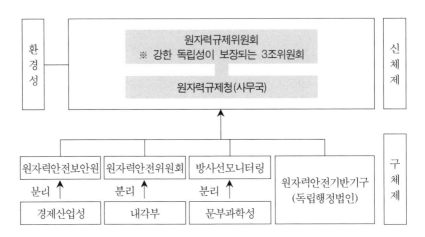

하는 원자력규제청은 경제산업성의 원자력안전보안원 및 내각부의 원자력
안전위원회 등에서 전근된 직원들 약 1,000명으로 구성되며 직원들은 원래
소속되어 있던 부성(府省)으로 돌아갈 수 없다.

그 외에 총리를 의장으로 하고 대신들을 멤버로 하는 원자력방재회의를
내각 내에 신설하였다. 동 회의는 원자력규제위원회가 결정한 방재지침을
국가와 자치체가 실행에 옮기도록 하는 조정역할을 담당한다.[18]

2. 원전 신규제기준

원자력규제위원회는 민주당 정권 시절인 2012년 9월에 출범했으나, 동년
12월에 정권이 교체됨에 따라 제대로 된 활동은 자민당 정권 아래에서 이루

---

18) 原子力防災会議(2012.10), 「原子力防災会議の概要について」, http://www.kantei.go.
   jp/jp/singi/genshiryoku_bousai/dai01/sankou03.pdf(검색일: 2013년 9월 11일).

어지고 있다. 여기서 잠깐 원자력규제위원회의 활동 현황에 대해서 짚고 넘어 가도록 하자. 동 위원회는 발족 이후 종래의 원전 규제를 기본 지침부터 전면적으로 재검토하는 작업에 착수하여 2013년 1월 31일 원전신규제기준의 골자안을 발표했다. 그 후 동 골자안에 대한 국민 의견 공모를 거쳐 동년 4월에 최종안을 완성했다.

2013년 7월 8일부로 시행된 신규제기준은 크게 ① 활단층 조사 강화 및 쓰나미 방호책을 규정한 지진·쓰나미 대책, ② 테러대책 등을 포함한 중대 사고 대책, ③ 기존 설비의 강화를 요구하는 설계기준으로 구성되어 있다.[19]

1) 지진·쓰나미 대책

원전마다 최대급 기준 쓰나미를 상정하고 중요기기의 표고가 기준 쓰나미를 하회할 경우 방조제 설치를 의무화하였다. 또한 냉각수 취수로 등을 통해 물이 침입할 경우에 대비한 침수상정범위를 설정하여 원자로 건물의 문에 대한 수밀화 대책을 철저히 하도록 규정했다. 2013년 10월 현재 후쿠시마 제1원전을 제외한 16개소 원전 중에서 방조제 설치가 완성된 곳은 4개소뿐이며, 수밀화 대책이 완료된 곳은 7개소 원전뿐이다. 그 외 활단층[20]의 정의를 "12~13만 년 전 이후에 활동한 단층"에서 "40만 년 전 이후"로 확대하고 활단층 위에 원자로 등의 중요시설을 설치하지 못하도록 규정했다. 현재 쓰루가 원전 2호기 부지가 활단층으로 인정된 상태이다.

2) 중대사고[21] 대책

항공기 충돌 테러 등으로 인해 노심손상이 발생했을 경우, 다량의 방사선

---

19) 原子力規制委員会(2013.7), 1-25, http://www.nsr.go.jp/committee/kisei/data/0013_08.pdf(검색일: 2013년 9월 11일).

20) 최근의 지질시대인 신생대 제4기에 활동을 반복했으며 앞으로도 활동가능성이 있는 것으로 추정되는 단층임. 지진은 활단층이 움직일 때 일어남(가미누마 가쓰타다 외 2010, 30).

21) 중대사고(Severe accident): 원전 냉각 실패 및 출력 상승으로 인해 노심용융(meltdown)이 발생하고 격납용기가 파괴되어 대량의 방사선 물질이 외부에 방출되는 등

물질이 방출되는 것을 막기 위해 원자로 냉각설비 및 전원, 제2제어실 등을 갖춘 '특정안전시설' 설치를 의무화했다. 또한 면진(免震)기능을 갖춘 '긴급시대책소' 설치를 규정하고 있다. 동 대책소는 사고 시 현지대책본부 기능을 담당한다. 현재(2013.10) 면진기능을 갖춘 곳은 6개소뿐이다. 그 외 격납용기 압력을 낮추기 위해 각 원자로에 증기배출을 위한 필터 달린 배기 밸브 설치를 의무화하고 있는데 상기 조건은 후쿠시마 제1원전과 같은 비등수형 경수로(BWR)를 운영하고 있는 전력회사에 큰 부담이 되고 있다.

BWR의 경우 원자로 격납용기가 작아 노심용융이 발생했을 때 압력이 상승하기 쉽다. 따라서 방사선 물질을 걸러서 증기를 배출할 수 있는 배기밸브 설치를 요구한 것이다. 현재 전국 16개소 원전 중 필터 달린 배기밸브가 설치된 곳은 전무하며 설치에 2~3년간의 공사기간을 요하므로 BWR 재가동까지 많은 시간이 걸릴 전망이다. 따라서 BWR를 운영하는 일본원자력발전, 도호쿠(東北)전력, 도쿄전력, 주부(中部)전력, 호쿠리쿠(北陸)전력, 주고쿠(中国)전력 6개 전력회사 총 26기는 향후 몇 년간 재가동이 어려울 것으로 판단된다. 다만 가압수형 원자로(PWR)의 경우 격납 용기가 크기 때문에 배기밸브 설치 필요성이 상대적으로 적다. 이에 PWR은 배기 밸브 설치에 유예기간을 두고 당장은 용인하고 있다.

3) 설계기준

화재대책의 일환으로 기존 케이블을 난연성 케이블로 교환할 것을 의무화함에 따라 1975년 이전에 설계된 원자로 13기는 교환이 요구된다. 대상케이블 길이는 1기당 수천 킬로에 달하므로 케이블 교환에는 많은 비용과 오랜 시간이 소요될 것으로 예상되고 있다. 그 외 활화산 및 토네이도 대책강화를 의무화하고 있으며, 냉각장치와 전원설비의 다중화 및 다양화를 규

원전 설계시에 상정한 사고의 정도를 상회하여, 종래의 안전설비로는 대응할 수 없는 상태를 말함. 구미에서는 1986년 체르노빌 원전사고를 계기로 대책이 강구됨. 일본에서는 1992년에 구원자력안전위원회의 결정에 따른 대책이 시행되었으나, 법적 의무가 아니라 전력회사의 자주적 대응에 맡기는 등 불충분한 내용이었음.

정하고 있다.

4) 기타

원전가동을 원칙상 40년으로 제한하고 있다. 그러나 전력회사는 예외적으로 단 1회에 한해 최장 20년간 가동 연장 신청을 할 수 있는데 이럴 경우 신규제기준을 충족시킨 후 원자로 압력용기 및 콘크리트 구조물의 열화상태를 상세하게 조사하는 특별점검을 실시할 필요가 있다. 현재 가동 후 40년

〈표 4〉 신규제기준 개요

	핵심 내용	비고
지진 해일 대책	• 방조제 및 수밀문 설치를 의무화 • 활단층 정의를 '12~13만 년 전 이후에 활동한 단층'에서 '40만 년 전 이후'로 확대함 • 활단층 위에 원자로 등의 중요시설을 설치하지 못하도록 규정함	현재 일본원자력 쓰루가원전 2호기 부지가 활단층으로 인정된 상태임
중대 사고 대책	• 특정안전시설 설치를 의무화 - 사고시 중앙제어실 대체기능을 담당	5년간 유예
	• 면진기능 갖춘 긴급시대책소 설치를 의무화 - 사고시 현지 대책본부기능을 담당	기능만 갖추면 당분간 가설 대책소로 대체 가능
	• 필터 달린 배기밸브 설치를 의무화	PWR의 경우 당장은 용인함
	• 전원차 및 소방차 배치를 의무화	
	• 항공기 추락 등을 대비한 테러 대책	5년간 유예
설계 기준	• 난연성 케이블로 교체를 의무화(화재 대책)	
	• 활화산 및 토네이도 대책 강화	
	• 냉각장치 및 전원설비 다중화	
기타	• 원전 가동기간을 40년으로 제한	특별점검 실시를 조건으로 최장 20년간 원전가동 연장신청 가능

이상 경과한 원자로가 3기, 30년 이상 경과한 원자로가 14기 존재한다. 한
편 신규제기준에는 백피트(Back-fit)제도22)가 도입되었다.

상기 기준을 충족시키지 못하면 원전 재가동은 원칙적으로 불가하다.
2013년 10월 현재 4개 전력회사(홋카이도전력, 간사이전력, 시코쿠(四国)전
력, 규슈(九州)전력) PWR 총 12기가 안전심사를 신청한 상태며, 심사에는
6개월 이상 소요될 전망이다.

참고로 〈표 5〉는 일본 국내의 BWR 전 26기에 대한 상기 기준에의 부합
여부를 정리한 것이며, 〈표 6〉은 PWR 전 24기에 대한 부합여부를 정리한
것이다.

〈표 5〉 비등형 경수로(BWR) 전26기에 대한 신규제기준 부합 여부(2013년 10월 현재)

소재 현/ 전력회사	원전	운전개시	40년 까지 남은 년수	능력/ 만kW	중대사고대책		지진·쓰나미대책			설계 기준
					필터 달린 배기 밸브	면진기능 갖춘 긴급시 대책소	방조제	수밀문	활단층	케이블 난연화
아오모리현 도호쿠전력	히가시 도리	1호 05.12.08	32	110.0	2015년	2016년	2014. 12월	2014. 3월	조사중	○
미야기현 도후쿠전력	오나가와	1호 84.06.01	11	52.4	미정	완료	완료	2014. 3월	해당 없음	○
		2호 95.07.28	22	82.5						
		3호 02.01.30	29	82.5						
후쿠시마현 도쿄전력	후쿠시마 제1	5호 78.04.18	5	78.4	미정	완료	미정	미정	상동	○
		6호 79.10.24	6	110.0			미정	미정		○
후쿠시마현 도쿄전력	후쿠시마 제2	1호 82.04.20	9	110.0	미정	완료	가설 완료 본설 미정	미정	상동	○
		2호 84.02.03	11	110.0						
		3호 85.06.21	12	110.0						
		4호 87.08.25	14	110.0						

---

22) 기존의 원전에도 신규제기준을 적용해야 하며 그렇지 않을 때에는 원전 가동 중지를
명령하는 제도.

이바라키현 일본원자력	도카이	2호 78.11.28	5	110.0	미정	완료	미정	완료	상동	○
니가타현 도쿄전력	가시와 자키 가리와	1호 85.09.18	12	110.0	착공	완료	완료	2013. 9월	조사 필요성 검사중	○
		2호 90.09.28	17	110.0	미정					
		3호 93.08.11	20	110.0						
		4호 94.08.11	21	110.0						
		5호 90.04.10	17	110.0	착공					
		6호 96.11.07	23	135.6						
		7호 97.07.02	24	135.6						
시즈오카현 주부전력	하마오카	3호 87.08.28	14	110.0	2014년	완료	2013. 12월	2013. 12월	조사 필요성 검사중	○
		4호 93.09.03	20	113.7	2014년					
		5호 05.01.18	32	138.0	미정					
이시카와현 호쿠리쿠 전력	시카	1호 93.07.30	20	54.0	2015년	2013. 9월	완료	완료	조사중	○
		2호 06.03.15	33	135.8						
후쿠이현 일본원자력	쓰루가	1호 70.03.14	0	35.7	검토중	완료	미정	미정	조사중	×
시마네현 주고쿠전력	시마네	1호 74.03.29	1	46.0		2014년	2013 년내	완료	해당 없음	○
		2호 89.02.10	16	82.0	2014년					

자료: 언론 및 관련기관 웹사이트 자료에 근거하여 필자 작성

〈표 6〉 PWR(가압형경수로) 전24기에 대한 신규제기준 부합 여부(2013년 10월 현재)

소재 현/ 전력회사	원전	운전개시	40년 까지 남은 년수	능력/ 만kW	중대사고대책		지진·쓰나미대책			설계 기준
					필터 달린 배기 밸브	면진기능 갖춘 긴급시 대책소	방조제	수밀문	활단층	케이블 난연화
홋카이도 홋카이도	도마리	1호 89.06.22	16	57.9	2015년	2015년	2014. 12월	2014. 3월	해당 없음	○
		2호 91.04.12	18	57.9						

전력	위치	호기·날짜								
전력		3호 09.12.22	36	91.2						
후쿠이현 간사이전력	미하마	1호 70.11.28	0	34.0	미정	2015년 초	2016. 3월	완료	조사중	×
		2호 72.07.25	0	50.0						
		3호 76.03.15	3	82.6						
후쿠이현 간사이전력	오이	1호 79.03.27	6	117.5	미정	가설 대응	2014. 4월	완료	조사중	×
		2호 79.12.05	6	117.5						
		3호 91.12.18	18	118.0	2015년					○
		4호 93.02.02	20	118.0	2015년					
후쿠이현 간사이전력	다카하마	1호 74.11.14	1	82.6	검토중	2015년 초	2015. 3월	완료	조사 필요성 검토중	×
		2호 75.11.14	2	82.6						
		3호 85.01.17	12	87.0						○
		4호 85.06.05	12	87.0						
에히메현 시코쿠전력	이카타	1호 77.09.30	4	56.6	미정	완료	부지가 높아 설치 필요 없음	완료	해당 없음	×
		2호 82.03.19	9	56.6	미정					○
		3호 94.12.15	21	89.0	2015년					○
사가현 규슈전력	겐카이	1호 75.10.15	2	55.9	2016년	가설대응	상동	2014년 초	상동	×
		2호 81.03.30	8	55.9						×
		3호 94.03.18	21	118.0						○
		4호 97.07.25	24	118.0						○
가고시마현 규슈전력	센다이	1호 84.07.04	11	89.0	2016년	가설대응	상동	2014년 초	상동	○
		2호 85.11.28	12	89.0						○
후쿠이현 일본원자력	쓰루가	2호 87.07.25	14	116.0	검토중	완료	미정	미정	활단층 인정	×

자료: 언론 및 관련기관 웹사이트 자료에 근거하여 필자 작성

VI. 결론

2012년 12월 16일에 실시된 중의원선거에서도 원전정책은 디플레 정책, TPP, 사회보장 등과 함께 중요한 선거논점 중의 하나였으며 탈원전을 전면에 내걸고 선거전에 임하는 정당들도 출현했다. 그러나 선거 결과만을 놓고 보면 정당 간의 원전정책의 차이가 선거에 미친 영향은 한정적이었다. 대부분의 국민들은 원전재가동에 반대하나 선거 결과는 탈원전에 신중한 입장을 표명한 자민당의 압승이었다.

그 요인으로서 과거 최저인 투표율(59.3%)과 야당표의 분열을 들 수 있다. 일반적으로 안정된 고정표를 가지고 있는 자민당은 투표율이 낮아지면 낮아질수록 승리하기 쉽다고 말하여진다. 또한 야당표가 분열됨에 따라 자민당은 대패를 맛보았던 2009년의 총선거 득표수보다 적은 득표수를 획득했음에도 불구하고 대승을 거둘 수 있었다(〈표 8〉 참조).

2012년 총선거의 또 다른 특징은 민주당 지지층이 크게 이탈한 점이다. 즉 민주당 집권 3년간에 대한 국민들의 반발 심리가 선거 결과에 반영된

〈표 7〉 각 정당의 원전정책

민주당	2030년대에 원전가동 제로
자민당	10년 이내에 장래에 걸쳐 지속가능한 전원구성의 '베스트믹스'를 확립
미래당	10년 이내에 완전한 원전 폐로
공명당	가능한 한 신속하게 원전 제로를 목표
유신당	2030년대까지 기존의 원전을 '페이드 아웃(fade out)'
공산당	즉시 원전 제로
민나노당	2020년대 원전 제로
사민당	즉시 원전 제로

자료: 주요 언론 발표 내용 등에 근거하여 필자 작성

〈표 8〉 2009년과 2012년 중의원선거의 주요 정당 득표수 및 의석수 비교

	2009년				2012년			
	소선거구		비례		소선거구		비례	
	득표	의석	득표	의석	득표	의석	득표	의석
자민당	27,301,982	64	18,810,217	55	25,643,309	237	16,624,457	57
민주당	33,475,334	221	29,844,799	87	13,598,773	27	9,628,653	30
유신당	–	–	–	–	6,942,353	14	12,262,228	40
민나노당	615,244	2	3,005,199	3	2,807,244	4	5,245,586	14

자료: 주요 언론 발표 내용 등에 근거하여 필자 작성

점만큼은 분명하며 그 배경으로 원전사고에 대한 민주당 정권의 미숙한 대응과 그 후의 일련의 과정을 통해서 동 정권의 위기관리 능력 부재와 중요 정책 입안 능력의 결여가 크게 부각된 점을 들 수 있을 것이다.

후쿠시마 원전사고가 민주당의 책임일 수는 없다. 이는 원전 안전 신화에 매몰되어 원전 안전 문제를 등한시해 왔던 역대정권의 책임이 더 크다고 말할 수 있다. 그러나 민주당은 원전사고라는 돌발변수에 제대로 대응하지 못하고 허둥대고 당황하는 모습을 노정하여 국민들의 신뢰를 잃었다. 그 후에도 일본의 원전 방침을 둘러싸고 일관되지 못하고 오락가락하는 모습으로 국민들의 불신을 더욱 키우는 결과를 초래하였다.

국가의 에너지 전략은 중장기적 관점에서 미래를 내다보는 치밀한 계획이 필요하다는 것은 말할 필요조차 없을 것이다. 그러나 민주당 정권이 최종적으로 결정한 '2030년대 원전제로' 방침 또한 국민생활과 산업 기반에 큰 영향을 미치는 에너지정책을 선거대책이라는 눈앞의 정치적 이익을 우선하여 내린 결정이었다. 따라서 그 내용은 모순투성이였으며, 상술한 바와 같이 국내 경제계의 거센 반발과 일본 원전정책과 이해관계가 얽혀 있는 미국, 영국, 프랑스 등의 반대에 부딪혀, 결국 민주당은 '2030년대 원전제로' 방침을 각의결정하지 못한 채 2012년 12월의 총선거를 통해 정권교체가 되

었다.

일반적으로 정당의 최대이자 기본 목적은 정권의 획득과 유지에 있다는 것이 정설이다. 3.11 이후의 원전정책과 관련한 민주당 정권의 오락가락 행보는 동 정권에 대한 민심이반을 가속화시키는 촉매제로서 기능했으며 결국 자민당의 정권복귀를 돕는 주요 요인이 되었다는 점에서 민주당의 원전 관련 정책은 '대실패'라고 딱 잘라 평가할 수 있다.

그러나 한편으론 긍정적인 부분도 존재한다. 과거에도 일본에는 크고 작은 원전 관련 사고가 끊이질 않았다. 그러나 일본의 역대 정권들은 원전 안전 신화와 친환경 녹색 에너지라는 원전의 긍정적인 부분에만 매몰되어 있었기에, 원전 추진 이외의 선택지가 정부 차원에서 논의된 적은 거의 없었다. 일본의 원전정책은 일본 정부 및 원자력산업과 이해관계가 얽혀 있는 전력회사들의 독점적 사항이었다. 비록 원전사고라는 돌발 변수가 있기는 했으나, 정부 차원에서 탈원전 방침을 전면적으로 내세운 것은 민주당 정권이 처음이었다. 이는 원전 이용 가부를 포함하여 향후 바람직한 원전정책을 둘러싼 국민적 논의를 더욱 심화시키는 계기가 되었다는 점에서 나름대로의 의의가 있을 것이다.

▮ 참고문헌 ▮

가미누마 가쓰타다(神沼克伊) 외. 김태호 역. 2010. 『지진과 화산의 궁금증 100가지』.
　　푸른길.

李炫雄. 2007. "佐藤政権期における『非核三原則』の実相." 『筑波法政』第32号, 33-55.
　　_____. 2013. 『原子力をめぐる「日米協力」の形成と定着 1953-1958』. 龍渓書舎.
今村雅人. 2012. 『新エネルギーと省エネの動向がよくわかる本』. 秀和システム.
齋藤勝裕. 2010. 『知っておきたいエネルギーの基礎知識』. ソフトバンククリエイテ
　　ィブ.
全鎮浩. 2001. "日米交渉における政策決定過程: 「日米原子力協力協定」の改定をめぐる
　　日米交渉の政治過程." 東京大学博士学位請求論文.
東京電力福島原子力原発所事故調査委員会. 2012. 『国会事故調 報告書』. 徳間書店.
福島原発事故独立検証委員会. 2012. 『福島原発事故独立検証委員会 調査・検証報告書』.
　　ディスカバー21.

経済産業省. 2009. 「新成長戦略(基本方針) について」(http://www.kantei.go.jp/jp/
　　kakugikettei/2009/1230sinseichousenryaku.pdf).
　　_____. 2007. 「エネルギー基本政策」(http://www.enecho.meti.go.jp/topics/kihon
　　keikaku/keikaku.pdf).
　　_____. 2010. 「エネルギー基本政策」(http://www.meti.go.jp/committee/summary/
　　0004657/energy.pdf).
国家戦略室. 2012. 「エネルギー環境に関する選択肢」(http://www.cas.go.jp/jp/seisa
　　ku/npu/policy09/pdf/20120629/20120629_1.pdf).
　　_____. 2012.9.14. 「革新的エネルギー環境戦略」(http://www.cas.go.jp/jp/seisaku/
　　npu/policy09/pdf/20120914/20120914_1.pdf).
資源エネルギー庁. 2011. 「再生可能エネルギーの固定価格買収制度について」(http://
　　www.enecho.meti.go.jp/saiene/kaitori/2011kaitori_gaiyo2.pdf).
　　_____. 2011. 「わかる新エネ」(http://www.enecho.meti.go.jp/energy/newenergy/

wakaru.pdf).

_____. 2010. 「日本のエネルギー2010」(http://www.enecho.meti.go.jp/topics/energy-in-japan/energy2010.pdf).

原子力規制委員会. 2013.7. 「実用発電用原子炉に係る新規制基準について―概要―」(http://www.nsr.go.jp/committee/kisei/data/0013_08.pdf).

原子力防災会議. 2012.10. 「原子力防災会議の概要について」(http://www.kantei.go.jp/jp/singi/genshiryoku_bousai/dai01/sankou03.pdf).

エネルギー環境調査会. 2012. 「原発ゼロ社会を目指して―国民とともに、大胆かつ現実的な改革を進める」(http://www.y-kawana.jp/gt/120906_eneteigenn.pdf).

警察庁. 2013.8.9. 「東日本大震災について被害状況と警察措置」(http://www.npa.go.jp/archive/keibi/biki/higaijokyo.pdf).

復興庁. 2013.8.22. 「全国の避難者等の数」(http://www.reconstruction.go.jp/topics/main-cat2/sub-cat2-1/20130822_hinansha.pdf).

首相官邸. 2012.9. 「今後のエネルギー・環境政策について」(http://www.kantei.go.jp/jp/topics/2012/pdf/20120919kakugikettei.pdf).

『国会会議録検察システム』(http:kokkai.ndl.go.jp).

『新潟日報』.

『朝日新聞』.

『読売新聞』.

『毎日新聞』.

제**8**장

민주당 정권의 중앙과 지방의 관계:
지역주권 개혁

양기호

I. 머리말: 지방분권에서 지역주권으로

　일본 민주당 정권이 가장 큰 관심을 보였던 주요 정책 가운데 하나를 든다면 지역주권 개혁일 것이다. 일본 민주당은 2009년 7월 총선거를 앞두고 발표한 매니페스토에서 "지방분권에서 지역주권"으로 라는 캐치프레이즈를 내걸면서 대대적인 중앙-지방 간 관계의 개혁을 선언하였다. 집권 후 일본 민주당의 하토야마 유키오(鳩山由紀夫) 내각은 첫 회의에서 기본방침을 천명하였다. 일본 민주당 정권의 두 가지 기본전략은 '국민주권'과 '지역주권'의 실현이었다. 그만큼 지역주권은 전후 첫 수평적 정권교체를 이룬 일본 민주당의 핵심적인 정책기둥이었다.

　일본 민주당은 지역주권 개혁을 통하여 자립원칙에 따른 지역활력 강화, 가중되는 복지재정의 공동분담, 우애정신에 기반한 일본형 공동체의 재생을 추구하였다. 일본 민주당은 집권 후 불과 2개월 뒤인 2009년 11월 내각부에

지역주권전략회의를 설치하였고, 이듬해인 2010년 6월 지역주권전략대강
(地域主權戰略大綱)을 결정하였다.

지역주권은 정책현장에서 지역주민과 가장 가까운 기초지자체를 정책의
주요주체로 삼고, 중앙-지방 간 관계를 재정립하고자 한 것이었다. 그것은
1990년대 이래 지속되어온 자민당 정권의 지방분권 개혁을 뛰어넘어 지역
주권으로 한걸음 더 나아가는 것이었다. 도도부현(都道府県) 중심 지방분권
에서 시정촌(市町村) 중심 지역주권으로, 적극적인 재정분권과 대등한 중앙-
지방 간 파트너십 구축으로, 지방분권에서 지역공동체 재생과 주민자치 활
성화로 나아가고자 하였다.

2000년대 이후 일본의 지방분권은 글로벌 금융위기 등 세계화 대응에 실
패한 중앙정부의 위기, 소자화와 고령화현상으로 인한 국가활력의 저하, 지
방정부의 행재정 위기 극복의 과제라는 관심 속에서 새로운 대안으로 주목
받았다. 일본의 지방분권은 지자체에서 대안을 발견하고 활력을 창출하고
자, 중앙과 지방권력의 기능과 역할을 재배분하고, 재정위기 극복과 지역민
주주의 재발견을 통하여 국가체제의 구조전환을 모색해가는 과정이기도 하
였다. 실제로 일본 지방정부는 행정활동의 60% 이상을 담당하고 있으며,
OECD 국가 가운데 이만큼 지방행정 비중이 큰 나라는 캐나다 정도에 지나
지 않는다.

일본의 지방자치는 1947년 미군정이 전후개혁을 통하여 중앙집권의 상징
이었던 내무성을 해체하고, 단체장과 지방의원의 직접선거 등, 자치권을 강
화한 지방자치법을 제정한 지 무려 65년을 훌쩍 넘어섰다. 1945년 이후 전
후개혁과 아울러 시작된 영미식 주민자치의 도입, 1950년대 역코스[1]로 인
한 자치권 후퇴, 1960년대 주민운동과 혁신자치체의 발전, 1970년대 지방의
시대론과 시빌 미니멈(Civil Minimum)의 확산, 1980년대 지역개발과 행정

1) 역코스는 1951년 일본독립 후 1950년대에 걸쳐서 평화헌법 개정을 위한 헌법조사회설
치, 자위대 발족과 파괴활동방지법 제정, 독점금지법 완화, 신경찰법 제정, 교육위원
선거제에서 임명제로 전환, 교육공무원 정치참가 금지 등으로 미군의 전후개혁을 부정
하고 과거로 복귀하려는 우경화 현상을 상징하는 용어이다.

정보 공개, 원자력발전 반대운동, 1990년대 고베대지진 이후 자원봉사운동
과 NPO 법제정, 지방분권론 대안모색, 도주제논의 본격화, 2000년대 기관
위임사무 폐지 등 지방분권 입법, 지방재정 위기를 극복하기 위한 삼위일체
개혁과 헤이세이(平成) 대합병으로 불리는 시정촌합병, 2010년대 일본 민주
당의 집권 이후 지역주권의 추진으로, 일본의 지방자치는 다양한 과정을 거
치면서 발전을 거듭해 왔다.

　일본의 지방재정은 선진국 가운데 지방세수입 비중은 중간 정도이며, 세
출면에서 지방비중이 크다는 특징을 지니고 있다. 2012년도 지방재정 수입
액과 내역을 보면 일본의 국세와 지방세를 합친 내국세 수입 총 97.5조 엔
가운데 자주재원인 지방세 비중은 35.2%에 달한다. 이것은 영국의 총 세수
1,407억 파운드 가운데 16.8%, 프랑스 1,666억 프랑 총 세수 가운데 48.3%
의 비중과 비교하면, 프랑스보다 낮지만, 영국보다 2배 이상 높은 편이다(総
務省 2008). 〈표 1〉을 보면 알 수 있듯이, 일본 지방정부의 예산비중은 중
앙정부에 비하여 결코 작지 않다. 독일을 제외하면 영국의 0.31, 프랑스의
0.46, 미국의 0.87보다 더 높은 0.95로 지출규모가 거의 중앙정부의 예산에
육박하고 있음을 알 수 있다.

〈표 1〉 중앙 vs 지방 간 예산비중(중앙정부 1 기준시)[2]

	중앙정부	지방정부
영국	1	0.31
프랑스	1	0.46
미국	1	0.87
독일	1	1.44
일본	1	0.95

2) OECD, *National Accounts*, OECD.

1980년대 이후 전 세계 75개국 가운데 12개 국가를 제외한 63개 국가가 지방이양을 추진해왔을 정도로 지방분권은 중요한 화두였다. 한국과 일본은 대표적인 경우라 할 수 있으며, 특히 일본의 지방분권은 1990년대 이후 상당한 개혁성과를 거두었다. 지방분권이 성공한 배경으로 단체장을 경험한 정치가들이 중앙무대에 진출하여 적극적으로 지방분권을 추진해 온 점, 학자와 지식인들이 1993년 민간정치임조(民間政治臨調)를 만들어 지방분권안을 제시해 온 점, 규제완화와 지역경제 활성화에 관심을 지닌 재계, 오랫동안 지방분권을 요구해 온 지방단체장과 지방의회협의회, 매스컴의 관심과 지지가 있었다.

2000년 4월부터 지방분권추진일괄법이 시행되고 470여 개에 이르는 법률이 개정되었다. 중앙과 지방 간 관계는 대등 관계임을 전제로, 기관위임사무는 폐지되고 법정수탁사무로 바뀌어, 중앙-지방 간 계약에 따라 중앙정부가 지방정부에 위탁한 사무로 명기되었다. 명실공히 지방분권의 시대가 도래하여 메이지유신, 전후개혁에 이은 제3의 유신이라 일컬어질 정도였다. 법정수탁사무의 처리와 재원을 둘러싼 중앙과 지방정부 간 갈등은 1차적으로 분쟁조정위원회에서, 최종적으로는 고등법원에서 다루어지게 되었다.

지방분권의 진전과 함께 지방정부와 지방의회의 역할 증대에 관한 논의가 활성화되었다. 2000년 이후 지방분권 개혁으로 일본지자체와 지방의회의 권한은 상당 부분 확대되었다. 당시까지 일본 중앙정부가 지자체를 통하여 관리하는 기관위임사무는 4~8할을 넘어서서 지방의회는 기관위임사무에 관여할 수 없었고, 권한도 제한되어 있었다. 지방행정과 정치영역에서 지속적으로 추진되어 온 일본의 지방분권 개혁으로, 기관위임사무는 폐지되고 법정수탁사무로 바뀌었으며, 지방의회의 역할은 증대되어 지방자치는 획기적으로 진전되었다.

그러나 지방분권의 한계와 문제점은 여전히 남아 있었다. 우선 지방분권 법안이 단체자치에 치중한 나머지 주민참가에 대한 논의가 별로 다루어지지 않았고, 보조금통합이나 지방정부의 재원확충 대안이 거의 마련되지 못했다. 기관위임사무 폐지에 집착한 나머지, 권한이양이나 사무재배분의 구체적인 작업은 연기되었다. 원래 지방분권의 목표가 수도권 집중완화였음에도 불구하고 이렇다 할 논의나 결론이 정리되지 못했다. 지방분권이 도도부현 (都道府県)에 초점을 맞춘 문제점도 남아 있었다. 도도부현은 근본적으로 국가 대행기관의 성격이 짙고, 2012년 7월 현재 관료출신 지사가 7할에 달하며, 주요 국장과 과장 등 요직이 중앙정부 출신인 점을 감안하면, 도도부현으로 권한을 이양해도 간접적인 인사통제가 남게 된다는 지적이 높았다.

일본형 중앙집권 체제는 중앙-지방 간 관계의 주요 한계점을 노정하고 있었다. 첫째, 일본의 수도권 집중 심화로 수도권-지방 간 격차가 확대되었다. 1960년대 이후 추진되어온 국토균형 발전정책은 이렇다 할 성과를 거두지 못했다. 고이즈미 준이치로(小泉純一郎) 정권은 도심재개발과 규제완화를 통하여 도쿄(東京) 등 대도시권의 경쟁력 강화에 치중하였고, 수도권 인구가 더욱 증가하였다.

1980년~2005년의 25년간 주요 선진국별로 수도권 인구집중도를 비교해보면, 런던은 13.8%에서 14.3%로 약간 증가, 파리는 16.5%에서 16.2%로 미세한 감소를 보였다. 서울도 21.7%에서 20.2%로 감소세를 보인 반면, 도쿄는 24.4%에서 27.5%로 3.1%나 높아져 상대적으로 증가율이 높았다. 이러한 경향은 2010년까지 지속되면서 일본의 수도권인구는 3,561만 명으로 전년 대비 1.5%늘어난 27.8%에 달했다.

경제의 소프트화, 서비스화, 정보화 등 산업구조의 변화로 제3차산업 비중이 높은 도쿄, 오사카위주로 경제가 활성화되거나 대도시 집중현상이 가속화되었다. 반면, 과소지역의 지자체는 지방세수입이 줄면서 지방교부세와 지방채 의존도가 높아졌다. 1인당 주민소득에서도 수도권과 지방 간 소득격차가 확대되었다(김은경 2009.12). 2008년 말 통계를 살펴보면, 도쿄도(東京都) 415만 엔에 비하여 고치현(高知県)과 오키나와현(沖縄県)은 204만 엔대로 절반 이하에 머무르고 있는 실정이다.[3]

---

3) 일본경제뱅크 데이터(http://www.keizai-bank.com/ranking/todofuken-1atari-kensyo. html).

둘째, 일본 지방정부가 전체적으로 심각한 재정위기에서 벗어나지 못하였다. 지방재정이 악화된 이유로 1990년대 거품경제 붕괴 후 중앙정부가 경기회복을 위하여 공공사업을 확대한 점, 이 과정에서 국고지원 사업에 지방부담분이 증가한 점, 경기부진으로 지방세수가 줄어들면서 지방채무가 빠른 속도로 늘어난 점을 들 수 있다. 부유한 지자체와 가난한 지자체 간 재정 격차도 확대일로에 있다. 2008년부터 시작된 글로벌 금융위기 이후 지방세 수입이 줄어들면서 지방재정은 심각한 수준이다. 2012년도 지방재정 규모는 97.5조 엔 규모에 달하였으나, 지방채 현재 잔고는 무려 142.1조 엔으로, 지방채 의존도 13.3%로 높아져 세입구조가 악화되었다.[4]

셋째, 지방선거에서 연합공천[5]의 일상화, 또는 정당정치의 부재가 사라지지 않고 있다는 것이다. 지방선거나 지방정치에 대한 관심이 낮아지면서 지역수준의 정당정치와 주민자치가 제대로 활성화되지 못한 채, 지역공동체가 붕괴가 서서히 진행되고 있었다. 보수적인 일본의 지방조직인 쵸나이카이(町内会)가 지역주민의 생활세계를 곳곳에서 통제하고 있는 현실도 부정할 수 없다. 풀뿌리 민주주의는 일본사회의 건전한 민주주의를 담보하는 중요한 하부토대이며, 세계적인 사례를 들더라도 지방자치의 기반이 튼튼하지 않고서 국가가 부강해진 경우를 찾아보기 힘들다. 주민자치가 생활화된 유럽각국이 오히려 글로벌 경쟁력을 높여가고 있는 것은 중요한 시사점을 던지고 있었다.

이러한 문제점은 2000년대 일본 지방분권의 성과에도 불구하고 분권개혁이 일정한 한계에 직면하고 있다는 점을 말해주는 것이었다. 제도 도입에서 실질적인 행재정 분권의 정착, 지방재정의 충실과 정부간 파트너십 구축,

지역공동체 재생을 통한 지역주권으로 변화와 개혁이 요구되고 있었다. 그것은 전후체제에서 벗어나지 못한 자민당형 지방분권의 한계를 뛰어넘어, 새로운 대안으로서 지역주권을 모색하는 것이었다. 일본 민주당은 지방분권보다 한차원 높은 지역주권을 지향하면서 중앙-지방 간 기존의 시스템을 완전히 바꾸고자 하였다.

II. 일본 민주당의 지역주권 개혁[6]

일본 민주당은 정책공약집인 매니페스토(Manifesto)를 통하여 지방자치의 구조를 새롭게 바꾸고자 하였다. 민주당이 제시한 매니페스토는 지역주권 개혁을 제시하고 있으며, 장단기적인 시각에서 일본 지방자치의 조망을 가능케 하고 있다. 일본 민주당은 「민주당 정책집 INDEX 2009」에서 분권개혁 항목을 정하여 지역주권의 확립, 보조금폐지와 일괄교부금, 새로운 지방재정 제도의 확립, 중앙-지방 간 정례적인 협의회 설치, 주민투표와 민의 수렴, 주민 거버넌스, 지방의 재생과 커뮤니티 강화 등을 중점 정책으로 제시하였다. 이를 크게 나누면, 1) 지역주권의 확립, 2) 지방재정제도 개선, 3) 주민자치 도입, 4) 지방의 재생으로 나눌 수 있다. 「민주당 정책집 INDEX 2009」의 내용을 분석하면서, 구체적인 지역주권의 정책프로그램을 살펴보기로 한다.[7]

---

6) 양기호(2010; 2011)를 참조할 것.
7) 民主党(2009)을 참조할 것.

1. 지역주권의 확립

기초단체를 중시하면서 분권개혁을 추진하여 지역주권 국가를 확립한다. 기초단체 우선을 원칙으로 기초단체, 광역단체, 중앙정부 간 보완성의 원칙에 근거하여 개혁을 추진한다. 규모나 능력에 따라 생활관련 서비스를 비롯하여 대응가능한 모든 사무사업의 권한과 재원을 중앙정부나 광역단체에서 기초단체로 대폭 이양하기로 한다. 예를 들면, 인구 30만 명 정도의 기초단체에게 현재 정령지정도시(政令指定都市: 한국의 광역시에 해당함)와 비슷한 정도의 권한을 부여한다. 지방정부의 자주성과 다양성을 존중하면서 권한을 이양해가고, 기초단체의 규모와 능력을 확대해가기로 한다.

중앙정부의 역할은 외교, 방위, 위기관리, 치안, 식료와 에너지를 포함한 종합적인 안전보장, 교육과 사회보장, 통화관리, 시장경제 확립, 국가단위 대규모 프로젝트 등에 한정하기로 한다. 그 결과 국회의원이나 국가공무원도 국가업무에 전념할 수 있게 된다. 중앙정부의 지방출장소는 원칙적으로 폐지하고, 도도부현이나 지방도시에서 업무를 담당하기로 한다.

광역단체는 당분간 현행의 도도부현 체제를 유지하고 점차적으로 도도부현에서 시정촌으로 권한을 이양해가기로 한다. 도도부현의 역할은 산업진흥, 재해대응, 하천관리, 기초단체와 업무조정 등에 한정한다. 도도부현을 보다 효율적으로 운영하기 위하여 광역연합이나 도주제 도입도 검토하되, 지역의 자주적인 판단을 존중하기로 한다. 장기적으로는 기초단체를 중시한 지역주권 국가를 지향하고자 한다.

2. 지방재정재도 개선

지방정부간 재정격차가 확대되고 있으며, 재원부족과 지방채의존 현상이 두드러지고 있다. 이를 극복하기 위하여 새로운 재정조정, 재원보장제를 창설할 필요가 있다. 자민당 정부가 2004~2007년간 삼위일체 개혁으로 5.1조 엔의 지방교부세와 임시재정 대책비를 삭감하여 지자체 간 격차가 확대되고 재정운영이 어려워지고 있다. 글로벌 금융위기 이후 지방재정은 더 한층 핍박해지고 있는 현실이다. 지자체 간 격차를 시정하고 지방재정을 충실하게 하기 위하여, 지방교부세와 일괄교부금을 통합하여 재정조정과 재원보장이 현행보다 더 강화된 새로운 제도를 창설해갈 필요가 있다.

지방정부를 대상으로 한 보조금은 중앙관료가 지방을 통제하는 수단이자 여러 가지 이권의 온상이 되고 있다. 이들 보조금을 폐지하고 기본적으로 지자체가 자유로이 사용할 수 있는 일괄보조금으로 개선해갈 필요가 있다. 진정한 지방자치를 실현하기 위해서는 조건부 보조금을 폐지해야 하며, 이를 위해 법률을 제정하기로 한다. 일괄보조금 가운데 현재의 의무교육이나 사회보장비는 필요재원을 확보하고 공공사업에 관한 보조금만 격차시정의 관점에서 재정력이 약한 지방정부에 배분하기로 한다.

중앙정부가 직할운영하는 사업을 지원하는 지방부담금 제도는 지방재정 상황이나 사업의 필요성과 상관없이, 중앙정부가 지방에 일방적으로 부담을 요구하면서 지방정부의 비판이 높아지고 있다. 지방부담금 제도를 폐지하되, 지방재원을 확보하는 방안을 강구하고 재정재량권을 높여가기로 한다. 또한, 지자체가 주민수요에 대응한 행정서비스를 전개할 수 있도록, 중앙정부가 법령으로 지방을 속박하고 있는 실태를 개선해가기로 한다. 이에 따라 지역주민의 시점을 중시한 사무사업의 기준을 정할 수 있을 것이다.

3. 주민자치 도입

중앙과 지방이 상호 협의하도록 법제화하고 지방의 목소리, 현장의 목소리를 청취하면서 중앙과 지방의 역할을 재고할 수 있도록 지방분권을 실천해간다. 중앙과 지방 간 관계를 상하관계, 주종관계에서 대등, 협력의 관계로 바꾸어간다. 주민투표를 지역의 의사결정에 적극적으로 도입하기 위하여 주민투표법을 제정한다. 주민투표는 주민의사를 확인하는 매우 중요한 수단이며, 적절하게 이용하면 대의민주제를 보완하고 주민의사를 정치에 반영시키는 중요한 수단이 된다.

　지역의 일을 지역에서 결정하고 지역주권을 확립하기 위하여 획일적으로 법률로 구속하는 시스템을 개선하고, 단체장 대신 시티매니저(City Manager) 제도의 도입, 지방의원 정수나 임기 변경 등, 지방이 독자적으로 판단하여 지자체나 지방의회 제도를 개선할 수 있도록 지원한다. 또한, 지방정부의 재정건전성을 강화하기 위하여, 감사위원 가운데 일정비율 위원을 변호사, 공인회계사, 세무사 가운데 임명하고 감사위원제나 외부감사 제도를 충실하게 보완해가도록 한다. 2007년 국회에서 성립한 지방재정건전화법에 의하여 재정상황이 열악한 지방정부는 재정건전화계획 등을 의무적으로 책정하게 되어 있다. 입찰담합이나 부적절한 회계처리로 인한 지방재정의 파탄을 사전에 예방하고, 지방재정에 대한 지역주민의 신뢰를 높여가기로 한다.

4. 지방의 재생

　자민당과 공명당의 연립정권은 지방재정 규모를 단기간에 줄여버린 탓에, 지방의 경기악화에 적절히 대처하지 못하고, 지역경제가 급속도로 악화되었다. 경기후퇴로 인한 지역경제의 위기적인 상황은 극복되지 못하고 있다. 지방정부의 자유재량적인 재정운영을 가능토록 지원하고, 농림수산업과 중소기업 재생, 지역안전망의 재구축, 고속도로 무료화 등으로 생활비용을 줄이고, 과소지역을 활성화시켜 지역생활을 안정시켜 나간다.

　민주당의 지방재생을 위한 주요공약으로 농업소득 보상제도 도입, 축산업과 낙농업을 대상으로 소득보상 제도 확립, 자원관리와 어업소득 보상제도 창설, 어촌활성화, 농산어촌의 6차산업화, 중소기업의 헌장 제정, 지역산업과 고용을 보장하는 중소기업 세제지원 활성화, 지역의료기관 유지, 고속도로 무료화 등을 추진하기로 한다.

　또한, 지역 커뮤니티 재생을 위하여 주민이 단지 공공서비스의 수혜자가 아닌 제공자 내지 입안자로서 지방자치에 참가하도록 제도를 개선해 간다. 특히 고령자주택 건립이나 지역주민 상호간 봉사활동을 지원하고, 비영리단체(NPO)가 지역 커뮤니티의 주도적인 활동주체가 되도록 세제개혁 등을 통하여 시민단체의 재정기반을 강화해 가기로 한다.

일본 민주당이 추진했던 지역주권 개혁을 요약하자면 "지방정부가 자율적인 종합행정을 할 수 있도록 하고, 지역주민이 스스로 판단하고 책임을 지면서 다양한 문제에 대응하게끔 지방자치의 정책환경을 개혁하는 것"으로 정리할 수 있다. 중앙정부와 지방정부가 대등한 파트너라는 것을 전제로 하여, 지역의 자주적인 판단을 존중하면서 중앙과 지방이 협력하여 바람직한 정부간 관계를 만들어간다는 것이었다. 보완성의 원칙에 따라 지역주민에 관련된 업무는 대부분 기초단체에 위임하고자 하였다. 장기적으로는 지방자치법을 전면적으로 개정하여, 지자체 조직운영, 지방의회 정수자유화, 직접청구제 강화를 추진하였다.

당시 야당인 공명당도 지역주권 개혁추진을 중점시책으로 선정하였다. 공명당은 2009년 총선 매니페스토에서 중앙-지방 간 협의체 설치나 지방에 대한 권한이양 등, 자립가능한 지자체를 지원하고, 주민본위 지방분권과 지역주권 개혁을 주장해 왔다. 중앙정부의 지방기관 설치를 폐지하거나 축소하고, 지방에 대한 재원이양 등을 주장하였다. 광역권구상을 포함하여, 공명당은 지역주권 개혁에 적극적으로 호응하는 자세를 보였다.

2009년 12월 지역주권 전략회의에서, 중앙정부가 법령으로 지자체업무를 구속하는 의무조항을 개선하는 등, 지방분권개혁 추진계획안을 결정하였다. 국고보조금을 일괄교부금으로 바꾸고, 중앙정부의 출장소를 폐지하는 등, 앞으로의 지방분권개혁 로드맵도 승인하였다. 지역주권 전략회의는 총무대신, 지방단체장 등이 참가한 13명으로 구성되었는 바, 민주당 정권의 지역주권에 대한 커다란 관심을 상징하고 있었다(주요사항의 추진과정에 대하여서는 〈표 2〉를 참조할 것).

2010년 6월에 나온 지역주권 전략대강에 따르면, 지역주권 구상을 종합적이고 계획적으로 추진하고자 필요한 법률과 제도를 만들고, 2~3년간 추진

〈표 2〉 일본 민주당의 지역주권 추진 계획

세부목표(세부과제)			추진 일정	비고
절차법적 과제	지역주권 전략회의	설치	2009년 이내	2009.11 완료
		활동	지역주권 전략대강	2010년 이내	2010.06 완료
		지역주권 추진대강	2012.11	완료
	중앙-지방 간 협의체 설립		2010년	2011.4 완료
실체법적 과제	규제완화와 조례제정권 확대	1차 일괄법안	2010.3 발의	2011.4 완료
		2차 일괄법안	2011.3 발의	내각 제출
		향후 일괄법안	계속 추진	
	시정촌으로 권한이양	1차일괄법	2011.3 발의	내각 제출
		향후 일괄법안	계속 추진	
	특별지방행정기관 폐지	기본방식 결정	2010.6	완료
		행동계획	2010.6	2010.12 완료
		관련 법안정리	2011.12	
		폐지 완료	2014.12	
	보조금 일괄교부화	기본방식 결정	2010.6	완료
		관련법안 정리	2010.12	완료
		지역자주전략 교부금 창설	2011.4	완료
		일괄교부금 실시	2014~2016.12	
	지방세원 확충	교부세 증액	2010.3	1.1조 엔 증액
		일반 재원	계속 추진	
	직할사업 부담금 축소	유지관리 부담금	2010.4	폐지
		부담금	추진	2013.12 폐지
	지방정부 기본법 제정		추진	
	지방정부 간 연계와 도주제		추진	
	녹색 지방분권 추진		추진	

출처: 김순은(2011), 88 재인용

계획을 실행할 필요가 있다고 적고 있다. 총리를 의장으로 하는 지역주권 전략회의를 중심으로 정치주도로 개혁을 실천하되, 중앙과 지방이 협의할 수 있는 자리를 마련하여 제도와 정책을 개선해 가기로 한다. 이를 위하여 지자체 의무와 부담분 축소, 조례제정권의 확대, 기초단체에 권한이양, 중앙 정부의 지방사무소 폐지, 조건부 보조금을 일괄교부금으로 개선, 지방세재원의 충실, 직할사업 부담금의 폐지, 지방자치법을 전면 개정한 지방정부 기본법 제정, 도주제와 분권개혁의 추진 등을 들고 있다.[8]

　2011년 4월 지역주권을 추진하기 위한 주요 3개 법률이 국회를 통과하였는데, 주요 내용은 다음과 같다. 첫째, 중앙과 지방 간 협의체 구성 설치법으로, 이것은 전국지사회를 비롯하여 지방정부가 강하게 요구한 것이었다. 지방에 영향을 미치는 국가 시책에 대하여, 전국지사회 등 지방 6단체와 중앙성청이 대화하는 기구를 말한다. 둘째, 중앙정부가 지방업무를 법률로 규제하는 의무조항을 완화하는 일괄개정법이다. 이에 따라 공영주택의 정비 기준이나 아동복지 시설의 설치 기준 등을 지방조례로 위임할 수 있게 되었다. 몇 개 분야에서 지역실정에 맞춘 행정이 가능해진 것이다. 셋째, 지방의회 정수의 상한제 철폐나 행정기관의 공동설치 등을 포함한 개정 지방자치법이다. 이에 따라 지자체의 조직과 운영 자율성이 늘어나서 지방정부의 자율성이 강화되었다.

　일본 민주당은 2010년 지방예산을 82.9조 엔으로 하고, 지방교부세 16.9조 엔, 투자성경비 13.8조 엔을 책정하였다. 일본의 지방재정 위기는 매우 심각한 상태로 저출산 고령화로 인하여 지역마다 활기를 잃어가고 있는 곳도 적지 않았다. 고이즈미(小泉純一郎) 개혁으로 지방재정이 감축되면서 2000~2007년간 지방교부세가 6조 엔 이상 삭감되었다. 이에 따라 지역격차, 빈부격차가 확대되면서 과소지역이나 재정이 열악한 일본지자체는 복지재원 삭감, 예산감축으로 몸살을 앓았다. 지방 공공건설 보류, 지방공무원 채용 중지, 예산 일괄 감축 등으로 대응하였지만 역부족이었다. 2010년 일본 민주

---

8) 高木健二(2009.11)을 참고.

당 정권이 지방교부세를 1.1조 엔 증액시킨 것은 어려운 지방재정을 개선하는 데 도움이 되었다.

하토야마 전 총리가 오키나와 미군기지 문제로 물러난 뒤에도, 2010년 6월 새로 선출된 간 나오토(菅直人) 총리는 지역주권을 구체적으로 실천하도록 강조하였다. 대표적인 사례로 2011년부터 도입되는 일괄교부금제를 통하여 최대한 가용재원을 지방에 이양하도록 요청한 바 있다. 그러나 2011년도 예산안을 살펴보면, 투자보조금 3.3조 엔 가운데 일괄교부금화가 가능한 재원은 단지 약 28억 엔(0.1%)에 불과하여 전혀 엄두조차 내지 못한 것이었다. 국고보조금의 일괄교부금화는 지방재정이 약한 지자체가 복지예산을 충당할 수 없거나, 재정력이 좋은 도시도 교부금을 거의 받을 수 없게 되어 지방교부세와 국고보조금이 맡아 온 지방재정의 자율과 보완기제로서 역할을 더 이상 수행할 수 없다는 문제점이 드러났다.

일본 민주당의 지역주권 전략은 2012년 12월 정권붕괴에 따라 주목할 만한 성과를 내지 못한 채, 중도하차한 결과로 끝났다. 지역주권의 담론과 제도가 마련되기 전 발생한 3.11 동일본대지진으로 복구부흥을 위한 중앙정부의 역할과 기능에 관심이 집중되면서 지속적으로 추진되지 못했다. 도호쿠(東北)지방 복구과정에서 모색되었던 지역주권 패러다임의 구축은 예산분배와 토건사업에 관심이 집중되면서, 지역 커뮤니티의 재생이 제대로 이루어지지 못했다. 일본 내각부 지역주권 전략실에서 지속적으로 전담업무를 추진하였지만, 지역주권 구상은 3.11 동일본대지진의 여파, 총리 교체에 따른 일관된 지역주권의 추진 미흡, 3년 만에 막을 내린 민주당 정권의 한계로 인하여 보다 구체적인 액션플랜으로 나아가지 못했다. 2012년 12월 민주당이 물러나고 자민당으로 정권이 교체되면서, 지역주권 개혁은 일본 민주당의 유산이자 앞으로 일본 정치의 과제로 남겨졌다.

III. 지역공동체와 시민연대의 모색

지역주권 개혁은 정경유착과 관료주도를 개혁하여 지방분권과 시민연대를 강화해가는 것이었다. 동시에 지역주민이 풍요로움을 맛볼 수 있는 국민생활 우선의 정책을 만들어가는 것이었다. 중앙집권에서 벗어나서 지역주민이 주체적으로 행동하고 책임을 지는 지역주권으로의 전환이 민주당 정권의 방향이라고 할 수 있다. 자립과 공생, 연대를 통한 지역주권과 우애사회 실천은 그 최종적인 지향점이 되었다.

창당초기의 일본 민주당은 정책의 인간화, 성찰과 시민, 생태와 평화, 소통과 연대, 분권과 자치 등을 강조하고 있었다. 관료지배 타파와 철저한 시민민주주의, 자민당의 이익정치 척결과 탈물질주의 가치관, 미래에의 책임, 환경문제, 지구온난화 방지, 국익이 아닌 인류전체의 이익, 대외정책에 있어서 시빌리언 파워(Civilian Power), 소프트 파워(Soft Power) 노선의 추구 등이 강조되었다. 1996년, 일본 민주당에 영향을 미친 가나가와 네트워크운동(神奈川ネットワーク運動) 창립자이자 고문인 요코타 가쓰미(横田勝美)가 민주당 창당에 개입, 정책계약을 맺은 것은 매우 중요하다(정상호 2009, 22-27).

사실, 일본 민주당의 사상적 기원은 지역주민과 시민단체가 주도하는 생활정치에서 나온 것이었다. 영어로 라이블리 폴리틱스(lively politics) 내지 생활자정치로 불리우는 생활정치 담론은 1983년 일본 시민정치의 이론가인 시노하라 하지메(篠原一)가 '하이 폴리틱스(high politics),' 즉 나카소네 정권의 신보수주의나 민간기업 활력에 대한 대항개념으로서 '로우 폴리틱스(low politics)'를 제안한 것이었다. 지역주민과 시민단체의 생활자정치는 포스트물질주의에 기반한 주민을 위한 정치이며 민주주의, 자발성, 연대성에 이념적 근거를 두고 있었다(박희숙 2009, 81).[9]

---

9) 한국에서도 야당이나 진보정당에 생활정치 개념이 도입되어 많은 관심을 끌었다.

1992년 제안된 생활자 민주주의는 소유자 민주주의 〉 노동자 민주주의 〉 생활자 민주주의로 발전과정에서 나온 것이며, 혁신자치체 운동까지 거슬러 올라가는 진보적이고 실용적인 정치운동이었다. 인간다운 노동과 생활세계, 생활자시점에서 도시만들기, 경제적 주권확립을 중시하며, 생활협동조합 운동, 생활자 네트워크 구축, 대리인 운동, 시민활동가의 정계 진출 등과 맥락을 같이하고 있었다. 1993년 일본신당은 도쿄도 지방선거에서 '생활자 우선'을 캐치프레이즈로 내세웠다. 실제로 1996년 민주당 1차 모임에서는 생활자정치 이념을 추구해 온 가나가와 네트워크운동이 전면 참여하였고, 2001년 총선거에서 간 나오토 민주당대표는 고이즈미 구조개혁에 대항하는 생활자정치를 주창하였다(박희숙 2009).

지역주권 개혁은 일본헌법 이념하에 주민에 가까운 행정은 지자체가 자주적인 종합행정을 담당할 수 있도록, 지역주민이 스스로의 판단과 책임에 따라 지역과제에 대응하기 위한 개혁이기도 하였다. 지역주민을 대표하는 의회 심의를 통하여, 지방정부의 판단과 책임으로 행정을 집행하여 권한과 책임을 한층 더 높이고자 한 것이었다.[10] 지역주권 개혁에 따르면, 지역과제는 지역주민이 책임을 지고 결정하기 위한 개혁이었다. 즉, 주민에게 가까운 기초단체가 행정의 중심역할을 맡을 수 있도록 하였다. 중앙-지방관계는 보완성의 원칙에 근거하여 양자가 적절하게 역할을 분담하면서, 일본이 직면한 다양한 과제에 대응할 수 있도록, 국가구조를 전환하고자 한 것이었다.

일본 민주당으로 정권교체 이후, 시민참가와 지역공동체의 복원에 대한 높은 관심은 일본 시민운동의 변화를 촉진하였다. 일본 민주당은 '참가, 분권, 자치'의 민주주의 원리에 기초한 '생활자정치', '참가형 정치'를 추진하였다. 본격적인 저출산 고령화 사회에 대비한 사회안전망의 정비, 지구환경에 기여하는 라이프스타일의 변혁, 사람과 자연의 공생을 추진하고 모든 사람들이 안심, 안전, 여유, 풍요로움을 실감할 수 있는 국민생활을 실현한다는 것이었다.

---

10) 지역주권 추진대강. 2012년 11월 30일 각의결정된 것이다.

일본 민주당은 자립과 공생, 연대를 통한 지역주권과 우애사회 실천을 강조하였으며, 이러한 개념군은 '새로운 공공성'으로 요약, 표현되었다. 2010년 하토야마 유키오(鳩山由紀夫) 전(前) 총리는 시정연설 가운데 '새로운 공공성'이라는 용어를 무려 7번이나 사용하였다. 일본 민주당은 2010년 1월 "새로운 공공성을 지향한 시민과 민주당의 정책형성 프로젝트" 회의를 개최하였다. 새로운 공공성 논의는 글로벌 시스템하에서 국가와 사회가 재편성되기 시작하면서 더욱 활성화되었다. 일본 민주당이 정치이념의 기초로서 시민자치와 공공성의 개념을 중시한 것은 매우 주목할 만하다.

총리자문기관인 '새로운 공공성 추진회의(新しい公共推進会議)' 위원장인 가네코 이쿠요(金子郁容) 게이오대학 교수에 따르면, 새로운 공공성은 "공동체의 활력으로 가득찬 사회를 만들기 위한 자발적인 협동의 공간"이다.[11] 이것은 원래부터 일본사회, 지방과 민간에서 뿌리내리고 있었던, 그러나 근대이후 사라져버린 공공성을 현대감각에 어울리게 새로 재편성하여 사람과 지역의 연대감을 만들어가는 것이다. 새로운 공공성의 출발점은 1995년 고베대지진 이후 전국의 시민단체와 자원봉사자가 만들어간 새로운 협동의 공간이라고 할 수 있다. 메이지유신 이래 국민국가 형성과정에서 공공=관이라는 의식이 강해서 중앙정부에 결정권과 재원 등의 자원이 집중되었다.

그렇다 보니 언젠가 본래 있었던 공공의식이 사라지고 인적 연대도 단절되어 갔다. 일본의 고유한 공공성은 지방과 민간에 존재하는 것으로, 그것을 발굴하여 현대적인 의미에서 재편성해가는 것이 새로운 공공성의 목적이다. 이를 위하여 지역주민이 아동교육, 방범과 방재, 의료복지, 소비자보호 등 다양한 분야에서, 직접 당사자로서 제 역할을 가지고 참가해야 한다는 것이다.

일본 민주당은 새로운 공공성의 기반을 지탱하는 제도를 정비하기 위하여 기부금 세액공제를 도입하고, 면세혜택을 늘려서 공익법인 제도를 개선하고, 사회적 기업을 확산시키고자 노력하였다. 특히, 2010년 11월 발족한 새로운 공공성 추진회의가 중심이 되어 정부, 기업, NPO가 공동으로 시민

---

11) 한국시민단체 연수단 방문 시 金子郁容 교수 강연(2010.12.01), 게이오대학.

활동을 육성할 수 있는 제도와 사례를 만들고자 하였다. 동시에 사회공헌, 자원봉사 등의 장점을 포괄하는 사회적기업을 지원하여 사회복지를 증진하고, 지역 공공성을 회복함과 동시에 기업가정신을 육성하고자 하였다.

영국 보수당이 2010년 총선거에서 정책공약으로 제시하였던 '거대사회론 (Big Society)'이나 일본의 지역주권이 동시에 주민자치를 지향하였다는 것은 매우 흥미롭다. 영국의 '거대사회론'은 지역주민과 공동체에 권한을 이양하는 환경을 마련하는 데 목적을 두고 있었다(김순은 2011, 84).[12] 영국은 주민자치를 강화하기 위하여 정부 부처 내에 2010년 시민사회국(Office of Civil Society)을 설치하였을 정도이다. 주요 정책 내용 가운데, 지역공동체로 하여금, 독자적인 계획을 추진하도록 재정을 지원하고, 로컬 네트워크와 리더십을 구축하는 훈련 프로그램 제공, 지역공동체 형성을 위한 차세대 육성 등이 포함되어 있었다.

IV. 광역권 구상과 도주제의 검토

일본 민주당은 애당초 선거공약인 매니페스토에 포함시키지 않았으나, 경제단체의 요청을 받아서 도주제(道州制) 도입에 큰 관심을 가지게 되었다. 지역주권을 실현하기 위해서, 권한과 재원을 중앙에서 지방으로 이양하는 것이 필요하다. 그러자면 지방정부가 그것을 수용할 수 있는 태세가 마련되어야 한다는 것이다. 헤이세이(平成) 대합병으로 시정촌 재편은 추진되

---

12) The Big Society was the flagship policy idea of the 2010 UK Conservative Party general election manifesto. It now forms part of the legislative programme of the Conservative — Liberal Democrat Coalition Agreement. The stated aim is to create a climate that empowers local people and communities, building a "big society" that will take power away from politicians and give it to people.

〈표 3〉 민주당 매니페스토와 정책집의 내용변화

	시정촌합병	도주제	정책강령	
			지역주권	분권국가
2003년 매니페스토 (중의원) 정책집	●	● ●	(분권혁명) ●	
2004년 매니페스토 (참의원) 정책집	● ●	● ●	● ●	
2005년 매니페스토 (참의원) 정책집	● ●	●	● ●	
2007년 매니페스토 (참의원) 정책집	● ●			● ●
2009년 매니페스토 (중의원) 정책집	●	●	● ●	

출처: 小原隆治(2010), 95 재인용

었지만, 아직까지 인구규모가 작은 시정촌이 적지 않은 실정이다. 시정촌의 최적 인구규모는 기존연구에 따르면 10만 명으로 알려져 있다. 일본 전국을 1,000여 개 기초단체로 재편해야 한다는 주장도 나왔다(中村匡克 2009, 62-66). 일본 민주당은 2003년 총선거 이래 정책매니페스토에 도주제를 도입하기로 명시하였다. 2009년 총선거에서도 구체적인 내용을 정리한 정책집에 도주제가 포함되었다.

　도주제는 일본전국을 8~12개의 광역권으로 재편하는 제안이며, 지금까지 많은 논의를 거친 바 있다. 〈그림 1〉은 도도부현을 묶어서 12개의 도주로 재편하였을 때 행정구역안을 제시한 것이다. 광역권단위인 도주(道州)는 경찰서비스나, 고속교통망의 정비, 하천과 항만관리를 담당한다. 국제공항이나 교육방침 등 중앙정부의 업무도 순차적으로 맡을 수 있는 단위이다. 〈표 4〉에서 알 수 있는 바와 같이, 일본의 도주지역은 세계 주요국의 경제력과 인구에 필적하는 엄청난 능력을 가지고 있다. 그러나 아직까지 일본의 재무

〈그림 1〉 일본지도 - 12개 도주제(도주제에 따른 도도부현 재편안)

도주(道州)	현행 도도부현(道都府縣)
홋카이도	① 홋카이도
도호쿠주	② 아오모리현, ③ 이와테현, ④ 미야기현, ⑤ 아키타현, ⑥ 야마가타현, ⑦ 후쿠시마현
北간토주	⑧ 이바라기현, ⑨ 도치기현, ⑩ 군마현, ⑪ 사이타마현
南간토주	⑫ 지바현, ⑭ 가나가와현, ⑲ 야마나시현
도쿄특별주	⑬ 도쿄
호쿠리쿠주	⑮ 니가타현, ⑯ 도야마현, ⑰ 이시카와현, ⑱ 후쿠이현
도카이주	⑳ 나가노현, ㉑ 기후현, ㉒ 시즈오카현, ㉓ 아이치현
간사이주	㉔ 미에현, ㉕ 시가현, ㉖ 교토부, ㉗ 오사카부, ㉘ 효고현, ㉙ 나라현, ㉚ 와카야마현
쥬고쿠주	㉛ 돗토리현, ㉜ 시마네현, ㉝ 오카야마현, ㉞ 히로시마현, ㉟ 야마구치현
시코쿠주	㊱ 도쿠시마현, ㊲ 카가와현, ㊳ 에히메현, ㊴ 고치현
규슈주	㊵ 후쿠오카현, ㊶ 사가현, ㊷ 나가사키현, ㊸ 구마모토현, ㊹ 오이타현, ㊺ 미야자키현, ㊻ 가고시마현
오키나와주	㊼ 오키나와현

• 일본의 지방구분: 광역자치단체 [1都(東京都)・1道(北海道)・2府(京都府・大阪府)・43縣]

출처: 일본학교육협의회 편, 『일본의 이해』(태학사, 2002), p.10

성 등 중앙성청은 권한과 재원이양에 소극적으로 도주제 논의에 찬성하지 않고 있다. 지역주권이 완전히 확립되었을 경우, 자신의 존재가치가 사라지는 총무성도 소극적인 입장인 현실이다. 일본의 지방정부도 훨씬 더 큰 책

〈표 4〉 주요국의 GDP와 도주지역 총생산

순위	국가, 도주	국내(지역) 총생산 (조 엔)	1인당 총생산 (만 엔)	인구 (만 명)
1	미국	1,404.1	473.7	29,641
2	일본	516.2	404.0	12,776
3	독일	315.6	382.7	8,247
4	중국	258.0	19.8	130,372
5	영국	252.1	418.8	6,021
6	프랑스	240.8	394.8	6,100
7	이탈리아	199.6	340.6	5,861
8	캐나다	128.2	396.7	3,231
9	스페인	127.5	293.8	4,340
10	南간토주	100.4	1,412.7	2,202
11	인도	91.6	8.3	110,100
12	브라질	90.1	48.9	18,418
13	한국	89.2	184.7	4,829
14	러시아	86.6	86.6	60
15	호주	83.5	409.3	2,041
16	간사이주	80.7	2,192.2	2,089
17	네덜란드	71.2	436.4	1,632
18	도카이주	67.2	1,683.0	1,502
19	北간토주	47.4	1,440.4	1,407
20	도쿄특별주	46.1	366.8	628
21	규슈	44.5	2,287.4	1,335
22	벨기에	42.0	400.7	1,048
23	사우디아라비아	35.1	151.7	2,312
24	도호쿠주	33.0	2,025.8	963
25	그리스	32.1	289.5	1,110
26	인도네시아	31.9	14.5	21,990
27	호쿠리쿠주	30.2	1,981.3	773
28	주코쿠주	29.8	1,855.9	767
29	덴마크	29.3	541.5	542
30	아일랜드	22.7	549.6	413

순위	국가, 도주	국내(지역) 총생산 (조 엔)	1인당 총생산 (만 엔)	인구 (만 명)
31	포르투갈	20.8	197.3	1,055
32	타이	20.0	30.8	6,484
33	홋카이도	19.7	350.8	562
34	말레이시아	14.8	56.7	2,613
35	시코쿠주	13.5	1,318.9	408
36	싱가포르	13.2	303.8	435
37	필리핀	11.1	13.1	8,524
38	오키나와주	3.6	264.8	136

출처: 中村匡克(2009), 63

임과 의무가 발생할 가능성이 높고 도주제와 지역주권의 도입에 반대하는 입장도 있어서, 아직까지 논의단계에 머물러 있다. 사실, 도주제 논의에서 볼 수 있는 광역권 구상은 일본만의 이야기가 아니다. 세계 각국에서 수도권 집중완화와 지방재생을 위한 광역권 구상이 빈번히 논의되거나 추진되어 왔다. 한국도 일본의 도주제와 유사한 광역권 구상이 이명박 정부에서 지속적으로 검토된 바 있다. 일본뿐만 아니라, 한국의 수도권 집중과 국토불균형 문제는 마찬가지로 심각한 상태이다. 서울, 경기, 인천의 수도권 인구가 전체 인구의 49%를 차지하고 있다. 수도권 과잉집중과 지역 간 불균형 문제가 심각해지면서, 1960년대부터 각종 지역균형 발전 정책을 추진해 왔고 행정수도 이전까지 이루어졌으나 이렇다 할 성과가 나타나지 않고 있다.

유럽의 수도권 집중현상은 점차 완화되고 있는 반면, 한국이나 일본의 수도권 집중이 심화되는 것은 더 큰 문제점이다. 한국의 경우, 공기업 본사 84.8%, 100대 기업 본사 92%, 조세 수입의 70.9%, 제조업 집중률 56.7%, 전국은행 예금액의 67.9%, 외국인 투자기업의 72.9% 등이 수도권에 집중되어 있다. 사회간접비 총액의 67%를 수도권에 투자해도, 연간 혼잡비가 10조 원에 이르고 중앙-지방 간 격차는 갈수록 심해지고 있다.

수도권 집중완화와 동시에, 지역규모를 키워서 경쟁력을 강화하려는 광역권 구상은 각국에서 많은 관심을 끌고 있다. 독일은 16개 주를 9개주로 통합하는 광역권을 검토하고 있으며, 통합주 인구의 최소 규모를 500만 명으로 잡고 있다. 현재는 인구 68만 명의 브레멘주, 인구 171만 명의 함부르크주 등, 소규모 주들이 있으나, 통합 후에는 인구 509만 명의 라인란트-자르주가 최소 규모가 되게 된다. 영국의 잉글랜드는 9개 지역개발기구(RDA) 관할구역을 중심으로 권역을 형성하려고 하고 있다. RDA의 관할구역은 대체로 영국의 전통적인 지방구분에 따른 것으로 특별한 기준하에서 획정된 것은 아니다. 그러나 통합가능한 런던권과 동남지역(South East Area) 간 분리를 추진한 바 있다.

　강력한 중앙집권형 국가체제와 불균형 발전전략의 추구는 일본사회에 다양한 문제점과 부정적인 결과를 유발하였다. 국제경쟁의 심화와 경제통합의 진전으로 광역권 구상은 일본의 지역주권에서 나름대로 중요한 위치를 차지해 왔다. 국가 간의 경쟁이 아니라 집적의 경제가 작용하는 공간적 범주로서 도시 간 경쟁이 보다 중요해지고 있으며, 이에 따라 광역권 구상을 통한 지방의 경쟁력 강화가 추진되었다. 중앙-지방 간 지속가능한 균형발전을 위하여, 지역재생을 위한 광역권으로서 도주제 구상은 일본 민주당의 지역주권 정책에서 중요한 비중을 차지하였다.

V. 맺음말: 남겨진 과제

　전후 일본은 가스미가세키(霞が関)의 중앙관료가 주도하는 시스템이었다. 전국을 하나의 기준과 제도로 획일화시켜서, 압축성장을 주도해온 중앙집권체제는 1990년대까지 세계 제2위 경제대국으로 끌어올렸다. 그러나 지나친 중앙집권은 수도권에 자본, 인재, 기술이 집중되면서 도쿄가 성장하면 할수록, 지방은 더욱더 피폐해지는 모순에 빠지게 되었다고 할 수 있다. 지

방분권과 지역주권 추진계획을 세우고, 자민당과 민주당이 관련법안을 제정하고 구체적으로 정책을 실시해 온 것은 이러한 배경에서 나온 것이었다.

2000년 지방분권 일괄법에 의하여 중앙정부로부터 지자체로 많은 권한이양이 이루어졌지만, 충분히 지방분권이 진전되지 못했다. 특히 지자체의 재량권이 커진 반면, 행정서비스 증가에 따른 지방정부의 자체부담도 늘어나서 재정지출이 크게 증가하였다. 삼위일체 개혁은 중앙에서 지방에 배분하는 보조금을 줄이고 지방의 세원을 늘리기 위한 것이었다. 보조금은 크게 줄어든 반면, 세원을 새로 발굴하는 것은 쉽지 않아서 지방정부는 상시적인 재정적자에 빠지면서 어려움이 가중되었다. 또한 권한이양도 부족하여 지방정부가 창의적인 실험에 도전하고 대안을 모색할 수 있는 환경을 제공하지 못했다(江口克彦 2009, 154-161). 주민자치로의 이행도 별다른 성과를 거두지 못한 채, 지역공동체의 붕괴가 우려되고 있었다.

지역주권은 1990년대 이후 지방분권 개혁이 이루지 못한 과제들을 종합적이고, 근본적으로 개혁하고자 시도한 정책기둥이었다. 일본 민주당의 매니페스토와 지역주권 전략회의 설치, 지역주권 3개 법률 제정, 새로운 공공성 논의 등은 구체적인 이념군과 실천방법이었다. 일본 민주당의 지역주권은 과연 지방에도 주권이 존재하는가 하는 논쟁을 불러일으킬 정도로 과감한 시도이었다. 말하자면, 지방정부에도 중앙정부가 가진 고유한 주권을 부여함으로서 중앙-지방 간 관계를 완전히 재편하고자 한 것이었다.

그만큼 지역주권은 분권, 자치, 연대를 창당정신으로 강조해 온 일본 민주당의 새로운 혁신정신의 집약판이었다. 비록, 국가재정 악화와 정책집행을 위한 추동력의 부재, 3.11 동일본대지진으로 인한 중앙집권으로 회귀, 3년 만에 막을 내린 일본 민주당의 단기정권으로 성과를 거두지 못했지만, 지역주권 정책은 21세기 일본형 미래상으로서, 대담한 정책실험의 대표사례로서 커다란 흔적을 남겼다고 할 수 있다. 앞으로 자민당 정권하에서 지역주권의 변용이 어떻게 나타날 것인가, 큰 흥미를 끄는 대목이 아닐 수 없다.

▌참고문헌▌

김순은. 2011. "영국과 일본의 지방분권 개혁 비교분석: 거대사회론과 지역주권론을 중심으로." 『지방정부연구』 15(2).

김양희. 2010. "일본의 신자유주의와 민주당의 우애실험에 관한 일고찰." 『민주사회와 정책연구』 18.

박명희. 2011. "일본의 정당정치 변화와 NPO의 애드보커시." 『한국정치학회보』 45(4).

박희숙. 2009. "일본생활정치의 과제와 전망." 『시민사회와 NGO』 7(2).

양기호. 2009.10. "일본의 국회와 지방의회간 관계." 서울시의회 보고서.

_____. 2010. "2009년 일본지방자치의 쟁점과 과제." 고려대학교 일본연구센터. 『저팬리뷰』.

_____. 2011. "일본민주당의 정책노선과 생활정치." 『일본학보』 86.

_____. 2011. "지방분권에서 지역주권으로 ― 새로운 공공성과 NPO, 그리고 사회적 기업." 고려대학교 일본연구센터. 『저팬리뷰』.

정상호. 2009. "정치담론으로서 생활정치연구현황과 과제." 『시민사회와 NGO』 7(2).

한국정치학회. 2007.09. "지속가능한 지역균형발전을 위한 국가-지역 거버넌스의 구축방안." 행정안전부 용역보고서.

현대일본학회. 2009. 『일본행정론』. 애플트리테일즈.

_____. 2009.11. 서울대일본연구소 공동주최 학술세미나. 『일본민주당내각의 개혁정책과 변화하는 일본의 생활세계』. 서울대학교 일본연구소.

江口克彦. 2009. 『地域主権型道州制』. PHP研究所.

江藤俊昭. 2008. 『地方議会改革』. 学陽書房.

鎌田慧. 2009. 『民主党ー波瀾の航海』. アストラ.

薬科満治. 1997. 『民主リベラルの政権構想』. 日本評論社.

高木健二. 2009.11. "民主党マニフェストと地方財政." 『自治総研』.

工藤泰志 編. 2010. 『鳩山政権の100日評価』. 言論NPO.

菅直人. 2009.12. "公共事業でも効率化でもない第3の道を行く."『エコノミスト』.

橘民義. 2008.『民主党10年史』. 第一書林.

寄本勝美. 2005.『地方自治の現代用語』. 学陽書房.

吉田徹. 2010.04. "民主党政権はなぜ脆弱なのか."『世界』.

内閣府. 2012.11.『地域主権推進大綱』.

老川祥一 編. 2005.『地方自治のしくみと役割』. 法学書院.

毎日新聞社. 2009.『民主党政権』. 毎日新聞社.

民主党. 2009.『民主党政策集 INDEX2009』. 民主党.

飯尾潤. 2008.『政局から政策へ―日本政治の成熟と転換』. NTT出版.

山口二郎. 2009.『政権交代論』. 岩波新書.

山口二郎 編. 2010.『民主党政権は何をなすべきか』. 岩波書店.

柿崎明仁. 2010.04. "政権の質の転換を."『世界』.

辻山幸宣. 2007.『自治体選挙の30年』. 公人社.

塩田潮. 2009.『民主党の研究』. 平凡社新書.

田原総一朗. 2009.『日本政治の正体』. 朝日新聞出版.

田中愛治他. 2009.『2009年なぜ政権交代だったのか』. 勁草書房.

佐々木茂 編著. 2009.『地域政策を考える』. 勁草書房.

佐々木信夫. 2006.『自治体をどう変えるか』. ちくま新書.

中村匡克. 2009. "地域主権の実現と地域政策."『地域政策を考える』.

曾根泰教・大山耕輔 編著. 2008.『日本の民主主義』. 慶應義塾大学出版会.

地方自治總合研究所. 2010.08. "地域主権戦略大綱: 閣議決定までの過程を中心に."『自治總研』382.

総務省. 2008.『地方財政白書. 国立印刷局』.

戸沢英典. 2009.11. "友愛政治の思想と実践."『일본민주당내각의 개혁정책과 변화하는 일본의 생활세계』. 서울대학교.

『読売新聞』. 2009.06.27~28. "国民世論調査."

『朝日新聞』. 2009/01/07. "民主党の政権構想策定."

_____. 2010/07/11. "日本参議院通常選挙結果."

OECD. *National Accounts*. OECD.

『構想日本』(http://www.kosonippon.org).

首藤信彦 日本民主党 衆議院議員와의 면담. 2010.07.23.

민주당 정권의 대외경제정책:
TPP를 중심으로*

김영근

I. 서론: 문제제기

본 장의 목적은 자민당에서 민주당으로의 정권교체에 따른 경제정책의
변용을 분석하는 데 있다. 기존연구에서 일본 민주당의 대외경제정책에 대
한 정치경제학적 분석은 거의 부재하다고 해도 과언이 아니다. 또한 일본
민주당의 경제정책에 관한 선행연구가 주로 집권공약(매니페스토)을 토대
로 한 정책 성향의 파악에 그치고 있다. 이에 이 글은 과연 정권교체가 경제

* 이 글은 2007년 정부(교육과학기술부)의 재원으로 한국연구재단의 지원을 받아 수행된
연구임(과제번호: NRF-2007-362-A00019). 현대일본학회가 주관한 프로젝트(2013년 연
구기획과제), 『일본의 정권교체와 정책변화: 민주당정권에서 자민당정권으로』 연구에서
저자가 담당한 "일본 민주당의 경제정책" 보고서(201.8.20)를 대폭 수정·가필한 것으로,
『일본연구논총』 제38호에 게재된 논문, 김영근(2013), "일본 민주당의 대외경제정책: 정
권교체하의 변용과 지속"을 책의 구성에 맞추어 수정하고 보완한 것이다.

정책 변화에 영향을 미칠 것인가, 혹은 정책실행 이후 무슨 영향을 미쳤는가 라는 문제의식에서 출발하고 있다. 본 장에서는 국내 제도(레짐)의 변용이 라는 관점하에서 '정치(정책)에 있어서의 현상유지지향의 강약'과 '제도 자 체의 개혁(변화)에 대한 저항의 강약'이라는 두 가지 요소를 조합한 4가지 제도 변화(①제도 표류-②제도 전용-③제도의 중층화-④제도 치환)의 분석틀을 제시한다. 이를 바탕으로 민주당의 정권별 정책변용에 관한 사례 를 분석하고자 한다. 특히 정권교체와 경제정책을 연계하여 분석하는 논의 는 일본의 정치경제 분석에서 그다지 이루어지지 않았던 부분으로, 또한 선 행연구를 거의 찾아볼 수 없는 민주당의 경제정책의 변용과 지속이라는 부 분을 조명한다는 점에서 매우 독창적이며 유용하다 하겠다.

구체적인 분석내용은 다음과 같다. 첫째, 민주당 정권의 대외경제정책 기 원과 전개를 분석하고 평가하고자 한다. 특히, 민주당 주요 경제정책에 관해 자민당과 비교분석함으로써 정권교체에 따른 정책의 단절과 연속성을 규명 하고자 한다. 둘째, TPP(환태평양경제동반자협정) 교섭 사례를 중심으로 한 민주당 각 내각별 정책대응을 비교 분석하고, 자민당의 TPP 정책과도 비교 함으로써 정권교체의 의미를 정치경제학적으로 고찰해 보고자 한다. 보다 구체적으로는 민주당 정권의 경제정책을 2009년과 2012년 중의원선거의 매 니페스토(정책공약)를 중심으로 평가하고, 나아가 일본의 정권교체(2012)에 따른 경제정책의 변용을 점검하고자 한다.

우선 본 장의 분석시기인 '잃어버린 20년'을 포함하여 민주당 정권시기까 지의 일본의 주요 정치·경제적 변화를 점검해 보기로 하자〈표 1〉 참조). 1993년 8월 9일 총선에서 자민당 정권창출에 실패함으로써 사회주의 정당 주도의 연립정당으로 정권이 교체되었다. 2012년 11월 16일 중의원해산 이 후 자민당이 12월 16일 총선 승리함으로써 아베 총리 체제로 정권이 교체되 기까지 20여 년의 세월은 '잃어버린 일본 경제 20년' 시기와 맞물린다.

'잃어버린 20년' 체제에서 벗어나기 위한 정책(노력)이 요구되는 상황하에 서 집권한 민주당 정권(2009~2012년)의 경제정책을 한마디로 요약하면 "재 정 건전성 회복을 위한 정부 지출 감소 정책"이라 할 수 있다. 제한된 양적

〈표 1〉 일본의 주요 정치·경제 변화: '잃어버린 20년'

- 1993년: 사회주의 정당 주도의 연립정당으로 정권교체: 총선에서 자민당 정권창출
  실패(8월 9일)
- 1994년: 자민당 11개월의 정권재탈환(6월 29일)
- 1995년: 자민당 소비세 인상으로 국내 비난 고조: 일본 경제의 심각한 침체 초래
  (1월 1일)
- 1998년: 민주당 창당(4월 27일)
- 2000년: 자민당 총선 승리로 모리(森喜朗) 총리 정권유지(6월 25일)
- 2001년: 고이즈미(小泉純一郎) 총리 신사참배(8월 13일)
- 2005년: 우정민영화 법안 통과(10월 11일)
- 2007년: 자민당 참의원선거 패배(7월 29일), 아베(安倍晋三) 총리 사임(9월 26일)
- 2008년: 후쿠다(福田康夫) 총리 사임(9월 1일)
- 2009년: 민주당 총선 승리로 하토야마(鳩山由紀夫) 총리 체제로 54년 만의 정권교체
  (8월 30일)
- 2010년: 민주당은 간(菅直人) 총리 체제(6월 8일)로 2011년 3.11 동일본대지진의
  부흥정책 실시
- 2011년: 민주당은 노다(野田佳彦) 총리 체제(9월 2일)로 정권유지
- 2012년: 자민당 총선 승리로 아베 총리 체제로 정권교체(중의원해산 11월 16일,
  선거 12월 16일)

완화 정책을 기조로 하며 장기불황의 원인을 공급측면의 구조적 요인에 착안하여 관련 부문 지출을 완화하는 스탠스를 표명해 왔다. 한편 내수경기부양을 위해 농가소득 보전이나 자녀수당 신설 등 기존 자민당과는 다른 직접지급방식의 재분배 정책에 중점을 두었다. 다만 민주당이 제시한 다양한 정책공약(매니페스토)에 대한 관료와 산업계의 지지를 얻지 못한 점이 결과적으로는 경제정책의 실패로 이어진 것으로 평가된다(원종학 2009, 23-36).

특히, 1955년 이후 장기 집권해 온 자민당에 대한 개혁요구가 민주당으로 정권이 교체되는 요인으로 작용하였으나, 민주당이 이에 부응하는 경제정책을 제시하고 실행하는 데는 실패한 것으로 보인다. 그나마 민주당 정권의 경제정책 중 평가할 만한 것이 TPP(환태평양경제동반자협정) 교섭참가 관심표명이라 할 수 있다. 특히 일본은 '자유무역체제를 추진함으로써 세계에서 일본기업 및 상품이 동등한 경쟁 기회를 확보하기 위해 노력하는 것 이

외에도 재해지역에서 생산된 제품의 해외판로 확대를 목표로 삼아 피해지역
의 고용창출과 경제발전을 촉진하기 위해' 노력하고 있다. 이에 '재해 부흥
의 일환으로서의 TPP 참여' 논의에 관한 분석을 본 장의 분석대상으로 하고
자 한다.

우선 경제정책의 변화를 분석하기 위해 국제레짐의 개념(Ruggie 380)을
국내 제도의 변용 연구에 원용하여 '경제 제도(레짐)' 개념을 도입하고, 일본
민주당 경제정책의 변화 유형을 분류한다. 여기서 '경제 제도'란 "주어진 경
제 이슈영역에서 행위자의 기대가 수렴되는 원칙, 규범, 규칙, 정책결정의
절차"로 정의한다.[1] 본 장에서는 '경제 제도'의 변용이라는 관점하에서 민주
당의 경제정책 추진에 있어서 제도란 문제가 무엇이며, 문제를 발생(해결)
시키는 메커니즘은 어떠한 것이며, 나아가 해당 문제를 해결하는 기본적인
원리, 원칙이나 규범 및 규칙, 정책수단은 무엇인가에 대해 고찰하고자 한
다. 특히 자민당과 민주당의 정책(매니페스토)과 실행과정을 비교하고 민주
당의 내각별 경제정책 관련 제도 및 정책방안에 초점을 맞춰 일본 경제정책
의 변화에 관해 〈표 2〉를 염두에 두고 분석한다. 제도변화 메커니즘에 관해
서는 헥커(Hacker 2005)와 기타야마(北山 2011, 54)가 제시한 4가지 유형
에 따라 일본 민주당의 경제적 이슈의 정책대응이 어떻게 전개되었는지를
고찰한다. 〈표 2〉는 '정치(정책)에 있어서의 현상유지지향의 강약'과 '제도
자체의 개혁(변화)에 대한 저항의 강약'이라는 두 가지 요소가 조합되어 있

---

1) 국제레짐이란 '주어진 이슈영역에서 행위자의 기대가 수렴되는 원칙, 규범, 규칙, 정책
결정절차'로 정의된다. 이러한 상위(정부/국가 레벨)의 레짐(혹은 거버넌스)에 비해,
이 장에서 원용하여 분석틀로 제시하고 있는 '경제 제도(레짐)'란 지역 레벨, 민간(시
민) 레벨 등 하위의 개념으로 일본의 국내적 레벨을 중심으로 경제정책을 다룬다는
점에서 국제관계에서 변화하는 일본의 정책대응을 분석할 수 있는 '국제레짐' 개념과는
차별화된다. 일본 정권교체에 따른 국내적 차원의 경제제도에 대한 분석하는 데 있어
서 레짐의 하위 개념을 도입하는 것은 국내정책에 있어서의 제도 변화 유형과 민주당
경제정책의 분석에 적용했을 경우, 민주당의 경제 관련 의제의 설정(agenda setting)
이나 정책형성(policy formulation), 나아가 정책의 실시(implementation) 프로세스
및 메커니즘을 명확하게 이해할 수 있어 정권교체하의 경제정책의 변용과 지속에 분석
및 이해가 용이할 것으로 보인다.

〈표 2〉 제도 변화의 유형과 민주당의 경제정책

제도 자체의 개혁에 대한 저항

정책에서의 현상유지지향		강	약
	강	A 제도 표류(drift) 환경변화에 대한 미대응으로 기존(旣定) 정책 비효율적 대응	B 제도 전용(conversion) 기존 정책의 전략적 재정의 혹은 전용
	약	C 제도 중층화(layering) 기존 정책을 포기하지 않은 채로 새로운 정책의 수립	D 제도 치환(displacement) 새로운 제도의 도입

출처: 기타야마(2011, 54) 도표를 수정·보완한 마쓰오카 슌지(2011, 54)의 제도변화 유형도 재인용

다. 이 두 가지를 조합하면 4개의 유형이 생긴다. 첫 번째, 강한 '정치(정책)에 있어서의 현상유지지향'과 강한 '제도 자체의 개혁에 대한 저항'하는 제도의 표류(drift)가 이에 해당된다(유형 A: 제도 표류). 두 번째, 정책의 현상유지를 강하게 지지하지만 제도변화에 대한 저항은 약해 기존 정책의 전략적 재정의 혹은 전용이 나타나는 경우이다(유형 B: 제도 전용). 세 번째, 정책의 현상유지 선호가 약한 상황하에서 제도개혁에 대한 저항은 강한 경우이다(유형 C: 제도의 중층화). 네 번째, 정책의 현상유지 선호가 약한 상황하에서 제도개혁에 대한 저항 또한 약하여 새로운 제도를 도입한다는 입장이다(유형 D: 제도 치환).

본 장에서 다루고자 하는 결론(평가)을 요약하여 민주당 집권 3년간의 대외경제정책을 한마디로 평가하자면, "민주당의 경제정책 기조가 제대로 제시되지 못했다는 점과 이는 결과적으로 일본 국민(유권자)의 지지 또한 매우 저조하였으며, 지지자들의 이탈이 두드러진 것으로 연계되었다"고 해석할 수 있겠다. 구체적인 요인(배경)으로는 첫째, 2009년 민주당의 매니페스토(〈표 3〉 참조)를 살펴보면, 복지 공약을 내세워서 집권한 정당이었음에도 불구하고, 정책이행의 메커니즘 부재 혹은 제대로 작동하지 못했다는 점이다. 둘째, 국정운영 중 대외경제정책추진의 메커니즘의 부재 혹은 비효율적

인 작동의 요인(배경)에 관한 것으로 민주당 내 여러 파벌들 간의 조정이 제대로 이뤄지지 못했다는 점과 관료의 지지 혹은 협력을 얻지 못한 '균열정당'이었다는 점이 영향을 미친 것으로 보인다. 오자와그룹과 오자와에 반대하는 그룹 간의 심각한 분열이 결과적으로는 민주당의 결집력 약화로 이어졌으며,[2] 특히 3.11 동일본대지진 이후 일본 국민들이 요구(선호)하는 강력한 리더십 발휘가 이뤄지지 못했다.

본 장에서 다루고자 하는 주요 분석 내용 및 본문의 구성은 다음과 같다. 제I절 서론에서는 "과연 일본의 정권교체는 대외경제정책의 변용을 수반하는 것인가"라는 문제제기를 바탕으로 민주당 정권의 정책성향을 개관하고 있다. 제II절 민주당 정권의 대외경제정책 메커니즘: 기원과 전개에서는 우선, 민주당 정권의 대외경제정책 형성(기원)을 점검하고, 다음으로 민주당 정권의 대외경제정책 메커니즘(전개)을 고찰한다. 2009년과 2012년 매니페스토에서 제시된 민주당의 대외외교정책을 비교하고, 나아가 자민당과도 비교 분석한다. 제III절 TPP 교섭을 둘러싼 정치경제학에서는 민주당 정권의 내각별(하토야마-간-노다 총리) TPP 교섭을 둘러싼 정책대응 변용을 고찰한다. 제II절에서 분석한 내각별 대외경제정책의 결정 및 시행의 메커니즘과 관련하여 TPP 교섭을 둘러싼 정치경제에 초점을 맞춘다. 마지막으로 제IV절 결론은 TPP 교섭을 중심으로 한 일본 민주당의 대외경제정책 변용 의미와 요인을 총괄한다. 아울러 민주당 정권의 대외경제정책의 한계 및 시사점을 제시한다.

---

[2] 대외경제정책에 관해서도 오자와그룹은 TPP 참여에 대해 농업보호 등을 이유로 반발해 왔다. 실제 노다 총리가 TPP 교섭에 참여하는 결정과정에 있어서 저해요인으로 작용한 것으로 보인다. 일본 경제산업성의 통상정책담당 과장(익명)과의 인터뷰.

II. 민주당 정권의 대외경제정책 메커니즘: 기원과 전개

1. 민주당 정권(2009~2012)의 대외경제정책 형성

1) 일본의 정치변동('정권교체')과 경제정책의 변화: 단절과 연속성

일본 전후(55년체제)로 표현되는 고도성장기에 있어서 일본 자민당의 정권 유지는 일본의 경제성장과 동시에 진행되어 왔다고 해도 과언이 아니다. 선행연구에서 지적하는 대로 2012년 정권교체를 달성한 자민당의 아베노믹스 정책에 관한 긍정적 기대와 평가가 지난 7월 21일에 실시된 참의원선거에서도 자민당의 압승으로 이어졌다고 할 수 있다. 이는 일본 경제의 회생 혹은 부활이야말로 정권유지의 관건이라 할 수 있겠다.[3]

그렇다면 2009년 8월 민주당으로의 정권교체가 이뤄졌을 당시의 경제상황은 어떠했는가? 세계경제는 신흥국가들의 견인역할에 힘입어 회복과정에 있었으며, 일본 경제 또한 수출을 중심으로 한 글로벌 금융위기의 여파에서 벗어나 재생(회복) 국면으로 접어들고 있었다. 이에 민주당의 경제정책 기조는 내수주도의 경제구조로의 전환을 표방하고 있었다.

기본적으로 매니페스토의 실행을 중시하는 민주당의 경제정책 기조는 '신성장전략'이라 할 수 있겠다. 민주당 정권(2009~2012)의 경제정책은 공공사업의 예산삭감 등을 통한 "재정 건전성 회복을 위한 정부 지출 감소"를 기조로 하고 있다. 일본 중의원선거(2009년 8월 30일) 과정에서 고용과 경제 관련 민주당의 선거공약은 대기업보다는 중소기업과 서민복지를 중시한다는 입장이다. 예를 들어 중소기업에 대한 법인세율을 11%로 인하하고, 직업훈련 중의 취업준비생에게 월 10만 엔의 수당을 지불하는 공약을 제시

---

3) 전후 55년 동안 안정적으로 일본 정치를 유지해온 자민당의 파벌정치를 바탕으로 하는 권력구조는 7개 파벌이 존재하는 민주당과 거의 차이점을 발견하기는 힘들다는 점에서, 자민당과 민주당의 당내 역학관계를 분석하기보다는 일본 민주당과 자민당(아베노믹스) 경제정책의 추진체제를 비교하는 것이 유리할 것으로 보인다.

하고 있다. 한편 한중일 3국 외상회의(상하이, 2009년 9월 28일)에서 일본의 오카다 카츠야(岡田克也) 외무부장관은 '열린 지역주의'를 표방한 역내경제협력을 강조하며, 중국과 한국을 비롯한 아시아 제국과의 경제공동체구축을 주창하였다. 또한 서민생활에 대한 사회적 안전망 구축을 통한 빈부격차 해소를 위해 아동수당을 지출하고, 고등교육 무상화 정책을 주장하였다.

2) '정권교체' 선거와 민주당의 경제정책: 매니페스토를 중심으로

(1) 2009년 민주당과 자민당의 주요 정책 대비

우선 2009년 민주당의 주요 정책을 살펴보면 경제정책은 직접적인 금융지원을 선호하며, 정치분야의 정책은 탈(脫)관료-정치 중심의 체제 구축 및아시아 중시 외교를 표명하고 있다. 특히, 하토야마 유키오(鳩山由紀夫) 민주당 대표는 미일관계를 중시하던 기존의 정책 스탠스에서 벗어나 '동아시아 공동체' 창설을 주장한 바 있다.

〈표 3〉 2009년 민주당·자민당의 주요 정책 대비

	민주당	자민당
경제 및 재정	- 고속도로 무료화 등 가계가처분소득 증대, 소비 확대, 내수주도형 경제체제로 전환 - 미래성장산업으로 환경, 의료산업 등 육성 - 소비세 증세: 보류(향후 4년간)	- 연 2% 경제성장의 실현(2010년도 말) - 10년 이내 정부의 기초재정수지 흑자화 - 소비세 증세(인상): 경기회복 후 검토
외교·통상	- 동아시아 공동체 구축을 위한 아시아 외교 강화 - 대등한 미일동맹관계 구축 - 미일자유무역협정 교섭	- 미일안보체제의 강화 - 자위대 해외파견 가능한 법 제정
대아시아 외교	- 아시아·태평양 지역의 역내협력 체제 강화	- 브릭스, 아시아 시장을 포괄할 수 있는 투자 환경 정비

자료: 양당의 정책공약집을 참조하여 필자 작성

이에 반해, 2009년 자민당의 주요 정책을 정리하면 경제정책은 성장전략을 기조로 경기대책에 대한 실적을 강조하고 있으며, 정치분야의 정책은 국회의 슬림화와 지방분권 구축, 자위대 해외파견 등 국제사회 공헌을 중시하는 외교 스탠스를 표명하였다.

(2) 2012년 민주당·자민당의 주요 경제정책 대비: 원칙적으로 유사한 정책기조

2012년 12월 16일 중의원선거 매니페스토를 비교해보면 민주당과 자민당의 주요 경제정책 공약은 다음에서 설명할 몇 가지 차이점을 제외하고는 원칙적으로 유사한 정책기조라고 평가할 수 있다.

우선 민주당의 주요 경제정책(〈표 4〉 참조)은 '제한적 재정확대와 온건한 금융완화정책 실시'로 요약할 수 있다. 특히, 민주당은 재정건전화를 중시하여 자민당에 비해 소극적 경기부양조치 구상으로 대별된다. 민주당이 전개해온 통상정책은 일본의 농업, 식품안전, 국민개보험 등의 보호(유지)를 전제로 하는 것으로, 정부판단(주도)하에 TPP, 한중일 FTA, 동아시아 EPA/RCEP 교섭 등을 동시병행적으로 진행한다는 입장이다.

이에 비해 자민당의 주요 경제정책은 일본의 경제회생을 위한 강력한 금융완화와 과감한 경기부양책을 제시하고 있다. 특히, 일본경제재생본부(日本経済再生本部)를 설치하고, 일본 경제재생·산업경쟁력강화법 제정 등을 통한 일본의 경제회생을 최우선 정책으로 추진한다는 입장이다. 통상정책에 있어서는, TPP 교섭 참가에는 소극적 입장으로 '성역없는 관세철폐'를 전제로 할 경우 교섭참여에 반대하고 있다.

이상에서 살펴본 민주당·자민당의 주요 경제정책을 비교해 보면, 원칙적으로 유사한 정책기조이나 통상정책 등에 관해서는 정책차이가 존재함을 알 수 있다. 기본적으로 양당 모두 자유무역협정에 적극적인 입장이나, TPP 교섭 대응에는 정당 간의 입장차가 선명하다.

〈표 4〉 2012년 민주당·자민당의 주요 정책 대비

	민주당	자민당

부흥
정책
	- 부흥청·부흥특별구·부흥교부금 등 부
	  흥을 향한 구조 강화: 마치즈쿠리 및
	  고용창출 등과 연계
	- 부흥사업은 재해지의 부흥에 직접효
	  과의 창출이 가능하거나, 재해지로 한
	  정(학교 등 제외)
	- 원자력 재해지역인 후쿠시마의 부흥
	  을 위한 강력한 정책 실시
		- 일본경제재생본부(日本経済再生本部)
		  설치
		- 일본 경제재생·산업경쟁력강화법
		  제정
		- 국토강인화 정책(물류네트워크복선화,
		  기간도로정비, 노후화된 인프라의 계
		  획적 유지갱신, 주택·건축물의 내진
		  화, Compact City 등의 추진)

경제
안정화
정책
(세금
·
소비세)
	- 당면 경제악화의 대응책으로 대규모
	  보정예산*
	- 소비세율 인상에 의한 증세분은 전액
	  사회보장의 재원에 충당
		- 대담한 금융완화정책과 토목건설
		  투자 등 고강도 경기부양책 실시
		- 장기자금에 대한 정책금융 강화
		- 소비세(잠정10%)를 포함한 재무행정
		  발본 개혁을 가속화. 소비세수는 사
		  회보장 이외의 사용불가

경제
성장
정책
	- 재생에너지, 농림수산업, 의료/간병 등
	  신산업육성 등 신성장전략(2020년까
	  지 명목 3%, 실질 2% 정도의 평균성
	  장률을 목표)
	- 디플레이션 대응: 정부와 일본은행의
	  혼연일체하에 디플레 대책 마련(노력)
		- 명목 3% 이상의 경제성장 달성
		- 디플레이션 대응: 물가인상 목표 2%
		  달성**
		- 대규모 인프라 투자 실시, 규제완화,
		  법인세 인하 등으로 산업 경쟁력 회복

외교
·
통상
(대외
정책)
	- 일본의 농업, 식품안전, 국민개보험 등
	  의 보호(유지)를 전제로 정부판단(주
	  도)하에 TPP, 한중일 FTA, 동아시아
	  EPA/RCEP 교섭의 동시병행적 진행
		- WTO도하라운드의 조기타결 착수,
		  EPA/FTA의 피해산업에 대한 국경조
		  치(관세) 유지하면서, 국내경제 및 지
		  역대책을 강구(일본의 국익을 전제로
		  판단)
		- TPP 교섭 참가 소극적(「성역없는 관
		  세철폐」를 전제로 할 경우 교섭참여
		  반대)

에너지	- 2030년대에는 원전가동 제로 가능
	  (당분간 안정성 확인 후 재가동)
		- 원전 재가동 기준은 순차적 판단
		  (3년 이내 결론)
		- 10년 이내에 지속가능한 원전 운영원
		  칙의 구축

* 보정예산이란 수정예산(修正豫算)과 추가경정예산(追加更正豫算)을 포함
** 일본의 만성적 디플레이션에서 벗어나기 위해 현재 1%인 소비자물가(인플레이션) 목표치를 2%
   로 인상한다는 공약
자료: 양당의 정책공약집(매니페스토)을 참조하여 필자 작성

(3) 일본의 정권교체(2009~2012)와 대외경제정책

결과적으로는 1955년 이후 장기집권해 온 자민당에 대한 개혁요구가 민주당으로 정권이 교체되는 요인으로 작용하였으나,[4] 민주당이 이에 부응하는 경제정책을 수립하고 실행하는 데는 실패한 것으로 평가된다. 또한, 주지하다시피 자민당 55년체제하에서 일본의 고도경제성장을 견인차 역할을 담당해 왔던 관료제를 대신하여 추진한 정치주도의 정책 추진은 경제성장과 안정(회복)이라는 결과로는 이어지지 못했다. 미시적인 정책을 예로 들면, 일본 경제구조를 갑작스레 수출주도형에서 내수주도형으로 전환하는 데 상당히 어려웠다는 점도 민주당의 경제정책이 성공하지 못한 원인으로 지목된다.

2009년 민주당의 정권교체와 맞물려 내건 내수진작을 위한 공약이 실현되어 소비 및 설비투자가 확대될 것으로 기대되었으나, 실제로는 일본의 안정적 경제성장이 아닌 경기침체가 지속됨으로써 민주당의 정책추동력의 발목을 잡았다는 점을 부인하기는 어려울 듯하다. 물론 2011년 3.11 동일본대지진 발생이라는 경제 환경의 악화도 빼놓을 수 없다.

2. 민주당 정권의 대외경제정책 메커니즘: 정책결정과정 및 정책시행의 간극

1) 일본 민주당의 대외경제정책 결정과정

우선 정권교체와 경제정책 추진의 상관변수에 관해 점검해 보기로 하자. 정권교체에 따라 경제정책의 변용도 동반될 것인가라는 의문점을 해결하기 위해서는, 일본 민주당의 대외경제정책 결정과정을 정권교체 전후의 자민당

---

4) "2009년 총선에서 민주당이 압승하며 정권교체에 성공한 가장 큰 요인은 자민당의 무책임한 정치에 대한 일본 유권자들의 강한 불만 내지 반발의 반작용이었다" 加藤元宜·藤岡隆史(2009, 2-19); 谷口将紀·上ノ原秀晃·堺家史郎(2009, 74-84); 이이범(2013, 76)에서 재인용.

〈표 5〉 일본 민주당과 자민당(아베노믹스) 경제정책의 추진체제 비교

	민주당	자민당
주요 정책기관 및 정책분야	- 국가전략실(국): 재정정책 및 금융정책 - '행정쇄신회의' + 동일본대지진 부흥구상회의	- 경제재정자문회의: 재정정책 및 금융정책 + 일본경제재생본부 산업경쟁력회의: 산업정책
특징 및 조직	- 관저(정치) 주도: 재무관료의 지지 미흡 - 법적 권한 없이 국가비전, 예산편성의 기본방침 기획·입안 및 종합조정 역할 + 일본 경제부흥에 총력을 기울여 유대감 강화 + 기술혁신을 수반한 복구 및 부흥	- 합의제 - 재정정책과 금융정책의 공조 강화 - 민간 전문가의 의견을 반영하는 창구 + 일본경제재생본부 산하에 설치 + 산업경쟁력 강화 및 해외진출 촉진 전략 입안 + 주로 민간기업의 경영자들로 구성

자료: 필자 작성. 자민당의 아베노믹스 추진체제에 관해서는 정성춘 외(2013, 9)에서 재인용하여 수정보완

과 비교분석(〈표 5〉 참조)하기로 하자(정성춘·이형근·서영경 2013, 9). 민주당 경제정책의 주요 추진주체는 '국가전략실(국)'과 '동일본대지진 부흥구상회의(東日本大震災復興構想会議)'를 들 수 있다. 2009년 민주당은 정권교체 후 '국가전략국'을 중심으로 '관저(정치)주도'형 일본의 개혁추진을 모색하였다. 재정(예산) 정책 및 금융정책을 주대상으로 하는 '국가전략국'은 하토야마 민주당 정권 당시에는 법적권한 없이 국가비전, 예산편성의 기본방침 기획·입안 및 종합조정의 역할을 담당하기로 구상되었다. 다만 재무관료의 지지 미흡으로 정책결정의 핵심적 역할을 담당했다고 보기는 어렵다. '동일본대지진 부흥구상회의'는 일본 경제부흥에 총력을 기울여 유대감을 강화하고 기술혁신을 수반한 복구 및 부흥을 목표로 하고 있었다.

이에 비해 자민당 아베노믹스 경제정책의 주요 추진주체는 '경제재정자문회의'와 '산업경쟁력회의'를 들 수 있다. '경제재정자문회의'는 2009년 민주

당으로 정권교체가 이루어지기 이전의 자민당 고이즈미 정부의 경제정책의
사령탑 역할을 수행하였으나 민주당 정부에 의해 폐지되었다가 정권교체를
달성한 아베 정부에서 다시 부활되었다.5) 단순히 분석하더라도 자민당 정
권하의 관료주도형 경제정책의 추진과정에서 나타난 다양한 모순과 국민의
불만에 대처하기 위해 정권교체 후 민주당이 운영하려 했던 정책기관 및
정책추진의 제도화가 미흡(비효과적)했다는 점이 작용한 결과라 할 수 있겠
다. 특히 전통적으로 자민당이 추구하는 정치와 행정(관료)의 연계를 도모
하지 못한 민주당이 정책결정과정 및 실행에 있어서의 한계를 내포하고 있
는 것으로 풀이된다.

이는 2009년과 2012년 중의원선거에서 민주당이 제시한 국민과의 약속
을 바탕으로 한 매니페스토 자체의 한계와 실행 프로세스에 관한 문제점과
밀접한 관련이 있다. 주지하다시피 민주당은 매니페스토의 실현을 위한 (정
책)결정 및 추진(進展)에 최선을 다한 것은 사실이나, 실제 경제정책의 결정
과정에서 정치주도가 실현되었다고 평가하기는 어렵다. 예를 들어, 한편 기
존 자민당의 (정책)실행을 주도한 각 성청의 사무차관이 참석하는 '사무차관
회의(事務次官会議)'가 폐지되었고,6) 민주당은 정치주도로 정책을 수행하는
체제로 '국가전략실(국)'과 '행정쇄신회의'가 중심적인 역할로 변화되었다.
이러한 정치주도의 정책 실행 프로세스는 제대로 작동하지 못하였다. 예산
편성 프로세스를 통해서도 확인할 수 있듯이, 재무성이 제시한 예산편성 원

5) "경제재정자문회의는 경제재정정책에 관해 수상(총리)을 의장으로 하여 강력한 리더십
이 발휘되도록 하며, 동시에 관련부서인 부총리(재무장관), 관방장관, 경제재생장관,
총무장관, 경제산업장관 및 일은총재, 민간위원 4인 등의 의견이 정책형성에 반영하기
위해 내각부에 설립(設置)된 것으로 합의제(合意制) 기관이다." 내각부 홈페이지(http://
www5.cao.go.jp/keizai-shimon/index.html) 참조. 일본경제재생본부에 관해서는
http://www.kantei.go.jp/jp/singi/keizaisaisei/, 산업경쟁력회의에 관해서는 http://
www.kantei.go.jp/jp/singi/keizaisaisei/skkkaigi/kaisai.html 참조할 것.
6) 아베 총리는 정권교체(2012.12) 후 민주당 정권하에서 폐지된 '사무차관회의'를 '차관
연락회의'로 부활시켜, "일본이 직면하는 위기를 극복(돌파)하기 위해서는 내각이 혼연
일체가 되어 정관(政官) 상호의 신뢰관계를 바탕으로 정치주도를 추진해 나갈 필요가
있다"고 역설하고 있다.

안이 폐지되어 정치주도로 실시하는 과정에서 관료의 지지가 미흡했다. 특히 자민당 정권하에서는 관련 부처 간 이해조정의 역할을 주로 각료회의가 담당하였으나, 민주당 정권은 이해조정 및 의사결정에 있어서 총리의 지도력도 미비했으며(거의 보이지 않았으며) 연립여당 간의 의견조정도 혼란을 조장했다는 측면도 부정할 수 없다. '국가전략실'이 제대로 기능하지 못했기 때문에 결과적으로는 민주당 정부의 정권공약(매니페스토) 자체가 문제점으로 일본 국민들에게 받아들여졌다. TPP 교섭 등 통상관련 국제협상을 주도(주관)하는 행정기관(부처)으로 외무성으로 인식하고 있었던, 즉 자민당의 경제정책 프로세스 및 메커니즘에 익숙했던 일본 국민들은 민주당의 경제정책의 스탠스를 이해하기 어려웠을 것으로 보인다. 요약하자면 통상정책 결정과정에서 총리 혹은 정치주도의 권력집중도 매우 약하고 행정부(관료)가 매우 강한 리더십을 발휘해 왔던 일본 민주당 정책결정의 프로세스가 매우 불투명하게 변화되었다는 점이 국내적으로 조정되지 못한 것이 민주당 정책의 실패요인으로 해석된다.

2) 일본 민주당 (대내외)경제정책의 시행착오

일본 민주당 경제정책이 효율적이며 성공적인 결과로 이어지지 못한 배경으로는 다음과 같은 요인을 들 수 있다.

첫째, 3.11 대재해(대지진+쓰나미+원전사고) 발생 이후 당시 간 나오토 총리를 비롯한 일본 정부 지도부와 정치권의 리더십 부재를 감안해 보면, 이는 곧 일본적 거버넌스의 위기로 규정할 수 있다. 즉 일본 민주당의 정책결정과정을 한마디로 요약하자면, '강력한 리더십의 정치주도 사회'라기보다는 '관료중심(지배) 사회'라고 할 수 있다(信田智人 2013). 3.11 동일본대지진 발생 후 전력부족, 경제개혁의 지연, 정치적 혼란 속에서 민주당 정부의 부흥정책이 제대로 실시되지 못한 점이다. 복구·부흥을 위한 거시적 경제정책이 요구되는 상황이었으나, 취약한 총리 관저의 리더십과 정책실행 메커니즘을 제대로 파악하고 활용하지 못한 요인과 관련되어 있다. 즉 관료주도의 강세로 대담한 정책이 제시되지 못했다는 점이 정책실패로 이어진 것

으로 해석된다. 또한 불황에서 증세논의가 선행되어, 경제운영 및 시행을
위태롭게 할 위험요소를 민주당 스스로가 안고 있었다고 할 수 있다.

　둘째, 일본 경제 부활을 위한 자민당과 차별화된 민주당의 정책이 제대로
마련되지 못했다는 점이다. 민주당의 경제정책의 기조라고 할 수 있는 "재
정 건전성 회복을 위한 정부 지출 감소 정책"은 효율적으로 운영되지 못해
일본의 경제회복에 장애 요인이 되었을 가능성이 높은 것으로 보인다. 무엇
보다도 민주당 정권에 요구되었던 것은 3.11 이후 발생할 것으로 예상된
부흥특수(復興特需)를 어떻게 일본의 경제회복에 활용할 것인가, 혹은 '재해
(災害)특수'가 종식한 후 선명한 경제정책 제시를 통해 일본의 성장궤도를
어떻게 확보할 것인가가 일본 국민의 주된 관심사(문제)였음은 두말할 필요
도 없다. 특히, 3.11 발생 당시 간 총리의 미숙한 정책대응이 총리교체의
한 요인으로 작용한 점을 감안한다면, 후임인 노다 내각으로서는 간 내각과
는 차별화된 재해로부터의 경제정책 제시가 시급했다고 할 수 있다. 그러나
뚜렷한 경기부양책을 제시하지 못함으로써 정권교체의 빌미를 준 셈이다.

　민주당(2009~2012)이 추진했던 경기부양책(엔화 약세 기조와 통화완화
정책)은 사실상 "아베 정권의 경기부양책(엔화 약세와 시장금융완화)과 유
사하며, 과연 투자심리와 소비심리의 부활 등 경기 회복으로 이어질 것인가
가 관건이라 할 수 있다. 물론 앞서 살펴보았듯이 민주당이 재정 건전성
회복을 위한 정부 지출 감소 정책을 주축으로 하고 있는 데 반해, 일본의
경제회생을 위한 강력한 금융완화와 과감한 경기부양책을 제시하고 있다는
차이점이 존재한다.

　민주당과 자민당이 유사한 엔화약세 정책을 시행하여 과연 디플레이션을
극복하고 일본 경제의 부활이 가능한가에 일본 국민들의 관심이 집중되어
있었던 현실을 감안하면, 민주당의 경제운영(거버넌스)으로는 '잃어버린 20
년의 일본 경제'에서 벗어나기가 어렵다는 인식이 확산되어 자민당으로의
정권교체로 이어진 것으로 해석된다. 즉 아베의 신(新)경제정책(아베노믹스)
이 '잃어버린 30년의 일본 경제'로의 진입에 벗어나기 위한 구체적인 해결책
으로 작동할 것이라는 기대감이 민주당 3년의 경제정책에 대한 실망감을

압도한 결과라 할 수 있겠다. 일본 민주당의 대외경제정책 시행에 있어서, 행정개혁 등을 포함한 구조개혁 및 사회보장개혁 등이 제대로 기획되지 못했으며 결과적으로는 연약한 정부로 평가받는 시금석이 된 것으로 보인다.

셋째, 정책의 효율성 및 민주당의 정책 추동력을 확보하지 못했다는 점이다. 특히 2011년 3.11 동일본대지진으로 인한 경기침체에서 벗어나기 위한 부흥정책이 결과적으로 실효성이 없었던 것으로 평가된다.

한편, 민주당(간 내각과 노다 내각)이 적극적으로 추진해 왔던 TPP 정책을 계승한 자민당 아베 정권은 민주당의 불분명한 경제통상정책 스탠스에서 탈피하여 적극적인 국제무역체제의 활용 및 지역주의의 추진이 대비된다.

III. TPP 교섭을 둘러싼 정치경제학: 민주당 정권의 경제정책 평가

민주당 정권의 경제정책 중 평가할 만한 것은 TPP(환태평양경제동반자협정) 교섭참가 관심표명이라 할 수 있다(戶堂康之 2011). 특히 일본은 '자유무역체제를 추진함으로써 세계에서 일본 기업 및 상품이 동등한 경쟁 기회를 확보하기 위해 노력하는 것 이외에도 재해지역에서 생산된 제품의 해외판로 확대를 목표로 삼아 피해지역의 고용창출과 경제발전을 촉진하기 위해' 노력하고 있다. 이에 '재해 부흥의 일환으로서의 TPP 참여' 논의에 관한 분석을 중심으로 민주당 정권별 경제정책(〈표 6〉 참조)을 점검해 보고자 한다.

〈표 6〉 민주당(2009~2012년)의 내각별 주요 정책 대비

	하토야마 내각	간 내각	노다 내각
주요 경제정책	공생사회의 건설: 내수확대를 통한 경제성장	경제성장과 재정건전화의 양립: 신성장전략	경제성장과 재정건전화의 양립

환율정책	환율안정화: 엔고에 따른 경제성장 제한 최소화	소극적 환율개입 (엔화약세 선호) 및 금융완화정책	간 내각보다 적극적 환율개입(엔고우려) 및 금융완화정책
경기부양책	가계지원(고용·소득) → 소비확대 기대	고용개선, 세금감면, 통화완화책 (국채발행 신중)	디플레이션 억제, 기업 규제완화 → 수출회복 기대
일본의 '부흥' 재원	(공공사업 축소)	사회보장 및 경기부양 등을 고려한 소비세 인상 논의	증세(소비세 인상)
재정재건· 건전화	긴축재정 정책: 소극적 경기부양조치	소극적 경기부양조치	소극적 경기부양조치
TPP 정책		TPP교섭 관심표명	TPP교섭 관심표명
주요 경제정책 추진 조직(기구)	국가전략국(담당성)	부흥구상회의 (復興構想会議)	국가전략회의
경제계의 선호 (지지)	N	N	N
경제정책의 연속성	자민당과의 차별성 vs. 연속성	= 하토야마 내각	= 간 내각
일본 경제의 회복*	N	N	N

주: * 아베 자민당으로의 정권교체 이후 일본 경제의 회복 여부에 관해서는 별도 논의

1. 하토야마 내각의 경제정책과 TPP

하토야마 내각의 경제정책에는 TPP 논의가 제대로 이루어지지 않았으며, 미국과 동북아 주변국과의 FTA에 관심을 표명하였다(외교통상부 동북아시아국 동북아1과 2011). 하토야마 내각은 '우애(友愛)' 정치철학에 입각한 '공생사회 건설'을 경제정책의 핵심목표로 설정하고, 이를 위해 〈내수확대를 통한 성장〉, 〈지방분권 강화〉, 〈중소기업 및 고용지원〉 정책 등을 추진하였다. 특히 대규모 공공투자 정책을 기조로 자민당 아소 정권과의 차별화에

역점을 두고 불필요한 공공건설 감축 및 예산낭비 시정 등을 통한 재정건전화를 추진하였다. 특히 내수진작을 위한 가계지원 정책으로 아동수당지급, 고속도로 무료화, 농가소득보상 등 가계가처분 소득증대 정책 등을 실시하였다. 다만 하토야마 내각의 경제대책은 엔고와 디플레이션이 겹치면서 경기악화에 대한 우려가 높아지는 가운데 기대되었던 고용안정화 등의 경기부양 효과로는 이어지지 못한 것으로 평가된다.

환율정책에 관해 하토야마 총리는 "외환시장의 급속한 변동성은 경제를 해칠 수 있다는 점에서 환율은 안정적인 수준으로 유지되는 것이 바람직하다"는 견해를 강조하며 엔고에 따른 경제성장 제한을 최소화하자는 입장이다(『朝日新聞』 2010/1/8).

한편, 하토야마 내각은 대외적으로는 미국, 중국, 한국 등 주요국과의 FTA 교섭 추진에 관심을 표명하였으며, 일본이 리더십을 발휘하여 정체되어 있던 WTO의 도하개발라운드(DDA) 협상의 추동력을 마련하려는 정책 스탠스를 표명하였다. 관련하여 일본은 WTO 우선활용 정책이라는 기조하에 WTO 체제의 불안정한 상황에 대응하기 위하여 2004년에 FTA 정책을 공식화해 왔다. 이는 민주당이 2009년 정권교체 후 자민당 정부보다 적극적인 통상정책을 추진했다기보다는 일본의 전형적인 통상정책 기조를 유지해 온 것으로 해석된다.

2. 간 내각의 경제정책과 TPP[7]

1) 간 내각의 경제정책

2010년 6월 출범한 간 나오토(菅直人) 내각은 하토야마 내각의 기본노선을 유지하면서 강한 경제, 강한 재정, 강한 사회복지를 동시에 추진하는 경

---

7) 재해 복구 및 부흥을 위한 민주당 간 나오토 총리의 새로운 경제정책에 관해서는, 김영근(2012)을 참조할 것.

제정책(제3의 길)[8]을 제시하였다. 경제성장과 재정건전화의 양립을 통한 지속가능한 성장체질 회복을 중시하되, 복지분야를 성장동력으로 육성하는 데 주안점을 둔 경제노선이라 할 수 있다.

환율정책에 관해 간 총리는 하토야마 정권에서 재무상을 역임했을 당시 "엔화가치(달러-엔 환율)가 조금 더 약세를 보여 90엔대 수준으로 거래되는 것이 바람직하다"는 견해를 피력한 바 있다(『朝日新聞』 2010/1/8). 그러나 "전 세계 국가의 환율경쟁으로 인해 대공황이 다시 발생할 우려가 있다"고 주장하며, 인위적인 환율정책에는 반대하는 입장이었다(『朝日新聞』 2010/ 11/11). 엔화약세를 선호했지만, 간 총리의 정치적 리더십이 의문시되고 있던 상황에서 엔화강세 해결에 무관심하지 않다는 인상을 주고자 소극적으로나마 환율개입에 나서는 정도의 정책시행이었다고 할 수 있다. 엔고 현상으로 인해 수출 중심의 일본 경제가 입는 타격을 방지하는 데 초점을 맞췄으나 정책효과는 미비했다. 한편, 사회보장 및 경기부양 등을 고려한 소비세 인상에 관해 "소비세를 인상하더라도 거둬들인 재원을 잘 활용한다면 경기가 나아질 수 있다"라는 입장을 피력한 바 있다.

간 내각은 2010년 6월 〈경제성장을 위한 신성장전략〉, 〈재정건전화를 위한 재정운영전략〉 등 경제정책을 발표했으나, 2010년 10월 참의원선거에서 패배한 결과 참의원에서 여소야대 구도가 형성되면서 경제정책의 추진력이 감소되었다.

2) 재해복구 및 부흥을 위한 새로운 경제정책: TPP 참가에 의한 제3의 개혁

2010년 10월 1일, 간 총리의 〈정부방침표명연설〉에서 "TPP 교섭 참가를 검토하여 아시아태평양자유무역권의 구축을 목표로 한다"[9]는 선언이 민주

---

8) 간 내각은 기존 자민당의 경제노선을 제1의 길, 제2의 길로 분류하고 자민당과 차별적인 경제정책을 제시하고 있다. 90년대 초 버블경제 붕괴 이후 공공사업 중심의 성장노선 〈제1의 길〉 추진 결과 재정적자 누적 문제가 발생했으며, 2001~2006년간 지속된 고이즈미 내각의 '공급 중시' 구조개혁 노선 〈제2의 길〉 추진 결과 사회적 격차 확대 문제가 초래되었다고 비판하고 있다.

당의 TPP 논의의 시발(구체화)이라 할 수 있다. 이후 간 총리는 2010년 11월 9일 '포괄적 경제협력(EPA)에 관한 기본 방침'을 통해 통상정책의 기조 변화를 시도했다고 할 수 있다. '포괄적인 경제연계에 관한 기본 방침(包括的経済連携に関する基本方針)'에 의한 일본의 FTA 정책 기조는 TPP, EU, 중국 등 거대 선진 경제권을 중시하고 있다(김양희 2011, 157). 새로운 FTA 정책기조에서 가장 큰 비중을 차지하고 있는 것이 TPP 전략이다.[10]

간 총리의 재임 당시 발생한 3.11 동일본대지진을 전후로 일본은 해결해야 할 많은 구조적 문제를 안고 있었다. 간 내각은 3.11 발생 이후 TPP 추진 및 국내 구조개혁 등을 포함하는 포괄적인 대외경제정책 변화의 신호탄을 쏘아올렸다. 3.11 동일본대지진을 전후로 일본 민주당의 통상정책은 다음과 같은 변화를 보였다. 예를 들어 TPP(Trans-Pacific Partnership: 환태평양경제동반자협정) 교섭을 통한 개방정책의 추진, 국내 규제완화 등 경쟁정책의 추진, 증세를 피하기 위한 세출 삭감 등을 들 수 있다(竹中 · 船橋 編 2011, 174). 일본이 처한 이러한 개혁과제의 추진은 2007년에 발생한 서브 프라임 위기와 2008년 리먼 사태 이후로 주춤했으나, 아이러니하게도 3.11 동일본대지진을 계기로 '잃어버린 20년' 사이에 발생된 이 모든 과제들이 한꺼번에 해결될 것이라 기대감이 높아졌다.

2011년 3월 11일 일본 도호쿠(東北) 지방에서 일어난 대규모 재해(지진,

---

9) 首相官邸, 『第176回国会における菅内閣総理大臣所信表明演説』平成22年10月1日, 2010年.

10) 물론 간 총리의 TPP 교섭참가여부에 관한 결론을 보류한다는 발언과 관련하여 TPP 전략에 소극적인 것으로 보는 시각도 가능하다. 菅総理発言(横浜APEC CEOサミット)(2010.11); 「環太平洋パートナーシップ(TPP)については、国内の環境整備を시급하게 추진함과 同時に 관계국과의 協議を開始한다(国内の環境整備を早急に進めるとともに、関係国との協議を開始します)」閣議決定「新成長戦略実現2011」(H23.1); 「環太平洋パートナーシップ(TPP) 協定については、その情報収集を進めながら対応していく必要があり、国内の環境整備を早急に進めるとともに、米国を始めとする関係国と協議を続け、(2011年)6月を目途に、交渉参加について結論を出す[TPP 협정에 관해서는 정보수집과정을 통해 대응해 나갈 필요가 있으며 국내의 환경정비를 신속하게 추진함과 동시에 미국을 비롯한 관계국과의 협의를 계속하여 2011년 6월을 목표로 교섭참가에 관해 결론을 도출한다]」.

쓰나미, 원전사고 등)는 어마어마한 재해피해를 불러일으켰으며, 이는 그야 말로 '복합 연쇄 위기'라고도 불릴만한 융합적인 위기를 초래하였다. 또한 이는 비단 일본 내의 문제에만 머물지 않고 휴머니즘(인간을 둘러싼 정치, 경제, 사회, 문화 등의 측면을 포함) 관점에서 국제적인 관심과 협력을 필요 로 하고 있었다. 이러한 상황 속에서 동아시아 관점에서 '재해'에 관해 다시 금 인식하여 동북아 경제협력을 위한 진로 모색과 대재해로부터 부흥 및 복구방안(계획)이 요구되어지고 있었다.[11]

다만 간 내각이 TPP교섭 참가를 추진하는 데에는 해결해야 할 많은 국내 적 제약요인들을 안고 있었다. 동일본대지진 피해지역이 안고 있는 특징은 고령화와 농어업 종사자가 많다는 구조적인 문제점이 두드러진다는 데 있 다. 이는 일본 통상정책에서 농업보호라는 정책기조 변화의 필요성이 있다 고 지적되는 것과 밀접하게 관련된 의제로, 일련의 보호정책으로부터의 탈 피에 관한 국내 지지가 동반되어야 하는 것이었다. 엎친데 덮친 격으로 일 본은 대지진 이후 복구·부흥에 힘겨워하는 과정에서 간 나오토 총리의 리 더십 부재와 기록적인 엔고의 지속으로 인해 31년 만의 무역수지 적자기록 은 일본의 경기회복 기대감이 급격하게 하락하는 계기가 되었다. 또한 글로 벌 경기둔화가 가속화하는 시점과 맞물린 것도 간 내각의 경제정책이 성공 하지 못한 요인으로 작용하였다.

3. 노다 내각의 경제정책과 TPP[12]

2011년 9월 2일 출범한 노다 내각은 큰 틀에서 '경제성장과 재정건전화의 양립'이라는 간 내각의 경제정책을 계승하고 있다. 특히 간 내각의 재무상을

---

11) 동북아 경제협력에 관한 선행연구에 관해서는 김영근(2012, 275-298)을 참조할 것.
12) "日米関係·TPPをめぐる発表の齟齬(H23.11)," 参議院自由民主党, 『民主党政権の検証 ─迷走の3年を総括─』 2012年 8月, 33에서 재인용.

역임하고 있었던 터라 취임 후 노다 총리는 주요 경제정책의 일관성을 대체로 유지하였다고 평가할 수 있다. 예를 들어 지속적인 경제정책으로는 신(新)산업에서의 고용창출 도모, 중소기업 창업지원책 강화 등 다양한 정책을 시도하였으나 정책효과는 미비한 것으로 평가된다. 잃어버린 20년이라는 장기경기침체 구조하에서의 3.11 동일본대지진으로 인한 소비위축 등 경제재생·부흥정책이 절실한 상황이었다.13) 그럼에도 불구하고 우선 재정적자 해소를 위해 〈세출삭감〉, 3.11 대재해 피해 복구·부흥 재원마련을 위한 증세방안으로 〈소비세율 인상(현행 5% → 10%)〉,14) 〈사회보장 개혁〉 등을 추진하였다.

국가전략회의15)를 중심으로 한 동일본대지진의 복구, 부흥 정책의 실행에 있어서는 재정의 일부를 '부흥채', '세출 삭감(국채비 여분)'이나 '소비세 인상'16) 등으로 조달한다는 방안을 내놓고 있다. 한편 환율정책에 관한 노다 내각의 입장은 간 총리재임 당시 재무상을 역임한 노다 총리가 주도해 왔기 때문에 큰 변화는 없으나, 간 내각에 비하면 적극적인 환율 개입정책을 주도하며 엔고저지를 위해 노력했다.

간 나오토(菅直人) 전 총리에 이어 노다 요시히코(野田佳彦) 당시 총리대신은 2011년 11월 11일 TPP 교섭에 대해 관심을 표명하고 "(동일본대지진을 계기로) TPP 교섭 참가를 목표로 관계국과의 협의 개시"를 선언했다. 이후 TPP는 일본 외교 통상정책의 주요 의제가 되었다. (2011년) 11월 12일 APEC 회의에서 노다 총리가 TPP 참가에 관해 강한 의지를 표명함으로

---

13) 노다 내각은 3.11 대지진 복구·부흥 사업으로 향후 10년간 최소 23조 엔을 투입(3차 추경예산 편성 및 한시적 증세조치 시행)하고 재해피해지역에 기업유치특구의 설치를 추진한 바 있다.

14) 노다 총리는 취임 후 재정적자와 국가부채가 심각한 상황에서 동일본대지진 후 경제 재건을 위해 필요한 재원을 마련하기 위한 방안으로 증세 정책을 선언하였다.

15) 이는 자민당·공명당 연립정권이었던 고이즈미 준이치로(小泉純一郎) 내각 당시 발족되었던 '경제재정자문회의(經濟財政諸問会議)'를 벤치마킹한 것이다.

16) 2014년 4월 1일 기준으로 소비세를 5%에서 8%로 인상할 예정(확정)이며, 2015년 (헤이세이 27년) 10월 1일부터는 소비세를 8%에서 10%로 인상할 예정으로 있다.

써 일본의 통상정책에 변화의 움직임이 가속화되기 시작했다.[17] 한편으로
는 일본 기업들도 노다 정권에 대해 TPP 교섭참여를 요구했다. 그 배경으로
는 경쟁국 한국의 FTA 효과와 지속되는 엔고 피해의 확산을 들 수 있다.
기업들은 증세는 반대하나 강력한 엔고대책과 특히 신속한 TPP 참여를 요
구하였다. TPP 참여 문제는 민주당의 경제분야 최대 국정과제로서, 노다
총리는 일본의 TPP 협상참여 방침(참가 의지 선언)은 3.11 대지진의 복구
와 부흥의 수단으로 활용되어, 불안정한 국제금융 상황하에서 엔고(엔화가
치의 상승)에 따른 일본 경제의 침체 상황에서 벗어나기 위한 출구 전략의
하나로 주목받고 있다. 대지진 이후 엔고로 인해 일본의 수출이 고전하고
있는 상황을 타파하기 위한 문제 해결의 열쇠는 역시 수출시장의 확대였다.
바로 이러한 상황에서 관심이 집중된 TPP가 논의된 것이다.

일본 정부가 TPP 교섭 참가에 관심을 표명한 배경(이유)은 향후 FTAAP
(환태평양자유무역지구)의 구축이라는 목표와 맞물려 있다.[18] 이를 뒷받침
하듯 일본경제단체연합회(経団連)는 3.11 동일본대지진을 극복하고 활기찬
경제 사회를 재구축함으로써 새로운 일본의 실현을 위해 TPP 교섭에 조기
참가할 것을 촉구하고 있다.[19]

특히 TPP에 관해서는 이미 가맹 9개국(P9) 간에 협상이 시작되어 2011
년 11월 APEC 회의에서 포괄적인 합의가 이루어졌음에도 불구하고 구체적
인 분야별(서비스, 지적재산권, 노동·환경 등) 협의를 위한 기본적인 진행
방식 등이 명확하지 않다는 점이 TPP 추진의 저해요인으로 작용하고 있다.
더욱이 일본의 농산물 자유화 문제, 캐나다의 유제품 및 닭고기 등의 공급관
리정책에 관한 자유화 문제 등이 교섭 의제(Agenda)에 추가될 경우 민주당
정권유지 당시 조속한 TPP 발효는 어려울 것으로 예상되었다.[20] 실제 당시

---

17) 野田総理記者会見(H23.11), "ホノルルAPEC首脳会議において、TPP交渉参加に向けて
   関係国との協議に入ることといたしました(호놀룰루 APEC정상회담에서 TPP 교섭 참
   가를 목표로 관계국과의 협의를 개시하기로 하였다)."
18) APEC정상회담(2011).
19) 일본경제단체연합회(経団連)(2011).

야당이었던 자민당이 민주당의 TPP 정책에 대한 평가는 다소 부정적으로 모순적인 경제정책으로 평가하고 있다(일본 참의원 자민당 2012, 20; 32).

4. 일본의 TPP 구상과 대내외 정책[21]

일본의 TPP 참가표명이 국내외 정치경제적 환경변화와 연계되어 있다는 사실은 두말할 것도 없다. 일본의 외교통상정책은 단순히 총리의 대외인식 만으로 결정되지 않고, 파벌 정치가, 외무성이나 경제산업성 등의 관계성청, 산업계 등의 국내적 요인을 물론이며, 미국이나 ASEAN을 포함한 아시아, EU 등 국제적 요인(행위자)이 관여하는 의사결정과정을 거쳐 이루어져 왔으며, 또한 앞으로도 영향을 미친다는 점에는 이견이 없다. 따라서 본 절에서는 TPP를 둘러싼 일본 국내산업의 선호에 관해서 (1) TPP 추진파(찬성파), (2) TPP 반대파로 나누어 일본 민주당의 TPP 구상과 대내외 정책을 살펴보고자 한다.

TPP를 둘러싼 일본 국내의 정치경제적 변화와 외교정책을 살펴보기로 하자. 일본이 2010년 11월 6일 각료회의에서 협상에 참여하기로 함에 따라 더욱 주목받기 시작한 TPP에 대해서, 미국은 회원국 가입을 통해 TPP를 장차 가장 크고 역동적인 무역공동체로 확장시켜 나간다는 전략임을 강조하였다. 이러한 대내외적 환경변화 속에서 일본의 TPP 가입은, 미국을 포함한 아·태지역 여러 나라와 자유무역을 동시에 추진하는 다자간 무역교섭으로 상대적으로 경쟁력이 취약한 일본의 농업계 입장에서는 심각한 문제라고 할 수 있다. 앞에서 언급한 바와 같이 간 나오토 전 총리가 TPP 참가 검토를

---

20) 민주당 정권 당시 향후에 TPP 가맹 9개국(P9)과 일본, 캐나다, 멕시코가 TPP 교섭을 시작한다고 하더라도 발효가 되기까지는 험난한 여정이 예상된다는 분석들이 지배적이었다(高橋俊樹 2012).

21) 일본 민주당의 TPP 구상과 대내외 정책(선호)에 관해서는, 김영근(2012, 47-50)을 참조할 것.

공표하면서 시작된 TPP에 대한 찬반 논쟁은 3.11 대지진 이후 일본의 경제 부흥과 맞물려 논의되면서 가속화되었다. 일본은 한미 FTA 발효에 따른 미국 시장에서의 자국기업의 경쟁열위를 만회하기 위한 사전포석으로서 TPP 교섭을 전략적으로 추진한다는 해석도 있다. 하지만 국내 정치와 밀접하게 연계되어 있는 TPP 참가표명 이후 일본 내 찬반 여론에 대해서는 해석이 다양하다. TPP 참가를 통해 일본의 국제경쟁력을 활용하고 일본 경제를 재편하려는 찬성파와, 수입품의 가격하락으로 타격이 우려되는 농업단체, 의료단체 등의 강력한 반대파가 존재한다. 구체적인 TPP 추진파와 반대파의 논리를 점검해 보기로 하자.

1) TPP 추진파(찬성파)

TPP 찬성파 혹은 추진파들은 대지진 이후 TPP 가입을 '일본 재생'의 기점(제3의 개국)으로 삼고, '잃어버린 10년 혹은 20년'으로 지칭되고 있는 약화된 일본의 위상에서 탈피하기 위한 수단으로 생각하고 있다. 간 나오토 전 총리와 노다 총리가 농산물을 비롯한 모든 상품관세의 100% 철폐를 목표로 하고 있는 TPP에 참여하겠다고 선언한 것도 이와 같은 맥락이라 할 수 있다. 일본 정부는 2010년 11월 9일 각의에서 미국을 비롯한 관련국들과 TPP에 참여하는 것을 주요 내용으로 하는 '경제동반자협정 기본방침'을 확정하였다. 무엇보다도 일본이 중시해온 WTO 체제하의 도하개발라운드(Doha Development Agenda: DDA) 전망이 다소 불투명한 상황과 맞물려, 주요국 간 FTA 확대 등의 변화에 대한 일본의 대응이 지체되고 있다는 점을 감한할 때 성장기반 재구축의 필요성이 절박하게 제기된 상황이라 할 수 있다.

일본 경제산업성 및 제조업체 관련 경제단체 등은 TPP 가맹에 대체적으로 찬성하는 입장이다. 찬성·추진파는 대체적으로 관세철폐로 인한 수출의 증대 효과를 그 근거로 삼고 있다. 예를 들어 TPP 찬성파인 도쿄대 다나카 아키히코(田中明彦) 교수는 일본이 대외무역에 거의 의존하고 있는 만큼 국제적 교섭(협상)은 중요한 역할을 하며, TPP 또한 끊임없이 계속되는 국제

경제교섭의 하나로 간주해야 한다고 주장한다. 특히 일본의 대다수의 겸업
농가가 제조업에 생활을 의존하고 있어서 제조업이 쇠퇴하면 겸업농가도
곤란해질 것이고 주장하며 TPP를 지지하고 있다(田中明彦 2011.11.29,
94-95).[22]

한편으로는 일본의 경쟁우위 산업계 등은 수출부진 및 경제불황에서 탈
피하기 위한 수단으로 TPP 교섭 참가가 우선되어야 한다는 주장도 팽배하
다. 예를 들어, [재단법인]일본국제경제교류재단(財団法人国際経済交流財団)
의 여론조사 결과에 따르면, 경제협력(経済連携)의 활용수단으로 TPP에 대
한 지지가 가장 높다. FTA·EPA의 체결을 희망하는 국가·지역으로 TPP
역내간 75.7%, 중국과의 FTA가 62.2%, 미국과는 40.5%, EU와는 33.1% 순
으로 지지하고 있다(財団法人国際経済交流財団, "競争環境の変化に対応した
我が国産業の競争力強化に関する調査研究"(일본경제산업성, 2011), 169 재
인용).

2) TPP 반대파

일본 정부가 TPP 찬성파 혹은 추진파의 논리를 대변하고 있는 반면, 일본
국내적 반응의 대부분은 반대파의 주장과 일치하고 있는 상황이다. 정책결
정과정에서 반대의 주장이 수용될 수 있을 것인가에 관한 논의는 별도로
치더라도, 단순히 보면 일본 내에서의 저서, 논문, 또는 인터넷상의 주장
대다수는 반대파에 속한다.[23] 반대파들은 TPP 교섭이 3.11 대지진 복구와
경제 부흥에 있어서 장애 요인으로 작용할 것으로 전망한다. 수입피해는 물
론이며 실업자 증가의 초래 등의 부정적 효과를 거론하고 있다. 특히 농·
수·축산업을 주산업으로 하는 동북지역은 지진피해가 집중된 곳으로 TPP
교섭으로 인한 주요 산업의 폐해를 우려하기 때문에 더욱더 반발하고 있다.

---

22) TPP 참가에 찬성하는 주장으로는 萩原伸次郎(2011a; 2011b) 참조.
23) TPP 반대파의 주장은 "TPP批判 — 何が起きるか,"『世界』 2011年 4月号; 農文協
    (2010; 2011) 참조.

도쿄대 마쓰바라 류이치로(松原隆一郎) 교수는 비교열위에 있는 농업이
나 타(他)산업이라도 국내에 존재하는 것이 사회적으로 의미가 있는 분야는
지속적으로 존재(보호)해야 한다고 주장한다. 즉 경제효율만으로 사회는 성
립되지 않으며, 비교우위나 효율성 및 사회적 필요성 등의 균형이야말로 정
치에 요구되어져야 하며, 따라서 일련의 균형을 뒤집을 수 있는 수출산업만
을 중시하는 TPP 참가에 반대한다는 입장이었다(松原 2011.11.29, 96-97).
이와 같은 반대파의 주장을 극복하고 TPP 교섭 추진을 위해서 일본 정부는
무엇보다도 FTA 추진의 저해요인으로 작용해 왔던 농업분야(특히 쌀)의 국
제경쟁력 향상이라는 대책마련이 시급한 실정이다.

5. 동일본대지진(2011) 이후 일본 민주당 경제정책의 변용[24]

일본 민주당 경제정책의 변화를 초래한 가장 큰 계기는 동일본대지진
(2011)의 발생이라 할 수 있으며, 이와 맞물린 일본 경제의 부흥을 실현하기
위한 민주당의 경제정책 기조는 '신성장전략'으로 요약할 수 있다. 이는 민
주당(간 내각과 노다 내각)이 적극적으로 추진해 왔던 TPP 정책과도 밀접한
관련이 있으며, 또한 TPP 추진 배경에는 본문에서 살펴보았듯이 3.11 동일
본대지진 이후 TPP 가입을 '일본 재생'의 기점(제3의 개국)으로 삼고, '잃어
버린 10년 혹은 20년'으로 지칭되고 있는 약화된 일본의 위상에서 탈피하기
위한 수단으로 생각하고 있었기 때문이다. 여기서는 동일본대지진(2011) 이
후 일본 민주당 경제정책의 변용을 점검하고자 한다.

동일본대지진(2011) 이후의 경제정책에 관련된 분석은 '재후체제'[25]라 할

---

24) 재해 후(災後) 일본 경제정책의 변용에 관해서는, 김영근(2013b)을 참조할 것.
25) 3.11 동일본대지진이 발생한 이후 '일본에서는 전후의 끝에 재후가 시작되었다'라는
　　말이 논의되고 있다. 이것은 일본의 저명한 정치학자이자 부흥청 부흥추진위원회(復
　　興庁復興推進委員会)의 위원장대리를 맡고 있는 미쿠리야 다카시(御厨貴) 도쿄대학
　　교수가 주장한 말이다. 일본이 제2차 세계대전에서 패한 후 '전후 체제'를 확립했듯이

수 있으며, 대재해 발생 당시의 주요한 글로벌 환경변화로는 '세계 금융 위기'[26]의 발생을 들 수 있다. 한편 재해 발생 당시 일본의 경제구조는 '잃어버린 20년'이라고 특징지을 수 있으며 'TPP 교섭 참가 선언', '디플레이션 탈피와 중장기적인 경제 재정 운영'이라는 경제정책 상의 변화가 나타났다. 이러한 정책을 실행하는 데 필요한 재원을 조달하기 위한 수단(재정)으로 '부흥채(復興債)' 발행, '세출삭감' 및 '소비세 인상' 등을 실행하였다. 재해 후 일본의 부흥정책을 추진한 주요 정책수행자는 '총리 관저 vs. 비정부 행위자(NGO/NPO 등)'이며, '재해로부터 재생, 복구, 부흥'을 목표로 노력하고 있다(〈표 7〉 참조).

일본 사회와 경제에 상정외의 큰 피해를 입힌 3.11 동일본대지진은 피해지역이 매우 광범위하며 여전히 부흥 정책에 대한 이해 및 실행에 혼란이 지속되고 있다. 동일본대지진은 이른바 복합·연쇄적인 재해였으며 그로 인한 피해는 실로 막대하다. 지진과 쓰나미 피해에 그치지 않고 후쿠시마(福島)현의 제1원자력발전소의 제1·2·3호기가 전원상실에 의해 핵연료가 녹아내려 원자로가 파괴되고, 그 결과 원자물질이 바다와 공기 중으로 배출되는 방사능 오염피해도 발생하였다. 이로 인한 전국적인 전력 부족 상황이 발생했으며 이는 일본 경제에도 지대한 영향(수십조 엔이라고 추정되는 경제적 손실 발생)을 미치고 있다.

재해 발생 당시 일본의 경제구조는 '잃어버린 20년'이라고 특징지을 수 있는 경기침체 상황이 동시에 진행되고 있다고 할 수 있다(武者陵司 2011; 深尾京司 2012). 1990년대 초반 이후 일본 정부는 '디플레이션 상황의 탈출' 및 '경제 활성화'를 목표로 다양한 중장기적 경제 재정 정책을 운영해 왔다.

대지진 재해에서 복구하여, 일본 재생 혹은 일본 재건(부흥)을 목표로 하는 중요한 전환기적인 의미가 내포되어 있다.

26) 세계 금융 위기는 2007년 미국의 서브 프라임론(subprime mortgage loan) 문제가 주택 버블 붕괴로 파급되어 2012년 현재에 이르기까지 계속되고 있는 국제적인 금융 위기이다. 이를 발단으로 한 세계적인 경제 불황의 연속은 '세계 동시 불황'이라고도 불린다.

〈표 7〉 재해 부흥 프로세스에서의 일본 경제정책 비교

	한신아와지 대지진(1995) 이후	동일본대지진 (2011) 이후
일본의 시스템	재간(災間)체제	재후(災後)체제
글로벌 환경변화	- WTO(세계무역기구) 성립 · WTO의 침체와 FTA의 확산	- 세계금융위기
일본의 경제 구조	- 거품 경제의 붕괴 - '잃어버린 10년'	- '잃어버린 20년' (산업공동화의 가속화)
일본 경제정책의 변화	- 구조개혁(금융, 재정 등) - 디플레이션 탈출	- TPP교섭에 참가 선언 · TPP 협상 참가국(P9)과의 협의개시(2011.12) - 디플레이션 탈출과 중장기적 경제재정 운영
재정 (재원조달수단)	- 증세 - 소비세 인상	- 부흥채 - 소비세 인상
주요 정책 수행자	- 총리 관저	- 총리 관저 vs. NGO/NPO - '부흥구상회의'

출처: 필자 작성, 김영근(2013b, 400) 〈표 10〉 재인용

무엇보다도 일본 정부는 기본적으로 디플레이션 상황에서 탈출하여 '잃어버린 20년을 마감하고 일본의 새로운 경제 재생'을 위한 '경제 성장과 재정 건전화의 양립'을 목표로 삼고 있었다. 그러한 상황에서 발생한 동일본대지진(2011)은 일본 정부에 있어 그야말로 '엎친 데 덮친 격'이었다.

일본 정부는 '동일본대지진 부흥구상회의(東日本大震災復興構想会議)'를 통해 다양한 관점에서 부흥 구상에 대한 논의를 진행해 왔다(2011년 4월 14일 제1차 회의 개최 이후 2011년 11월 10일 제13차 회의까지 13회 개최).[27] 일본 경제의 부흥을 목표로 ① 조기 부흥에 총력을 기울여 유대감을

---

27) '동일본대지진 부흥구상 회의'의 회의록 내용에 관해서는 다음을 참조할 것(http://www.cas.go.jp/jp/fukkou/).

강화, ② 원전폐지(제로) 조치, 배상에 집중으로 대응, ③ 재해 지역의 부흥을 일본 재생의 선례로 삼을 것, ④ 재해 방지(防災) 및 재해 감소(減災)를 위한 노력 강화 등의 기치를 내걸고 있다. 특히 '부흥구상 7원칙' 중에서도 '재해피해를 입은 도호쿠(東北) 지방을 되살리기 위해 잠재력을 활용하여 기술 혁신을 수반한 복구 및 부흥을 목표로 한다. 향후 다가오는 미래시대를 이끌어 나갈 경제 사회로서의 가능성을 추구한다.'(원칙 3) 및 "지진으로 인해 크게 손실된 국제적인 '부품 공급망(supply chain)'은 국내외 사람들에게 일본과 세계가 얼마나 깊게 연결되어 있는지에 관해 다시금 인식시켰다. 그러므로 일본은 국제사회와의 유대를 강화하여 세계적으로 열린 부흥(정책)을 목표로 해야 한다(東日本大震災復興構想会議 2011.6.25, 44)"라는 내용을 바탕으로 부흥정책의 국제협력(세계로 열린 부흥을 목표)을 모색하고 있다.

Ⅳ. 결론: 일본 정권교체의 경제학

본 장에서는 일본의 자민당에서 민주당으로의 정권교체에 따른 경제정책의 변용 이론을 바탕으로 한 사례분석을 시도하였다. 결론을 요약(〈표 8〉 참조)하면, 첫째, 일본 민주당의 정책 변용(단절)은 실패했다고 할 수 있다. 정권교체에 따른 일본 민주당 경제정책 추진(변용)에 있어서 가장 중요한 상관변수라 할 수 있는 새로운 정책(제도)의 제시(displacement), 즉 '제도치환(D)'이 이뤄지지 못했다는 점이 그 원인이다. 또한 '잃어버린 10년 혹은 20년'과 맞물린 3.11 동일본대지진(2011)으로부터의 경제회생(부활·재생) 정책이 제대로 제시되거나 시행되지 못했다는 점도 동시에 작용하였다. 둘째, 비록 민주당의 경제정책에 있어서 정권교체 이후 '정책의 연속성'은 존재했다하더라도 실행 메커니즘이 효율적이지 못했다는 점이다. 민주당은 정

〈표 8〉 제도변화의 유형과 민주당 경제정책의 변화

제도 자체의 개혁에 대한 저항

		강	약
정책에서의 현상유지 지향	강	A 제도 표류(drift) 환경변화에 대한 미대응으로 기존(旣定) 정책 비효율적 대응 예): 원전사고 대응 프로그램의 리스크대응력 감퇴, 복지공약의 실현 미흡, '잃어버린 20년'의 지속	B 제도 전용(conversion) 기존 정책의 전략적 재정의 혹은 전용 예): 공적보조금을 받아온 항공우주 분야 정부지원사업의 재편
	약	C 제도 중층화(layering) 기존 정책을 유지하며 새로운 정책의 수립 예): 다각적 지역주의 정책 전개 (FTA-TPP-RCEP-한중일 FTA 등)	D 제도 치환(displacement) 새로운 제도의 도입 예): 소비세 인상, 아베노믹스의 재정완화 정책

출처: 〈표 2〉의 재사용, 기타야마(2011, 54)를 수정·보완한 마쓰오카 슌지(2011, 54)의 제도변화 유형도를 재인용

책추진의 메커니즘의 부재 혹은 비효율적인 작동으로 인해 기존 정책을 전략적으로 새롭게 정의하고 혹은 변화(conversion)시키려는 '제도 전용(B)' 혹은 효율적인 '제도 중층화(C) 정책 제시나 실행에 실패한 것으로 분석된다. 현재 자민당 정권하에 교섭 중인 TPP를 중심으로 한 민주당의 대외경제정책을 평가하더라도 이는 자민당과 민주당의 정책적 연속성을 가지고 있는 것으로 볼 수 있다. 다만 민주당이 국내정치과정을 통한 정책실현에 있어서 '균열정당,' 취약한 리더십, 미흡한 관료의 지지 혹은 협력 등 다양한 국내적 요인이 작동한 결과 제도의 개혁 및 시행이 어려웠던 것으로 해석된다.

1. 정권교체와 일본 민주당 경제정책 추진(변용)과의 상관변수

일본의 정권교체에 따른 정치변동과 경제정책의 변화를 조명하였다. 민주당과 자민당의 주요 경제정책 구상을 비교해 보면 원칙적으로 유사한 정책기조이나, 통상정책 등에 관해서는 정책차이가 존재한다. 기본적으로 자유무역협정에 적극적인 입장이나, TPP교섭 대응(추진)에는 정당 간 입장차가 선명하였다. 이는 정책적 스탠스의 차이라기보다는 정책추진의 메커니즘이 서로 다른 점이 크게 작용한 것으로 보인다. 예를 들어, 민주당의 TPP 전략 혹은 정책에 관해 정권교체 이전 자민당(참의원)의 TPP 정책은 2012년 12월 정권교체 선거 당시의 TPP에 관한 정책스탠스와 유사하다. 즉 TPP 교섭참가에 민주당에 비해 다소 소극적으로, 「성역없는 관세철폐」를 전제로 할 경우 교섭참여에 반대한다는 입장이었다.[28] 그러나 현실은 자민당 정권하에서 TPP 교섭이 개시되었다. 무엇보다도 일본(민주당과 자민당)의 경제정책은 총리 개인의 정치적 선호라기보다는 일본전체의 경제적 이득을 고려한 TPP 선택을 우선할 가능성이 높다. "일본은 TPP 참가로 인해서 아시아, 남미 수출시장을 확대할 수 있을 뿐만 아니라 GDP 직접증가율도 상승하는 효과를 얻을 수 있다. 또한 일시에 9개국과 FTA를 체결함으로써 한국이나 중국보다 FTA 추진이 늦어 상대적으로 불리한 상황이라는 일본 국내의 비판여론을 잠재우는 효과도 기대할 수 있을 것이다"(구본관 2011. 4.15).[29]

TPP 교섭을 중심으로 일본 민주당의 대외경제정책을 한마디로 요약하면, '정치(정책)에 있어서의 현상유지지향' 및 '제도 자체의 개혁에 대한 저항'이

---

28) 2011년 11월 미일관계 및 TPP를 둘러싼 미일 간 발표내용의 차이점에 관해, "모든 상품 및 서비스를 무역자유화 교섭대상으로 하겠다고 노다 총리가 발언했다"는 미국 측 발표에 대해 일본 측(민주당)은 인정하지 않았지만 (민주당이) 정정을 요구하지 않았다는 점에 관해 자민당은 이해할 수 없는 대응이라고 일축하고 있다. 參議院自由民主党(2012.8, 33).

29) 이러한 TPP 추진요인이야말로 한일 FTA 교섭재개의 저해요인으로 작용할 가능성(영향)에 관해서도 주목할 필요가 있다.

약한 상황에서, 즉 자민당의 정책에 관한 실망에서 기인한 정권교체 및 새로
운 제도의 도입이라는 유형 D(제도 치환)의 수요(요구)가 강한 상황이었다.
그러나 새로운 경제정책 기조는 제대로 제시(유형 D: 제도 치환)되지 못하
였고, 제도개혁에 대한 저항은 강해 '제도의 중층화'(유형 C) 혹은 '제도 표
류'(유형 A)라는 정책으로 나타났다고 할 수 있다. 특히 민주당 정권의 리더
십 부재와 31년 만의 무역수지 적자기록이라는 상황하에서 경제부활의 절
망이 민주당 정책의 실망으로 연계되어 '정치(정책)'에 있어서의 현상유지지
향'이 강해지는 즉, 민주당이 정권교체를 실현하기 이전의 전통적인 자민당
의 정책이 선호되는 '제도 표류'(유형 A)가 우세하게 되었다고 평가할 수
있다(〈표 8〉 참조).

본 장에서 다룬 민주당 집권 3년간의 대외경제정책을 한마디로 평가하자
면, "민주당의 경제정책 기조가 제대로 제시되지 못했다는 점과 이는 결과적
으로 일본 국민(유권자)의 지지 또한 매우 저조하였으며, 지지자들의 이탈
이 두드러진 것으로 연계되었다"고 해석할 수 있겠다.[30] 구체적인 요인(배
경)으로는 첫째, 2009년 민주당의 매니페스토(〈표 3〉 참조)를 살펴보면, 복
지 공약을 내세워서 집권한 정당이었음에도 불구하고, 정책이행의 메커니즘
부재 혹은 제대로 작동하지 못했다는 점이다. 둘째, 국정운영 중 대외경제정
책추진의 메커니즘의 부재 혹은 비효율적인 작동의 요인(배경)에 관한 것으
로 민주당 내 여러 파벌들 간의 조정이 제대로 이뤄지지 못했다는 점과 관
료의 지지 혹은 협력을 얻지 못한 '균열정당'이었다는 점이 영향을 미친 것

---

30) 무엇보다도 본 장은 제도변화의 유형(분석틀)을 바탕으로 한 민주당 경제정책의 변화
분석을 바탕으로 한 일반화된 결론을 제시하고 있기 때문에 일본 경제정책의 변화를
설명하고 이해하는 데 매우 유효할 것이다. 물론 결론에 이르기까지의 방대한 분석
작업에 비추어 볼 때 큰 의미를 갖는 결론이라고 하기에는 다소 빈약한 교훈에 그치
고 있으며 일본적인 논의의 정리에 불과한 분석으로 간주될 소지도 있다. 주지하다시
피 민주당으로서는 매니페스토를 통해 자민당과는 차별화된 새로운 경제정책 기조를
제시했다고 주장할 수 있으나, 다만 선행연구가 민주당의 정책성향 분석에 그쳐 실제
정책시행 등의 과정 분석을 간과하고 있기에 본 장의 연구결과가 가져다 주는 학문적
기여도는 크다고는 할 수 있다.

으로 보인다. 오자와그룹과 오자와에 반대하는 그룹 간의 심각한 분열이
결과적으로는 민주당의 결집력 약화로 이어졌으며, 특히 3.11 동일본대지
진 이후 일본 국민들이 요구(선호)하는 강력한 리더십 발휘가 이뤄지지 못
했다.

2. 정권교체의 정치경제학: 일본 민주당의 정책 변용(단절)과 지속(연속성)

정권교체에 따라 경제정책의 변용도 동반될 것인가라는 문제의식에 관해
민주당과 자민당의 주요 경제정책 비교를 통해 얻어진 결론은 단절이라기보
다는 연속성하에서 경제정책의 추진동력이 중요하다는 점이다. 즉 정권교체
의 관건이 되고 있는 일본 경제 부활을 위한 효율적인 거버넌스를 위한 추
동력 확보 여부에 주목할 필요가 있다.

과연 일본의 경제회생을 위한 강력한 금융완화와 과감한 경기부양책을
제시하고 있는 자민당 아베(安倍晋三) 정권의 주요 경제정책이 실현가능성
에 관해서는 일본 경제 부활을 위한 경제운영(거버넌스)이 관건이다. 강한
리더십이 요구되고 있는 일본의 진로는 약한 정부로 대변되는 민주당의 정
책스탠스에서 탈피하고 아베 1기 경제정책과의 차별화를 어떻게 추진할 것
인가가 변수이자 과제라 할 수 있다.

3.11 동일본대지진 이후 일본 경제(정책의 변화) 및 세계에서 가장 역동
적인 지역인 아시아 태평양에서 논의되고 있는 TPP 교섭에 대한 관심이 높
아졌다.[31] 특히 일본이 동아시아와 미주 등을 아우르는 TPP 교섭참가 후
타결과 맞물려, 동아시아 지역 내 자유무역지대 구상을 통해 경제통합이라

---

31) 일본 민주당 정권이 TPP 교섭참가 결정을 둘러싸고 정책의사결정 시스템이 정권교체
이전의 자민당과는 어떻게 다르게 변화되었는가를 분석하는 것이 매우 중요하다 하
겠다. 다만, 이 글에서는 일본 민주당의 정책결정 시스템과 TPP 교섭과정에 관해서는
연계되어 분석하지 못하고 또한 이론적인 분석이 이루어지지 못하고 있는 한계점을
가지고 있다.

는 새로운 제도 기반을 구축(정비)할 수 있을지에 관해 큰 주목을 받고 있었다. 3.11 동일본대지진 이후 국내 피해 상황의 심각성을 고려하여 TPP에 대한 논의는 잠시 중단되었다. 이후 정권교체 후 일본 자민당 아베 신정권은 미국 주도의 TPP를 경제회생의 돌파구로 여겨 2013년 3월 15일 협상참여를 선언한 이후 TPP 협상에 실제 참가(2013.7.15~24)하였다.[32] 특히 최근 주변국인 한국과 중국이 주목하고 있는 TPP 협상참여는 3.11 동일본대지진의 복구와 부흥의 수단으로 활용될 가능성이 높다.[33] 아울러 일본 경제의 침체상황에서 벗어나기 위한 출구 전략의 하나로 아베 정권이 전략적으로 추진하고 있는 정책 중의 하나가 '엔저(엔화가치의 하락)에 따른 수출의 확대 전략'이다. 비록 조속한 TPP 발효는 어려울 것으로 예상되지만, 일본의 농산물 자유화 문제, 캐나다의 유제품 및 닭고기 등의 공급관리정책에 관한 자유화 문제 등 산재하고 있는 다양한 교섭 의제(Agenda)를 어떻게 조율하느냐에 따라 그 결과(진행속도)가 달라질 것으로 보인다.

이상에서 언급한 정권교체의 가장 큰 관심사였던 일본의 경제회생을 위해서는, 3.11 동일본대지진으로부터의 부흥전략의 재구축,[34] 미일 간의 신뢰회복(혹은 강화), 그리고 일본의 국내적 대응(농업문제 해결 등)과 구체적

---

32) 일본 정부가 제시하는 TPP가 일본에 미치는 경제효과에 관한 분석에 의하면, TPP 협상 참여가 이루어질 경우(100% 자유화 전제), 그것이 수출증가 및 일본 국내 투자 증가와 고용확보 등으로 연결되어 향후 10년간 일본의 실질 국내 총생산(GDP)이 2조 4,000억 엔에서 3조 2,000억(0.48%에서 0.54% 전후) 엔으로 증가할 것으로 전망하고 있다. 내각부경제사회총합연구소(內閣府經濟社會総合研究所), 경제산업성, 농림수산성(農林水産省)이 각각 독자적인 입장에서 시뮬레이션분석을 행한 자료를 바탕으로 내각관방이 정리한 내용(내각관방, 2011.10.18)을 참조. 최 관·서승원 편(2012, 132)에서 재인용.

33) 일본 정부가 TPP 교섭 참가에 관심을 표명하는 배경(이유)은 향후 FTAAP(환태평양 자유무역지구)의 구축이라는 목표와 맞물려 있다. APEC 정상회담(2011 자료), 최 관·서승원 편(2012, 139)에서 재인용.

34) 아베 정권은 '3.11 동일본대지진(대재해)으로부터의 복구·재생·부흥을 위한 일본판 뉴딜정책'구상을 제시하고 향후 10년간 200조 엔을 지진과 쓰나미, 태풍 등에 대비한 방재 인프라에 집중투자한다는 정책강령을 제시하고 있다. 자민당의 정책공약집 참조. 자민당(2012).

실천방안 제시 등 많은 저해요인을 어떻게 해결할 것인가가 최대의 관건이라고 할 수 있다.[35] 자민당 아베 정권이 한·일, 한·중·일 FTA 타결, 동아시아지역 경제통합 구상 또는 동아시아 공동체 구상 실현을 위한 구체적인 전략과 이미지 제시가 미비한 현 상황하에서 엔화약세와 시장금융완화라는 경기부양책만으로 과연 경기회복(투자심리와 소비심리의 부활)을 달성할 수 있을 것인가는 주목할 만한 일이다.

무엇보다도 일본 경제 부활을 위한 경제운영(거버넌스)을 위한 추동력 확보 문제에 관심을 기울여야 한다. 과연 엔화 약세정책 등의 실현으로 디플레이션을 극복하고 일본 경제의 부활이 가능한가, 다시 말해서 아베의 신(新)정책이 '잃어버린 20년의 일본 경제'에서 탈피하고, '잃어버린 30년의 일본 경제'로 가는 길목에서 벗어나기 위한 구체적인 해결책으로 작동할 것인가에 관해서는 주목할 만하다.

이는 일본의 행정개혁 등을 포함한 구조개혁 및 사회보장개혁 단행 여부가 시금석이 될 듯하다. 또한 민주당이 적극적으로 추진해 왔던 TPP에 관해 자민당 아베 신(新)정권이 불분명한 통상정책 스탠스에서 탈피하여 TPP 교섭이 개시된 현 상황하에서, 일본으로서는 WTO 등 국제무역체제의 활용방안을 제시하고 나아가 지역주의 추진의 걸림돌을 제거해 나갈 수 있을 것인지에 대해서도 주목할 필요가 있다.

---

35) 아울러 3.11 대지진의 부흥에 힘을 쏟아야 할 자민당의 정치적 리더십이 TPP 교섭 혹은 한중일 FTA, 한일 FTA 교섭 추진 프로세스를 통해서 극복될 수 있을지에 대한 의문은 여전히 남아 있다. 2012년 12월 16일에 실시된 중의원선거에서 자민당이 정권교체를 달성한 현재, 민주당이 추진해 왔던 국내문제를 안고 있는 TPP에 관한 정책 스탠스를 어떻게 변화시켜 나아갈지에 대한 기대감과 동시에, 세계무역체제에서의 리더십(지위) 확보 등 여러 과제를 해결해야 한다.

▌참고문헌▐

구본관. 2011. "日, FTA 대신 TPP를 선택하나?" 삼성경제연구소.
김규판. 2013. "일본의 TPP협상 참여 선언: 전망과 시사점." 『KIEP 오늘의 세계경제 (World Economy Update)』 13(12). 대외경제정책연구원.
김양희. 2011. "일본의 2010년판 FTA 정책 제시와 향후 전망." 최 관·서승원 편. 『저팬리뷰 2011』. 도서출판 문.
_____. 2010. "일본의 「포괄적 EPA 기본방침」에 대한 평가와 시사점." 『오늘의 세계경제』 10-29. 대외경제정책연구원.
김영근. 2013a. "민주당 정권의 경제정책 평가 및 자민당 아베 新정권의 정책전환 전망." 현대일본학회 특별학술대회(2013.1.7 연세대학교) 발표자료.
_____. 2013b. "재해후의 일본경제정책 변용: 간토·전후·한신·동일본대지진의 비교분석." 『일어일문학연구』 84(2), 375-406.
_____. 2012. "동일본대지진 이후의 일본경제와 통상정책: TPP정책을 중심으로(東日本大震災後の日本経済と通商政策: TPP政策を中心に)." 『일본연구논총』 35, 33-66.
_____. 2012. "동북아시아 경제협력의 진로: 한일-한중-남북 FTA의 정체요인과 추진 전략." 『일본연구』 제17권. 고려대학교 일본연구센터, pp.275-298.
우마다 게이이치(馬田啓一). 2012. "TPP와 미일경제관계 강한 미국과 약한 일본(TPPと日米経済関係強気な米国と弱気な日本)." 『국제무역과 투자(国際貿易と投資)』 Winter 90, 3-26.
원종학. 2009. "일본 민주당 정권의 경제정책." 『재정포럼』 161, 23-36.
외교통상부 동북아시아국 동북아1과. 2011. 『(2012)일본개황 = Japan』.
이이범. 2013. "자민당 정권의 부활과 일본 정당시스템의 변화." 서승원·김영근 엮음. 『저팬리뷰 2013』. 고려대출판부.
정성춘·이형근·서영경. 2013. "일본 아베노믹스의 추진 현황과 정책 시사점." 『KIEP 오늘의 세계경제』 13(5).
최 관·서승원편. 2012. 『저팬리뷰 2012: 3.11 동일본대지진과 일본』(고려대학교 일본연구센터). 도서출판 문.

현대일본학회. 2007. 『일본정치론』. 논형.

Hacker, J. 2005. "Policy Drift: The Hidden Politics of US Welfare State Retrenchment." In Streeck, W. and K. A. Thelen, eds. *Beyond Continuity: Institutional Change in Advanced Political Economy.* Oxford: Oxford U. P.

Ruggie, John Gerard. 1983. "International Regimes, Transactions, and Change: Embedded Liberalism in the Postwar Economic Order." *International Organization*, 379-415.

_____, ed. 1993. *Multilateralism Matters.* NY: Columbia U. P. (http://www. canonigs.org/column/macroeconomics/20110318_791.html).

"アジア太平洋自由貿易圏(FTAAP)への道筋." 2011.11. 13-14. APEC首脳会議. 일본경제단체연합회(게이단렌/日本経団連)의 정책제언 및 조사보고 사이트(http:// www.keidanren.or.jp/japanese/policy/index.html) 중, "아시아·태평양지역에 있어서 경제통합의 추진을 촉구한다(アジア太平洋地域における経済統合の推進を求める: 2020年のアジア太平洋自由貿易圏(FTAAP)実現に向けて)." (2011년 12월 13일자)는 보고서 참조(http://www.keidanren.or.jp/japanese/policy/2011/110/index.html).

伊藤滋·奥野正寛·大西隆·花崎正晴 編. 2011. 『東日本大震災復興への提言—持続可能な経済社会の構築』. 東京大学出版会.

岩田規久男. 2011. 『経済復興—大震災から立ち上がる』. 筑摩書房.

稲田義久. 1999. "震災からの復興に影さす不況—震災4年目の兵庫県経済." 藤本建夫 編. 『阪神大震災と経済再建』. 勁草書房, 1-43.

老川慶喜·渡辺恵一·仁木良和. 2002. 『日本経済史—太閤検地から戦後復興まで』. 光文社.

加藤元宜·藤岡隆史. 2009. "政権交代の背景と選挙結果への評価: '第45回衆議院選挙世論調査'から." 『放送研究と調査』 11月号, 2-19.

関西学院大学COE災害復興制度研究会 編. 2005. 『災害復興—阪神·淡路大震災から10年』. 関西学院大学出版会.

関西大学社会安全学部 編. 2012. 『検証: 東日本大震災』. ミネルヴァ書房.

北山俊哉. 2011. 『福祉国家の制度発展と地方政府』. 有斐閣.

貝原俊民. 1996. 『大震災100日の記録—兵庫県知事の手記』. ぎょうせい.

小林慶一郎. 2011.3.18. "大震災に立ち向かう — 大震災後の経済政策のあり方 —." キャ
　　　ノングローバル戦略研究所.

越澤明. 2011. 『後藤新平:大震災と帝都復興』. 筑摩書房.

後藤新平. 2011. 『世紀の復興計画:後藤新平かく語りき』. 毎日ワンズ.

財団法人国際経済交流財団. 2011. 『競争環境の変化に対応した我が国産業の競争力強化
　　　に関する調査研究』. 日本経済産業省.

参議院自由民主党. 2012.8. 『民主党政権の検証 — 迷走の3年を総括 —』.

信田智人. 2013. 『政治主導 vs. 官僚支配: 自民政権, 民主政権, 政官20年闘争の内幕』.
　　　朝日新聞出版.

首相官邸. 2010.10.1. 『第176回国会における菅内閣総理大臣所信表明演説』.

谷口将紀・上ノ原秀晃・堺家史郎. 2009. "2009年総選挙誰が自民党政権を終わらせたの
　　　か." 『世界』 12月号, 74-84.

高橋俊樹. 2012.1.6. "TPP, 日中韓FTAの今後の行方." 『フラッシュ』 150(http://www.
　　　iti.or.jp/flash150.htm).

戸堂康之. 2011. "グローバル化の方策 — TPPを中心に." 『日本経済の底力』. 中公公
　　　論社.

竹中平蔵・船橋洋一 編. 2011. 『日本大災害の教訓:複合危機とリスク管理』. 東洋経済新
　　　報社.

中谷巌. 1996. 『日本経済の歴史的転換』. 東洋経済新報社.

農文協. 2011. 『TPPと日本の論点』. 農山漁村文化協会.

_____. 2010. 『TPP反対の大儀』. 農山漁村文化協会.

萩原伸次郎. 2011a. 『TPP — 第3の構造改革』. かもがわ出版.

_____. 2011b. 『日本の構造「改革」とTPP — ワシントン発の経済「改革」』. 新日本出
　　　版社.

東日本大震災復興構想会議. 2011.6.25. 『復興への提言: 悲惨のなかの希望』.

平塚大祐・鍋嶋郁. 2011. "アジア太平洋自由貿易圏(FTAAP)実現の道筋としてのTPP,"
　　　http://www.ide.go.jp/Japanese/Publish/Download/Seisaku/1111_tpp.ht
　　　ml(검색일: 2013년 11월 11일).

深尾京司. 2012. 『「失われた20年」と日本経済: 構造的原因と再生への原動力の解明』.
　　　日本経済新聞社.

二神壮吉・横山禎徳 編. 2011. 『大震災復興ビジョン — 先駆的地域社会の実現 —』. オー
　　　ム社.

深澤映司. 2011. "関東大震災発生後における政策的対応 — 財政・金融面の措置と日本経

済への中長期的影響 ―."『調査と情報 Issue Brief』 709, 1-10.

藤本建夫. 2011.『阪神大震災と経済再建』. 勁草書房.

福田徳三. 2012.『復興経済の原理及若干問題(復刻版)』. 山中茂樹・井上琢智 編. 関西
学院大学出版会.

松岡俊二. 2008. "国際開発協力におけるキャパシティ・ディベロップメントと制度変化
アプローチ."『アジア太平洋討究(早稲田大学大学院アジア太平洋研究科紀要)』
11, 223-237.

武者陵司. 2011.『「失われた20年」の終わり: 地政学で診る日本経済』. 東洋経済新報社.

"TPP批判 ― 何が起きるか."『世界』 2011年 4月号.

"日米関係・TPPをめぐる発表の齟齬(H23.11)." 参議院自由民主党.『民主党政権の検証
― 迷走の3年を総括 ―』. 2012.8.

Nick Tiratsoo・松村高夫・Tony Mason・長谷川淳一. 2006.『戦災復興の日英比較』.
知泉書館.

(일본)산업경쟁력회의(http://www.kantei.go.jp/jp/singi/keizaisaisei/skkkaigi/kai
sai.html).

'동일본대지진 부흥구상회의' 자료(http://www.cas.go.jp/jp/fukkou/).

내각관방(内閣官房). 2011.10.1.『EPA에 관한 각종 시산(EPAに関する各種試算)』.

내각부 홈페이지(http://www5.cao.go.jp/keizai-shimon/index.html).

내각부(内閣府). 2010.11.9. "포괄적 경제연계에 관한 기본방침(包括的経済連携に関
する基本方針)."

마쓰오카 순지(松岡俊二). 2012.『フクシマ原発の失敗 ― 事故対応過程の検証とこれか
らの安全規制(일본 원자력 정책의 실패)』. 早稲田大学出版部(김영근 옮김.
고려대학교출판부, 2013).

민주당(民主党). 2012.『민주당의 정권정책: 움직이는 것은 결단(民主党の政権政策:
動かすのは決断)』, http://www.dpj.or.jp/special/manifesto(검색일: 2013년
10월 1일).

일본 경제산업성(経済産業省).『통상백서(通商白書)』. 2008~2012年度.

일본 국제전략실(国家戦略室) 홈페이지(http://www.npu.go.jp).

일본 긴급재해대책본부(緊急災害対策本部) 일본 총리 관저 홈페이지(http://www.
kantei.go.jp).

일본 외무성경제국(外務省経済局)(http://www.mofa.go.jp/mofaj/gaiko).

일본 재무성(財務省) 통계자료(http://www.mof.go.jp/).

일본경제재생본부(http://www.kantei.go.jp/jp/singi/keizaisaisei/).

일본무역진흥기구(JETRO) 홈페이지(http://www.jetro.go.jp/news/releases/20130
219915-news).

일본무역진흥기구(JETRO) 아시아경제연구소(IDE-JETRO) 홈페이지(http://www.kei
danren.or.jp).

일본무역진흥기구(JETRO). 2010.11.2. "환태평양전략경제연계협정의 개요(環太平洋
戰略經濟連携協定の概要)."

일본 자민당/自民党. 2012. 『J-파일 2012 자민당 종합정책집(J-ファイル 2012 自民党
総合政策集)』. 2012.12(http://www.jimin.jp/policy/pamphlet).

일본 자민당 정책공약집.

일본 민주당 정책공약집.

『Wikipedia』(일본어판)(http://ja.wikipedia.org/wiki/).

(재) 국토기술연구센터(http://www.jice.or.jp/)자료.

『朝日新聞』.

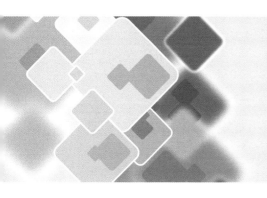

제**3**부
대외정책

민주당 정권의 안보정책*

김준섭

I. 서론

2009년 8월 31을 총선거에서의 승리를 목표로 만들어진 민주당의 매니페스토에는 민주당의 정책들이 총망라되어 있다. 그런데 아무리 찾아봐도 '안보정책'이라는 항목은 나오지 않는다. 자민당과 차별화된 하토야마 정권의 안보정책을 표현한 말로 이해할 수도 있는 '긴밀하고 대등한 미일동맹관계'라는 용어는 이 매니페스토 속에서 '안보정책'이라는 항목이 아니라 '외교'라는 항목에 포함되어 있다. 이처럼 정권획득을 목표로 하여 작성된 매니페스토에 '안보정책'이라는 항목이 나오지 않는다는 사실로부터 민주당이 얼마나 다른 정책들에 비해 상대적으로 안보정책을 경시했는지를 알 수 있다.

---

* 이 글은 『교수논총』 제21권(통권 제63집)(국방대학교, 2013)에 게재된 글을 수정·보완한 것이다.

332 · 일본 민주당 정권의 탄생과 붕괴

민주당의 매니페스토에 '안전보장'이라는 항목이 처음으로 등장하는 것은
다음 해인 2010년의 참의원선거용으로 만든 매니페스토에서이다. 이 매니
페스토의 세 번째 항목에 '외교·안전보장'이라는 형태로 '안전보장'이 나오
는 것이다. 그런데 그 '안전보장'이라는 타이틀 아래에 기술되어 있는 내용
을 보면 자민당과 구별되는 민주당의 독자적인 색깔은 찾아볼 수 없다. 예
를 들어 이 '외교·안전보장'이라는 항목에서 제일 먼저 등장하는 것이 "총합
안전보장, 경제, 문화 등의 분야에 있어서의 관계를 강화하는 것에 의해 미
일동맹을 심화(深化)시키겠습니다"라는 문구인데, 이 '미일동맹의 심화'라는
용어는 간 나오토 내각 이후 민주당 정권이 붕괴될 때까지 일관되게 사용되
었다. 그런데 2010년도의 자민당의 매니페스토를 보면 "폭넓은 분야에 있어
서 협조와 협력을 추진하여 미일동맹의 가일층의 심화를 도모하겠습니다"라
는 문구가 나온다. 이렇게 보면 '미일동맹의 심화'라는 용어는 민주당의 전
매특허가 아니라는 것을 알 수 있다. 또한 "후텐마기지 이전 문제에 관해서
는, 미일합의에 의거하여 오키나와의 부담경감에 전력을 다하겠습니다"라는
말이 나오는데, 이것도 결국 후텐마기지를 나고시의 헤노코 해역으로 이전
한다는 고이즈미 정권 때에 이루어진 미일합의를 인정하고 있는 것으로서,
민주당의 독자적인 정책이 아니다. 이것은 사실 하토야마 내각이 추진하던
후텐마기지의 '국외 이전 혹은 최소한 현외 이전'정책의 완벽한 실패를 자인
하는 굴욕적인 문구라고 할 수 있다.

이와 같은 사실들이 말하고 있는 것은, 민주당 정권이 독자적인 안보정책
을 구상하고 추진하지 못했다는 점이다. 물론 하토야마 총리가 내걸었던 '긴
밀하고 대등한 미일동맹관계'라는 캐치프레이즈와 그것을 가시적으로 실현
하기 위한 노력의 일환이었던 '후텐마기지의 국외 혹은 현외 이전'을 민주당
의 독자적인 안보정책이었다고 볼 수도 있을 것이다. 그러나 그렇게 보기에
는 너무나도 이 정책은 졸속으로 추진되었고, 하토야마 내각이 붕괴된 이후
에는 거의 흔적도 없이 사라져버렸다.[1]

---

1) 2010년의 매니페스토에도 '긴밀하고 대등한 미일관계'라는 어구는 등장한다. 그러나

그런데 이와 같이 독자적인 안보정책을 제기하지 못한다는 문제는 사실 민주당 정권이 발족하기 이전부터, 민주당이 태생적으로 가지고 있던 문제라고 할 수 있다. 즉 1998년 창립 당시의 기본정책에는 '외교·안전보장'이라는 항목이 있는데, 그 서두에 "헌법의 평화주의에 기초한 방위정책을 계속하는 한편, 현실적이고 유연한 인식과 전략을 가지고 일본 외교의 자립성과 역동성을 확립한다"는 문구가 나온다. 이 문구로부터는 당 내에 자민당보다 훨씬 폭넓은 사상적 스펙트럼을 가진 구성원들을 떠안고 있는 민주당의 고민이 묻어나온다. 실제로 2003년 오자와 이치로가 이끄는 자유당과 민주당이 합당한 이후에는 당내 좌우갈등이 더욱 불거져서 결국 2004년 3월 19일 사회당 출신의 대표적인 요코미치 타카히로와 당시 민주당 대표대행을 맡고 있던 오자와가 '안전보장과 국제협력의 기본원칙'이라는 문서에 합의함으로써 갈등을 봉합하는 장면이 연출되기도 한다. 이렇게 본다면 민주당 정권은 안보정책에 있어서 선명한 노선을 제기할 수 없는 구조적 한계를 가지고 있었다. 예를 들어 보다 보수적인 성격이 강한 안보정책을 제시하려고 할 경우 당의 분열이 초래될 위험이 상존했던 것이다.

다만 그럼에도 불구하고 당내 진보파의 세력은 미약했으므로, 민주당 정권은 자민당시절부터 이어져 온 보수적인 안보정책의 흐름을 계승하고 유지했다고 할 수 있다. 특히 민주당 정권에는 보수정치인의 사관학교라고도 할 수 있는 마츠시타 정경숙 출신의 정치인들이 다수 포진하고 있었으며 이들이 그와 같은 정책추진에 큰 역할을 했다. 예를 들어 후술하는 바와 같이 민주당 정권이 추진했던 대표적인 안보정책이라고 할 수 있는 '무기수출 3원칙의 완화'에 있어서는 같은 마츠시타 정경숙 출신인 노다 요시히코와 마에하라 세이지가 각각 총리와 민주당 정조회장이라는 자리에서 호흡을 맞추며, 결과를 만들어 냈던 것이다.

본디 할아버지인 하토야마 이치로의 민족주의의 영향을 받아, 영원히 독립국인 일본에 미군이 주둔할 수는 없다는 생각에 입각하여 하토야마 유키오가 사용하던 이 용어가 매니페스토에서는 "긴밀하고 대등한 미일관계를 구축하기 위하여 미일행정협정의 개정을 제기하겠습니다"라고 왜소화된 형태로 나타난다.

334 • 일본 민주당 정권의 탄생과 붕괴

이상에서 살펴본 바와 같이 민주당 정권의 안보정책은 비록 독자적인 성격은 약하지만, 자민당과의 연속성이 강한 보수성을 띠고 있다고 볼 수 있는데, 본 장에서 그와 같은 민주당 정권의 안보정책을 다음과 같은 네 가지점을 중심으로 살펴보려고 한다.

첫째, 일본의 방위력 구축의 기준이 되어 왔던 '기반적 방위력'이라는 개념이 민주당 정권하에서 폐기되고, '동적 방위력'이라는 새로운 개념이 제시되었다는 점이다.

둘째, 중국의 위협에 대한 대응으로서 '남서지역'의 방위가 강화되었다는점이다.

셋째, 일본의 방위산업에 커다란 영향을 미치는 사항으로서, 무기수출 3원칙의 완화이다.

넷째, 전세계에 비전통적 안전보장의 중요성을 일깨워준 3.11 대지진과후쿠시마 원전사고에 대한 대응이다.

이와 같은 사항들을 중심으로 민주당 정권의 안보정책을 살펴본 후, 민주당 정권의 안보정책이 안고 있는 한계점을 지적하려고 한다.

II. '기반적 방위력'에서 '동적 방위력'으로

일본이 군사력을 구축하는 데에 있어서 오랫동안 지침의 역할을 해 왔던것이 '기반적 방위력'이라는 개념이었다. 그런데 2010년 12월에 간 나오토내각이 발표한 '신방위대강'에서는 다음과 같이 말하며 이 '기반적 방위력'과의 결별과 '동적 방위력'의 구축을 선언하고 있다.

금후의 방위력에 관해서는, 방위력의 존재 자체에 의한 억지효과를 중시한종래의 '기반적 방위력'에 의한 것이 아니라, 각종 사태에 대하여, 보다 실효적

인 억지와 대처를 가능하게 하며, 아시아태평양지역의 안전보장환경의 가일층
의 안정화와 글로벌한 안전보장환경의 개선을 위한 활동을 능동적으로 행할 수
있는 동적인 것으로 해 가는 것이 필요하다. 이를 위해 즉응성, 기동성, 유연성,
지속성 및 다목적성을 구비하고, 군사기술수준의 동향을 기반으로 한 고도의
기술력과 정보능력에 의해 지탱되는 동적 방위력을 구축할 것이다.

이 '동적 방위력'이라는 용어는 2009년 말의 '방위대강' 개정을 목표로 행
해지고 있던 자민당의 모든 준비 작업을 백지화시키고, 2010년 '새로운 시
대의 안전보장과 방위력에 관한 자문회의'2)가 같은 해 8월 간 총리에게 제
출한 최종보고서에서 등장한 것으로서, 그야말로 자민당 정권과 구별되는
민주당 정권의 안보정책의 핵심개념으로서 각광을 받았다.

그런데 실은 이 '동적'이라는 개념이 최초로 등장하는 것은 정권교체 이전
인 아소 내각 때의 일이다. 아소 내각은 2009년 말의 '방위대강' 개정을 위
하여 '안전보장과 방위력에 관한 자문회의'를 발족시켰으며 이 자문회의의
최종보고서가 2009년 8월 총선거에서의 패배가 예상되던 아소 총리에게 제
출되었는데, 그 보고서 속에 이미 '동적 억지'라는 개념이 등장하고 있는 것
이다. 이렇게 본다면 '동적 방위력'은 자민당 정권과 차별화된 민주당 정권
의 안보정책을 상징하는 개념이 아니라, 민주당 정권이 얼마나 탈냉전 이후
진행되어온 일본의 안보정책변화의 흐름의 연속성을 잘 유지시켰는가를 잘
보여주는 사례로서 인식되어야 마땅할 것이다.

그렇다면 왜 '동적 방위력'이라는 개념이 대두하게 되었는가? '동적 억지'
라는 개념이 처음 등장하는 '안전보장과 방위력에 관한 자문회의' 보고서에
서는 군사기술의 발달에 의해 사태발생에서 대응하는 데까지의 시간이 짧아
졌기 때문에, "방위력의 '존재에 의한 억지'에 부가하여 평소부터의 활동을
통하여 '운용에 의한 억지(동적 억지)'를 중시해 갈 필요가 높아지고 있다"고
기술하고 있다(安全保障と防衛力に関する懇談会 2009, 30). 그리고 이 점에

---

2) 일본어로는 '懇談会'라고 되어 있으나, 일본 정부가 설치하는 이와 같은 형태의 '간담회'
　 는 '자문회의'라고 번역하는 것이 보다 실태에 부합된다고 생각한다.

대하여 '새로운 시대의 안전보장과 방위력에 관한 간담회'의 보고서는 좀 더 분명하게 다음과 같이 말하고 있다(新たな時代の安全保障と防衛力に関する懇談会 2010, 18).

최근의 군사과학기술의 비약적 발전에 의해, 장비의 질의 우열에 의한 전투능력의 차이가 현저히 되고 있어, 장비의 양만을 가지고 방위능력을 측정하는 것은 이전보다 곤란하게 되고 있다. 사태가 발생할 때까지의 유예기간(워닝타임)도 단축화되는 경향이 있어, 억지가 유효하게 기능하기 어려운 사태에 대응할 필요성도 증가하고 있기 때문에, 장비의 보유수량만이 아니라 즉응성 등의 부대 운용능력이 더욱 중요하게 되고 있다. 방위력을 평가하는 데에 있어서는 부대·장비의 양(규모)에 부가하여, 그것의 질(質), 더 나아가서 대원의 숙련도, 후방지원능력 등을 종합한 능력이 중요성을 증가시켜왔다고 말할 수 있다. 이와 같은 방위력의 특성의 변화에 동반하여, 평소부터 경계감시와 영공침범대처를 포함한 적시·적절한 운용을 행하여, 높은 방위능력을 명시해 두는 것이 억지력의 신뢰성을 제고하는 중요한 요소가 되어 있다. 이렇게 살펴본 것처럼, 높은 운용능력을 함께 구비한 소위 '동적 억지력'이 보다 중요하게 되어 온 것이며, 정적 억지력의 사고방식은 더 이상 충분하다고 말할 수 없다.

즉 '기반적 방위력'을 기본으로 하던 시대에는 상정할 수 없었던 군사기술의 진보가 이와 같은 새로운 개념에 의거한 억지력의 확보를 강구하게 만들었다는 논리인 것이다. 다만 '기반적 방위력'개념이 처음으로 '방위대강'에 등장하는 것이 1976년이라는 점을 생각해 보면, 위의 논리는 문제가 있다. 1976년 이후 군사기술은 계속 비약적인 진보를 거듭해 왔으며, 그와 같은 군사기술의 진보가 초래한 '유예기간의 단축화'는 이미 오래전에 발생했던 것이다. 그런데 왜 2010년에 이르러서야 이 '유예기간의 단축화'에 대한 대처로서의 '동적 방위력' 개념이 등장하는가라는 의문이 제기될 수 있다. 실은 2004년도의 '방위대강'에는 이 '동적 방위력'의 문제의식에 해당하는 부분들이 이미 제시되어 있다. 2004년도 '방위대강'의 다음과 같은 구절을 보자.

이와 같이 방위력이 행해야 할 역할은 다양화하고 있는 한편, 저출산에 의한 청년인구의 감소, 한층 심각성을 더하고 있는 재정사정 등에 배려할 필요가 있다. 이와 같은 관점에서 금후의 우리나라의 방위력에 관해서는 즉응성, 기동성, 유연성 및 다목적성을 구비하여, 군사기술수준의 동향을 고려한 고도의 기술력과 정보능력에 의해 지탱되는, 다기능이며 탄력적인 실효성이 있는 것으로 한다(밑줄은 필자).

2004년도의 '방위대강'에서는 저출산과 재정사정 등을 고려하면서 '다목적성' 등을 강조하고 있기는 하지만, 밑줄친 부분에서 알 수 있는 것처럼 이미 군사기술의 발달을 고려한 '동적 방위력'의 원형에 해당하는 것이 나오고 있는 것이다. 이렇게 본다면 '동적 방위력'이라는 개념이 민주당 정권의 독자적인 안보정책이 아니라 탈냉전후 안보환경의 변화에 대응한 일본의 안보정책의 변화이 연속성상에서 출현한 것이라는 것을 보다 분명히 알 수 있을 것이다.

한편, 2004년도 '방위대강'에서 제시하고 있는 방위력 개념과 구별되는 '동적 방위력' 개념의 특징은 무엇일까. 방위연구소가 매년 발간하는 『동아시아 전략개관』2011년도판에서는 2004년도의 '방위대강'에서 제시된 방위력개념도 "억지능력을 중시하는 방위력이 아니라, '국내외의 다양한 사태에 대한 대처능력을 중시한 방위력'을 구축하는 것이 필요하다고" 생각하고 있었다고 지적한 후, 다음과 같이 말하며 '동적 방위력' 개념의 특징에 대하여 말하고 있다(防衛省防衛研究所 編 2011, 23).

이 발상은 방위력을 실효적으로 활동시키는 것을 중요하다고 말하는 점에 있어서 '동적 방위력'과 공통된 점이 있으나, '평시'와 '유사' 혹은 '사태발생시'라고 양분해서 파악하고 있는 점이 다르다. 신방위대강에서 제시된 '동적 방위력'은, 방위력의 역할을 '평시에 있어서의 억지'와 '사태발생시에 있어서의 대처'로 양분해서 파악하는 것이 아니라 '평시와 유사의 중간영역'에 있어서의 방위력을 기동적, 혹은 상시계속적으로 활동시키는 것이 중요하게 되고 있다고 생각하는 점에서, 2004년 방위대강에서 제시된 '다기능·탄력적·실효성'을 가진 방위력과는 다른 것이다.

그렇다면 구체적으로 이 '동적 방위력'은 구체적으로 어떠한 모습을 띠게 되는 것일까. 그 윤곽을 알기 위해서는 2010년 12월 '신방위대강' 발표 직후 행해진 기타자와 방위대신의 담화의 내용을 볼 필요가 있다. 이 담화에서 기타자와 방위대신은 '동적 방위력'의 운용에 대하여 다음과 같은 세 가지 원칙을 제시하고 있다(防衛省防衛研究所 編 2011, 231-232).

첫 번째 원칙은, '정보수집·경계감시·정찰활동과 같은 평소활동의 상시적, 계속적, 전략적 실시'이며, 일본 주변에서 군(軍) 등의 무력조직에 의한 평소의 활동이 활발화하는 가운데, 일본도 상시적이며 계속적인 감시활동 등의 밀도와 빈도를 높여가는 것으로서, 신방위대강에서 말하는 '동적인 억지'에 해당하는 것이라 말할 수 있다.

두 번째 원칙은 '각종의 사태에 대한 신속하고 끊어짐이 없는 대응'이다. 군사과학기술 등의 진전에 동반하여, 안전보장상의 긴급사태가 돌발적으로 발생할 가능성이 증대되고 있는 것, 한 국가에서 발생한 혼란요인이 즉시 국제사회에 파급되는 위험도도 높아지고 있기 때문에, 국내외에 있어서의 돌발적인 사태에 대하여 신속하게 대응할 필요가 있다는 것, 또한 일본 주변에 있어서의 군 등의 무력조직에 의한 평소의 활동이 활발하게 이루어지고 있는 상황에 있어서는, 다양한 관계기관의 끊임없는 연계가 필요하기 때문에 신속하며 끊어짐이 없는 대응을 행할 수 있는 것이 대단히 중요하다.

세 번째 원칙은 '세계 각국과의 협조적 활동의 다층적인 추진'이다. 안전보장상의 과제와 불안정요인이 다양하며 복잡하며 또한 중층적인 것이 되어 가고 있는 것에 동반하여, 이들에 대한 대응에는 각국의 협조가 한층 더 필요하게 되며, 문제해결을 향한 실제적인 협력을 포함하는 양국간·다국간의 노력을 모든 국면에서 다층적으로 추진할 필요가 있다. 예를 들어 이라크에 있어서의 호주와의 협력이 그 뒤의 일본·호주의 안전보장협력관계를 대폭적으로 진전시킨 것처럼, 글로벌한 안전보장상의 과제에 있어서 실질적인 협력을 추진하는 것은, 일본과 세계 각국의 협조적 관계를 발전시키는 것이 되며, 또한 국제사회에 있어서의 일본의 존재감을 제고하는 것에도 기여하는 것이다.

그런데 2010년의 '방위대강'에 이와 같은 '동적 방위력' 개념이 도입되고 나서 이미 2년 이상이 흘렀다. 그렇다면 과연 지난 2년간 이 '동적 방위력'에 입각하여 어떠한 변화가 발생했을까?『동아시아 전략개관』 2013년도판은 제3장에서 '일본: 검증·동적 방위력'이라는 제목으로 민주당 정권에서 행해진 '동적 방위력' 구축현황에 대하여 기술하고 있는데, 그 내용을 요약하면 다음과 같다(防衛省防衛研究所 編 2013, 99-112).

첫째, 지역적으로 본다면 '동적 방위력'의 구축에 가장 힘을 쏟고 있는 곳은 일본의 남서쪽의 도서지역이다. 물론 이것은 중국의 위협에 대한 대비에 주안점을 두고 있다. 이 지역의 방위에 있어서 특히 중시되고 있는 것이 평소부터의 지속적인 ISR[3]활동이다. 연안감시부대의 증설배치, 레이더의 설치, 최신 장비로의 교체 등을 통하여 ISR능력의 종합적인 향상을 도모해 왔다.

둘째, BMD[4] 시스템의 강화이다. 2012년 3월까지 4척의 SM-3[5]탑재 이지스함과 16개 고사포대의 PAC-3[6]의 배치, 4기의 FPS-5레이더 및 7기의 FPS-3레이더의 능력향상을 도모하였다. 또한 2012년 3월에 완료된 후츄(府中)시의 항공총대사령부의 주일미군 요코타기지로의 이전에 맞추어, 그 기지에 '공동통합운용조정소'가 설치되는 등, BMD에 관한 미일의 사령부조직 간의 연계도 강화되고 있다.

셋째, '동적 방위력'이 미일 간에 있어서는 '동적 방위협력'이라는 형태로 나타나고 있다. 미일의 '동적 방위협력'은 '적시의, 효과적인 공동훈련', '공동의 경계감시·정찰활동', '시설의 공동사용'을 중심으로 이루어지고 있는데, 첫 번째의 '적시의, 효과적인 공동훈련'의 예로서는 2011년 7월에 남중국해 해상에서 행해진 미국·일본·호주의 공동훈련, 2012년 6월에 한반도

---

3) ISR: Intelligence, Surveillance, Reconnaissance(정보수집, 경계감시, 정찰).
4) Ballistic Missile Defense의 약자, 탄도미사일방위.
5) Standard Missile-3, 스탠더드 미사일은 미국이 개발한 함대공 미사일로서, SM-1, SM-2는 함대방공용이며, SM-3는 탄도미사일 요격용이다.
6) PATRIOT Advanced Capability-3, 지대공 유도탄 패트리어트 미사일.

남부해역에서 개최된 한미일 공동훈련을 들 수 있다. 두 번째의 '공동의 경계감시·정찰활동'의 예로서는 미일 간의 장기체공형 UAV[7])에 관한 협력을 들 수 있다. 2012년 8월에 개최된 모리모토 방위대신과 파넷타 미국방장관의 미일국방장관회담에서는 미일이 장기체공형 UAV에 관하여 협력할 것을 분명히 했다. 세 번째의 '시설의 공동사용'에 관하여 말하면, '2+2' 공동발표에서는 괌 및 북마리아나제도연방에 있어서 미일이 훈련장을 공동사용한다는 방침이 분명해졌다.

한편 2012년 12월의 총선거에서 정권을 재탈환한 자민당은 현재 2010년의 '방위백서'를 개정하기 위한 작업을 하고 있는데, 방위성은 이 '방위백서' 개정에 참고가 될 수 있도록 방위부대신을 위원장으로 하는 '방위력의 형태 검토를 위한 위원회'를 2013년 1월에 설치하여 현재까지 총 22회 개최해 왔다. 이 위원회는 7월 26일에 중간보고서를 방위회의에 제출하고 있는데, 이하에서 이 중간보고서의 내용을 중심으로 민주당 정권 시절의 '동적 방위력'에 대하여 어떠한 재검토가 행해지고 있는지 살펴보기로 하겠다.

이 보고서는 현재의 방위대강이 방위력의 역할에 대하여, '실효적인 억지 및 대처', '아시아태평양지역의 안전보장환경의 가일층의 안정화' 및 '글로벌한 안전보장환경의 개선'으로 분류하고 있는데, 이와 같은 3가지 역할은 계속해서 유효하지만, 변화하고 있는 안보환경을 고려하여, 그 내용을 충실하게 할 필요가 있다고 말하고 있다(防衛力の在り方檢討のための委員會 2013, 6). '동적 방위력'이라는 용어를 회피하고는 있으나, 실질적으로 '동적 방위력'에 해당하는 '실효적인 억지 및 대처'를 계승하겠다고 말하고 있는 것이다.

이 부분에 대해 좀 더 자세히 언급하고 있는 것이 '각종 사태에 대한 실효적인 대응'이라는 항목인데, 그 주요내용을 살펴보면 기본적으로 '동적 방위력'을 바탕으로 정책방향을 생각하고 있는 것으로 보인다. '각종 사태에 대한 실효적인 대응'의 세부항목을 보면, '경계감시능력의 강화'라고 하여 다음과 같이 말하고 있다. 즉 실효적인 억지 및 대처의 실현에는, 우리나라 주변

---

7) Unmanned Aerial Vehicles, 무인기.

을 광역에 걸쳐서, 또한 상시적이며 계속적으로 경계감시를 행하여, 각종 사태의 징후를 조기에 탐지하는 능력을 향상시키기 위하여 각종 장비 등을 충실하게 하는 것은 불가결하다는 것이다. 또한 그중에서 예를 들어 일본의 영해·영공으로부터 비교적 떨어진 지역에서의 정보수집과 사태가 긴박한 때의 공중에서의 상시적이고 계속적인 경계감시 등의 점에 있어서, 현재 보유하고 있는 장비의 능력이 충분하지 않기 때문에, 탑승원에 대한 위험과 부담을 줄이면서, 광역에 있어서의 상시적이고 계속적인 경계감시태세의 강화에 기여하는 고고도 체공형 무인기의 도입 등에 관해서도 검토한다고 말하고 있다(防衛力の在り方検討のための委員会 2013, 7).

이렇게 본다면 2009년 이후 자민당에서 민주당으로 그리고 다시 자민당으로의 정권교체가 있었음에도 불구하고 '동적 방위력'의 개념도입에서부터 실질적인 구축작업에 이르기까지 일관되게 정책이 진행되고 있는 것을 알 수 있다.

III. '남서지역'의 방위태세 강화: 중국의 위협에 대한 대응

2009년 12월 10일 오자와 이치로 간사장이 민주당 국회의원 143명과 일반 참가자 483명이라는 사상 최대 규모의 방문단을 이끌고 중국을 방문하여 후진타오 주석과 만날 당시, 민주당 정권하에서 중일관계가 그렇게 악화될 것이라고 생각하는 사람은 없었다. 그런데 중국과의 관계강화를 모색하고 있던 하토야마 내각이 붕괴하고, 상대적으로 미일동맹을 더욱 중시하는 간 내각이 출범한 후 얼마 지나지 않은 9월 7일 센카쿠 열도(중국명: 댜오위다오) 인근 해역에서 발생한 중국어선과 일본 해양보안청 소속 순시선의 충돌 사건은 중일관계를 극도로 악화시키는 발화점이 되었다. 이 사건은 센카쿠 열도를 둘러싼 중일 간의 갈등을 일거에 표면화시켰으며, 그 뒤 노다 내각의 센카쿠 열도 국유화조치 등에 의해 갈등은 증폭되어 현재까지도 중일관계는 긴장국면에 놓여 있다.

이 사건의 영향도 있어서인지, 2004년의 방위대강과 2010년의 방위대강의 중국에 대한 기술을 비교해 보면, 민주당 정권이 더욱 중국에 대한 경계심을 강하게 표출하고 있는 것을 알 수 있다. 즉 2004년의 방위대강에서는 "이 지역의 안전보장에 큰 영향력을 가지는 중국은 핵·미사일전력과 해·공군력의 근대화를 추진함과 동시에, 해양에 있어서의 활동범위의 확대 등을 꾀하고 있어, 이와 같은 동향에는 금후에도 주목할 필요가 있다"고 비교적 담담하게 기술하고 있다. 그런데 2010년에 방위대강에 있어서는 다음과 같이 훨씬 분명하게 중국의 위협을 묘사하고 있는 것이다.

> 대국으로서 계속 성장하고 있는 중국은, 세계와 지역을 위해 중요한 역할을 행하고 있다. 한편 중국은 국방비를 계속적으로 증가시켜, 핵·미사일전략과 해·공군력을 중심으로 한 군사력의 광범위하면서도 급속한 근대화를 추진하여, 전력을 원방에 투사하는 능력의 강화에 힘을 쏟는 외에, 주변지역에 있어서 활동을 확대·활성화시키고 있어, 이와 같은 동향은, 중국의 군사와 안전보장에 관한 투명성의 부족과도 결부되어, 지역·국제사회의 우려사항이 되고 있다.

이와 같은 중국에 대한 우려를 배경으로 민주당 정권은 '남서지역의 방위태세의 강화'를 내걸고 도서(島嶼)지역에 대한 침략에의 대응에 힘을 쏟았다. '도서지역에 대한 침략에의 대응'이라는 항목은 2004년도 방위대강에서 "도서지역에 대한 침략에 대해서는 부대를 기동적으로 수송·전개하여 신속하게 대응하며, 실효적인 대처능력을 구비한 체제를 보유한다"라고 간단하게 기술되어 있는 것에 반해 2010년의 방위대강에는 다음과 같이 보다 구체적으로 기술되어 있다.

> 도서지역에의 공격에 대해서는, 기동운용이 가능한 부대를 신속하게 전개하여, 평소부터 배치되어 있는 부대와 협력하여 침략을 저지·배제한다. 그때에 순항미사일대처를 포함하여 도서주변에 있어서의 방공태세를 확립함과 아울러,

주변 해공역에 있어서의 항공우세 및 해상수송로의 안전을 확보한다.

이와 같은 방침에 따라, 중기방위력정비계획(2011~2015)에 있어서는 다음과 같은 구체적인 사업들이 명시되어 있다.

• 정보수집·경계감시체제의 정비 등

평소부터 정보수집·경계감시를 행함과 동시에, 사태발생시의 신속한 대처에 필요한 체제를 갖추기 위해 남서지역의 도서지역에 육상자위대의 연안감시부대를 배치함과 아울러 초동작전을 담당하는 부대의 신편을 위한 사업에 착수한다. 또한 이동경계 레이더를 남서지역의 도서지역에 전개하는 것에 의해 빈틈없는 경계감시태세를 유지한다. 더 나아가 남서지역에 있어서 조기경계기(E-2C)의 정비기반을 갖추어, 계속적으로 운용할 수 있는 태세를 확보한다.

• 신속한 전개·대응능력의 향상

신속한 전개능력을 확보하여, 실효적인 대응능력의 향상을 도모하기 위하여, 계속해서 수송헬리콥터(CH-47JA)를 정비함과 동시에 현재 보유하고 있는 수송기(C-1)의 후계기로서 새로운 수송기를 갖춘다. 또한 부대의 신속한 전개에 기여하는 헬리콥터탑재호위함(DDH)을 갖춘다. 더 나아가 지대함유도탄을 정비하는 외에, 도서지역에의 신속한 부대전개를 목표로 기동전개훈련을 실시한다.

• 방공능력의 향상

순항미사일대처를 포함한 방공능력의 향상을 도모하기 위해, 나하기지에 있어서의 전투기부대를 1개비행단을 2개비행단으로 개편한다. 또한 현재 보유하고 있는 전투기(F-4)의 후계기로서 새로운 전투기를 갖춤과 동시에, 계속해서 전투기(F-15)의 근대화 개수(改修) 및 자기방어능력의 향상, 지대공유도탄 패트리어트의 개수, 중거리 지대공유도탄의 배치를 추진한다. 부가하여 전투기(F-15)에 전자전 능력을 부가함과 동시에 전투기(F-2)의 공대공능력과 네트워크기능의 향상을 추진한다. 또한 현재 보유하고 있는 헬리콥터(UH-60J)의 후계기로서 새로운 구난 헬리콥터를 갖춤과 동시에 계속해서 구난헬리콥터에 대한 공중급유기능을 수송기(C-130H)에 부가하여 구난능력의 향상을 꾀한다.

• 해상교통의 안전확보

남서지역 등에 있어서의 정보수집·경계감시태세를 충실하게 하여, 대잠수함
전을 비롯한 각종작전을 효과적으로 행하여, 해상교통의 안전을 확보할 수 있도
록, 헬리콥터탑재호위함(DDH), 범용호위함(DD), 잠수함 및 고정익 초계기
(P-1)의 배치, 기존의 호위함, 잠수함 및 고정익초계기(P-3C)의 연장배치, 초계
헬리콥터(SH-60J)의 연장배치를 행한다. 또한 구난체제를 효율화함과 아울러
구난비행정(US-2)을 갖춘다.

그런데, 도서지역을 방위하기 위해서는 이 중기방위계획이 기술하고 있
는 다양한 무기체계를 갖추는 것도 중요하지만, 그에 못지않게 중요한 것이
훈련이다. 2011년도 『방위백서』에는 '도서방위에 관한 훈련에 관하여'라는
칼럼을 따로 마련하여 다음과 같은 세 가지 형태의 훈련에 대하여 기술하고
있다(防衛省 編 2011, 231).

첫째, 미일공동통합훈련이다. 2010년도에는 미일공동통합훈련에 있어서
훈련항목의 하나로 도서방위를 포함한 해상·항공작전을 설정하여, 일본 주
변의 해·공역 등에 있어서 미군을 포함한 해상부대·항공부대의 연계를 훈
련했다.

둘째, 방면대[8]훈련이다. 육상자위대는 지금까지도 도서지역에 있어서의
각종 사태에 기동적으로 대응할 수 있도록 도상연습과 부대의 장거리기동·
전개능력 향상을 목적으로 한 해·공 자위대와의 협동훈련 등을 행해왔다.
2010년도부터는 새롭게 방면대 규모의 실제훈련을 개시했으며, 2011년도에
는 서부방면대에 있어서 도서지역에서의 부대전개 및 도서지역 공격에 대한
대처방법을 실제로 훈련한다.

---

8) 육상자위대의 최대의 부대단위이다. 현재 북부, 동북부, 동부, 서부, 중부의 다섯 방면
대가 있다. 방면총감부를 중심으로 몇 개의 사단 및 여단, 직할부대로 구성되어 있다.
우리나라의 군단에 해당됨.

셋째, 미국에 있어서의 미해병대와의 훈련이다. 도서지역에 대한 공격에의 대처방법에 관하여, 효과적인 훈련시설 등을 보유하고 있는 미국에 부대를 파견하여, 경험이 풍부한 미군으로부터 지식 및 기능을 습득함과 더불어, 상호연계요령을 실제로 훈련하기 위하여, 육상자위대는 2006년 1월 이후, 미해병대와의 훈련을 매년 실시하고 있다. 이 훈련에서는 해상기동으로부터의 상륙, 전개, 지역의 확보에 이르는 일련의 동작을 미일공동으로 훈련하여, 도서지역에 대한 공격에의 대처에 관련되는 전술·전투능력의 향상을 꾀하고 있다.

한편 이 '도서방위'에 관련되어 중요한 또 하나의 문제는 자위대에 의한 수륙양용작전능력의 강화이다. 2011년도『방위백서』에는 도서지역에 대한 공격을 사전에 탐지하여 그에 대응하는 것이 가장 중요하지만, 사전에 그 징후를 파악하지 못하여 도서가 점령된 경우에는 그것을 탈환하기 위한 작전을 행한다고 기술되어 있다(防衛省 編 2011, 230). 그런데 이와 같은 탈환작전은 현재 나가사키현 사세보시에 주둔하고 있는 서부방면보병연대가 행하도록 되어 있지만, 이 부대는 미해병대와 같은 상륙작전능력을 가지고 있지 않다. 그 때문에, 미군과의 공동훈련 등을 통하여 육상자위대의 수륙양용작전능력, 특히 독자적인 도서지역 탈환능력과 후속부대를 위한 진지확보와 같은 능력의 강화가 꾀해지고 있다(防衛省防衛研究所 編 2013, 100).

이와 같은 점에서 본다면 2012년 8월 21일부터 9월 26일까지 괌·테니안에 있어서 미군 제3해병원정군(3MEF)이 실시한 도서방위훈련에 육상자위대 서부방면대에 소속된 대원 40여 명이 참가한 것은 획기적인 일이라고 할 수 있다. 앞에서 말한 것처럼 육상자위대는 매년 미해병대와의 공동훈련을 계속해오고 있지만, 실제로 도서지역을 훈련장소로 훈련을 행한 것은 이것이 처음으로, 한 방위성 간부는 "사실상 센카쿠 열도에 중국군이 침공하여 탈환하는 사태를 상정하고 있는 것은 분명하다"고 말했다(産経新聞 2012/08/18).

346 • 일본 민주당 정권의 탄생과 붕괴

IV. 무기수출 3원칙의 완화

무기수출 3원칙은 1967년 4월에 사토 에이사쿠 총리가 중의원 결산회위원회에서 표명한 원칙으로 공산국가, UN결의에 의해 무기 등의 수출이 금지되어 있는 국가, 국제분쟁의 당사국 혹은 그와 같은 위험이 있는 나라에 대해서는 무기수출을 인정하지 않는다는 정책을 말한다. 그 뒤 1976년 2월 중의원 예산위원회에서 미키 다께오 총리는 '무기수출에 관하여'라는 정부 통일방침을 발표, 3원칙을 재확인하면서 "3원칙의 대상지역 이외의 지역에 관해서는 헌법 및 외국환 및 외국무역법의 정신에 의거하여 '무기'의 수출은 자제하는 것으로 한다"고 표명하여, 실질적으로 일본의 무기수출은 금지되었다.

그런데 1970년대 후반에 미국이 동맹국으로부터의 기술이전을 요청하는 방침을 정하게 되고, 이와 같은 새로운 방침에 입각하여 1980년에 들어서자 미일 간의 무기기술의 상호교류의 가능성을 둘러싼 교섭이 시작되었다. 이 문제를 둘러싸고 일본 정부는 무기수출 3원칙과 동맹국인 미국에 대한 협력 사이에서 고민하게 되는데, 최종적으로는 나카소네 야스히로 총리에 의해 1983년에 미일상호방위원조협정의 관련규정에 의거한 틀 속에서, 미국에 대한 무기기술공여를 실시할 것이 각의에서 결정되었다. 그 뒤 미일 사이에서 무기기술공여위원회(JMTC)가 설치되어 일본으로부터 미국으로의 무기기술의 공여가 시작되었다(平和·安全保障硏究所 編 2010, 206-207).

한편 1998년 12월 일본 정부는 탄도미사일방위(BMD)에 관한 미일공동 기술연구를 행할 것을 정식으로 결정하게 되는데, 미국의 미사일방위개발 프로그램에 계속 참가하기 위해서는 일본이 개발한 부분이 수출될 가능성을 시야에 넣지 않으면 안 되게 되었다. 이와 같은 상황에 따라 다시 한번 무기수출 3원칙의 완화가 검토되기 시작하여, 2004년 11월에 탄도미사일방위시스템에 관해서는 무기수출 3원칙을 적용하지 않는다는 결정이 관방장관 담화의 형태로 발표되었다(平和·安全保障硏究所 編 2010, 207).

그 뒤에도 무기수출 3원칙을 더욱 완화해야 한다는 논의는 끊이지 않았으나, 2004년 이후 더 이상의 완화는 행해지지 않았다. 그런데 2009년 정권교체에 의해 탄생한 민주당 정권에 있어서 이 무기수출 3원칙에 대한 새로운 움직임이 발생하게 된다. 즉 앞에서 살펴본 바 있는 '새로운 시대의 안전보장과 방위력에 관한 자문회의'의 최종보고서는 두 가지 측면에서 이 '무기수출 3원칙'에 대하여 문제제기를 했다.

첫째, '방위장비협력·방위원조'라는 항목에서는 다음과 같이 무기의 공여 등을 통한 국제협력에 있어서 무기수출 3원칙이 방해가 되고 있다고 주장하고 있다(新たな時代の安全保障と防衛力に関する懇談会 2010, 16-17).

최근 분쟁후의 평화구축, 인도적 지원·재해구원, 테러와 해적 등의 비전통적 안전보장문제에의 대응 등을 위한 국제협력이 확대되고 있다. 이와 같은 협력의 수단으로서, 방위장비·장비기술의 활용은 효과적이며, 실제로 인도네시아 정부에 의한 해적단속의 목적을 위해 그 나라의 해상경찰에 대한 순시선 공여를 무기수출 3원칙의 예외로 하여 인정한 사례도 있다. 그러나 사실상의 무기금수정책 때문에 개별안건마다 예외를 설정할 필요가 있어, 이들 과제에 대한 국제협력 촉진에 방해가 되어 있다. 평화창조국가를 목표로 하는 일본으로서는 이와 같은 국제협력을 오히려 촉진해야만 하며, 이 분야에 관해서는 개별안건마다 예외를 설정하는 현재의 방식을 고쳐, 원칙적으로 수출을 가능하게 해야 한다.

둘째, '국제공동개발·공동생산의 활용'이라는 항목에서는 무기수출 3원칙의 고수가 일본의 방위산업의 궤멸을 가져올 것이라고 다음과 같은 논리를 전개한다(新たな時代の安全保障と防衛力に関する懇談会 2010, 33-34).

방위산업을 둘러싼 세계적 조류에 눈을 돌리면, 세계 각국에 있어서는 방위산업의 재편과 거대화가 진행되어, 장비의 국제공동개발·생산도 일반적이 되어 있다. 그러나 일본은 무기수출 3원칙 등에 의거한 사실상의 무기금수정책에 의해, 국내 방위산업으로서도 이와 같은 흐름에 올라타는 것이 불가능하여, 실제로 일본은 미국 이외의 우호국과의 국제공동개발·생산 혹은 국가 간의 국제공동개발에 이르기 전의 민간 레벨의 선행적인 공동개발 등에의 참가조차 검토할 수 없다. 그 때문에 국내 방위산업은 최첨단기술에 접근할 수 없으며, 국제적인 기술혁신의 흐름으로부터 홀로 남겨지는 위험에 직면해 있다. (중략) 공동개발·공동생산의 활용이 진행되면, 첨단기술에의 접근, 장비의 개발코스트의 절감 등의 메리트가 있다. 또한 공동개발·공동생산은 미국 이외의 국가들과의 안전보장협력관계의 심화로도 이어진다.

이와 같은 자문회의의 의견이 2010년 방위대강에는 '방위력의 능력발휘를 위한 기반'이라는 장의 5번째 항목에 다음과 같은 형태로 반영되어 있다.

(5) 방위장비를 둘러싼 국제적인 환경변화에 대한 방책의 검토
평화에의 공헌이나 국제적 협력에 있어서 자위대가 가지고 가는 중장비와 같은 장비의 활용이나 재해피해국 등에 대한 장비의 공여를 통하여 보다 효과적인 협력을 할 수 있는 기회가 증가하고 있다. 또한 국제공동개발·생산에 참가하는 것에 의해 장비의 고성능화를 실현하며, 코스트의 상승에 대응하는 것이 선진 각국의 주류가 되어 있다. 이와 같은 큰 변화에 대응하기 위한 방책에 관하여 검토한다.

간 내각에 있어서는 이 '검토'가 이루어지지 않았는데, 간 내각의 뒤를 이은 노다 내각은 이 문제를 적극적으로 검토하기 시작했다. 특히 노다 총리에 의해 민주당 정조회장에 기용된 마에하라 세이지는 2011년 9월 7일 워싱턴에서 행한 강연에서 다음과 같은 논리를 펴며 무기수출 3원칙의 수정을 주장하였다.

무기수출 3원칙 때문에 일본의 방위산업계는 민간 레벨의 선행적인 공동기술개발 등에 대한 참여조차 할 수 없다. 원칙의 수정에 의해 국제적인 기술혁신의 흐름으로부터 홀로 남겨지는 위험을 회피할 수 있고, 장비의 가격상승에 대한 대응이 가능해진다. 무기의 공동개발·생산은 미일동맹이나 미국 이외의 나라들과의 안전보장협력의 심화로도 이어진다(朝日新聞 2011/09/09).

'새로운 시대의 안전보장과 방위력에 관한 자문회의'의 보고서의 논리와 어구를 그대로 사용하고 있는 것을 보면, 이 강연의 이 부분은 보고서의 내

용을 요약한 것이 아닐까라고 추측하게 만든다. 그리고 이렇게 본다면 무기수출 3원칙을 완화하기 위한 논리는 이미 이 자문회의의 단계에서 거의 완성되어 있었다고 볼 수도 있다. 그런데 이와 같은 마에하라의 발언에 대해 8일 오전의 기자회견에서 후지무라 관방장관은 마에하라의 다른 발언들에 대해서는 상세하게 파악하고 있지 않다고 말하며 답변을 피한 것에 반해, 이 무기수출 3원칙 수정에 대해서는 금후 검토해 나가겠다고 답변을 했다 (朝日新聞 2011/09/08(석간)). 이와 같은 관방장관의 태도를 보면 이미 이 시점에서 노다 총리와 마에하라 사이에 이 무기수출 3원칙의 완화에 관해서는 어느 정도 논의가 진전되고 있지 않았을까 하는 추측을 하게 만든다. 결국 그 뒤 노다 내각은 이 문제에 대한 '검토'를 계속 진전시켜, 앞에서 말한 바와 같이 12월 27일 관방장관 담화의 형태로 무기수출 3원칙의 획기적인 완화를 발표하게 되는 것이다.

2011년 12월 27일 오전 노다 총리는 총리 관저에서 안전보장회의를 열어 무기와 관련기술의 해외이전을 원칙적으로 금지하는 무기수출 3원칙의 사실상의 완화를 결정했다. 전투기 등의 국제공동개발·생산에의 참가, UN평화활동(PKO) 등 평화구축·인도적 목적에 있어서의 장비품 공여를 예외로 하는 새로운 기준을 설정하였으며, 후지무라 오사무 관방장관이 같은 날 오후 기자회견에서 담화를 발표했다. 이 관방장관 발표의 내용은 2012년도 『방위백서』에 다음과 같이 나와 있다(防衛省 編 2012, 160).

이 기준은 방위장비 등의 해외에의 이전에 관하여, ① 평화공헌·국제협력에 동반한 안건과, ② 우리나라의 안전보장에 기여하는 방위장비 등의 국제공동개발·생산에 관한 안건에 관해서는 종래의 개별적으로 행해왔던 무기수출 3원칙 등의 예외화조치에 있어서의 사고방식을 바탕으로, 포괄적인 예외화조치를 취하기로 했다. 이때에는 우리나라 정부와 상대국 정부와의 사이에서 정한 틀에 있어서, 우리나라의 사전동의 없이 목적 외 사용이나 제3국으로의 이전이 없는 것이 담보되는 등, 엄격한 관리가 행해지는 것이 전제가 된다. 또한 무기수출 3원칙에 관해서는 국제분쟁 등을 조장하는 것을 회피한다고 하는 평화국가로서의 기본이념에 의거한 것이라고 인식하고 있어, 정부로서 이 기본이념은 계속해서 견지해 간다는 방침이다.

발표 당일의 『日本経済新聞』은 전투기 등의 무기는 장비의 고도화에 동반하여 가격이 상승하여 한 국가만의 개발·생산에는 한계가 있다고 하며, 이 조치에 의해 앞으로는 국제적인 공동개발에의 참가에 의해 방위산업이 최첨단기술에 접할 기회를 증가시켜, 조달코스트 삭감이나 상호운용성의 향상으로 이어질 것이라며 환영의 뜻을 표하고 있는데(日本経済新聞 2011/12/27(전자판)). 이는 일본의 방위산업계의 목소리를 대변하고 있는 것이라 할 수 있다. 한편 다음 날인 28일자 『朝日新聞』은 노다 내각이 항공자위대가 도입할 차기전투기(FX)로 미국 등 9개국이 공동개발하고 있는 F35를 선정한 것에 대해 언급하며, 이 조치가 이 공동개발에 참여하기 위한 포석이라는 분석을 하고 있다(朝日新聞 2011/12/28). 그런데 올해 3월 아베 내각은 관방장관의 담화형태로 국내에서 제조된 F35의 부품수출을 무기수출 3원칙의 예외로 하는 조치를 취함으로써,[9] 일본 기업들이 F35의 공동개발에 참여할 수 있도록 하여 결과적으로 노다 내각이 목표로 했던 바를 이루었다. 그리고 더 나아가 아베 내각은 무기수출 3원칙의 완전철폐와 새로운 지침의 제정을 위해 움직이고 있다.

오랫동안 '평화국가' 일본을 지탱하는 중요한 요소 중의 하나였던 무기수출 3원칙은 민주당 정권에 의해 결정적으로 훼손되고, 이제 자민당 정권에 의해서 완전히 사라지려 하고 있다. 이렇게 본다면 노다 내각에 의한 무기수출 3원칙의 완화야말로, 민주당과 자민당의 안보정책의 연속성을 가장 잘 보여주는 예라고 할 수 있을 것이다.

---

9) 다만 이 F35의 공동개발에의 참여가 노다 정권의 무기수출 3원칙의 완화에 의거한 '포괄적 예외화조치'의 대상이 되지 못하고, '개별적 예외화조치'의 대상이 된 것은, 노다 정권의 조치에는 제조된 부품등의 목적외 사용이나 제3국으로의 이전에는 엄격한 사전동의가 필요한데, 이 F35의 공동개발에는 그와 같은 사전동의의 조건을 붙일 수 없었기 때문이다.

V. 동일본대지진과 후쿠시마 원전사고에 대한 대응

2011년 3월 11일 발생한 동일본대지진과 그에 동반하여 발생한 후쿠시마 원전사고는 비전통적 안전보장이 얼마나 중요한지를 전 세계에 알리는 것이 되었다. 전후 한 번도 전쟁에 의해 사상자를 낸 적이 없는 일본이지만, 이 대재난과 사고에 의해 약 18,500명의 사망자와 행방불명자가 발생했으며, 여전히 전국적으로 약 29만 명(2013년 8월 12일 현재)이 피난생활을 하고 있다.[10] 또한 후쿠시마의 일부지역은 여전히 출입을 할 수 없는 사상 초유의 일이 현재에도 진행 중이다.

이 동일본대지진과 후쿠시마 원전사고는 비전통적 안전보장에 관련되는 사항이기 때문에 이에 대한 민주당 정권의 대응도, 민주당 정권의 안보정책으로 간주하여 본 절에서 다루려고 한다. 다만 본서의 제7장에서 이 동일본대지진과 후쿠시마 원전사고에 대하여 자세히 다루고 있기 때문에 이 절에서는 방위성·자위대의 대응을 중심으로 살펴보겠다. 자위대는 재해에 대처하는 것을 임무로 하고 있지만, 이번 동일본대지진과 후쿠시마 원전사고에 대한 대응은 다음과 같은 세 가지 특징을 가지고 있다.

첫째, 자위대의 파견규모에 있어서 사상최대였다는 점이다. 자위대의 파견규모는 10만 명 태세를 구축하라는 간 총리의 지시에 의거하여 3월 18일에는 10만 명을 넘어섰으며, 가장 많이 동원되었을 때에는 약 10만 7,000명, 항공기 543대, 함정 54척에 이르렀다. 이와 같은 태세하에 피해지역을 중심으로 한 기지·주둔지에서는 파견부대의 원활한 활동을 지원하기 위해, 부대의 숙박, 식량, 피복, 장구류의 긴급·대량조달을 포함한 대규모 후방지원이 이루어졌다(防衛省 編 2012, 206).

둘째, 사상 처음으로 육·해·공 자위대에 의한 통합임무부대가 편성되어

___
10) 부흥청의 통계, http://www.reconstruction.go.jp/topics/post.html(검색일: 2013년 9월 15일).

통합운용에 의한 활동이 이루어졌다는 점이다. 3월 14일에 육상자위대의 동북방면총감의 지휘하에, 이 총감이 지휘하는 육상재해부대, 해상자위대 요코스카지방총감이 지휘하는 해상재해부대, 항공자위대 항공총대사령관이 지휘하는 항공재해부대로 구성되는 재해통합임무부대를 편성하여 육·해·공 자위대의 통합운용에 의한 행방불명자 수색을 시작으로, 재해피해자 지원을 위한 각종 활동을 행했다. 또한 원전사고에 대한 대응에 있어서도, 육상자위대의 중앙즉응집단 사령관의 일원적 지휘하에 육·해·공 자위대의 요원 약 500명이 원전 구내에서의 방수활동 등을 행했다(防衛省 編 2012).

셋째, 미군을 비롯한 세계 각국의 군대와의 협력활동이 이루어졌다는 점이다. 특히 미군은 '도모다치 작전'11)이라는 작전명하에, 최대인원 16,000명, 함선 약 15척, 항공기 약 140기를 투입하는 등 대규모의 병력으로, 수색구조, 물자수송, 센다이공항의 복구 등을 행했다. 또한 후쿠시마 원전사고에 대한 대응에 있어서는, 각종 정보의 제공, 방호복, 소방펌프 등의 지원 외에도, 핵에 의한 사고에 관한 대처를 임무로 하는 해병대 방사선 등 대처전문부대(Chemical Biological Incident Reponse Force: CBIRF) 약 150명을 4월 2일에서 5월 4일까지 파견했다(防衛省 編 2011, 19). 방위성·자위대는 미군과의 사이에 신속한 조정을 행하기 위해 방위성과 요코타에 있는 주일미군사령부에 각각 미일조정소를 설치함과 동시에, 동북방면총감부(통합임무부대사령부)에도 역시 미일조정소를 설치했다(防衛省 編 2011, 21). 이와 같이 이루어진 재해에 대한 미일의 공동대처는 미일동맹이 비전통적 안보위협에 있어서도 큰 역할을 한다는 사실을 일본 국민들에게 강하게 인식시켰다. 한편 주일미군 외에도 한국군이 C-130수송기에 의해 3월 14일 구조대원 102명을 일본에 수송했으며, 호주군은 C-14수송기로 구조대원 75명을 파견하였으며, 구원물자와 오키나와의 나하에 주둔하고 있는 육상자위대 제15여단의 수송을 행하는 등 세계각국의 군대들이 지원활동을 행했다(防衛省 編 2011, 22).

---

11) '도모다치'는 일본어로 친구라는 뜻.

한편 방위연구소가 발간하는 『동아시아 전략개관 2012』는 동일본대지진에 대한 대처에 있어서의 문제점과 과제를 폭넓게 정리하고 있는데, 이하에서 그중 중요한 점을 정리해 보도록 하겠다(防衛省防衛研究所 編 2012, 220-223).

첫째, 총리 관저와 내각레벨에서의 의사결정에 있어서는, 정보공유·전달이 불충분했다는 점 외에, 전문가들로부터는 긴급사태대처에 관한 안전보장회의가 소집되지 않았다는 점, 또한 재해긴급사태의 포고가 신속하지 않았다는 점이 지적되고 있다.

둘째, 육·해·공 자위대의 통합운용에 있어서 통합막료감부와 각 자위대의 막료감부의 역할분담을 분명히 해야 한다는 점과 통합막료감부에 의한 운용조정능력을 어떻게 할 것인지가 향후 과제라고 할 수 있다. 또한 정보공유·수집체제 등에 대해서도 보다 면밀한 검토가 필요하다.

셋째, 현재 보유하고 있는 자위대의 인원·물자 수송능력에 한계가 있다는 것이 드러났으므로, 항공기나 함선 헬리콥터 등에 의한 수송능력 강화의 필요성이 재확인되었고, 민간수송능력의 활용의 중요성이 확인되었으므로 향후 그것을 위해 어떠한 태세를 갖출 것인지 검토할 필요가 있다.

넷째, 원전사고의 초동 대처에 있어서는 상황파악이나 정보공유 등에 있어서 총리 관저, 방위성·자위대, 관계성청 사이에 문제가 있었다는 점을 지적할 수 있다. 또한 앞으로 대응의 실효성의 향상을 위하여, 방위성·자위대에 있어서의 각종 대처계획의 재검토, 연계요령의 확인, 원자력방재훈련에의 참가, 원자력에 관한 교육훈련체제의 재검토, 관련 각국과의 협력·연계의 강화와 그를 위한 체제정비 등이 필요하다. 또한 현재 보유하고 있는 장비로는 이번과 같은 사태에 대처하는 데에 한계가 있다는 점이 분명해졌으므로, 무인기, 로봇 등 방사선환경하에서 유효한 장비의 도입 및 체제정비가 필요하다.

다섯째, 미일조정소에 있어서는 각 조정소의 역할과 방위성의 대미창구가 불명확한 상황이 발생했다. 또한 각국군의 지원을 받는 데에 있어서 관계성청과의 효과적인 연계, 지원과 지원수요의 합치, 외국군의 활동상황의 파악, 군 서로 간의 활동을 조정하는 방법, 영어자료의 신속한 작성 등의 문제를 지적할 수 있다. 앞으로 다시 일본이 지원을 받게 되는 상황이 벌어질 경우를 상정하여 이들 문제들에 대한 검토가 필요하다.

VI. 결론

이상에서 살펴본 것처럼 민주당 정권의 안보정책은 자민당의 안보정책과 그렇게 차별화된 모습을 가지고 있지 않다. 동적 방위력의 구축, '남서지역' 방위태세의 강화, 무기수출 3원칙의 완화와 같은 것은 자민당 정권이 이어졌다고 할지라도 추진되었을 가능성이 큰 안보정책인 것이다. 다시 말해 민주당 정권의 안보정책은 탈냉전 후 소위 '보통국가화'를 향해서 계속적으로 변화해 온 일본의 보수적인 안보정책의 흐름의 연장선상에 있다고 할 수 있다. 본문에서는 다루지 않았지만 현재의 아베 총리가 그 실현을 위해 심혈을 기울이고 있는 '집단적 자위권의 행사' 문제를 보더라도 이 점은 분명하다. 2012년 7월 6일 국가전략회의 프론티어분과회가 노다 총리에게 제출한 보고서에서는 "집단적 자위권에 관한 해석 등 구래의 제도·관행의 수정을 통하여, 안전보장협력수단의 확충을 꾀해야 한다(国家戦略会議フロンティア分科会 2012, 22)"는 제언이 행해졌으며, 노다 총리는 7월 9일의 중의원 예산위원회에서 "해석 수정의 제언도 있었다. 정부 내에서의 논의도 더욱 심도 있게 행하여 나가겠다(朝日新聞 2012/07/10)"고 말하여 집단적 자위권의 해석 수정에 대해 전향적인 자세를 표명하고 있는 것이다.

마지막으로 민주당 정권의 안보정책이 가지는 한계에 대하여 살펴보겠다. 민주당 정권은 정권획득과정에서 그리고 정권을 획득한 뒤 정책을 펼치는 과정에 있어서 관료주도의 정책결정과정 타파와 국민생활의 향상을 기치로 내걸고 내치에 역점을 두었다. '안보정책'은 우선순위에 있어서 뒷전으로 밀렸던 것이다. 이와 같은 민주당의 자세가 민주당 정권의 안보정책의 근본적인 한계를 낳았다고 할 수 있다. 이와 같은 민주당의 자세가 적나라하게 반영되어 있는 것이 민주당 정권 당시의 역대 방위대신의 면면이다. 안보문제의 전문가라고 자타가 공인하는 마에하라 세이지와 같은 인물은 방위대신에 기용된 적이 없으며, 민주당 정치인으로서 방위대신에 기용된 인물들은 전원 안보문제와는 거리가 있는 경력의 소유자들이었다.

우선 하토야마 정권의 방위대신은 기타자와 도시미로서 그는 방위대신에 취임하기 이전에 안보문제와 관련하여 뚜렷한 존재감을 보인 적이 거의 없다. 당초 방위대신에는 노다 요시히코가 유력했으나, 연립정권의 파트너인 사회민주당과 민주당 내에서 노다의 매파적인 성향에 거부감을 가지는 정치인들의 반대에 의해 기타자와가 방위대신이 되었다는 경위를 보더라도, 민주당이 얼마나 안보정책에 큰 역점을 두지 않았는지 알 수 있다. 기타자와는 간 내각 때까지 방위대신직을 무난히 수행하지만, 그렇다고 독자적인 안보정책을 개진하거나 추진하는 등의 일은 하지 않았다.

2011년 성립한 노다 내각의 첫 방위대신으로 기용된 이치가와 야스오는 방위대신으로서의 기본적인 자질을 갖추고 있지 못한 인물이었다. 2011년 9월 2일 방위대신에 임명된 직후 기자단에 대해 "안전보장에 관해서는 아마추어지만, 이것이 진정한 문민통제다"라고 말해 물의를 빚은 것을 시작으로 수많은 실언을 거듭하여, 12월 9일 참의원에서 문책결의안이 가결되었으며, 결국 2012년 1월 13일 행해진 내각개조 때에 재임 4개월 만에 교체되었다.

그런데 이치가와의 뒤를 이어 방위대신에 임명된 다나카 나오키 역시 육상자위대의 PAC3와 해상자위대의 초계기 P3C를 착각하는 등, 방위에 대한 기초적인 지식도 없음을 드러내며 실언을 연발, 2월 2일의 국회답변에서는 답변 중에 미일 정부 간의 극비문서에 담겨 있는 내용을 실수로 폭로하는 등, 방위대신으로서의 최소한의 자질조차 부족함을 드러내었다. 결국 4월 20일 참의원에서 다시 문책결의안이 가결되었으며, 6월 4일 노다 제2차 내각개조에 의해 방위대신에서 물러나게 된다.

자질부족의 방위대신이 연속해서 임명됨으로써 이미지에 큰 타격을 입은 노다 내각은 아예 정치인 대신을 포기하고, 안보문제전문가인 모리모토 사토시를 방위대신에 기용했다. 모리모토는 방위대학교 출신의 우파적인 학자로서 정권교체가 있던 2009년 8월 아소 내각의 방위대신보좌관으로 임명되었던 사실에서 알 수 있듯이, 자민당에 가까운 인물이라고 할 수 있다. 따라서 모리모토가 방위대신으로 재임 중 안보문제전문가답게 여러 현안들을 무리 없이 처리한 것은 인정할 수 있지만, '민주당'의 색깔이 있는 안보정책을 제언하고 추진할 수는 없었다.

이렇게 본다면, '관료주도의 타파'라는 민주당의 구호와는 역으로, 민주당 정권의 '안보정책'은 관료들에 의해 입안되고 추진되었던 것이며, 이 점이야말로 민주당 정권의 '안보정책'이 가지는 근본적인 한계라고 말할 수 있을 것이다.

▌ 참고문헌 ▌

国家戦略会議フロンティア分科会. 2012. 『フロンティア分科会報告書: あらゆる力を発露し創造的結合で新たな価値を産み出す「共創の国」づくり』.

防衛力の在り方検討のための委員会. 2013. 『防衛力の在り方検討に関する中間報告』.

防衛省 編. 2011. 『日本の防衛: 防衛白書 2011』. ぎょうせい.

_____. 2012. 『日本の防衛: 防衛白書 2012』. ぎょうせい.

_____. 2013. 『日本の防衛: 防衛白書 2013』. ぎょうせい.

防衛省防衛研究所 編. 2011. 『東アジア戦略概観 2011』. 防衛研究所.

_____. 2012. 『東アジア戦略概観 2012』. 防衛研究所.

_____. 2013. 『東アジア戦略概観 2013』. 防衛研究所.

新たな時代の安全保障と防衛力に関する懇談会. 2010. 『新たな時代における日本の安全保障と防衛力の将来構想: 「平和創造国家」を目指して』.

安全保障と防衛力に関する懇談会. 2009. 『「安全保障と防衛力に関する懇談会」報告書』.

平和・安全保障研究所 編. 2010. 『日米同盟再考』. 亜紀書房.

『産経新聞』(2012년 8월 18일).

『日本経済新聞』(2011년 12월 27일).

『朝日新聞』(2011년 9월 8일 석간, 2011년 9월 9일, 2011년 12월 28일, 2012년 7월 10일).

http://www.reconstruction.go.jp/topics/post.html(검색일: 2013년 9월 15일).

제11장

민주당 정권의 대미정책*

최운도

I. 문제제기

아베 총리는 2012년 12월 취임 직후부터 수차례에 걸쳐 '전후레짐으로 부터의 탈각(脫却)'을 강조해 오고 있다. 이 표현은 최근 그가 열정적으로 추진하고 있는 집단적 자위권의 행사 합리화의 구실로 사용되고 있다. 뒤집 어보면 이는 태평양전쟁의 종료 이후 지금까지 작동하고 있을 뿐 아니라, 일본을 구속하고 있는 체제, 즉 평화헌법과 샌프란시스코 조약, 그리고 그 틀 속에서 이루어진 미일안보조약과 일본이 선택한 요시다 독트린에 의해 지금까지 유지되어 온 미일관계를 의미한다.

종전 직후부터 미국은 미군이 자유롭게 주둔할 수 있는 기지를 제공할 수 있는 일본을 만드는 것을 일본문제 처리의 최대 목표로 삼아 왔으며, 위

---

* 이 글은 『일본연구논총』 38집(2013), pp.229-256에 게재된 글을 수정·보완한 것이다.

의 법적 장치들을 통해 실현해 왔다. 미국은 이 상태를 유지하기 위해 변화하는 국제환경과 미국의 세계전략, 일본의 국내정치 환경의 변화에 따라 미일관계를 운영해 오고 있다. 이는 미국 입장에서는 법적인 장치들 이외에도 일본의 대미정책에 대한 미국의 영향력 확보와 유지 없이는 불가능한 과제라 할 수 있다. 이 같은 미일관계의 특성을 극명하게 보여준 예가 바로 일본 민주당의 대미외교정책이라 할 수 있다.

민주당은 2009년의 총선 매니페스토에서 '긴밀하고 대등한 미일관계'를 대외정책의 간판으로 제시하였다. 그리고 하토야마 총리는 내각 출범과 함께 공약에 걸맞은 정책들을 채택하기 위해 시동을 걸었다. 60여 년 지속되어 온 미일관계가 집권정당이 바뀌었다고 해서 바뀔 수 있다면 두 가지 가능성을 생각해 볼 수 있을 것이다. 첫째는 일본의 총선 실시에 맞추어 때마침 국제질서가 크게 바뀌었거나, 둘째, 이미 변화된 국제질서를 무시하고 동일한 대미정책을 유지해 온 자민당의 직무유기와 그로 인한 심각한 부작용이 발생했어야 하는 것이다. 그러나 국제질서가 일본의 총선 일정에 맞추어 바뀌었을 이유도 없을 뿐 아니라 기존 미일관계의 유지로 인해 심각한 폐해가 발생한 것도 아니었다. 그렇다면 3년간 지속된 민주당의 외교정책은 어떻게 평가해야 할 것인가?

적어도 대미외교정책에 관한 한 3년간 지속된 민주당 정권에 대한 평가는 그 시기를 전후로 한 자민당 정권과의 차별성 이외에도 사실상 3개의 내각(하토야마 내각, 간 내각, 노다 내각)을 구분하여 평가하여야 한다. 이는 민주당이 그 정책 지향에 있어서 서로 다른 다양한 그룹들로 구성되어 있다는 점이 외교정책과 미일관계에도 그대로 반영되었기 때문이다. 그러므로 본 장에서는 세 내각을 거치면서 민주당의 대미외교정책이 어떻게 변화해 왔는가를 살펴보아야 한다. 다음으로 이들 세 시기의 미일관계를 비교하고 다른 한편으로 자민당의 대미정책과의 차이점을 이해할 수 있을 때, 민주당 3년이 갖는 대미외교정책의 의미를 제대로 평가할 수 있을 것이다. 이러한 작업은 곧 민주당 정권 3년의 성과와 한계에 대한 전체적인 결론을 도출하는 데 도움을 줄 것이다.

II. 자민당 정권의 대미정책

자민당은 1955년 집권 이후 2009년 민주당에 정권을 넘겨줄 때까지 1993년 8월부터 1994년 6월까지의 10개월이라는 기간을 제외하면 줄곧 집권여당의 지위를 유지해 왔다. 그러므로 일본의 대외정책이라 하면 곧 자민당의 정책이라 할 수 있다. 자민당의 대미관계는 '55년체제'라 불리는 틀 내에서 작동해 왔다. 시기에 따라 무역마찰이 없었던 것은 아니지만 경제관계는 미일안보조약의 한 부분으로 명시되어 있을 정도로 양국관계를 유지하는 하나의 기둥을 형성하였다.[1] 또 다른 분야가 안보분야인데, 여기에서의 미국과 일본의 입장차이가 양국관계의 좋고 나쁨을 가늠하는 지표가 되었다. 여기서 양국관계는 평화헌법을 유지하려는 일본 국민들의 요구와 국제안보정세를 반영하는 미일안보조약의 요구 사이의 긴장관계에 대한 정권의 관리능력에 의해 결정되는 것이었다.

국제냉전체제는 미국으로 하여금 일본의 방위력 증강과 부담분담을 요구하였다. 탈냉전기 미일관계는 일시적인 동맹표류를 거치면서 미국의 동아시아 개입(engagement)전략, 9.11 이후의 대테러전략, 중국의 부상에 대한 대응과 아시아로의 회귀전략에 따라 지속적으로 일본의 역할확대를 요구해왔다. 반면 일본은 1955년 내각결의로 발표한 '국방의 기본방침'이라는 짧은 문서에서 일본이 "자위를 위해 필요한 한도 내에서 효율적 방위력을 점진적으로 정비"할 것이라고 적고 있다. '효율'과 '점진'은 이후 방위비를 비롯한 장비의 획득, 자위대의 운용, 법제의 개편, 헌법의 해석에 이르기까지 모든 방위 관련 정책의 키워드가 되었다(Green and Mochizuki 1998).

데탕트 시기가 물러가고 제2차 냉전의 시기가 시작할 무렵인 1976년 일

---

1) 미일동맹의 공식적인 명칭인 '미합중국과 일본 간의 상호협력과 안전보장조약(Treaty of Mutual Cooperation and Security between the United States of America and Japan)'에서 보듯이 경제협력과 안보협력이 양국관계를 형성하는 두 개의 기준이다. 특히 조약의 2조에는 "양국 간의 경제협력을 추진한다"고 명시하고 있다.

본은 최초로 방위대강을 발표하였다. 이는 향후 일본의 방위정책과 방위력 증강계획의 길잡이가 되는 문서다. 그 방위대강에서 일본은 무기수출 3원칙, 비핵 3원칙, 방위비의 1%룰 등의 정책 및 방침과 전수방위(專守防衛)라는 틀 속에서 최대한의 방위력 확보의 목표 달성을 위해 '기반적 방위력'을 지침으로 삼았다. 국제정세와 일본의 방위정책을 고려하여 미국과 일본은 최초로 안보협력 가이드라인을 제시하였다. 일본 유사시 미일동맹의 작동방식에 대해 구체적으로 명시한 것이다.

1990년 냉전이 끝나고 목표를 잃은 미일동맹은 '표류'하는 관계로 빠져들었다(船橋洋一 1997). 걸프전을 겪으면서 국제사회로부터 분쟁에 대한 인적 공헌의 요청을 강하게 받으면서 일본은 방위전략을 국가전략 차원에서 변화해 나가기 시작한다. 그 결과 무력행사에 개입하거나 실행하지 않는 선에서 자위대를 해외에 파견하는 평화유지활동(PKO)을 시작하였다. 또한 양국은 미국의 동아시아 개입전략에 따라 안보협력을 강화하게 되었다. 1997년 안보협력 가이드라인을 개정하면서 북한의 핵개발과 미사일 개발, 그리고 대만사태를 염두에 둔 주변사태에의 대응 방안을 명시하였다. 일본의 방위역할이 예산상의 방위분담뿐 아니라 지리적인 면에서 일본유사를 넘어 주변사태로 확대된 것이다.

2001년 9.11 테러사건에 따라 미국의 세계전략이 바뀌면서 일본의 고이즈미 내각은 미국의 요구에 적극적으로 부응하여 특별법의 형태로 아프가니스탄전쟁의 후방지원과 이라크전쟁 후의 복구와 부흥지원을 위한 활동에 자위대를 파견하였다. 이러한 요구에 부응하여 일본 정부는 2004년 새로운 방위대강을 결정하였다. 여기에서는 미국의 요구가 그대로 반영되어 글로벌한 시각에서의 방위 태세를 갖출 것을 규정하였다. '다기능적'이며 '유연'하고 '효율적인' 방위력을 강조했다는 점에서 당시 미국이 추진하던 군사력 변환과 미군 재배치 등의 계획에 호응한 것이었음을 알 수 있다. 2006년 미국과 일본 양 정부는 오키나와 기지문제와 미국재배치 전략의 핵심사항으로 후텐마 해병대 공군기지의 이전에 합의하였다. 고이즈미 퇴임 이후 아베 내각과 후쿠다 내각, 아소 내각 모두 1년을 넘지 못하고 단명하였다. 내각의 불안정은 오키나와 기지 이전 문제뿐 아니라 대북한관련 미일 협력 등 전반적인 양국 간의 협력 사항에 대한 진전을 어렵게 하였다.

이상에서 본 바와 같이 지난 60여 년간 자민당 정권은 평화헌법과 미일동맹 사이의 긴장관계를 자위대의 점진적인 역할확대를 통해 해소해 왔음을 알 수 있다. 오랜 기간 자위대와 미일동맹이 위헌이라는 이유로 폐지를 주장해 오던 사회당도 연립정권에 참가하고 무라야마 대표가 총리직을 맡으면서 기존의 정책을 모두 폐기한 바 있다. 미일우호관계의 유지는 전후 일본의 모든 정권 담당자들에게 외교정책의 최대과제였음은 말할 필요도 없다. 그러나 평화헌법의 유지를 지지하는 국민들과 그 정반대에 있는 일본의 우익들로서는 미국의 요구에 대한 일방적인 수용과 저자세 외교는 받아들이기 어려웠을 것임에 틀림없다.

그럼에도 불구하고 미국 입장에서는 일본의 점진적인 변화란 근본적인 한계를 가진 것으로 받아들여졌다. 그 한계를 넘어설 것을 요구한 것이 지금까지 3차례에 걸친 아미티지-나이 리포트다(Armitage and Nye 2000; 2007; 2012). 2000년에 나온 1차 리포트는 집단적 자위권의 금지가 미일협력에 제약으로 작용하고 있다는 점, 미영동맹의 특수관계를 미일관계의 모델로 삼고 있다는 점, 일본이 어떠한 형태로든 평화헌법의 제약에 대한 논의를 종결짓고 집단적 자위권을 행사함으로써 미국을 지원할 수 있어야 한다는 점을 제시하였다. 이에 반해 2007년의 2차 보고서는 일본과 부시 정권에 대해 동아시아 지역에 대한 보다 높은 관심을 둘 것을 촉구하는 데 초점이 있었다. 그 이유는 바로 중국의 부상에 대해 양국 정부가 대응할 태세를 갖추어야 한다는 것이었다. 3차 보고서는 중국의 접근거부(Anti-Access/Area Denial) 전략에 대한 미일의 통합전략(JOAC) 수행을 위해 필요한 것으로 집단적 자위권을 강조한다.

III. 미국의 동아시아 회귀정책: 민주당 대미정책의 구조

민주당 집권 3년의 외교정책을 이해하기 위해서는 미국의 세계전략의 변화, 즉, 아시아로의 회귀(Pivot to Asia)전략에 대한 이해가 필요하다. 미국의 아시아로의 귀환은 2009년 7월, 클린턴 국무장관이 참가한 ASEAN Regional Forum에서 TAC(Treaty of Amity and Cooperation)에 서명한 것을 출발점이라 할 수 있다. 그때부터 미국의 아시아로의 회귀는 2009년 11월 오바마 대통령의 동경 연설, 클린턴 국무장관의 2010년 1월 12일 하와이 연설 등에서 명확히 표현되었으며, 2011년 *Foreign Policy*에 실린 클린턴의 "Pivot to Asia"에서 구체적으로 공식화되었다고 할 수 있다(Clinton 2011). 미국의 아시아로의 회귀는 두 부분으로 구성된다. 하나는 아시아 지역에서의 군사적 재균형(rebalancing)을 목표로 하는 것이며, 다른 하나는 아시아·태평양 지역에서의 지역주의(regionalism)의 추구다.

미국은 중국에 대한 군사적 균형을 통한 리스크 관리가 가능하다면 중국과의 경제협력을 통해 아시아 지역의 번영에 참가하고자 한다. 아시아 지역에서 진행되고 있는 경제발전과 기회에 참여함으로써 미국의 성장의 계기로 삼고자 하는 것이 제일의 목적이다.[2] 중국이 지배적 영향력을 지배하고 있던 ASEAN+3을 대신하여 미국이 중심이 되는 지역경제협력체를 만들고, 거기에 중국을 끌어들임으로써 미국이 추구하는 보편적 질서를 따르게 하자는 것이다. 이를 위해 미국이 추구하는 정책이 바로 환태평양파트너십협정(TPP)인 것이다. 그러나 그 과정에서 생길 수 있는 중국의 도발과 기회주의에 대한 리스크를 줄이기 위해서는 군사적 대비가 필요하다. 그러기 위해서는 기존의 압도적인 미국의 국방력을 유지함과 동시에 새로운 전략적 수요에 응할 수 있어야 한다. 이는 세계 2~3위의 경제력을 가진 일본의 군사적 지

---

[2] 이는 이미 2008년 오바마가 대선운동을 하고 있을 때, Kurt Campbell이 다음 정권이 추구할 외교정책으로 제시한 것이다(Campbell et al. 2008).

원과 협력 없이는 실현 불가능하다. 특히 2008년의 세계금융위기 이후 미국 의회의 예산감축 상황에서는 아시아 회귀정책이 첫걸음부터 어려움을 겪을 수 있는 것이다. 그래서 미국이 일본에게 촉구하는 것이 집단적 자위권의 실행과 미군재편을 위한 2006년 양국합의 이행이며, 그 핵심사항이 바로 후텐마기지 이전 문제와 해병대 재배치인 것이다.

이처럼 미국의 세계전략의 전환이 시기적으로 일본에서 민주당의 집권과 겹치게 된 것이다. 일본은 자민당 정권하에서 이미 농산물 수입을 둘러싼 국내 반대로 인해 FTA 추진에 있어서 우리나라에 훨씬 뒤처져 있었던 만큼, TPP 참가의 문제는 사실상 민주당 정권만의 문제는 아닌 것이다. 후텐마기 지 이전 문제 또한 마찬가지다. 고이즈미 총리 이후의 아베 총리, 후쿠다 총리, 아소 총리 모두가 2006년의 합의 사항을 이행하지 못하였다. 그러므 로 민주당 정권의 대미정책과 미일관계를 평가하는 데 있어서는 이러한 점 들은 반드시 고려되어야 할 것이다.

IV. 민주당 정권의 대미정책

2009년 8월 총선에서는 308석 대 119석이라는 엄청난 의석차로 54년 동 안 일당우위의 지배를 유지해 온 자민당을 제2당으로 끌어내리고 민주당이 승리하였다. 그 승리의 이유들 중 하나로 자주 거론되는 것이 이번 선거가 자민당의 국내정치의 운영 실패에 대한 징벌투표의 성격이 컸다는 점이다. 그런데 3년의 집권 후 당의 유지가 어려울 정도로 심각한 선거패배를 맞아야 했던 이유들 중 하나로 그 징벌주의 투표행태가 지적된다(小林良彰 2012). 이는 다시 말해 민주당이 집권할 때도 자민당 실패의 반사이익이었으며, 3년 의 집권기간 중에도 자신의 실적으로 인정받을 성적을 거두지 못했다는 것 을 의미한다. 그 이유 중 하나가 민주당은 그 성립시기부터 비슷한 정책노선의 정치인들이 모인 집단이 아니라 선거를 위한 이합집산의 결과 생겨난 정당이라는 것이다. 거기다 이들 사이에는 유기적 협력보다는 경험부족에서 오는 미숙한 정책운영 이외에도 상호대립이 지배했다는 점이다.

그럼에도 불구하고 대외정책에 있어서 민주당은 자민당과는 다른 성향을 가진 것으로 평가되어 왔다. 2008년 12월에 있었던 민주당 주역 4인과 미국의 지일파 국방안보전문가 3인의 간담회의 내용은 『산케이신문』 보도를 통해 잘 알려져 있다. 조셉 나이 전국방차관보는 하토야마 간사장, 간 대표대행, 오카다 부대표, 마에하라 부대표에게 "민주당이 내세우는 정책들을 살펴보면, 미국의회와 정부가 반미로 간주할지도 모르겠다. 모두 조심하는 편이 좋을 것 같다"고 했다. 이어서 나이는 2008년 민주당 정책제안서인 「정책인덱스 2008」에 제시된 구체적인 문제들을 거론했다 1) 해상자위대의 인도양 급유지원활동의 즉시정지, 2) 일미지위협정의 개정, 3) 오키나와 해병대의 괌 이전과 후텐마 비행장 이설을 중심으로 하는 주일미군재편계획의 백지화 및 철회였다(産経新聞 2009/06/16). 이처럼 이미 집권 이전부터 민주당은 자민당과는 다른 반미성향의 의심을 받고 있었다.

1. 하토야마 내각의 대미정책

하토야마 내각은 출범과 동시에 매니페스토에 나타난 민주당의 대미정책의 원칙, 즉 대등한 미일관계 구축을 위한 정책발표를 시작하였다. 하토야마는 약속한 대로 인도양에서의 급유활동을 중단하고 그 대신 아프가니스탄의 복구를 위해 5년간 5억 달러의 민생지원을 약속했다. 그에 따라 신테러특조법에 의해 2008년 재개된 급유활동은 2010년 1월 15일로 중단되었다. 아프가니스탄전쟁의 전후처리를 중요시하는 미국에게는 동맹국이 취할 수 있는 실망스러운 정책으로 받아들여졌다.

미국에 부담을 줄 수밖에 없는 또 다른 사안으로 핵밀약과 관련된 부분이다. 2009년 6월 한 지방지가 일본 유사 시 핵을 탑재한 미군함이 기항하는 것을 허락하는 밀약이 존재하다고 주장하는 전 외무차관의 인터뷰 기사를 게재하면서 문제가 되기 시작하였다. 이것을 오카다 외상은 9월 초 하토야마 내각 출범 직후 이에 대해 조사하여 11월 말까지 그 결과를 공개할 것을 지시하였다. 이는 미국의 입장을 고려하지 않은 것으로 양국 갈등의 불씨를 안고 새로운 내각을 시작하는 셈이었다. 10월에 방문한 게이츠 국방장관은 이와 관련된 조사가 양국관계에 해가 될 수 있다고 경고한 것으로 미국의 입장을 엿볼 수 있다. 미일관계와 관련된 보다 중요한 정책은 후텐마기지 이전 문제와 동아시아 공동체 구상이다. 다음에서는 이 두 정책의 진행과정과 하토야마 내각에 미친 영향을 살펴본다.

1) 동아시아 공동체 구상

하토야마 총리는 2009년 총선거 직전 *Voice* 9월호에 실린 '나의 정치철학'에서 우애(友愛)외교를 주창하였다(鳩山由紀夫 2009). 우애는 글로벌화하는 현대 자본주의의 과도함을 바로잡는 '자립과 공생'의 시대정신이라는 것이다.[3] 우애의 정신으로 일본 국내에서는 '지역주권국가'를 확립하고, 외교에서는 동아시아 공동체를 실현해야 한다는 주장이다. 2000년대 후반의 국제질서는 미국 일극체제의 종언과 중국의 대두라는 큰 변화를 겪고 있는 과정에 있다고 그는 파악한 것이다. 그러한 상황에서 일본은 아시아에 위치한 국가라는 정체성을 잊지 말고 우애의 이념에 따라 아시아 국가들과 동아시아 공동체를 창설하여야 한다고 주장한다. 즉 과도한 자유와 평등 사이의 균형적 원리로서의 우애는 자본주의 상징인 미국과 사회주의체제인 중국 사이에 위치한 일본의 자립과 공생의 개념으로 치환되었던 것이다.

하토야마의 동아시아 공동체 구상은 출범 이전부터 미국 내에서 하토야마 총리의 '탈미'와 '미일관계의 갈등'에 대한 우려를 끊임없이 불러일으켰

---

3) 우애외교는 하토야마 유키오(鳩山由紀夫) 일본 총리가 제창한 "일본과 가치관이 다른 나라에 대하여 서로의 입장을 서로 인정하면서, 공존공영을 해 나간다"라고 하는 취지의 외교 방침으로서 하토야마 내각의 외교정책의 이념이 되었다.

다. 예를 들면 『뉴욕 타임즈』는 그의 구상은 "중국에 접근할 뿐만 아니라 미국의 영향력을 서서히 배제해 가는 취지의 내용이 되고 있다(New York Times 2009/08/27)"라고 지적하면서 우려를 표했다. 하토야마 총리는 2009년 8.30 총선거 과정에서 자민당 전 정권의 대미외교를 "미국 추종 외교"라고 비난하면서 "서로 할 말은 하는 신뢰관계를 구축하겠다"는 표현으로 '대등한 미일외교'를 강조한 바 있다.

2009년 10월 8일 베이징에서 열린 한중일 3개국 정상회담에서 하토야마 총리는 "지금까지는 일본은 미국에 지나치게 의존하고 있었다. 아시아를 더욱 중시하는 정책을 만들어 가고 싶다"는 발언을 했다. 중국의 원자바오 총리로 하여금 만면의 미소를 띠게 만든 이 발언은 순식간에 미국 측에 전해졌고, 하토야마 정권의 '탈미(脫美)' 자세에 대한 걱정과 비판을 증폭시켰다. 다음날인 2009년 10월 9일 하토야마 내각의 오카다 카츠야(岡田克也) 외무상은 동아시아 공동체 구상에 대해서 "일본, 중국, 한국, 동남아시아 국가연합(ASEAN), 인도, 오스트레일리아, 뉴질랜드의 범위에서 (구성을) 생각하고 싶다"라고 말하고, 미국을 정식적인 가맹국으로 하지 않는 형태로 창설을 계획하고 있다고 밝혔다.

그러자 2009년 10월 14일 하원 외교위원회에서 커트 통 미 국무부 APEC 담당 고위관리는 하토야마 총리의 동아시아 공동체 구상에 대한 직접적인 언급은 피하면서도 아시아·태평양의 경제통합은 미국이 주도할 것이라는 점을 분명히 하였다. 이 발언은 11월 초 오바마 대통령의 일본 방문을 앞두고 미국의 입장을 분명히 한 것으로 하토야마 총리의 대미 대응변화의 출발점이 되었고 할 수 있다. 하토야마 총리는 10월 24일 태국의 방콕에서 열린 일본-ASEAN 정상회의에서 돌연 태도를 바꾼 것이다. 여기서 미국을 축으로 한 외교 구상을 강조하기 시작한 것이다. 그는 새로운 외교정책을 설명하는 과정에서 "일미 동맹을 기축으로 함과 동시에 동아시아 공동체 구축이라는 장기 비전을 위해 동아시아와의 협력을 진전시켜 나가고자 한다"고 밝혔다. 또한 정상회의 뒤의 기자회견에서는 "(동아시아 공동체에서) 미국을 배제할 생각이 없다"고 분명히 말했다. 하토야마 총리가 자신의 핵심적 외교정책인 동아시아 공동체 구상을 ASEAN 정상들에게 선전하는 자리에서 동아시아 공동체의 전제로 일미 동맹의 기축을 강조한 것이다. 일본 언론들은 이를 하토야마 총리가 동아시아 공동체에서 미국을 배제하기로 했던 애초 방침을 바꿔 미국의 관여를 기정사실화한 것이라고 논평하였다.

그리고 2009년 11월에 열린 양국 정상회담에서 오바마 대통령은 다음과 같이 말했다. "미일동맹은 미국에게도 없어서는 안 되며, 일본에게도 없어서는 안 될 것입니다. 또한 아시아 태평양 지역에 있어서도 없어서는 안 될 것입니다. 미국은 태평양 국가이고, 이 지역에 대한 관여를 심화시켜갈 것을 분명히 말씀드립니다. 하토야마 총리에게 말씀드린 바와 같이 우리들은 동맹을 강화하고 새로운 파트너십을 구축하여, 지역의 안전보장과 번영을 촉진하는 다국간의 틀과 지역기구에 참가할 것입니다." 지난 수개월간에 걸친 하토야마 총리의 동아시아 공동체 구상에 대한 미국의 입장 분명히 밝힌 것이다.

그 와중에 민주당의 최대 실세이자 간사장을 맡고 있던 오자와가 일본의 국회의원 절반을 포함한 630명의 수행단을 이끌고 중국을 방문하였다. 이는 외교역사상 전례가 없는 규모로 갈등을 빚고 있는 미일관계와는 대조적으로 민주당의 중국 중시를 보여주는 상징적인 방문이 되었다. 민주당 지도부의 대외인식과 미일관계가 충돌하는 과정에서 생겨난 클라이맥스와 같은 사건이라 할 수 있다.

2010년으로 접어들면서 동아시아 공동체 구상과 관련하여 하토야마 내각에는 입장이 정리되는 듯한 모양새를 갖추어가기 시작한다. 취임 초기와 같은 우애에 기초한 미국 비판은 현저하게 줄어들었다. 동시에 미국은 동아시아 지역에서의 공동체 형성에 대한 적극개입 입장을 분명히 하였고 일본은 미국의 입장을 수용하면서 후텐마기지 이전 문제에 몰입하는 양상을 보여주게 되었다. 2010년 1월 4일의 연두기자회견에서는 하토야마는 "미일동맹, 그것을 기축으로 하면서 한편으로 아시아를 중시하는 동아시아 공동체를 구상하고 있습니다. 그를 위해 후텐마 문제는 해결되지 않으면 안 됩니다"라고 말했다. 이전과 달리 아시아에 앞서 미일동맹을 먼저 챙기는 모양이 뚜

렷해진 것이다.

2) 기지 이전 문제[4]

하토야마 총리는 선거공약으로 후텐마기지의 현외 이전 혹은 국외 이전을 주장해 왔다. 9월 취임시 11월의 오바마 대통령의 일본 방문 이전까지 후텐마기지 이전 문제를 마무리 짓겠다고 약속하였다. 그러나 이 공약은 협상 당사국인 미국의 반대로 진행될 수 없었다. 10월 20~21일에는 미국의 게이츠 국방장관이 11월에 있을 오바마 대통령의 방문을 준비하기 위해 일본을 방문, 기타자와 방위상과 회담을 가졌다. 그 자리에서 게이츠 장관은 다른 대안이 없다면서 슈와브기지로의 이전이 아니라면 양국 간에 합의했던 주일미군 재편계획 모두를 무효로 하겠다고 경고했다. 뿐만 아니라 후텐마 비행장 부지도 돌려줄 수 없다는 말까지 했다. 당시 분위기를 보자면, 이 회담은 기지 이전 문제뿐 아니라 하토야마 취임 이후 첫 두 달 동안에 있었던 동아시아 공동체 구상에 대한 불만을 반영하는 것이기도 하였다.

2009년 11월 13일 일본에서 열린 미·일 정상회담에서 하토야마 총리는 오바마 미국 대통령에게 "(후텐마 비행장 이전 문제 해법에 대해) 나를 믿어 달라(Trust me)"고 말하였다. 그러나 다음날 "기지의 이전 지역에 대해 백지상태에서 재검토하겠다"고 언급해 미국으로 하여금 배신감마저 느끼게 하였다.

그러나 오바마의 방문 이후까지도 문제해결의 실마리는 보이지 않고 총리 약속의 신뢰도만 손상되고 있었다. 기지의 이전 대상지인 오키나와 지사와 나고시의 주민들에 대한 설득에서 실패했을 뿐 아니라, 현외 이전 후보지를 찾지 못했기 때문이다. 그러한 가운데 하토야마 총리는 12월 25일의 기자회견에서 후텐마기지 이전 문제는 3월 안으로 정부의 최종안을 확정하고

---

4) Emma Chanlett-Avery & Ian E. Rinehart, *The U.S. Military Presence in Okinawa and the Futenma Base Controversy*, CRS Report for Congress, 2012.8.3. 후텐마기지의 전략적 중요성에서부터 오키나와 주민에게 주고 있는 문제점까지 잘 소개하고 있다.

5월 말까지 미국과 합의를 끝내겠다고 약속을 하기에 이른다.

3월 말이 가까워 오자 일본 정부는 '2단계 이전안'을 제시하게 된다. 우선 오키나와현 캠프슈와브 육상부에 헬리콥터 이착륙장을 만들어 후텐마기지에 상주하는 헬기 부대를 옮기고, 헬기 이착륙장 건설까지는 후텐마 비행장도 당분간 함께 사용한다. 그 후 10~15년에 걸쳐 주일미군이 사용하는 항만 시설인 오키나와현 화이트비치 앞바다에 인공섬을 만들어 기지를 모두 이곳으로 옮긴다는 계획이었다. 그러나 미국은 어느 안도 대안이 될 수 없다고 하여 처음부터 미일교섭의 가능성이 낮았다. 또한 오키나와 지역과의 합의에 있어서 '슈와부 육상안'은 나카이마 히로카즈(仲井真弘多) 지사가 받아들이기 곤란하다고 표명했고, 이나미네 스스무(稲嶺進) 나고시(名護市) 시장도 반대를 명확히 했다. 거기에다 '화이트비치안'은 우루마시 의회가 반대의 견서를 만장일치로 가결했다. 또한 하토야마 총리는 후텐마기지의 현외이전이라는 공약을 감안해 헬리콥터 훈련 시설을 가고시마(鹿兒島)현 도쿠노시마(德之島)로 이전하고자 하였다. 그러나 거리상의 이유로 미군이 반대하고, 도쿠노사마 지역민들조차 격렬히 반대함으로써 이 안 또한 실현될 수 없었다. 결국 후텐마기지 이전과 관련된 정책은 원안대로 남게 되었다.

2010년 5월 28일 하토야마 총리와 오바마 대통령은 전화회담을 통해 양국의 국방·외무장관 협의체인 2+2 명의의 양국 공동선언을 확인했다. 2006년의 합의 원안대로 나고시 헤노코로 이전하는 것에 합의한 것이다. 이로써 양국의 관계는 상당 수준 복원된 셈이다. 그러나 이 공동선언을 통한 양국 관계 회복의 뒤에는 3월에 발생한 천안함 폭침사건이 미국과 일본 모두에게 관계 복원의 필요성을 제기하였기 때문이다.

이상에 본 바와 같이 취임 초기의 반미성향의 발언과 정책들로 인해 동아시아 공동체 구상에서부터 미국의 반대에 부딪혀야 했으며, 기지 이전 문제는 대안을 찾지 못함으로써 하토야마 자신의 신뢰하락만 초래하였다. 그 결과가 바로 내각 지지율의 하락으로 나타났으며, 결국은 총리직 사임으로 이어졌다. 그러나 이는 단순한 국정운영상의 경험부족의 문제라기보다는 현안에 대한 현실적인 인식의 부족에 기인하는 경향이 크다.

비록 2008년의 미국발 금융위기를 계기로 미국의 지도력과 국력의 약화가 있기는 하였으나 중국의 부상을 우선시할 상황은 아니었던 것이다. 대등한 미일관계에 대한 기대로 인한 착시현상을 현실로 받아들인 것이다. 테라지마(寺島実郎 2009) 교수는, 미국이 글로벌 금융위기로 인해 정치적·군사적·도덕적으로 기존의 패권을 잃어가고 있는 상황에서 동시에 중국이 강력한 패권국으로 부상하는 파워의 전이현상이 일본에게 새로운 국가전략을 모색하게 만들었다고 평가하였다. 또한 사카키바라(榊原英資 2009)는 민주당의 정책에는 1990년대 이후 일본의 장기침체를 극복하고 경제재건을 이룩하기 위해서는 중국과의 경제협력이 필수적이라는 생각이 바탕에 깔려 있다고 주장한다. 기지 이전 문제 또한 마찬가지라 할 수 있다. 정책 대안에 대한 현실적 판단과 책임의식이 없는 상황에서 야당시절의 비전만으로 문제를 해결할 수는 없었던 것이다.

2. 3.11 동일본대지진과 간 내각(2010.6~2011.9)의 대미정책

간 총리의 경우 선출 직후 오바마 대통령과의 전화통화에서 후텐마기지 이전 관련 합의사항에 대한 이행의사를 확인한 것을 제외하면 한동안 대외정책에 신경을 쓸 여유가 없었다. 취임 한 달 뒤로 예정된 참의원선거를 준비해야 했으며, 소비세율 인상을 추진하겠다는 발언은 야당뿐 아니라 당내의 반발마저 초래하면서 60%에 육박하던 지지율이 취임 10일 만에 40%대로 급락하는 상황을 맞아야 했다. 그리고 참의원선거에서의 패배로 정치상황은 분점국회로 전환됨으로써 국내정치 과정에서 많은 애로가 예정되어 있었다. 그리고 두 달 뒤인 9월에는 오자와를 상대로 대표경선을 치러야 했다.

정치일정에 있어서의 상황이 아닌 정치적 상황을 보면, 하토야마 내각에서의 미일관계는 그 이후의 총리들에게 교육효과가 있을 것으로 예상할 수 있다. 반미로 인식될 경우 미국이 정권에 미칠 수 있는 압력과 영향력이 어느 정도인지를 목격할 수 있었던 것이다. 정치적 성향만으로 본다면 시민단체

출신에 반(反)관료적이며 리버럴 성향이 강한 간 총리의 경우 하토야마 못지
않은 반미주의 성향이 예상된다(이상훈 외 2011). 그러나 1년 3개월간
이어진 총리직에 대해 국민들은 최하위 수준의 외교감각이라는 점수를 주었
으며, '외교공백'이 간 정권의 특징으로 묘사되었다(読売新聞 2011/08/26).

1) 어선 충돌사건과 중일관계의 변화

2010년 9월 7일에는 센카쿠 해역에서 중국어선이 일본의 순시선과 충돌
하는 사건이 발생하였다. 이에 일본은 국내법에 기초하여 선장을 체포하고
열흘 동안의 구속을 결정하였다. 이에 중국은 첫 10일 동안 5차례에 걸쳐
주중일본대사를 초치하면서 이 사건은 전면적 외교전의 양상을 띠게 되었
다. 일본행 단체관광의 취소, 희토류 수출금지 위협, 거기다 일본인 건설회
사 직원 4명의 구속 등의 위협이 이어지자 돌연 24일 나하지검 검사장의
판단이라면서 중국인 선장을 석방하였다.

하토야마 내각 때인 지난 4월 8일과 21일 두 차례에 걸쳐 일본 근해에서
실시한 중국의 대규모합동훈련에 경계 감시 중이던 일본해상자위대 호위함
의 90m 거리까지 중국의 함재헬기가 근접 비행하는 위험한 사태가 발생하
였다. 이때 일본의 대응은 2010년 5월 16일 경주에서의 중·일 외무장관
회담이 열렸을 때 오카다 외상이 중국 헬기의 근접비행에 대해 재발방지를
요청하고, 중국 해양조사선의 일본 EEZ내 침입은 극히 유감이며, 용인할
수 없다고 구두로 항의하는 것이 전부였다. 중국의 강경 도발에 대해 소극
적 대응을 한 것에 대해 일본의 『산케이신문』은 하토야마 총리가 동중국해
를 '우애의 바다'로 하자고 한 것을 비꼬아 해양조사 방해에 대해 유효한
항의수단을 강구하지 않으면 동 해역이 '중국의 해'가 되어 버리는 것을 방
관하는 셈이라고 정부를 상대로 강하게 비판한 바 있다.

빈발하는 중국의 도발에 대한 민주당의 소극적 대응에 대한 비판이 비등
하던 상황을 고려한다면 마에하라 국토방위성 장관의 '국내법에 의한 대응'
이라는 강력한 대응을 이해할 만하다. 그러나 중국과의 대치 후에는 결국
다시 약한 외교의 모습으로 돌아감으로써 일관성을 지키지 못하였으며 민주

당 정권의 한계를 드러낸 것으로 볼 수 있다. 11월에는 러시아의 메드베데프 대통령이 쿠릴 열도 4개 섬 중 하나인 쿠나시리를 방문함으로써 일본의 반발을 샀다. 그러나 마에하라 외무상은 '일본국민들의 마음을 상하게 하는 일'이라는 발언 이외에 마땅한 대응을 찾지 못함으로써 영토문제에 제대로 대응하지 못한다는 국내의 비판을 감수해야 했다.

사건이 진행 중이던 9월 14일 크롤리 미 국무차관보는 평화적 해결을 촉구하면서 미일동맹은 아시아 안전보장과 평화의 초석이라며 미일동맹을 언급하였다. 그는 8월 16일에 있었던 기자회견에서 "안보조약이 센카쿠 열도에 적용되는가라고 묻는다면 대답은 Yes다"라고 말한 바 있다. 간 총리가 유엔총회 참석을 위해 뉴욕을 방문한 9월 23일 오바마 대통령은 동 사건과 관련된 직접적인 언급은 없었으나 "미국과 일본의 동맹이 전 세계 평화와 안보의 주춧돌 가운데 하나라고 믿는다"라는 말로 일본에 대한 지지의사를 표명하였다. 또한 미일외상회담에서 클린턴 국무장관은 "분명히 미일안보조약이 적용된다"고 말하였으며, 게이츠 국방장관은 사건에 대한 언급없이 "우리는 동맹으로서의 의무를 다할 것"이라고 말했다.

2) 도모다치 작전과 미일관계(2011.3.11)

동일본대지진이 발생하자 미군은 도모다치 작전(Operation Tomodachi)이라는 이름으로 재빨리 일본의 재해복구 활동을 지원하기 시작하였다. 미국의 인도적 지원은 총액 950억 달러에 달하였으며, 그중 880억 달러는 미 국방부 예산에서 제공된 것이었다. 또한 미 국방부에서는 2,000명에 달하는 인원과 수백 대의 항공기와 해군 함정들, 그리고 항모 기동함대(airforce carrier task force)를 파견하여 자위대와 공동작업을 펼쳤다. 항모 로널드 레이건호는 일본의 자위대와 해상 보안청의 헬리콥터들에게 급유기지이자 공중작전의 플랫폼을 제공하였다. 자위대가 미군 항모를 작전에 사용하는 것은 처음 있는 일이었다. 사세보에서 출발한 미군 함정이 홋카이도의 육상 자위대 부대를 일본의 동북지역으로 수송하였으며, 양국 군대는 작전 수행에 핵심적인 센다이 공항을 복구함으로써 군과 민간조직들의 복구활동을 가능하게 했다. 미군의 원정 능력은 센다이 공항에 설치된 구조센터로부터 병참지원 이외에도 바다에서의 지원활동도 가능하게 하였다. 또한 현재의 동북지역에 위치한 자위대와 미군의 기지들, 특히 경미한 영향만 받은 미사와 미군 비행장은 이번 동일본대지진과 같은 대규모 복합 재난에 대한 효과적 대응을 가능하게 하였다. 지진과 쓰나미로 인한 재난지역에서는 특히 미국의 공중수송 능력과 구호품 수송능력이 주요한 역할을 하였다.

양국 군대의 커뮤니케이션 또한 효율적으로 이루어져, 미군부대가 자위대의 명령에 따라 작전을 수행하는 사상 초유의 사태가 일어나기도 하였다. 비록 미군들이 결정적인 역할을 하였음에도 불구하고 일본 당국이 주도한 작전들이었다는 점을 강조할 필요가 있다(Emma Chanlett-Avery et al. 2012).

후쿠시마 제1원자력 발전소의 원자로 손상을 둘러싼 위기상황에 대해서 미국은 일본 정부에 대한 지원에 최선을 다하였다. 원자력 규제위원회와 에너지부 그리고 국방부 등 많은 부서들이 일본의 핵위기 극복을 지원하였다. 그 지원활동 중에는 현장 전문가들과 시설물의 제염, 음식과 식수오염에 대한 모니터링 작업, 고립된 희생자들에 대한 항공수색, 고압펌프, 소방트럭과 방사능 보호복장 등이 포함되었다(Emma Chanlett-Avery et al. 2011).

3월 11일 이후 최초로 일본을 방문한 클린턴 미국무장관은 피해복구에 전력 지원을 약속하면서 "미국은 일본과 일본의 미래 회복을 위해 변함없는 지원을 할 것을 다시 한번 약속한다"고 했다. 그러자 간 총리는 최상의 감사를 표시하였으며, "미군과 국무부 등 미국 각 기관이 일본을 자기 나라처럼 생각하고 지원해준데 대해 국민을 대표해 감사드린다 … 미국은 일본 경제를 적극적으로 평가하고 여행 제한을 완화하는 용기를 보여주었다 … 미-일 동맹의 지원을 영원히 잊지 않겠다"고 밝혔다. 일본『요미우리신문』의 인터넷판인『The Japan News』의 사설에서는 3.11 동일본대지진의 재난 구조 과정에서 미국과 일본의 파트너십이 재확인되었다고 평가하였다(The Japan News 2011/04/19). 민주당의 집권 이후 하토야마 총리 시기 흔들렸던 미일관계가 완전히 복원되었음을 알 수 있다. 2012년의 아미티지-나이 리포트는 도모다치 작전에 대해 다음과 같이 평가했다.

도모다치 작전은 집단적 자위권의 금지에 유념하지 않고 이루어졌다. 아덴만에서의 해적 소탕작전도 일본은 법해석을 통해 수행 가능하게 했다. 가장 심각하게 일본의 국익을 위협하는 상황에서는 합법적인 집단적 자위활동이 불가능하다는 점이다. 집단적 자위를 위한 정책 전환에는 일원화된 명령계통이나 군사적으로 공격적일 필요도 없으며, 헌법을 개정할 필요도 없다. 3.11은 두 나라가 양국의 능력을 극대화할 수 있는 방법이 있음을 보여주었다(Armitage and Nye 2012, 15).

이 리포트는 도모다치 작전을 미일관계의 복원을 넘어 미일동맹에 대한 미국의 기여를 평가하고, 그 반대급부로 향후 일본에게 기대하는 방위역할의 확대, 즉 집단적 자위권의 행사를 촉구하는 계기로 삼고 있음을 알 수 있다.

3) 후텐마기지와 TPP, 그리고 신안보 공동선언

위에서 본 바와 같이 방위문제에 있어서 일본은 미국에 의존하는 모습을 보였다. 거기다 미국의 적극적 개입과 지원에도 불구하고 민주당 정권은 미국의 기대에 부응하지 못함으로써 미국과의 관계는 회복되지 못하였다. 복잡하게 얽혀 있는 후텐마기지 이전 문제는 국내정치적 혼란 속에서 한 걸음도 진전을 보지 못하였다. 2010년은 미일안보조약 50주년의 해였다. 안보문제를 둘러싼 양국의 대화는 단절되었으며 간 내각의 외교에 대한 비판이 핵심이 되었다. 무엇보다 중요한 것이 '신안보선언' 약속의 파기였다. 2010년 11월 요코하마 APEC에서 간 총리는 오바마 대통령과 회담하고, 안전보장, 경제, 문화·인적교류의 세 분야에서 다가오는 동맹 50년의 기본방침을 제시하는 새로운 계획은 2011년의 9월 상순 중 오바마 대통령과 양 수뇌가 발표하도록 하는 계획을 세워두고 있었다. 그러나 2011년 8월 말 간 내각이 해체되고 정권이 바뀜으로써 재연기가 불가피하게 되었다(読売新聞 2011/08/25).

이에 앞서 2009년은 방위계획대강이 2004년에 이어 5년 만에 중국의 공격적 방위력 증강과 활동을 반영하여 개정될 예정이었다. 하토야마 정권도 초기에는 적극적이었으나 미국과의 관계가 어긋나기 시작하면서 1년 뒤로 미루어졌으며, 2010년에는 후텐마기지 문제로 혼란을 겪었으며, 간 총리로의 정권교체도 이루어졌다. 그 결과 2010년 12월에 새로운 방위대강이 발표되었다. 그 주요 내용으로는 그때까지 40여 년간 지속되어 온 '기반적 방위력 개념'이 '동적 방위력' 개념으로 바뀌었으며, MD관련 기술의 이전과 개발을 위해 무기수출 3원칙의 완화가 포함되었다. 정상적인 순서대로라면 2009년 방위대강이 발표되면 이에 맞추어 미일정상이 새로운 안보협력을 다짐하는 공동선언을 하게 된다. 이어서 공동선언의 내용을 구체화시키기 위한 미일 안보협력가이드 라인이 제시되고, 일본은 그 실천을 위해 자위대법을 개정하게 된다. 그러므로 2009년의 방위대강이 늦어지면서 2010년으로 계획된 공동선언도 무산되었으며, 그에 따른 안보협력 가이드라인도 논의되지 못한 것이다. 이 같은 미일관계의 혼미의 결과가 아베 정권 취임 직후인 2013년 1월부터 방위계획대강의 근본적 개정논의로 이어지게 되었다.

반면, 간 총리는 환태평양파트너십협정(TPP)에의 참가를 미일관계 개선의 상징으로 삼고자 하였다. 2010년 10월 1일 임시국회 소신표명 연설에서 처음으로 TPP 참가 문제를 언급하기 시작했다. 미국이 2008년 TPP 참가의사를 표명한 이래 2010년에 들어서는 미국을 포함한 8개국이 협상을 진행하기 시작하고 있는 상황이었다. 이에 대해 10월 21일에는 민주당 의원 110인 이상이 반대 집회를 가짐으로써 민주당 내의 분열 양상을 다시 한번 드러냈다. 그리고 11월 13일에 열린 요코하마 APEC에서는 '나라를 연다'는 표현을 쓰면서 다시 한번 정책의지를 표명하였다.[5] 2011년 연두기자회견에서 간 총리는 일본 근대화 시작인 메이지 개국 및 국제사회에 일본이 복귀한 전후의 개국과 비교하면서 TPP 협상 참가를 '헤이세이(平成) 개국'이라 부르기까지 하였다. 간 총리은 또한 TPP 협상 참가를 세제·사회보장 개혁과 함께 현 정권의 최대 핵심과제로 설정하고 협상 참가 여부를 금년 6월까

---

5) TPP 참가를 일본 정부의 기본방침으로 설정했음을 보여주는 방침이 2010년 11월 9일 내각심의를 통과하였다. "包括的経済連携に関する基本方針," 內閣決議(2010.11.9).

지 결정하겠다는 계획을 발표하였다.

그러나 분점국회와 동일본대지진 이후의 정치적 혼미, 간 총리의 정국 운영의 미숙함 속에서 간 내각은 참가 검토의 시한을 연장할 것을 미국 측에 통고하였다. 그러면서 다른 한편으로 간 총리는 5월의 한중일 정상회담에서는 3국 FTA의 검토가속화에 합의하였다. 이에 미국은 하토야마를 떠 올리게 함과 동시에 간 총리에 대해 강한 불신감과 일본 정치체제에 대한 실망감을 갖게 하였다.

그러나 동일본대지진 이전에 이미 동아시아 지역 정세는 미일관계의 복원과 협력의 필요성을 제공하고 있었다. 바로 수차례에 걸친 북한의 미사일 실험과 두 차례의 핵실험과 함께, 2010년 3월의 천안함 폭침사건과 10월의 연평도 포격 사건은 미국과 일본 두 나라뿐 아니라, 일본과 영토·역사 갈등을 겪고 있는 한국과의 안보협력도 가능하게 하였다.

7월 동해상에서의 한미합동군사훈련에 자위대원 4명이 옵서버로 참가하였다. 사상 처음 있는 일이었다. 12월에 오키나와 앞바다에서 실시된 대규모 미일연합훈련에는 한국 대표단이 처음으로 참가하였다. 이 또한 처음 있는 일이었다. 그러자 2010년 12월 마이크 멀린 미합참의장은 한국과 일본을 방문하여 "한국과 일본이 과거 문제를 초월해 한미일 3국의 연합훈련이 실시되도록 노력해야 한다"고 주장했다. 오키나와 기지문제의 해결의 기미가 보이지 않고, 일본 국내정치의 혼미로 미일협력에도 상당한 제한이 있었으나 한반도에서의 북한의 도발행위와 동중국해에서의 중국의 행위는 적어도 미일관계의 군사 분야에서의 협력을 촉구하였으며, 심지어는 한미일 군사협력의 필요성마저 제고하도록 하였다.

3. 노다 정권(2011.9~2012.12)의 대미정책

노다 총리는 마츠시타 정경숙 출신으로 민주당 내에서는 소수파에 속하는 반면 보수파를 대표한다고 할 수 있다. 2011년 8월 말 간 내각이 퇴진하고 노다가 총리로 지명되었을 때 마에하라 외상이 40%대의 지지율을 얻고 있을 때 그의 지지율은 4%에 불과했다. 스스로 약한 정권임을 인정하면서 출발한 노다 내각은 1년 뒤인 2012년 8월 29일 7개 야당 연합에 의해 중의원에서 문책결의안이 통과됨으로써 중의원 해산의 압박 속에 국정을 운영할 수밖에 없었다. 2006년 이후 6년간 5명의 총리가 교체되는 일본 정치의 혼미 속에서 노다 내각은 출발부터 한 치 앞을 내다볼 수 없는 상황이었다. 노다 내각은 앞에서 살펴본 바와 같이 하토야마와 간 총리가 남겨놓은 외교 공백을 메워야 하는 많은 숙제를 물려받고 있는 상태였다.

미일관계와 관련하여 노다 내각이 추진하고 했던 대표적인 정책이라면 TPP 교섭참가라 할 수 있다. 2011년 11월 11일 노다 총리가 기자회견에서 전격적으로 TPP 교섭참가를 선언한 이유로 크게 두 가지를 들 수 있다. 하토야마 총리의 예에서 본 바와 같이, 간 총리나 노다 총리나 미일관계의 복원은 정권유지에도 결정적인 영향을 주는 중대한 사안이었다. 그렇기 때문에 간 총리 때부터 TPP 관련 정책은 미일관계 개선이라는 상징적 의미에서 출발하였다. 자민당의 민주당의 국정운영 평가에서 보다시피 미국에의 배려가 우선되어 국민과 각 업계에 설명도 없이, 그리고 참가했을 경우의 구체적 영향에 대한 평가와 설명도 없이 정책의 방향만 국민들에게 제시되었던 것이다(参議院自由民主党 2012). 노다 총리는 기자회견 이후 야당뿐 아니라 여당 내에서도 거센 반발이 일어나 당내 조정에도 어려움을 겪어야 했다.

미국과의 협의는 2012년 2월부터 시작되었으나 별다른 진전을 보지 못한 채 지연되었다. 민주당 내부의 갈등으로 인해 신중론으로 가닥을 잡게 되면서 교섭참가에 대한 정식결정을 보류하게 된 것이다. 미국 측에서는 대통령 선거 운동 중이었던 관계로 오바마 정부도 일본의 참가를 경계하는 자동차 업계의 눈치를 보지 않을 수 없었던 것이다. 이러한 상황은 2012년 11월까지도 계속되어 프놈펜에서 있었던 동아시아 정상회의(EAS)에서 오바마 대통령과의 회담에서 노다 총리는 "관계국과의 협의 참가를 결정했던 1년 전의 결의에는 변함이 없다"며 TPP참가에 대한 의지를 전달했다. 또한 TPP 참가 추진을 다가올 중의원선거에서 민주당 공인의 전제조건으로 하겠다는 의향도 밝혔다(読売新聞 2012.11.21). 그럼에도 불구하는 민주당은 선거에서 몰락이라 할 정도의 참패를 했고 그 결과 자민당에 다수당의 자리를 내주어야 했다.

그러나 내각 해산 때까지도 TPP 참가에 대한 민주당 내 분열은 가라앉지 않았으며 심지어는 TPP 참가에 전향적으로 응하겠다는 자민당 또한 내부 반대 의견을 무마할 대안을 마련하고 못하고 있었다. 결국 TPP 참가에 대한 논의가 합의에 이를 가능성이 낮다는 점은 어느 정당이든 마찬가지인 상황이었다.

TPP 참가 문제를 둘러싼 교착상태보다 더 심각한 것은 이미 십수 년간 계속된 후텐마기지 이전 문제라 할 수 있다. 2006년의 합의 이행의 가능성이 보이지 않자 미국과 일본은 2012년 4월 기지 이전 문제와 해병대 재배치 문제를 분리시키기로 하였다. 오키나와 미군기지의 반환은 해병대의 인원 재배치와 상관없이 진행할 것임을 의미하는 것이었다. 9,000명에 달하는 인원에 대해서는 괌과 하와이, 호주 등으로의 순환배치로 해결하기로 하였다. 이 안에 대해 상원의원 3인으로 구성된 조사단은 국방장관에 보내는 편지에서 어느 안을 내놓아도 예산문제 해결 없이는 어려울 것이라는 결론을 제시하였다.

일본 측에는 예산 이외에도 오키나와 시민들의 여론이라는 넘기 힘든 장벽이 존재하였다. 기지가 존재하는 한 사고와 범죄를 뿌리 뽑는다는 것이 가능하다면, 앞으로의 계획은 더욱 사고와 범죄로부터 자유로울 수 없는 것이었다. '아시아로의 회귀' 이후 중동에서 임무를 마치고 오키나와로 배치되는 부대는 늘어날 계획이었다. 또한 2012년부터 배치되기 시작한 오스프레이 수직이착륙기의 배치는 그 소음문제와 사고 가능성으로 인해 실제 배치 이전부터 오키나와현(縣) 내의 반대여론이 들끓었다. 어느 방향으로든 기지 이전 문제 또한 빠른 시일 내 해결의 기미는 보이지 않은 채 노다 내각의 해산이 다가왔다.

V. 자민당과 민주당 내각의 대미정책의 비교

전체적으로 민주당 내각 3년 동안 있었던 세 개의 내각에 대한 미국의 시각은 갈등-실망-포기의 순서로 변화되어 갔다. 민주당 정권 초기, 미국에서는 하토야마 정권이 '무라야마 모델'을 따를 것인가, '노무현 모델'을 따를 것인가에 대한 논의가 있었다. 두 사람 모두 반미성향을 띤 야당 출신이라는 점에서 미국의 우려를 낳았으나, 무라야마는 연립내각의 총리가 되면서 사회당이 주장해 온 반(反)안보정책들을 비현실적인 것으로 모두 폐기한 반면 노무현 대통령은 미국과의 대립각을 유지하면서 자신의 정책을 고수하였다. 하토야마는 자신이 추구하는 정책이 실현될 수 없다는 것을 불과 6개월 이내에 깨닫게 되었다. 초기에는 미국을 배제한 동아시아 공동체를 구상하였으나, 미국의 격렬한 반대에 부딪히자 소극적 수용으로 돌아섰고, 그 다음에는 적극적으로 미국을 수용하는 쪽으로 방향을 바꾸었다. 그러나 후텐마기지의 오키나와 현외이전 약속은 실현시킬 수도 없었으며, 철회하지도 못하였다. 결국 자신이 정권을 내놓아야 했다.

간 총리의 경우는 중국과의 영유권 분쟁의 본격화와 3.11 동일본대지진으로 인해 미일동맹의 필요성과 미국의 지원을 경험하였다. 또한 하토야마 정권의 사례에서 직접적인 교육을 받은 셈이다. 뿐만 아니라 북한의 천안함 폭침과 연평도 포격으로 인해 한미일 3국의 군사적 협력의 필요성도 절실히 깨달았을 것이다. 그 결과가 준비되지 않은 TPP 추진 발언이었다. 그는 TPP 참가에 대한 논의를 통해 미일관계를 복원하고 국내정치에서의 실정을 만회하고자 하였다. 그러나 그의 외교적 감각의 부족, 안보문제에 대한 인식의 부족, 그리고 국내 정치운영의 미숙함 등으로 인해 후텐마기지 이전 문제와 TPP 관련 논의는 한걸음도 진전되지 못하였고, 중국의 부상에 대비한 방위대강의 개정이 실현되지 않아, 미일동맹 50년을 계기로 한 신안보선언 또한 보류되었다. 미국이 안보협력을 요구할 때 간 내각은 아무런 답을 주지 못하였다.

노다 총리는 약한 당내 기반에도 불구하고, 민주당의 약체외교에 대한 비판이 잘못되었음을 증명하는 데 노력을 경주하였다. 그 대표적 예가 TPP 교섭 참가 선언이었다. 이어진 당내 비판과 야당의 공격에 대해 노다 총리는 의회에서 본인이 직접 나서서 답변하고 대응하는 모습을 보여줌으로써 강한 총리의 이미지를 주려고 노력하였다. 그러나 TPP 교섭 문제는 미국의 대선 준비로 인해 주목을 받지 못하였고, 오바마 대통령의 재선 이후에는 주요 의제로 재등장했을 때는 이미 내각을 해산하고 총선에 돌입해야 하는 상황이 되었다. 후텐마기지 이전의 문제는 이미 오키나와 현민의 반대를 넘어서기 어려운 상황에 직면해 있었다. 약체외교라는 비판에 대한 과잉대응의 결과가 바로 센카쿠 열도 국유화 사태라 할 수 있다. 이시하라 신타로 동경도지사의 센카쿠 열도 구입이라는 카드에 놀라 실행한 국유화 조치는 영유권 문제 해결은커녕 중국과의 분쟁만 일상화하는 결과를 낳게 되었다. 그 결과 미일동맹은 더욱 필요하게 되었으나, 구체적인 협력방안을 제시하거나 실현시키지는 못하였다.

이상의 특징들을 종합해 보면 자민당과의 차별성에 대해 다음과 같이 정리해 볼 수 있다. 첫째, TPP 참가와 후텐마기지 이전 문제는 자민당 정부도 실현하지 못하였으며, 미일관계 회복을 제일의 외교목표로 삼고 있는 아베 정권도 해결하기 어려운 문제다.6) 거기다 민주당 이전의 자민당 정권들도 집단적 자위권 문제를 해결하지 못하였다. 둘째, 그럼에도 불구하고 자민당이 민주당보다는 우호적인 미일관계를 유지해 올 수 있었던 것은 점진적인 역할 분담의 확대를 통해 여전히 부족함에도 불구하고 노력하는 모습을 보여 왔다는 점이다. 미국의 요구가 수용되지 못한 것은 국민여론 탓으로 돌

6) TPP에 대한 일본내 찬반 논의에 대해서는 다음을 보라. 반대 의견은 廣宮孝信·青木文鷹 2011. 『TPPが日本を壊す』東京: 扶桑社新書, 石田信隆. 2011. 『TPPをかんがえる: 「開国」は日本農業と地域社会を壊滅させる』東京: 家の光協会, 山口二郎. 2011. 「色あせた「国民生活が第一」をいかに立て直すか: 開国は文明論の次元から考察の積み重ねを」農文協 編『TPPと日本の論点』農文協. 6-11. 찬성의견은 渡辺頼純. 2011. 『TPP参加という決断』東京: ウエッジ, 山下 一仁, 農協の陰謀~「TPP反対」に隠された巨大組織の思惑(宝島社新書)을 보라.

릴 수 있었던 것이다. 이는 근본적으로 자민당이 민주당에 비해 반미적인 사고가 적었기 때문이라 할 수 있다. 셋째, 하토야마와 오자와를 비롯한 민주당 지도부는 중국의 부상에 대해 잘못된 대응을 하고 있었던 것이다. 미국이 아시아로 회귀할 때 부상하는 중국에 대해 편승하려는 정책을 택한 것이다. 간과 노다의 경우 편승은 아니지만 적어도 중국의 부상에 대해 균형을 취하려는 노력이 부족했던 것이다. 아베 정권이 추진하는 집단적 자위권이 실현될 수 있을지는 아직 불투명하지만 미국과 동일한 정책방향을 취하고 있다. 이것이 민주당 정권과 아베 정권의 가장 큰 차이일 것이다.

VI. 민주당의 대미정책의 성과와 한계

민주당 정권의 대미정책들은 단적으로 말해 현실을 무시한 이념과 이상에 기초한 외교정책이 얼마나 실효성이 없는가를 잘 보여주는 예라고 평가할 수 있다. 이는 다음의 세 가지 정도로 구분하여 설명할 수 있다.

첫째, 하토야마 총리와 그 내각이 보여준 반미·친중의 외교정책이 국제사회 현실을 제대로 반영하고 있지 않음을 알 수 있다. 다시 말해, 미국의 상대적 쇠퇴와 중국의 부상이 교차하는듯하지만 아직은 미국의 패권이 사라지고 있지 않다는 것이다. 그리고 일본의 외교가 그러한 잘못된 현실인식에 기초할 때 어떠한 대가가 돌아올지 잘 보여준다. 미국이 일본의 국내정치에 미치는 영향력이 상당한 정도임을 알 수 있는 경우라 할 수 있다.

둘째는 민주당 정권들이 하나같이 국내 여론의 수렴과정을 중요시하지 않음으로써 리더십 부족을 드러내는 결과가 되었다. 간의 TPP 논의 시작이나, 노다의 TPP 교섭참가 선언도 그러하며, 소비세율 인상문제와 TPP 참가 여부 등에 대한 여론수렴의 부족이 결국 총리 본인들이 사퇴하게 되는 국내적 요인이 되었던 같다.

셋째, 국정운영 경험의 부족과 관료 기반의 부족은 정책수행능력의 한계를 노정하게 됨으로써 민주당 집권은 3년으로 막을 내리게 되었다. 이는 외교와 대미관계 분야도 예외가 아니었다. 그런 면에서 야당인 자민당의 민주당 비판을 눈여겨 볼 필요가 있다. 기본적으로 외교능력의 결여로 인해 무엇보다 중요한 미일관계를 크게 훼손시킴으로써 국익에 해를 끼쳤다고 주장하면서 다음의 예를 들고 있다(參議院自由民主党 2012, 20).

- 2009년 11월 하토야마 총리는 일본을 방문한 오바마 대통령을 방치한 채 싱가포르의 APEC 정상회담을 위해 출국하는 결례를 함.
- 2012년 5월 노다 총리 방미 때 오바마 대통령과 회담은 했지만, 그 즉시 아프가니스탄을 전격 방문하기 위해 출국함으로써, 오바마 대통령 방일 시의 방치에 대한 앙갚음을 당한 것 같은 형태가 됨.
- TPP 교섭 참가를 두고 미국 측은 노다 총리가 모든 물품과 서비스를 교섭대상으로 한다고 발언했다고 발표하였다. 일본 측은 그에 대해 부정하면서도 수정을 요구하지 않는다고 하는 이해하기 어려운 대응을 함.

민주당에 대한 자민당의 이러한 시각은 중국의 부상이라는 시기를 맞아 자민당 아베 정권으로 하여금 미일관계 제1주의를 추구하도록 하는 토양을 제공해 주었다.

▌ 참고문헌 ▌

이상훈·이이범·이지영. 2011. 『일본 민주당의 정책결정 및 입법과정 연구』. 한국의회발전연구회 연구보고서.

Armitage, Richard L., and Joseph S. Nye. 2000. *The United States and Japan: Advancing Toward a Mature Partnership*. A special report for Institute for National Security Studies.

_____. 2007. *The U.S.-Japan Alliance: Getting Asia Right through 2020*. A report for the Center for Strategic & International Studies.

_____. 2012. *The U.S.-Japan Alliance: Anchoring Stability in Asia*. A report for the Center for Strategic & International Studies.

Chanlett-Avery, Emma et al. 2011. *Japan-U.S. Relations: Issues for Congress*. CRS Report for Congress(Sep. 23).

_____. 2012. *Japan-U.S. Relations: Issues for Congress*. CRS Report for Congress (May 4).

Chanlett-Avery, Emma, & Ian E. Rinehart. 2012. *The U.S. Military Presence in Okinawa and the Futenma Base Controversy*. CRS Report for Congress. (Aug. 3).

Clinton, Hillary R. 2011. "America's Pacific Century." *Foreign Policy* (Nov.).

Green, Michael J., and Mike M. Mochizuki. 1998. *The U.S.-Japan Security Alliance in the 21st Century: Prospects for Incremental Change*. New York: Council on Foreign Relations.

Kurt M. Campbell, Nirav Patel, Vikram J. Singh. 2008. *The Power of Balance: America in iAsia*. Center for New American Security.

New York Times, 2009.8.27.

The Japan News, 2011.4.19.

石田信隆. 2011. 『TPPをかんがえる: 「開国」は日本農業と地域社会を壊滅させる』. 東

京: 家の光協会.

小林良彰. 2012. 『政権交代‐民主党政権とは何であったのか』. 中公親書.

榊原英資. 2009. "「成長戦略」などなくても良い." 『文芸春秋』. 122-126.

参議院自由民主党. 2012. "政権の検証:迷走の3年を総括."(8月).

寺島実郎. 2009. "米中二極化「日本外交」とるべき道." 『文芸春秋』. pp.114-120.

鳩山由紀夫. 2009. "私の政治哲学." 『VOICE』. pp.132-141.

廣宮孝信・青木文鷹. 2011. 『TPPが日本を壊す』. 東京: 扶桑社新書.

船橋洋一. 1997. 『同盟漂流』. 岩波書店.

山口二郎. 2011. 『色あせた「国民生活が第一」をいかに立て直すか: 開国は文明論の次元
       から考察の積み重ねを』. 農文協 編. 『TPPと日本の論点』. 農文協. pp.6-11.

山下 一仁. 『農協の陰謀~「TPP反対」に隠された巨大組織の思惑』. 宝島社新書.

渡辺頼純. 2011. 『TPP参加という決断』. 東京: ウエッジ.

『産経新聞』, 2009.6.16. "危うい「友愛」外交: 米大物が警告した民主の「反米3点セッ
       ト」."

『読売新聞』, 2011.8.26. "菅政権1年3か月 混迷 自ら招く 増税 TPP 脱原発 … 唐突
       な表明次々."

＿＿＿, 2011.8.25. "[社説] 民主党代表選,日米関係再構築の方策を語れ."

＿＿＿, 2012.11.21. "日米首脳会談 TPP参加へ環境整備を急げ."

민주당 정권의 대한정책*

이기태

I. 들어가며

2009년 8월 30일에 실시된 일본 중의원선거에서 야당인 민주당은 과반수를 훨씬 뛰어넘는 308의석을 얻으면서 자민당 장기집권을 종식시키고 새롭게 정권을 잡았다. 그리고 9월 16일 하토야마 유키오(鳩山由紀夫) 정권이 발족하면서 민주당 정권에 대한 국민들의 기대는 한층 높아졌다. 민주당의 정권교체는 자민당의 '55년체제'에 종지부를 찍었고, 낡은 정치시스템에서 벗어나 새로운 일본이 시작되리라는 기대를 모았다.[1]

---

* 이 장은 필자의 논문 "일본 민주당 정권의 대한국정책,"『일본연구논총』제38호(2013)를 수정·보완한 것이다.

1) 민주당의 성립 과정, 내부 연구 및 정권교체 과정 등 일본 국내정치과정 연구는 다음 연구를 참조(講談社セオリー 編 2009; 小林良彰 2012; 塩田潮 2007; 山口二郎 2009; 中北浩爾 2012; 박영준 2009). 본 연구에서 국내정치과정은 논의의 대상에서 제외하

본 장은 2009년 8월부터 2012년 12월까지 3년 4개월 동안 일본 정치 및 외교의 중심이었던 민주당 정권의 대한정책을 분석하고 정리하는 것을 목적으로 한다. 민주당 정권의 대한정책은 크게 둘로 나눌 수 있다. 첫째로는 부상하는 중국에 대응하기 위해 한국과 전략적인 협력관계를 유지하는 정책이다. 민주당 정권은 동아시아에서 부상하는 중국이 일본에 커다란 위협이 될 것으로 생각했고, 역시 일본의 안보에 위협이 되는 북한 문제, 즉 북한의 핵·미사일 문제를 해결하는 데 중요한 역할을 할 중국 요인을 항상 염두에 두고 있었다. 그리고 미일동맹의 유지 및 강화와 함께 한국의 전략적 가치를 중시하면서 대중국 견제 혹은 유도 정책을 추진했다. 둘째로, 민주당 정권은 한국과의 과거사 문제에 대해 전향적인 정책을 추진했다. 자민당 정권과 달리 민주당 정권은 한일관계 강화를 위해 과거사 문제의 해결이 중요하다고 인식하는 등 탈내셔널리즘 성향의 대한정책을 시도했다.

이와 같이 민주당 정권은 안보적인 측면에서 대한정책의 목적을 '부상하는 중국에 대한 대응'으로 설정하고, 민주당의 하토야마 유키오, 간 나오토(菅直人), 노다 요시히코(野田佳彦) 정권은 연속적이고 일관된 대중 견제·유도 정책을 실시했다. 구체적으로는 하토야마의 '동아시아 공동체 구상'으로 대표되는 '대중유도정책'과 센카쿠 제도 영유권 분쟁으로 촉발된 간, 노다의 '대중견제정책'으로 나눌 수 있다. 그리고 대중 견제·유도라는 민주당의 대외정책 실현을 위해 미일동맹 강화 및 한미일 간 연대 강화를 위한 노력이 전개되었다.

그리고 한미일 간 연대 강화를 위한 기반을 다지기 위해서는 우선적으로 한일 간의 협력이 필요했다. 민주당 정권은 미래지향적인 한일 간 우호협력을 위해서는 어떻게 해서든 과거지향적인 역사 문제를 해결하려고 했고, 과거사 문제에 대한 전향적인 입장을 견지하려고 노력했다. 하지만 독도 문제와 같은 한일 간 영토문제가 발생하였고, 과거사 문제를 해결하는 데 있어서

고, 대외정책과정을 중심으로 논의하고자 한다. 민주당의 전반적인 외교·안보정책에 관해서는 다음 연구를 참조(송화섭·김두승 2011).

도 일본의 국내정치적 요인과 한일 양국의 내셔널리즘적 요인으로 인해 과
거사 문제 해결을 위한 대한정책은 그 한계를 드러낼 수밖에 없었다.

따라서 본 장에서는 부상하는 중국에 대한 대응에 따른 대한협력정책과
과거사 문제를 둘러싼 대한정책의 성과와 한계를 중심으로 민주당 정권의
대한정책을 분석하려고 한다. 이를 위해 먼저 민주당 정권 대외정책의 특징
을 새로운 미일관계 설정의 혼란, 대중국정책과 한일협력의 필요성, 그리고
적극적 한일관계 등 3가지로 파악하고, 3년 4개월에 걸친 하토야마, 간, 노
다 정권의 안보적 측면에서 본 대한정책의 성과 및 한계와 과거사 문제, 영
토 문제를 둘러싼 대한정책의 성과와 한계를 한미일 삼국 연대의 동북아시
아 국제관계 흐름과 국내정치적 요인 속에서 분석한다.[2]

II. 민주당 정권 대외정책의 특징

1. 새로운 미일관계 설정의 혼란

21세기 들어 글로벌 정세는 미국 중심의 일극주의 체제에서 아시아를 포
함한 다극주의 시대로 변하고 있었다. 민주당 정권은 이러한 정세 변화 속
에서 유연하고 탄력적인 외교정책을 구사해야 한다는 과제를 안고 있었
다.[3] 그리고 민주당은 자민당의 정통 안보내셔널리즘을 완화된 새로운 내

---

[2] 진창수는 탈냉전 이후 한일관계의 갈등은 심리적인 요인, 국제정치의 변화와 국내정치
의 상호작용에 대해 설명하지 않으면 한계를 가질 수밖에 없다고 주장한다(진창수
2012, 8; Putnam 1988).

[3] 하지만 민주당의 대외정책에 관한 최근 일본 내 연구는 여전히 미일관계 중심에서 벗
어나지 못하고 있다. 아마도 민주당 대외정책의 최대 실패원인을 후텐마기지 이전 문
제를 중심으로 한 대미정책의 혼선으로 보기 때문이다(浅野一弘 2011; 小沢隆一・丸山
重威 編 2011; 藤本一美 編 2012).

서널리즘으로 전환함과 동시에, 동아시아와의 통합성을 중시하는 '새로운 아시아주의' 전략을 강하게 추진했다(송주명 2010, 173).

민주당은 2009년 8월에 실시된 중의원선거를 앞두고 7월 23일에 「민주당 정책집 INDEX 2009」(이하 인덱스 2009)를, 그리고 7월 27일에는 「민주당 정권 정책 Manifesto」(이하 매니페스토)를 발표했다.[4] 두 가지 정책공약집에서 나타난 민주당 외교분야 정책 공약의 주요 내용은 다음과 같았다.

첫째로, 긴밀하고 대등한 미일관계의 구축이다. 구체적으로는 미일 지위협정 개정에 대한 제기, 미군재편 및 주일미군기지 전략 재검토가 열거되었다. 둘째로, 동아시아 공동체 구축을 위한 아시아 외교 강화이다. 구체적으로는 통상, 금융, 에너지, 환경 분야에서 아시아·태평양 지역의 협력체제를 확립하는 것이었다. 셋째로, 북한 핵보유의 불인정이다. 일본이 북한에 대해 향후 화물검사 실시 등 단호한 조치를 취할 것이며, 특히 일본인 납치자 문제 해결을 위해 모든 힘을 다한다는 것이다. 넷째로, 테러 위협 제거이다. 구체적으로는 민주당 정권 수립 후에 우려되는 미일갈등을 사전에 차단하기 위해 이전에 주장하던 신테러조치법 연장 반대 조항을 삭제하고, 항공자위대의 이라크 파견 즉시 종료 항목도 삭제되었다.

매니페스토의 내용을 분석해보면 자민당에서 민주당으로 정권이 교체돼도 외교안보 정책은 크게 바뀌지 않고, 단절보다는 연속성의 측면이 컸다. 이는 국제정치 현실과 구조적 제약이 매우 크기 때문이었다. 정권교체가 현실로 다가오면서 민주당 외교정책도 '현실 노선'으로 선회했다. 즉 매니페스토에서 미일지위협정 개정, 미군 재편과 주일미군기지 이전, 인도양 급유지원활동 등 미일동맹과 관련된 현안들에 대해 미일 간 대등성을 원칙적으

---

4) 「인덱스」가 민주당의 정책을 자세하게 다루고 있다고 한다면, 「매니페스토」는 「인덱스」의 요약판이며 대중적인 선전 공약집이다. 따라서 「인덱스」에서 언급한 것이 「매니페스토」에서는 축소된 것도 있고, 그 반대인 경우도 있었다. 民主党アーカイブ, 『民主党政策集 INDEX 2009』(2009), http://archive.dpj.or.jp/policy/manifesto/seisaku2009/(검색일: 2013년 8월 17일); 民主党アーカイブ, 『民主党の政権政策 Manifesto 2009』(2009), http://archive.dpj.or.jp/special/manifesto2009/index.html(검색일: 2013년 8월 17일).

로 강조하면서도 구체적인 조치에서는 현상 유지를 시사했다. '유엔 중시'와 '아시아 외교' 강화를 내걸고 '미일동맹 일변도' 현상에 대해 변화를 추구하는 민주당 외교 향방에 염려를 하는 미국을 배려한 조치였다.[5]

이와 같이 민주당 정권은 미일관계를 새롭게 설정하는 데 있어 혼란스러운 모습을 보였다. 무엇보다 미일동맹의 대등성을 강조하면서도 국제정치의 현실과 미일관계의 구조적 제약 속에 미일동맹의 현상 유지 혹은 강화를 고려하지 않을 수 없었다. 즉 미일동맹과 관련된 현안을 둘러싸고 미국과의 마찰이 예견되는 가운데 이를 해결하기 위해 미국을 배려한 조치가 필요했으며, 동아시아에서 중국의 부상이 곧 일본의 안보상 위협이 되는 상황에서 미일동맹의 강화 필요성이 현실적인 문제로 다가왔다.

그리고 민주당 정권은 미일관계를 기본 축으로 아시아 외교를 중시하겠다는 것이 기본 발상이었다. 특히 한일 외교는 새로운 관계설정이 이루어질 수 있을 것으로 기대되었다. 하지만 민주당 정권의 과제는 대미 의존도를 얼마만큼 극복하고 자립 외교를 구현할 수 있는지 여부가 관건이었다. 대미 의존에 대한 거부감을 바탕으로 한일 양국이 협력관계를 모색하는 것이 오히려 한일 양국 외교가 중장기적으로 방향감각을 잃게 되는 결과를 초래할 수 있기 때문이었다.

2. 대중국정책과 한일협력의 필요성

민주당 정권이 외교정책에서 자민당 정권과 차별화를 나타내는 부분은 동아시아 외교였다. 민주당은 오자와 이치로(小沢一郎) 대표 체제가 탄생한 2006년 이래 중국과 관계 강화를 꾸준히 추진해 왔고, 중국도 '자주외교'를 지향하는 민주당과 교류하는 데 적극적 자세를 보여왔다.

---

5) 민주당의 대미 안보정책 현안과 쟁점에 대한 분석은 권태환의 연구를 참조(권태환 2010, 59-72).

한편 민주당 정권, 그중에서도 하토야마 총리는 동아시아 공동체 구상을 발표했다. 하토야마는 동아시아 공동체에 미국은 포함되지 않을 것이라고 말하고, 친중국 정책 기조를 다각적으로 내보였다. 이에 대해 미국은 하토야마 정권에 대한 불신을 표시하며, 힐러리(Hillary Rodham Clinton) 국무장관이 일본 대사를 불러 경고하는 상황까지 나타났다.

하지만 하토야마의 동아시아 공동체는 중국을 견제하려는 고도의 술책이라는 의견도 존재한다.6) 민주당 정권 대외정책의 목적은 '부상하는 중국에 대한 대응'이었고, 민주당의 대한정책을 미일동맹 및 한미일 삼국 연대 강화 노력이라는 대중정책의 연장선상에서 해석한다. 즉 민주당 정권의 대한정책은 부상하는 중국에 대한 대응 차원에서 성립되었다. 특히 민주당 정권은 한미일 삼국 연대 속에서 미일동맹 강화와 함께 한국에 대해 전략적 가치를 부여했다.

또한 일본 정부의 입장은 북한이 중국 의존을 심화시켜가면서 체제유지를 위해 핵개발을 지속하는 것보다는 한국 주도의 한반도 통일이라는 방향으로 나아가는 것이 바람직하다는 것이다. 그리고 북일 수교도 일본 외교의 위상을 높이기 위해 활용할 수 있다. 특히 북일 수교와 남북경제협력이 밀접한 연계하에 전개된다면 한국에게도 바람직한 것이 될 것이다.

일본의 대중국정책과 관련해서 중국과 경제관계가 더욱 깊어지고 있고, 대북관계에서도 중국의 영향력 행사에 기대하지 않으면 안 되는 상황이기 때문에 중국에 대한 대응 차원에서 민주당 정권은 한국과의 협력을 적극적으로 모색했다. 무엇보다도 동아시아 국제질서를 구축하기 위해서는 책임 있는 대국으로서의 역할을 중국에게 요구할 필요가 있었으며, 이를 실현하기 위한 대중 영향력은 한일 양국이 협력할 때만이 확보가 가능했다.

---

6) 민주당은 선거운동 구호에서 이미 중국과의 경제적 상호 의존과 같은 협력적 측면보다는 인권 문제, 환경 문제, 중국 군사력 증강에서의 투명성 결여 문제, 동중국해 관련 문제 같은 중일 간 갈등 요인들을 강조하고 있었다(Glosserman 2009; 리처드 C. 부시 2013, 46 재인용).

3. 적극적 한일관계

민주당 정권은 동아시아 공동체의 구축이라는 목표와 그것의 기초가 되는 아시아 제국과의 신뢰관계 구축을 위해서 한국과의 신뢰구축 강화가 가장 먼저 제시되었다. 이것은 민주당 정권이 동아시아와 세계의 안정 및 평화를 지향하는 일본의 외교전략과 관련해서 한일협력, 한중일협력, 동아시아협력, 그리고 세계적 협력의 위계 속에서 한일관계를 생각하고 있음을 나타냈다(이면우 2010, 13).

민주당 매니페스토에 따르면 한국은 북핵문제 해결을 위한 6자회담 당사국이기도 하므로, 양호한 한일관계 재구축은 북한에 의한 납치·핵·미사일 문제 해결은 물론 한반도 평화와 안정을 위해 중요하다는 것이다. 또한 동아시아와 세계의 안정과 평화에 이바지하기 위해 한일 양국의 신뢰관계를 강화하고, 이를 기반으로 한중일 3개국의 강력한 신뢰, 협력 관계를 구축하며, 구체적으로는 한일 FTA 체결 및 독도(일본명: 다케시마) 문제 해결 등에 나서야 할 것이라고 한일관계 강화를 위한 적극적 대한정책의 추진을 천명했다.

그리고 매니페스토는 야스쿠니 신사 문제에 대해서 "야스쿠니 신사는 A급 전범이 합사되어 있어서 총리나 각료가 공식 참배하는 것은 문제가 있다. 누구든 거리낌 없이 전몰자를 추도하고, 비전(非戰)과 평화를 맹세할 수 있도록 특정 종교성을 갖지 않는 새로운 국립 추도시설을 설치하도록 하겠다"고 공약했다. 또한 영주 외국인 지방선거권에 대해서 민주당은 창당 시 기본정책에서 정주 외국인의 지방참정권 등을 조기에 실현한다고 밝혔으므로 이 방침은 앞으로도 계속 유지해 나간다고 표명했다. 하지만 영토문제에 대해서는 일본이 영토주권을 갖고 있는 북방영토, 독도 문제의 조기 그리고 평화적 해결을 위해 끈기 있게 대화를 거듭한다고 밝혔다.

이와 같이 민주당 매니페스토는 한일관계의 중요성과 야스쿠니 신사 참배의 부당성을 명기했다. 게다가 전후 문제의 하나로서 위안부 문제의 해결이 제시되었고, 야스쿠니 신사 참배와 관련하여 새로운 추도시설의 건립이 제안된 것 등은 아시아 중시 정책 속에 아시아 제국과의 관계 개선이라는 전반적인 측면도 있지만, 한국과의 신뢰구축 강화라는 특별한 맥락에서도 이해할 수 있다. 물론 다른 어떤 아시아 국가들보다도 한국이 이들 문제의 해결에 적극적인 입장도 있었다(이면우 2010, 13).

하지만 매니페스토에는 독도의 일본 영유권도 명기되어 있어서 한일관계 강화의 걸림돌이 될 여지가 남아 있었다. 이것은 민주당이 2009년 8월 중의원선거에서 보수층의 표심을 얻어야 한다는 현실적인 이유가 컸다. 영토문제는 일본 국민이나 언론 등 국내 여론에서 상당히 민감하게 반응하므로 지지표 결집을 위해서라도 민주당은 강경한 입장을 취할 필요가 있었다.

이러한 가운데 향후 민주당 정권의 대한정책은 한일 간 역사문제, 독도를 둘러싼 영토문제가 중요한 과제로 등장하면서 그 한계를 드러낼 수밖에 없었다. 결국 민주당 정권은 외교적인 측면에서 민주당 본연의 색깔을 잃고, 내셔널리즘 성향의 강화에 따른 자민당 외교정책과의 차별성을 상실하고야 말았다.

III. 하토야마 정권의 대한정책: 2009년 10월~2010년 6월

1. 하토야마 정권의 외교정책

하토야마 총리는 미국 중심의 일방외교를 벗어나 아시아 외교를 중시하는 외교정책을 주장했다. 하지만 하토야마가 대등한 미일 관계를 선거공약으로 주장하면서 미일 관계에 갈등 조짐이 나타났다. 즉 오키나와현의 후텐마(普天間) 비행장 이전을 둘러싼 미일 간 문제였다. 사실 2006년 5월에 미국과 자민당 정권은 후텐마 비행장을 2014년까지 오키나와현 내 나고(名護)시 슈와브 기지로 이전하기로 합의했다. 하지만 정권교체 이후 하토야마 정권은 후텐마 비행장을 오키나와현 이외 지역이나 국외로 이전할 것을 검토한 반면, 미국 정부는 기존 합의를 준수할 것을 요구하면서 양측 간에 합의점을 찾지 못하고 있었다. 이 외에도 하토야마 정권은 미일지위협정 재검토, 주일미군 경비부담액 감축 및 아프가니스탄 연합군에 대한 인도양 급유 중단 등의 입장을 밝혔다. 이러한 하토야마 정권의 변화 움직임에 대하여 과거 탈아입구(脫亞入歐)를 넘어서 탈미입아(脫米入亞)하고 있다는 평가도 존재했다. 또한 이와 같은 미일 간 쟁점에 대해 하토야마 정권이 명확한 결론을 내지 못하는 가운데 일본 내에서는 자민당을 비롯한 야당이 반발하면서 일본 내 갈등이 야기되었다.

아시아 외교를 중시하는 하토야마는 ‘동아시아 공동체’라는 구상을 제창했다. 하토야마 정권은 출범 당시 ‘우애(友愛) 외교’에 기초한 ‘동아시아 공동체 구상’ 제창을 통해 주변 아시아 국가들의 큰 관심을 불러일으키며 성공적인 하토야마 외교의 첫 걸음을 내디뎠다. 하토야마는 취임 전 한 일본 잡지에 “나의 정치철학”이라는 제목의 글에서 미국 주도에서 벗어난 동아시아 공동체 구성이라는 자신의 외교정책에 대한 기본 구상을 밝혔다(鳩山由紀夫 2009). 하토야마는 이 글에서 2008년 금융위기를 야기한 미국 주도의 글로벌리즘을 비판하고, 미국 지향 외교에서 벗어난 아시아 중심의 동아시아 공동체 건설을 외교의 핵심 정책으로 천명하며 궁극적으로 아시아 공동화폐 실현의 필요성까지 내세웠다. 즉 유럽연합(EU) 모델을 염두에 두고 동남아시아국가연합(ASEAN)과 한중일 3국이 중심이 되자는 구상이었다. 그리고 이 구상에서 미국은 아예 배제되었다.

하지만 2009년 10월 한중일 3국과 아세안 정상들이 참석한 회담에서 하토야마는 “미일동맹을 일본 외교의 기축으로 한다”는 발언을 하며 미국을 배제한 아시아 공동체 구상 강조에서 벗어나서 후텐마기지 이전 등을 둘러싸고 발생한 미국과의 갈등 해소를 위한 포석작업을 하기 시작했다. 이처럼 아시아 공동체 구축이라는 막연한 개념으로 시작된 하토야마 정권의 외교정책은 미국과 대등한 관계 형성이라는 외교정책과 맞물리면서 미묘한 줄타기를 시도했고, 점차 ‘미일동맹이 최우선’이라는 말을 강조하는 실리 추구의 외교정책으로의 변화를 시도했다.

한편으로 하토야마 정권은 '동아시아 공동체'7)의 성격을 중국의 부상에 대한 대책의 성격으로 규정했다. 일본은 이미 2004년 '방위계획대강' 개정 때부터 중국을 주요 위협으로 지목했다. 따라서 하토야마는 일본의 안보적 관점에서 가장 중요한 것은 중국 요인을 어떻게 대처하는 것인가에 대한 고민이 있었다. 또한 북한의 연이은 핵실험 및 미사일 발사 등으로 인해 일본의 안보가 위협을 받고 있는 상황에서 북한 문제를 견제 혹은 대응하기 위한 협력의 대상이 필요했다. 이를 위해 아시아 중시 외교 전략 속에 한국의 전략적 가치를 높게 평가하고 이러한 가치 동맹 속에 북한에 대한 지지 및 지원 역할을 담당하는 중국을 견제하려고 했으며, 일본이 이니셔티브를 갖는 '동아시아 공동체'의 틀 안에 중국을 '유도'하려고 노력했다. 이에 따라 하토야마는 취임 후 양자외교의 첫 해외 방문지를 한국으로 정하고, 2009년 10월 9일에 한일정상회담을 가지면서 양국 간에 가치관을 공유하고 있음을 천명하였다. 또한 민주당 내 실력자인 오자와 간사장은 중국과의 대화를 추진하였지만, 민주당 내의 컨센서스가 이루어지지 않은 채 오자와의 독선에 따른 행동이었다고 비판을 받았다.8)

그리고 앞서 언급했듯이 하토야마 정권이 대등한 미일동맹 관계를 구축하는 가운데 오키나와 후텐마기지 이전 문제를 둘러싸고 미일관계가 극도로 악화되었다.9) 또한 동아시아 공동체 구상에 대해서도 미국은 불편한 심기를 나타냈고, 중국 역시 일본 주도의 동북아 집단안보체제가 중국을 견제하려는 의도가 있다는 측면에서 반대를 나타냈다. 이와 같이 하토야마의 동아

7) 동아시아 공동체 구상에 대한 일본 내 논의 및 하토야마 정권의 동아시아 공동체 구상에 관해서는 다음 연구를 참조(진창수 2011; 伊藤憲一 2010).

8) 이기태는 오자와 이치로의 독선적이고 소통 부재의 정치리더십을 오자와 정치리더십의 한계로 본다(이기태 2013, 188-189).

9) 모리 세이호(森省歩)는 하토야마 정권의 치명상이 된 후텐마기지 이전 문제에 대해서 하토야마 총리의 리더십 결여, 관저 기능부전, '언급해 볼 뿐'이라는 학급회내각 등 3가지 사항을 지적하면서 하토야마 내각의 미숙함을 지적하고 있다(森省歩 2010, 96-97).

시아 공동체 구상은 미국의 불신과 동아시아 공동체 구상에 대한 관계국의 '공동화'로 인해 실패로 끝났다.

한편, 하토야마 정권은 아시아 중시 외교 전략 속에 한일관계의 전략적 가치를 높게 평가했다(최희식 2011b, 60). 즉 대등한 미일관계와 동아시아 공동체 구상을 통해 미일동맹과 동아시아를 연결하려 했다. 이것은 중국과 한국을 연결하는 대륙국가와의 관계 개선을 통한 정삼각형 외교를 추구했다고 볼 수 있다. 하지만 하토야마 정권의 동아시아 공동체 구상은 한국과의 우호증진 및 관계 개선을 통한 한일 협력을 통해 중국을 견제하기 위한 목적이 있었다.

실제로 하토야마 정권은 중의원선거의 매니페스토 정책인 「인덱스 2009」를 통해 적극적인 대한정책을 표명했다. 「인덱스 2009」에서는 독도 문제에 대한 평화적 해결, 야스쿠니 문제에 대해 참배를 하지 않겠다고 표명함으로써 민주당 정권의 역사 관리 정책의 본격화를 선언한 것이었다.

하토야마는 2009년 5월 민주당 대표 취임 이후 첫 외국 방문지로 한국을 선택하는 등 외교 관계에서 아시아, 특히 한국을 중시하겠다는 뜻을 공개적으로 밝혔다. 그리고 총리 취임 직후인 10월 초, 한중일 3국 정상회담에 앞서 먼저 서울에 들렀다가 베이징으로 향했다. 또한 2010년 5월 29일에 열린 동아시아 3국 정상회담에 앞서 대전 현충원을 방문하고 천안함 순직 장병들을 참배했다. 또한 제주도에서 3국 정상회담이 시작되자 하토야마는 천안함 순직 장병에 대한 묵념을 긴급 제안했으며, 대북제재에 관한 한국의 입장을 적극 지지했다.

동아시아 국제질서 속에서 중국은 일본의 안보상 위협으로 부각되고 있었으며, 동아시아 평화에서 걸림돌이 되는 북한 문제에 가장 큰 영향력을 끼칠 수 있는 국가였다. 하토야마는 이러한 중국을 일본이 이니셔티브를 가지는 동아시아 공동체 구상 속에 유도하려 했으며, 그 실현을 위한 전제조건은 한국과의 협력이었다.

2. 과거사 문제 해결에 대한 의지

민주당 정권은 2009년 중의원선거를 앞두고 매니페스토 공약집인 「인덱스 2009」를 발표했다. 이 안에는 민주당 정권의 대한정책이 적극적으로 표현되었고, 그중에서도 과거사 문제를 해결하기 위한 민주당의 의지가 담겨 있었다. 그 주요 내용으로는 재일동포에게 지방참정권을 부여하고, 국회도 서관 내에 항구평화조사국을 설치하며, 일본군 위안부에 대한 보상 실시 및 야스쿠니 신사를 대체할 국립추도시설의 설치 등이 담겨 있었다.

특히 하토야마는 역사 인식에서 이전 자민당 정권의 총리들과는 다른 전향적인 모습을 보였다. 즉, 야스쿠니 신사를 참배하지 않을 것을 여러 차례 밝혔고, 무라야마 담화(村山談話)[10]를 계승할 것을 표명하였다. 하토야마는 야당 국회의원 시절부터 일본의 전쟁범죄 조사나 일본군 위안부에 대한 사죄 및 보상 등과 관련된 법안들을 여러 차례 제출했고, 총리 취임 이후에도 기회 있을 때마다 자민당 정권과는 달리 과거사 청산에 대한 강한 의지를 표명했다.

또한 하토야마는 2009년 10월 한일정상회담에서 "일본의 새 정부는 똑바로 역사를 직시할 수 있는 정권"이라며 식민지 지배를 반성하고 사죄하는 '무라야마 담화' 계승 의지를 확실히 밝혔다. 이외에도 한류 예찬 등 감성적 측면에서 한국 국민들의 마음을 사려는 노력도 이어졌다.

무엇보다 하토야마 정권은 한국과의 과거사 문제에 관한 마찰의 소지를 줄이려고 노력했다. A급 전범이 합사된 야스쿠니 신사와 관련해서 하토야마 정권은 참배중단과 제3의 국립추도시설 건립 입장을 밝혔다. 그리고 하토야마 정권은 출범 직후 한국인 강제동원 노무자 피해 자료로서 한국 정부가 요청한 후생연금기록의 확인 작업에 적극 협조했으며, 2010년 3월에는 17만 명 분의 노무자 공탁자료 사본을 한국에 전달했다. 또한 5월에는 유텐

---

10) 1995년, 일본 무라야마 도미이치(村山富市) 총리가 태평양 전쟁 당시 일본의 식민지 배에 대해 공식적으로 사죄하는 뜻을 표명한 담화를 일컫는다.

지(祐天寺) 유골봉환 추도식에 정부 각료로서는 처음으로 오카다 카츠야(岡田克也) 외무대신이 참석했고, 제주도에서 열린 한중일 3국 정상회담에서 하토야마는 "지난 100년의 과거사를 확실히 청산하기 위해 반성할 일은 반성하겠다"고 말했다.

이와 같은 일련의 하토야마의 행보는 한국과의 협력을 위해서는 무엇보다 과거사 문제를 해결해야 한다는 인식 위에 기초한 행동이었다. 그리고 한일 양국 간에 과거사 문제를 둘러싼 내셔널리즘적 마찰 소지를 없애려는 측면에서 탈내셔널리즘 성향의 대한정책을 전개했다고 평가할 수 있다.[11)]

3. 독도 문제의 갈등

하토야마 정권의 자민당 정권 시절과는 다른 대한정책에 대한 전향적인 자세에도 불구하고, 과거사 문제 및 영토 문제를 둘러싼 한일 간 갈등의 불씨는 여전히 존재했다. 무엇보다 독도 문제와 같은 영토 문제에 대해서 비록 하토야마 정권은 대화를 앞세우긴 했지만, 일본의 영유권을 주장하기는 자민당과 마찬가지였다.

2009년 12월 25일에 일본 문부과학성은 고등학교 교과서 학습지도요령 해설서를 공표하면서 비록 독도를 직접 명시하지는 않았지만, 간접적으로 독도 영유권을 명시했다. 또한 가와바타 다쓰오(川端達夫) 문부과학상은 "독도는 일본의 고유 영토"라고 주장했다. 사실 7월의 「인덱스 2009」에서 민주당은 8월 말 총선에 대비해서 독도에 대한 일본의 영토주권을 직접 명기했다. 즉 민주당의 총선 공약이 "독도는 일본땅"이었고, 민주당은 "영토

---

11) 조양현은 하토야마 정권의 전향적인 역사 인식에도 불구하고, 일본 국민의 역사인식에 근본적인 변화는 없으며, 민주당의 보수적인 이념 성향을 감안한다면, 과거사 청산에 과도한 기대를 갖는 것이 오히려 한일관계를 어렵게 할 수 있음을 지적하고 있다(조양현 2009).

문제는 국가의 주장이기 때문에 서로의 주장을 아는 것이 중요하다"라는 입장이었다. 하지만 해설서 파동은 한국 정부의 조용한 대처로 무난히 봉합이 되었다.

사실 독도 영유권 문제에 대해서는 하토야마 정권 초기에는 한국과의 갈등을 줄이려는 노력이 돋보였다. 독도 영유권 문제에 대해서 하토야마는 오카다 외무대신과 함께 "한국이 불법점거하고 있다"는 표현을 쓰지 않겠다는 입장이었다. 하지만 자민당을 비롯한 야당의 보수성향 정치가들의 반발을 이기지 못 하고 2010년 4월 기자회견에서 "다케시마 문제에 대한 정부 입장을 바꿀 생각이 전혀 없다"고 하며 한 발 후퇴했다.[12]

무엇보다도 하토야마가 자신의 생각을 실현하는 과정에서 일본의 정치적 현실이라는 높은 장벽을 실감해야 했다. 민주당 정권 출범 이후에도 재일외국인에 대한 지방선거 참정권 부여법안을 추진했으나 당 내외의 반대에 부딪히면서 추진력을 잃었다(김태기 2010, 257-270). 결국 이러한 하토야마의 우유부단한 자세는 국내외적으로 반발을 사게 되었다.

4. 하토야마 정권의 대한정책 성과와 한계

하토야마 정권은 대등한 미일동맹과 아시아 외교 중시 정책을 내세우면서 출범했다. 하지만 대등한 미일관계를 추구하면서 미국과 갈등요소가 나타났고, 아시아 외교 속에서 부상하는 중국에 대응하려는 관점에서 중국 요인을 동아시아 공동체 구상 속에 유도함으로써 일본이 주도하는 동아시아 국제질서를 형성하려고 노력했다. 그리고 이 구상 속에서 중요한 것은 한국과의 협력이었고, 북한 문제 해결을 포함한 안보적 측면에서 하토야마 정권

---

12) 자민당은 자민당 정권 시절에 명확히 표현했던 '불법점거'라는 용어를 민주당 정권이 사용하지 않은 것에 대해 신랄하게 비판하고 있다. 自由民主党(2012, 21), https://www.jimin.jp/policy/policy_topics/recapture/117907.html(검색일: 2013년 10월 10일).

의 대한정책은 상당히 우호적이고 협력적인 분위기로 전개되었다. 그리고 역사 문제에 대해서는 하토야마 개인의 대한정책에 대한 전향적인 인식 및 자세 속에 탈내셔널리즘적 성향의 정책을 전개했다. 또한 독도 문제와 같은 영토 문제에 대해서도 한국과의 갈등을 줄이기 위해 노력했다.

이와 같이 하토야마 정권은 동아시아 공동체 추진에서 같은 문제의식을 공유하는 일본과 아시아 중소규모 국가를 주요한 추진체로 인식하는 아시아 중시 외교를 추진했다. 기존에는 아시아 중시 외교에서 대중국정책이 가장 중요한 요소였다면, 하토야마 정권은 한국을 일본 외교 전략에서 중요한 파트너로 인식했다. 즉 중국은 일본과 한국의 협력을 통해 '책임 있는 대국'으로 유도해야 할 목표였으며, 한국은 이러한 목표를 실현하기 위한 중요한 파트너로 인식되었다. 민주당 정권의 첫 번째 정권으로서 하토야마 정권이 한국을 이전과는 다른 보다 높은 '전략적 가치'를 부여하고, 협력을 추진했다는 점은 평가할 만하다.

하지만 재일외국인에 대한 지방선거 참정권 문제와 같은 정책에서 보듯이 국내정치적으로 하토야마 정권 내부에 다양한 정책 스펙트럼이 존재한다는 구조적인 문제로 인해 정권 차원에서 대한정책에 대한 합의가 이루어지지 못했다.[13] 또한 영토 문제와 같은 국가의 근본적 이익과 관련된 문제에 대해서는 한 개인의 전향적인 사상에 입각한 정치리더십 요인으로 극복할 수 없는 한계가 분명히 존재했다.

---

13) 민주당 정권 발족 이전부터 오자와, 하토야마, 오카다, 간 등 지도부의 찬성에도 불구하고 재일외국인에 대한 지방선거 참정권 문제와 관련해서 민주당 내 찬반 의견은 첨예하게 대립되어 있었다(産経新聞政治部 2009, 151-153).

IV. 간 정권의 대한정책: 2010년 6월~2011년 8월

1. 간 정권의 외교정책

2010년 6월에 하토야마의 뒤를 이어 총리에 취임한 간 나오토(菅直人)는 하토야마의 실패를 거울삼아 미일관계의 개선을 시도했다. 먼저 간은 "미일 동맹이 일본 외교의 기축"이라고 하면서 미일동맹 우선주의로 회귀했다.[14] 간은 하토야마 정권 당시 벌어진 균열을 봉합했지만, 여전히 주일미군 후텐마기지 이전 문제를 해결하지 못하면서 미일동맹의 '심화'로 나아가지 못했다. 그러면서도 여전히 동아시아 공동체 구상을 지지하는 등 동아시아 접근 외교도 유지하려고 했다.

무엇보다 간 정권은 한국과 중국의 전략적 차별화를 모색했다. 즉 동아시 아에서 정치적·경제적으로 부상하는 중국과의 관계에서는 특히 2010년 발생한 센카쿠 분쟁을 계기로 미일동맹의 강화 속에 중국 견제의 자세를 유지한 반면, 한국과는 과거사 문제에 대한 전향적인 인식을 나타냄으로써 한국과의 전략적 협력을 모색했다.

2010년 9월에 센카쿠 열도에서 중국어선이 침범하는 사건이 발생하였다. 불법적으로 일본 해상 순시선에 충돌한 중국어선 선장의 신병 처리를 둘러싸고 일본 내에서는 갈등이 발생했고, 결국 중국의 희토류 수출 제한 조치에 따라 간 정권은 중국인 선장의 신병을 중국 측에 넘겨줄 수밖에 없었다. 이것은 일본의 굴욕적인 외교적 패배로 인식되었고, 결국 간 정권은 국민적 지지를 잃게 되는 원인이 되었다.[15]

---

14) 중국의 증대되는 압력 속에서 간 정권은 종전의 자민당 이상으로 미일동맹의 체제와 상호운용성(interoperability)을 강화하는 모습을 보여주기 시작했다(박영준 2011, 209-212).

15) 간 정권 발족 이후 불과 3개월 만인 2010년 9월 여론조사 결과, 내각 지지율은 64.2% 에서 21.8%로, 민주당 지지율은 34.6%에서 18.9%로 급락했다. 그리고 11월에는 정

한편으로 간은 2010년 8월에 한일병합 100주년을 맞이하여 간 담화를 발표하였다. 간 담화는 센고쿠 요시토(仙谷由人) 관방장관을 중심으로 한 친한파그룹[16]이 주도했으며 과거사 문제에 대한 일본의 전향적 태도를 시사한 것이었다. 이에 따라 한일 간 경제협력 및 안보협력의 촉진을 통한 한국과의 전략적 협력관계의 발전을 시도했다. 이것은 일본의 동아시아 지역 내 영향력 확보는 물론 중국을 견제하려는 목적이 있었다.

또한 간 역시 전임자인 하토야마와 마찬가지로 한일관계의 전략적 가치를 높게 평가했다. 이에 따라 2011년 1월 한일 국방장관 회담을 통해 한일 군사협정 논의가 시작되었고, 2010년 10월에는 한미일 대량살상무기 확산방지구상(Proliferation Security Initiative: PSI) 공동훈련을 실시하였다. 이것은 미일동맹 강화 노선으로의 전환을 통한 한미일 삼국 연대 강화를 시도한 것으로 평가할 수 있다. 하지만 결과적으로 간 정권하에서 중국과의 대립 속에 한미일 연계를 추구했지만, 국내정치의 혼란 및 민주당의 내부 분열 속에 한일 간 협력 강화를 추구한 간 정권의 대한정책은 한계를 가지고 있었다.

2. 「간 담화」 발표

간 총리는 2010년 8월 10일, 1945년 패전일로부터 65주년이 되는 8월 15일 종전기념일을 앞두고 한일 강제병합 100주년 담화, 이른바 「간 담화」를 발표했다. 간은 일본 제국주의의 폭력성과 강제성을 인정하면서 식민지 지배를 사죄하고, 일제가 강탈한 조선왕실의궤 등 도서 1,205점을 한국에

당 지지율에서도 자민당(21.9%)에 1위 자리를 내주게 된다. 이로써 간 정권은 과거 내각 지지율과 정권 생존율의 관계에서 봤을 때, 정권 발족 3개월 만에 이미 '정권 말기 증상'을 나타내고 있었다(佐々淳行 2011, 82-83).

16) 간 정권 내부에서도 센고쿠 관방장관, 마에하라 세이지(前原誠司) 국토교통상이 대한국 협조정책의 중심인물이었다.

반환하겠다고 약속했다. 「간 담화」를 통해 일본은 한국과의 전략적 협력 관계를 발전시키면서 부상하는 중국을 견제하고, 일본의 동아시아 지역 내 영향력을 확보하려는 의도가 있었다. 그리고 과거사 문제에 대한 일본의 전향적 태도를 나타냄으로써 한일 간 경제협력 및 안보협력을 촉진하고자 했다. 이러한 「간 담화」는 센고쿠 관방장관을 중심으로 한 민주당 내 친한파 그룹이 주도해서 발표되었다. 따라서 과거 「무라야마 담화」가 아시아 국가 전체를 대상으로 했다면 간 담화는 한국만을 대상으로 했다는 점이 특징적이었다.

하지만 간 정권은 한때 「무라야마 담화」를 뛰어넘는 내용도 검토했지만, 민주당 내부와 야당 등 정치권은 물론이고 학계, 시민단체, 극우세력들의 잇따른 반발이 제기되면서 사과 수준을 낮췄다. 이러한 과정을 보면 여전히 민주당 자체가 결성 당시부터 다양한 정책 스펙트럼을 가진 세력들의 집합체라는 구조적 한계가 여실히 드러난 측면이 있고, 정권 차원의 정치리더십이 강력히 발휘되지 못했다는 것을 알 수 있다(우준희 2012, 86).

또한 간 정권은 「간 담화」 발표를 통해 북한의 납치, 핵, 미사일 문제를 해결하려는 전략적인 판단도 있었다. 특히 한반도에 긴장이 고조되고 북한과 일본 간에도 위기감이 조성됨에 따라 간 정권은 한국과의 협력 강화를 추구했다. 또한 간 정권은 한일 협력을 통해 미국과 중국에 의해 양분되는 동아시아가 아니라 미중관계를 협력적 공존으로 유도하거나, 혹은 한미일 삼국 연대를 통해 중국을 견제하려는 목표를 이루려고 노력했다.

그리고 실제로 한국의 이명박 정부는 한미동맹 강화를 추구하고 있었고, 미국은 한미일 3각 동맹을 희망하고 있었다. 즉, 미국의 오바마 행정부는 군사정책의 최우선 순위를 '중국 봉쇄'로 정하면서 일본의 군사적 위상을 높이고, 한미일 3각 동맹을 강화하려 했다. 그리고 간 정권은 한국과 군사적 이슈에 대한 협의를 모색했다. 특히 2010년 12월 연평도 포격사건 이후 북한의 위협과 관련한 정보공유 차원의 한일 군사비밀보호협정은 동아시아의 새로운 군사 질서를 구축하는 토대가 될 수 있었다. 실제로 2011년 1월에 열린 한일 국방장관 회담에서 한일군사협정 논의가 시작되었고, 한국군과 자위대의 협력 강화를 담은 공동선언까지 추진되었다. 하지만 2010년 12월, 간은 "한반도 유사시에 자위대 파견을 검토하겠다"고 발언하며 자위대 활동 범위를 한반도까지 확대하겠다는 의지를 피력하면서 한국의 반발을 불러일으켰다.

3. 한일관계의 악화

2010년 9월 7일 센카쿠 해상에서 일본 해상보안청 순시선과 충돌한 중국 어선의 선장을 간 정권은 중국 정부의 경제적·외교적 압력에 굴복해 25일에 석방했다. 이러한 석방 과정에서 국내 여론의 반발을 불러 간 정권의 지지율이 급격히 하락하면서 간은 정치리더십을 상실하기 시작했다. 또한 11월 초에는 러시아의 메드베데프(Dmitry Medvedev) 대통령이 북방영토(쿠릴 열도)를 전격 방문하면서 간에 대한 민심 이반은 가속됐다.

게다가 2011년 3월 11일에 발생한 동일본대지진과 뒤이어 발생한 후쿠시마 원전사고를 겪으면서 일본은 전후 최대의 위기에 봉착하게 된다. 취임 초기 60~70%대였던 간 정권의 내각지지율은 10%대 초반까지 떨어졌다. 이렇게 일본이 전후 최대의 어려움에 빠진 이 시기에 한국 정부는 가장 먼저 구조대를 보내고, 정부와 시민단체가 주도가 되어 후쿠시마 지역 이재민을 돕기 위한 모금운동이 전개되었다. 또한 수많은 자원봉사자가 피해지역에서 활발한 봉사활동을 하는 등 한일 간의 우호와 협력이 증진되는 계기가 되었다. 또한 5월에 열린 한일정상회담에서는 「토호쿠 지방의 부흥과 관광 지원을 위한 한일 파트너십」에 합의하였고, 이에 따라 한국 정부는 두 차례 현지에서 협의를 개최하면서, 인천~센다이 항공 운항이 재개되었고, 잠정 폐쇄되었던 관광공사 센다이 지사도 다시 설치되면서 관광부흥을 지원했다(동아일보 2012/04/26).

이와 같이 일본의 위기상황에 대해 한국 정부 및 민간 차원에서의 교류는 한일관계를 21세기의 건설적 파트너십으로 변화시키는 소중한 밑거름이 될 것으로 기대되었다. 하지만 곧이어 한일 간에 풀리기 어려운 과거사를 둘러싼 교과서 문제와 독도 문제에 대한 한일 간 갈등이 되풀이되면서 한일 관계는 악화되었다. 즉 3월 30일, 문부과학성은 '새 역사 교과서를 만드는 모임(이하 새역모)' 등에 의한 중학교 사회과 교과서의 검정결과를 발표했다. 새역모가 펴낸 지유샤(自由社) 교과서 외에도 이쿠호샤(育鵬社) 교과서가 역사 왜곡에 가세했고, '독도는 일본 땅'이라는 기술이 공민 교과서를 도배했다. 한국 내에서는 동일본대지진을 겪은 대일 지원에 대한 배신감으로 인식되었지만, 교과서의 검정결과는 예정대로 진행된 것이었다. 하지만 간 정권하에서 한반도 관련 역사의 기술은 교묘하고 고도화되었고, 독도 문제의 부각이 강화되었다. 특히 독도 기술에 교육기본법과 학습지도요령을 앞세운 간 정권의 관여가 직접적이었다는 점이 특징적이다.

그리고 독도 문제에 대해 간 정권은 공세적이고 적극적 대응으로 전환했다. 즉 이전까지의 선언적 항의를 넘어서, 구체적 행동을 수반한 대항조치를 실시하기 시작했다. 외무성은 대한항공이 독도상공을 시험비행한 것을 이유로 7월 18일에 외무성 직원들의 대한항공 탑승자제 조치를 취했다. 8월 1일에는 자민당 영토특명위원회 소속 의원들이 울릉도 방문을 시도했다. 또한 한국의 국회 독도특위 위원들이 독도 현지회의를 하면서 간은 9월 10일 "극히 유감"이라고 밝힌 데 이어 에다노 유키오(枝野幸男) 관방장관도 "더욱 엄격히 대응해야 한다"고 주장했다. 그리고 2011년 방위백서에서 독도를 일본 영토로 규정하였다.

이와 같은 간 정권의 대한정책의 강경 태도는 무엇보다 센카쿠 분쟁에서 외교적 패배를 경험한 일본이 더 이상 영토문제에 있어서 한국 정부에 밀리지 않겠다는 입장이 내재되어 있었다. 특히 영토 문제에 대한 간 정권의 미온적 대응에 불만이 많았던 일본 내 보수세력의 반격과 국민여론에 대해 간 정권은 신경쓰지 않을 수 없었다. 따라서 동일본대지진 및 후쿠시마 원전사고 이후 전개된 한일 간 우호적 분위기에도 불구하고, 간 정권은 국내 정치적 영향 속에 대한정책에서 강경한 자세로 돌아설 수밖에 없었다.

4. 간 정권의 대한정책 성과와 한계

간 정권은 미일동맹의 회귀를 통해 한미일 삼국 연대를 강화하고자 노력
했다. 특히 2010년에 중국이 일본을 제치고 세계 2위 경제대국으로 부상했
으며, 센카쿠 열도를 둘러싼 중국과의 갈등이 표면화 되면서 중국의 위협이
현실적인 문제로 대두되었다. 이에 따라 간 정권은 중국 위협 및 북한 문제
해결을 위해 한일 간 외교안보적 협력을 강화하는 대한정책을 시도했다.

전후 일본의 대한정책은 자민당이 주도했다. 그중에서도 진보라고 할 수
있는 범사회당 계열 총리로 무라야마 도미이치(村山富市), 간 나오토 등 겨
우 3명에 불과했다. 범사회당 계열은 자민당과 달리 역사 인식의 측면에서
전향적인 생각을 갖고 있었고, 이러한 인식은 대한정책에서도 총리의 자리
에 오른 인물들에 의해 하나의 성과로 나타났다. 무라야마는 과거 아시아
각국에 대한 일본의 침략을 사죄한 「무라야마 담화」를 발표함으로써 과거
사 문제에 대한 일본의 적극적인 반성을 강조했다. 간 역시 2010년 「간 담
화」 발표를 통해 한국에 대해 식민지 지배를 사과하는 등 간 정권은 한일관
계의 미래지향적 발전을 위한 또 하나의 중요한 토대를 만들었다는 점에서
한일협력의 측면에서 성과를 이루었다.

한편 중국이 세계 2위의 경제대국으로 부상하고, 센카쿠 문제를 처리하는
과정에서 간 정권이 중국에게 경제적·외교적으로 패배를 당했다는 점은 일
본 국민들에게 커다란 굴욕감을 안겼다. 이와 같은 간 정권의 외교적 실패
는 일본 국내정치적으로도 분열이 심화되는 결과를 낳았고, 국내적으로 일
본인들의 내셔널리즘이 고양되는 결과를 가져왔다.[17]

---

[17] 소에야는 일본 대중들 사이에 역사와 영토 문제를 둘러싸고 순진한 반중 감정, 그리고
그보다 정도가 덜하기는 하지만, 반한 감정이 존재하는 것은 사실이지만, 내셔널리스
트들의 이념적 확신과 대중들의 순진한 감정을 구별하는 것이 중요하다고 강조한다.
그러면서도 내셔널리스트들의 논의가 반중 및 반한 감정과 결합된다면 대중들이 내
셔널리스트들을 지지하는 것처럼 보이게 되는 것에 대해서는 우려를 나타내고 있다
(Soeya 2010, 47-48).

이에 따라 「간 담화」 발표를 통해 전향적인 역사관을 보여줬던 간 정권은 과거사 문제, 독도 문제 등에 보다 공세적으로 대응하지 않을 수 없었다. 특히 센카쿠 분쟁과 같은 영토 문제에 대한 일본 국민들의 관심이 집중되면서 간 정권은 독도 문제에 대해 강경한 대응으로 일관했다.

물론 과거사 문제에 대한 보수우파 정치가들의 위기감에 따른 견제가 강화된 측면도 존재했다. 하지만 무엇보다도 민주당의 구조적 한계로 인한 간의 정치리더십 약화가 대한정책에 영향을 미쳤다고 할 수 있다. 예를 들면 자민당 의원들의 울릉도 방문시도에서 볼 수 있듯이 간 정권 차원에서 일반 국회의원들의 외교에 대한 통제가 사실상 불가능했다는 점에서도 알 수 있다. 이처럼 센카쿠 분쟁을 통해 일본인들의 '상처받은 내셔널리즘'으로 인한 일본 국내정치 갈등은 영토 문제를 중심으로 간 정권이 강경한 대한정책을 취하게 만들었고 결국 한일관계를 악화시켰다고 볼 수 있다(진창수 2012).

V. 노다 정권의 대한정책: 2011년 8월~2012년 12월

1. 노다 정권의 대한협력정책

2011년 8월에 취임한 노다 요시히코(野田佳彦) 총리는 센카쿠 열도를 둘러싼 중국과의 갈등 고조로 미일동맹을 강화하는 '미일동맹 우선주의'를 내세웠다. 노다 정권은 미일동맹 우선주의를 표방했는데 그 이유는 중국과의 갈등 고조로 인해 미일동맹을 더욱 강화할 필요성이 있었기 때문이다.

민주당 정권의 아시아 중시 외교는 하토야마, 간 정권을 거치면서 '동아시아 공동체' 구상으로 나타났었는데 노다 정권은 미국이 주도하는 환태평양 경제동반자협정(Trans-Pacific Partnership: TPP) 참가를 시도했다. 노다 정

권은 외견상 미국이 중심이 되는 TPP와 아세안 및 아시아 외교가 중심이
되는 한중일 자유무역협정(Free Trade Agreement: FTA)을 병행해 추진하
려는 태도를 보였지만, 미국이 주도하는 TPP에 그 중심추가 쏠려 있었다.
특히 센카쿠 열도를 둘러싼 중일 간 대립이 이러한 움직임에 박차를 가했
다. 일본 내에서는 중국을 잠재적 위협이나 잠재적 적국으로 간주하는 움직
임이 확산되었고, 민주당 내에서도 이러한 중국관이 힘을 얻었다(최희식b
2011, 61).

한편 노다 총리의 등장에 대한 한국의 시선은 부정적이었다. 특히 역사
인식과 관련해서 노다는 총리에 취임하기 전에도 야스쿠니 신사에 합사된
A급 전범이 전쟁범죄자가 아니라는 발언을 했다. 또한 민주당 매니페스토
에서 공약으로 내걸었던 재일동포의 지방참정권 문제에 대해서도 반대의 입
장을 반복해서 밝혔었다. 또한 안보 문제에서도 '집단적 자위권' 행사를 주
장하는 등 민주당 내에서도 보수적인 입장을 견지하고 있었다.

이와 같은 한국 정부의 우려에도 불구하고 노다 정권은 중일 간 대립 및
한미일 삼국 연대 노선의 유지 속에서 한국을 중시하는 정책을 그대로 유지
했다. 실제로 노다는 취임 이후 첫 외국과의 정상회담을 한국의 이명박 대
통령과 가졌다. 2011년 10월 19일 한일정상회담에서 노다 총리와 이명박
대통령은 한일 간 통화스와프를 700억 달러로 확대할 것을 합의하고, 2006
년 이후 사실상 중단됐던 한일 FTA 교섭을 가능한 조속히 재개하기 위한
실무협력을 강화하기로 했으며, 양국 간 협력 증진을 위해 정상 간 '서틀외
교'를 활성화하기로 했다. 또한 미래지향적 양국관계 발전을 위해 제2기 한
일 신시대 공동연구를 조기에 출범하기로 합의했다.

특히 노다 정권은 안보 면에서 한일 협력을 추구했다. 2012년 5월 13일
베이징에서 열린 한일정상회담에서 노다는 한일군사정보보호협정(General
Security of Military Information Agreement: GSOMIA)에 대해 심도 있게
논의했고, 협정 체결에 대해 큰 틀의 합의가 이뤄졌다. 또한 노다는 상호군
수지원협정(Acquisition and Cross-Servicing Agreement: ACSA)도 동시에
추진하기로 했고, 협정체결은 마무리 단계에 들어갔다.

사실 한일 간 군사협정 논의는 2010년 6월 기타자와 도시미(北沢俊美) 일본 방위상이 ACSA 체결을 한국 정부에 먼저 제안했다. 특히 유엔평화유 지활동(PKO) 파병과 맞물려 한일 양국이 상호 협력할 수 있는 방안으로 평가됐다. 그리고 10월에 마에하라 외무상이 군사비밀보호협정까지 제안했 고, 2011년 1월에 김관진 국방장관과 기타자와 방위상은 양국 간 군사협정 을 논의했다. 하지만 이에 대한 한국 내 여론의 악화 속에 협정체결은 무산 되었다. 하지만 2012년 4월 13일에 북한이 동창리 발사대에서 장거리 미사 일을 발사하면서 다시 한일 간 군사협정 논의가 활발히 진행되었다. 여기에 는 한일 양국이 조기에 군사비밀보호협정을 체결하기 원하는 미국의 의사도 반영되었다.

하지만 이번에도 한국 내에서 한일군사정보보호협정을 둘러싼 신중론이 우세한 가운데 한국 내 여론을 배경으로 체결 직전에 무기한 연기되었다. 비록 한일 간 군사보호협정은 체결이 무기한 연기되었지만, 미국이 중국의 부상을 견제하기 위해 한미일 3각 동맹을 형성하려는 의도가 있었고, 노다 정권 역시 중국에 대한 견제 및 북한 핵·미사일 문제에 대한 대응이라는 측면에서 적극적으로 한국과 안보적 협력을 추진하려고 노력했다.

2. 한일관계의 악화

노다 정권에서는 2012년 9월에 센카쿠 열도의 일부 섬에 대한 국유화 조 치를 단행하면서 중국과의 영토 분쟁이 더욱 악화되었고, 2012년 8월 10일 이명박 대통령의 독도 방문 및 일본 천황 사죄 발언, 그리고 일본군 위안부 문제가 대두되면서 한일관계는 악화되었다. 이와 같은 영토분쟁 등으로 인 해 일본 내에서는 내셔널리즘이 광범위하게 침투하게 되었고, 노다 정권의 대외정책은 과거 자민당 외교, 그중에서도 고이즈미(小泉純一郎)-아베(安倍 晉三) 라인과의 차별성을 상실하게 되었고, 심지어는 민주당 내에서, 특히 하토야마로부터 '자민당 노다파'라는 비판을 듣게 되었다(세계일보 2012/

07/12). 특히 노다 정권의 센카쿠 열도를 둘러싼 충돌은 일본 내의 내셔널리즘을 확산시켰으며 이러한 내셔널리즘의 확산은 대한정책에도 영향을 끼치게 된다.

독도 문제를 둘러싸고 노다 정권은 간 정권과 마찬가지로 구체적 행동을 수반한 대항조치를 계속적으로 실시했다. 2012년 1월에 겐바 고이치로(玄葉光一郎) 외상은 국회 외교연설에서 최초로 독도를 언급했다. 반면에 남쿠릴 열도, 센카쿠 열도는 언급하지 않았다. 그리고 4월 시마네현에서 주관하던 '다케시마의 날' 행사를 처음으로 도쿄에서 개최하고, 민주당 소속 2명의 국회의원을 포함한 정부인사도 참석했다. 6월 1일에 외무성은 여수박람회에서 독도 및 동해 표기를 문제삼아서 여수박람회의 '일본의 날' 행사에 정부 간부급 인사를 파견하지 않기로 결정했다.

게다가 이명박 대통령은 2012년 8월 10일 독도를 전격적으로 방문함으로써 한일 간 영토문제에 불을 지폈다. 곧이어 이명박 대통령은 일본 천황의 사과를 요구하는 발언을 해서 더욱 한일관계를 악화시켰다. 이에 대해 민주당은 이명박 대통령의 독도 방문과 천황 사과요구 발언에 대해 강도 높은 비난을 담은 국회 결의안을 채택했다. 또한 노다 총리 및 외무·방위·재무대신이 의회 공식 발언에서 '불법상륙', '불법점거'라는 표현을 사용했다. 사실 그동안 민주당 정권의 인사들은 독도에 대해 '법적 근거 없는 형태로 지배'되고 있다는 표현을 사용해왔었다.

또한 2011년 8월에 한국의 헌법재판소는 일제 강점기 한국인 피해자의 대일 배상청구권이 1965년 청구권협정에 의해 소멸되었는지 여부와 관련한 한일 양국 간 해석상 분쟁을 동협정 제3조에 따라 해결하지 않고 있는 한국 정부의 부작위가 위헌임을 확인했다. 이에 따라 한국 정부는 헌재 결정의 이행을 위해 한일 청구권협정 제3조 1항에 따른 양자협의의 개시를 일본 정부에 2차례(2011년 9월, 11월) 요구했다.

그리고 이명박 정부는 헌재결정 이행을 위한 조치 이외에도 일본군 위안부 피해자 문제의 근본적 해결을 위해 한일정상회담(2011년 12월, 2012년 5월) 및 외교장관회담(2011년 9월, 10월, 2012년 4월, 9월) 등 고위급회담에서 일본 정부의 성의 있는 노력을 지속할 것을 촉구했다. 하지만 일본 정부는 65년 한일청구권협정의 범위를 둘러싸고, 이미 모든 문제가 해결되었다고 주장했다.[18]

또한 9월에는 주한일본대사관 앞에서 위안부 문제 해결을 촉구하며 매주 수요집회를 열어왔던 '한국정신대문제대책협의회(정대협)'가 주한일본대사관 앞에 일본군 위안부기념비 소녀상을 건립했다. 이와 관련해서 노다 정권은 한국 정부에 항의하였지만, 일본 정부의 항의에 대해 한국 정부는 이를 묵살했다. 이처럼 위안부 문제가 재차 주목받으면서, 12월 교토에서 열린 한일정상회담에서는 노다 총리가 기념비 철거를 요구했고, 이명박 대통령은 이에 대한 반론으로 위안부 문제에 대한 적극적인 대응을 일본 정부에 요구함으로써 위안부 문제를 둘러싼 진전은 없었다.

이와 같은 영토 문제 및 역사 문제의 '재부상'을 둘러싼 노다 정권의 한국에 대한 대응자세의 변화 요인은 3가지로 해석할 수 있다. 첫째로, 일본사회의 전반적인 보수·우경화 경향이다. 특히 센카쿠 분쟁과 같은 영토 문제에 대한 강경한 여론이 보수·우경화 경향으로 연결된 측면이 강하다. 둘째로, 일본 내 국정운영의 통합·조정기능 약화와 정치리더십의 부재이다. 과거 '파벌'로 대표되는 전통적 정치세력의 영향력 약화와 함께 빈번한 정권교체로 인해 일본 정국에 대한 불안이 가중되었다. 이에 따라 강력한 정치리더십 부재로 인해 주요 외교 사안이 발생할 때 효율적인 조정·통제 기능이 약화되었다. 마지막으로, 노다 정권 외교라인의 보수적 성향이다. 노다 총리, 겐바 외상, 스기야마 신스케(杉山晋輔) 외무성 아시아대양주 국장 등이 그 중심인물이었는데 특히 이들은 독도 문제에 대해 공세적으로 대응했다.

---

18) 김태효 前 청와대 대외전략기획관은 2011년 12월 한일정상회담을 계기로 일본군 위안부 문제에 대해 한때 합의 직전까지 갔지만, 한일군사정보보호협정 문제 등으로 합의가 좌절됐다고 증언한다(朝日新聞 2013/02/22).

3. 노다 정권의 대한정책 성과와 한계

노다 정권 역시 간 정권과 마찬가지로 센카쿠 열도 분쟁을 둘러싸고 중국
과 갈등을 겪었다. 이에 따라 노다 정권은 미일동맹의 강화와 함께 한미일
삼각 안보 연대를 통해서 중국을 견제하려고 했다. 그리고 한일 안보 협력
을 위한 노다 정권의 구체적 시도가 한국 정부와 한일군사정보보호협정을
맺는 것이었다. 게다가 북한의 미사일 발사 실험과 같은 동북아시아 안보
정세를 뒤흔드는 사건이 발생하면서 정보 공유를 바탕으로 한 한일 간 안보
협력의 필요성은 노다 정권에게 더욱 간절히 요구되었다. 하지만 한국 내에
서 독도 문제, 과거사 문제 등 한일 간 현안 문제가 해결되기 전에는 한일
안보 협력은 불가하다는 여론이 지배적이었고, 한국 정부의 국민적 공감을
얻으려는 노력의 부재 속에 한일군사정보보호협정은 체결을 목전에 두고 돌
연 취소되었다. 비록 한일군사정보보호협정은 취소되었지만, 노다 정권의
대중국 견제 정책 및 대북 미사일·핵 문제에 대응하기 위해 미일동맹 강화
와 더불어 한일안보협력을 구상하고 실현에 옮기려고 했다는 점에서 향후
한일안보협력 실현을 위한 디딤돌이 되었다고 볼 수 있지만, 한편으로 한일
양국 간 과거사 및 영토 문제의 해결 없이는 구체적인 안보 협력이 쉽지
않다는 한일안보협력의 한계를 동시에 나타냈다고 평가할 수 있다.

무엇보다 노다 총리 자신의 역사 인식은 노다 정권의 대한정책 추진에서
커다란 걸림돌이 되었다. 특히 2011년 8월 15일에는 야스쿠니 신사에 합사
된 A급 전범이 전쟁범죄자가 아니라는 주장을 되풀이했다. 이것은 매년 야
스쿠니를 참배하며 주변국과 갈등을 빚었던 고이즈미가 A급 전범을 전쟁범
죄자로 인정한 것과 대비되는 것이다. 이와 같이 전통주의적 성향이 강한
노다는 민주당 정권의 '아시아와의 공생' 전략, 그리고 이에 기반한 협력적
대한정책에서 상당히 후퇴된 모습을 보였다.

게다가 노다 정권하에서 센카쿠 분쟁, 독도 문제와 같은 영토분쟁이 격화
되면서 일본 국내정치에 내셔널리즘이 광범위하게 침투되었다. 이에 따라
자민당, 일본유신회와 같은 보수적 성향의 정당이 정치적으로 성장했다. 그

리고 노다 정권의 외교 라인이 보수화된 가운데 노다 개인의 정치리더십도 낮은 내각 지지율 속에 대한정책에서 강력한 리더십을 발휘하기 어려웠다.

특히 일본 사회 내의 전체적인 내셔널리즘의 고양 속에 노다 정권은 결국 과거 자민당 노선과 별 차이가 없는 노선으로 회귀하게 되었다. 이것은 민주당 정권이 정권 초기에 표방했던 대외정책의 이념은 사라진 채, 같은 당의 하토야마 전(前) 총리가 노다 총리를 가리켜 '자민당 노다파'라고 비난 할 정도로 민주당 본연의 색깔을 잃은 정책적 한계를 나타낸 것이다.

결국 중국과의 센카쿠 분쟁으로 '중국 요인'은 노다 정권에게 한국에 대해 안보적 협력을 촉진시키는 대한정책으로 작용한 반면, 일본 내 내셔널리즘을 고양시켜 그 원인이 되었던 영토 분쟁이라고 할 수 있는 독도 문제와 관련해서는 매우 강경한 대한정책을 추진하게 되는 원인이 되었다.

VI. 결론: 민주당 정권의 대한정책 성과와 한계

E. H. 카(Edward Hallett Carr)는 그의 저서 『20년의 위기(원제: *The Twenty Years' Crisis, 1919-1939: An Introduction to the Study of International Relations*)』에서 1919~39년까지 제1차 세계대전 이후 만연했던 이상주의적 국제정치가 결국 제2차 세계대전으로 치닫는 국제적 갈등의 원인이 되었음을 지적한다(Carr 1964). 2009년 일본 민주당 정권이 매니페스토에서 내세웠던 외교정책, 그중에서도 대한정책은 이전까지 자민당 정권이 내세웠던 외교와 다른 이상주의 외교였다고 볼 수 있으며, 결국 3년 4개월 동안 지속된 민주당 정권의 이상주의 외교는 결과적으로 실패했다고 평가할 수 있다.

전간기(戰間期)라고 일컬어지는 1919~39년의 20년 동안 국제적 갈등으로 혼돈의 시기였던 유럽과 마찬가지로 현재 동아시아의 국제정세 역시 중국의 정치적·군사적 부상과 북한의 핵·미사일 문제와 같은 국제적 갈등 속에 민주당 정권은 이상주의 외교를 내세웠고, 결국 일본 내 근본주의자의 반발과 역사 및 영토 문제로 인한 중국, 한국과의 대외적인 갈등 속에 민주당 정권이 표방했던 이상주의 외교는 일본 내에서 지지를 얻지 못하고 점차적으로 현실과 타협하게 되었다.19)

민주당 정권은 발족 초기에 기존 자민당 정권의 '수동적' 입장의 대한정책에서 벗어나 적극적인 대한정책을 표명했다. 민주당 정권은 적극적 대한정책을 통해서 한일관계의 걸림돌이라고 할 수 있는 역사인식 문제에 대한 해결책 모색과 독도 문제에 대한 합리적 관리를 모색하였고, 일본의 대외정책에서 한국에 더 높은 '전략적 가치'를 부여하여 일본의 대중국정책을 위한 외교 전략상의 중요한 파트너로 인식했다.

2009년부터 2012년까지 3년 4개월 동안 민주당 정권에서 총리를 지낸 하토야마, 간, 노다는 모두 동아시아의 지역질서를 구상함에 있어 '중국 요인'을 중요하게 인식했다는 공통점을 가지고 있다. 먼저 하토야마 정권에서는 '동아시아 공동체' 구상을 발표하면서 새로운 동아시아 질서를 형성하는 데 있어 일본이 주도적인 역할을 하려고 했다. 이 구상에는 일본을 둘러싼 안보 위협, 즉 북한 위협과 중국 위협을 상정하고, 이러한 안보 위협에 대응하기 위해 일본이 주도하는 '동아시아 공동체' 질서에 중국을 유도하려고 했다.

한편 간, 노다 정권에서는 중일 간에 센카쿠 열도를 둘러싸고 영토분쟁이 격화된 가운데 미일동맹의 강화와 더불어 한국을 포함한 한미일 안보 협력 연대를 추구하면서 중국에 대한 견제를 시도하였다. 하지만 한국과 일본군 위안부 문제, 독도 문제로 인해 갈등이 심화되었고, 한일정보보호협정의 체결도 과거사 및 독도 문제에 대한 근본적 해결 없이 불가하다는 한국 내

---

19) 짐보 켄(神保謙)은 민주당 정권의 외교·안보정책을 이념추구에 좌절하고, 현실주의의 재구성으로 귀결되었다고 평가하고 있다(神保謙 2013, 125-158).

여론의 강한 반대 속에 무산되었다.

　민주당 정권 발족 초기에는 한국과의 관계에서 과거사 문제를 해결하려고 노력했고, 가능하면 역사 문제와 영토 문제를 둘러싸고 양국 간 갈등을 줄이고, 근본적으로는 갈등 상황이 확산되지 않도록 평화로운 방법에 의해서 '관리'하려고 노력했다. 하지만 2010년에 발생한 중국과의 센카쿠 열도 분쟁의 결과 일본은 외교적 패배를 경험했고, 이후 일본 내에서는 급격한 내셔널리즘의 고양이라는 결과가 나타났다. 그리고 이것이 과거사 문제와 독도 문제를 둘러싼 대한정책의 실행에서 민주당 정권이 보다 강경하고 공세적인 대응을 가져오게 한 원인이 되었다.

　또한 민주당 정권 내에는 태생적으로 다양한 정책 스펙트럼을 가진 조직이 모였다는 구조적 한계 속에서 대한정책에 대한 여러 정치그룹들의 다양한 의견이 존재하였고, 따라서 대한정책에 대한 일관성과 지속성을 갖기 어려웠다. 특히 민주당 정권은 정치리더십의 부재로 인해 한일 간 과거사 문제에 대한 관리에 실패했다(최희식a 2011, 3-6). 사실 민주당 내에는 대한정책에서 하토야마, 간, 오자와, 오카다, 마에하라 등 민주당 대표 정치인들이 대체로 한국에 대해 전략적으로 우호의 입장을 취하고 있었다. 비록 민주당 지도부에는 자민당에 비해 분명히 과거사 문제에 관하여 전향적인 분위기가 우세하기는 했지만, 그렇다고 해서 '과거사 직시' 문제를 강력하게 밀고 나갈 지도력을 가진 인물이 없었다.

　결국 민주당의 대한정책에 결정적 성과 및 한계 요인이 된 것은 부상하는 중국에 대한 대응 차원이라는 국제관계적 요인이었고, 이러한 흐름에서 민주당은 특히 안보적 측면에서 대한정책에 협력적이었다. 하지만 과거사 및 독도 문제와 관련해서는 중일 간 영토분쟁의 영향으로 일본 내 내셔널리즘의 증가, 그리고 이에 편승한 일본 국내 여론의 압력 속에 민주당의 대한정책은 강경하고 공세적인 방향으로 변했다. 또한 민주당이 갖고 있는 다양한 정책 이념 스펙트럼이라는 구조적이고 태생적인 한계와 더불어 전반적으로 낮은 지지율 속에서 대한정책을 지속적으로 유지할 만한 정치리더십을 갖지 못했다는 국내정치적 요인도 존재했다.

▌ 참고문헌 ▌

김태기. 2010. "일본민주당과 재일영주외국인의 지방참정권: 하토야마 유키오의 의욕과 좌절." 『한일민족문제연구』 19, 235-274.

권태환. 2010. "일본 민주당정권의 대미 안보정책과 한반도 안보." 『한일군사문화연구』 10, 53-85.

리처스 C. 부시 저, 김규태 역. 2013. 『위험한 이웃, 중국과 일본』. 에코리브르.

박영준. 2009. "일본 민주당의 외교안보정책 구상과 대한반도 정책 전망." 『JPI정책포럼』 No. 2009-5.

_____. 2011. "일본 민주당 정부의 대미 정책: '대등한 동맹관계 구축'의 모색과 좌절." 『일본연구논총』 33, 189-218.

송주명. 2010. "내셔널리즘과 신자유주의를 넘어?: 민주당 집권과 일본의 탈발전국가 전략." 『민주사회와 정책연구』 17, 152-189.

송화섭·김두승. 2011. 『일본 민주당 정부의 외교·안보정책 전망 및 대응방안』. 한국국방연구원.

우준희. 2012. "일본민주당의 집권과 반(反)자민당 정책노선의 딜레마." 『국가전략』 18(3), 61-95.

이기태. 2013. "선도형 리더십으로서의 '변환적 지도자': 오자와 이치로의 정치리더십." 손열 편. 『일본 부활의 리더십: 전후 일본의 위기와 재건축』. 동아시아연구원.

이면우. 2010. "일본 민주당정권 탄생의 의미와 시사점." 이면우 편. 『일본 민주당 정권의 정책성향과 대외관계』. 세종연구소.

조양현. 2009. "일본 민주당 정부의 대외정책 및 한일관계 전망." 『주요국제문제분석』 No. 2009-38.

진창수. 2011. 『일본의 '동아시아 공동체 구상': 전개, 쟁점, 그리고 한국의 대응』. 세종연구소.

_____. 2012. 『일본 국내정치가 한일관계에 미친 영향: 민주당 정권을 중심으로』. 세종연구소.

최희식. 2011a. "교과서 검증 문제로 본 일본 민주당의 '역사문제'에 대한 인식과 리더십." 『코리아연구원 현안진단』 제186호, 1-6.

_____. 2011b. "전후 한일관계의 구도와 민주당 정부 하의 한일관계." 『국제·지역연구』 20(3), 43-75.

Carr, E. H. 1964. *The Twenty Years' Crisis, 1919-1939: An Introduction to the Study of International Relations*. New York: Harper & Row.

Glosserman, Brad. 2009. "Back to Earth with the DPJ." *PacNet* 60, Pacific Forum CSIS.

Putnam, Robert. 1988. "Diplomacy and Domestic Politics: The Logic of Two-Level Games." *International Organization* 42, 427-460.

Soeya, Yoshihide. 2010. "Japan's Security Policy toward Northeast Asia and Korea: From Yukio Hatoyama to Naoto Kan." 『전략연구』 49, 43-67.

浅野一弘. 2011. 『民主党政権下の日本政治: 日米関係·地域主権·北方領土』. 同文舘出版.

伊藤憲一. 2010. 「日本外交と東アジア共同体構想」. 『外交』 1, 132-141.

小沢隆一. 2011. 『民主党政権下の日米安保』. 丸山重威 編. 花伝社.

講談社セオリー 編. 2009. 『まるごとわかる! 民主党政権』. 講談社.

小林良彰. 2012. 『政権交代: 民主党政権とは何であったのか』. 中央公論新社.

佐々淳行. 2011. 『彼らが日本を滅ぼす』. 幻冬舎.

産経新聞政治部. 2009. 『民主党解剖』. 産経新聞出版.

塩田潮. 2007. 『民主党の研究』. 平凡社.

神保謙. 2013. 「外交·安保: 理念追求から現実路線へ」. 日本再建イニシアティブ 著. 『民主党政権失敗の検証: 日本政治は何を活かすか』. 中公新書.

中北浩爾. 2012. 『現代日本の政党デモクラシー』. 岩波書店.

鳩山由紀夫. 2009. 「私の政治哲学」. 『Voice』 9月号, 132-141.

藤本一美 編. 2012. 『民主党政権論』. 学文社.

森省歩. 2010. 『政権漂流: 交代劇は日本の何を変えたのか』. 中央公論新社.

山口二郎. 2009. 『政権交代論』. 岩波書店.

自由民主党. 2012. 『民主党政権の検証: 迷走の3年を総括』, https://www.jimin.jp/policy/policy_topics/recapture/117907.html(검색일: 2013년 10월 10일).

民主党アーカイブ. 2009. 『民主党政策集 INDEX 2009』, http://archive.dpj.or.jp/

policy/manifesto/seisaku2009/(검색일: 2013년 8월 17일).

_____. 2009. 『民主党の政権政策 Manifesto 2009』, http://archive.dpj.or.jp/special/manifesto2009/index.html(검색일: 2013년 8월 17일).

『동아일보』, 2012/04/26.
『세계일보』, 2012/07/12.
『朝日新聞』, 2013/02/22.

제13장

민주당 정권의 대북정책*

신정화

I. 문제제기

2009년 9월, 일본에서는 민주당 정권이 탄생했다. 민주당 정권의 수립은 1955년 이후 약 55년간 지속되어 온 자민당 정권에 대한 일본 국민들의 심판이자, 1994년 성립된 소선거비례대표병립제를 배경으로 형성되어 온 자민당과 민주당 중심의 양당 정당 시스템의 덕분이기도 하였다.

민주당은 2009년 8월 중의원선거에 앞서 제시한 「정권공약(Manifesto) 2009」(이하, 매니페스토)에서 '대등한 미일관계의 구축'과 '동아시아 공동체 형성'을 주요 내용으로 하는 외교·안보정책을 제시했다. 또 대북정책과 관련하여서는 핵, 미사일, 납치문제를 주요현안으로 제기하고, 특히 핵문제를

---

* 이 글은 『한국시민윤리학회보』 제26집 제2호(한국시민윤리학회, 2013)에 게재된 『일본 민주당 정권의 대북정책 — 이상주의에서 현실주의로』를 수정·보완한 것임.

국제사회와의 협조를 통해 평화적으로 해결할 방침을 표명했다. 민주당이 제시한 외교·안보정책은 자민당 정권의 보수적 국제주의노선과는 다른 리버럴 국제주의노선으로 평가되었으며, 그 '쇄신성'으로 인해 일본 대내외로부터 많은 관심을 불러일으켰다. 그러나 정권 장악 후 민주당은, 후텐마기지 이전 문제와 관련한 미일관계의 균열 그리고 센카쿠 열도(尖閣諸島) 중국어선 충돌사건이 표면화시킨 일중관계의 악화가 상징하듯이, 외교·안보정책과 관련한 정권 담당능력의 결여를 노정시켰다. 국민들의 민주당 정권에 대한 불신이 확대되는 가운데 민주당 정권의 외교·안보정책은 이상노선에서 현실노선으로, 즉 자민당시기 친미보수노선으로 회귀되어 갔다. 그 과정에서 아시아에서는 물론 세계에 있어서의 일본의 영향력은 축소되어 갔다.

본 장의 목적은 민주당 정권 3년 3개월(2009년 8월~2012년 12월) 동안 민주당 정권이 구상한 대북정책과 실제로 실시된 대북정책을 분석하고, 그를 통해 자민당에서 민주당으로의 정권교체가 갖고 있는 의미를 평가하는 것이다. 이를 위해 제II절에서는 민주당이 매니페스토에서 제시한 외교·안보정책구상과 대북정책구상을 설명한다. 계속하여 제III절에서는 각 내각별, 즉 하토야마 유키오(鳩山由紀夫) 내각, 간 나오토(菅直人) 내각, 노다 요시히코(野田佳彦) 내각의 대북정책구상과 실시된 대북정책을 분석한다. 마지막 절인 제IV절에서는 민주당 정권의 대북정책의 특징 및 한계를 제시하고, 대북정책을 통해 자민당에서 민주당으로의 정권교체가 갖는 의미를 평가한다.

II. 외교·안보정책 및 대북정책의 기조와 특징

1. 외교·안보정책

민주당 정권이 탄생한 시기, 아시아·태평양 지역의 국제관계는 협조와 경쟁이라는 상반하는 양축이 교차되는 가운데 전개되고 있었다. 즉 자유무역협정(FTA)의 체결 등을 통해 경제적 차원에서의 상호의존관계가 점점 심화되고 있는 반면, 중국의 급격한 경제·군사대국화에 의해 군사·안보적 차원에서의 불확실성이 점차 증대되고 있었다. 따라서 민주당 정권에게 주어진 외교·안보과제는 아시아·태평양 지역에서 진행되고 있는 일본에서 중국으로의 파워전이(power transition)에 효과적으로 대응해 일본의 국익을 확보하는 것이었다.

민주당은 선거에 앞서 당이 지향하는 정책을 총괄한 정권정책집인 매니페스토를 발표했다. 매니페스토는 '생활을 위한 정치'라는 슬로건하에, 정권구상 5원칙 5책과 7개의 정책각론으로 구성되어 있었다. 그리고 외교정책은 7개의 정책각론 중 마지막 7번째에 제시되었으며, 그 주요내용은 다음과 같다(民主党の政権政策マニフェスト Manifesto 2009).

> 첫째, 긴밀하고 대등한 미일관계를 구축한다. 둘째, 동아시아 공동체 구축을 지향하며 아시아외교를 강화한다. 셋째, 북한의 핵보유를 인정하지 않는다. 넷째, 세계의 평화와 번영을 실현한다. 다섯째, 핵무기 폐기의 선두에 서서, 테러 위협을 제거한다.

매니페스토가 제시한 외교·안보정책 중 특히 주목이 집중된 것은 '긴밀하고 대등한 미일관계의 구축'과 '동아시아 공동체 구축'이었다. '긴밀하고 대등한 미일관계의 구축'에는 '우애외교'를 지론으로 하는 하토야마의 주장이, '동아시아 공동체 구축을 지향하며 아시아외교를 강화'에는 오자와 이치

로(小沢一郎)의 '미·중·일 정삼각형론' 주장이 반영되어 있었다.[1]

먼저 '긴밀하고 대등한 미일관계 구축'을 위한 구체적 방안으로는 (1) 일본이 주체적인 외교 전략을 구축한 위에서 미국과 역할을 분담하면서, 일본의 책임을 적극적으로 수행한다. (2) 미국과 자유무역협정(FTA) 협상을 촉진하며, 무역·투자의 자유화를 진전시킨다. (3) 미일지위협정의 개정을 제기하며, 미군 재편 및 재일미군기지의 존재방식을 수정한다가 제시되었다. 다음으로 '동아시아 공동체를 구축하며 아시아외교를 강화'하기 위한 구체적 방안으로는 (1) 중국, 한국을 비롯함 아시아 국가들과의 신뢰관계 구축에 전력을 기울인다. (2) 통상, 금융, 에너지, 환경, 재해구원, 전염병 대책 등의 분야에 있어서 아시아·태평양 지역의 역내협력체제를 확립한다. (3) 아시아·태평양국가들을 시작으로 세계의 국가들과 경제연대협정(EPA), 자유무역협정(FTA) 협상을 적극적으로 추진한다가 제시되었다.

이상과 같은 외교·안보정책 전반을 관통하고 있는 이념은 자민당의 보수적 국제주의와는 대조되는 리버럴 국제주의였으며, 민주당은 이를 정치주도로 실현하고자 했다(日本再建イニシアティブ 2013, 11-86). 매니페스토에서 제시된 외교·안보정책은 일본과 미국의 보수인사들로부터 미국과 안전보장조약을 체결하고 있는 일본의 현실을 변경하고자 하는 반미·친중정책으로 비난받았다(阿比留瑠比 2012). 실제로 민주당이 반미정책을 추구하고자 했는지 그 의도와는 상관없이, 매니페스토가 제시한 외교·안보정책은 미국과의 동맹을 강화하고 일본의 안보 능력을 향상시켜 중국과 북한의 위협에 대응하고자 해 온 자민당 시대의 친미보수 외교·안보정책과는 차별성을 갖고 있었다.

야당이 집권당이 될 때, 특히 세심한 주의를 기울여야 하는 분야는 외교·안보정책이다. 외교·안보분야가 국익과 직접적으로 관련하고 있다는

---

[1] '미·중·일 정삼각형론'이란, 일본, 중국, 미국이 등거리, 즉 정삼각형의 관계를 구축해야 한다는 내용이다. 그러나 일본은 미국과 안전보장조약을 체결하고 있기 때문에, 이 주장은 사실상 미국과는 거리를 두고 중국에 근접한다는 것으로 평가된다.

중요성에서뿐만 아니라, 이 분야가 다른 어떤 분야보다도 정보와 경험에 있어 여당과 야당 사이에 차이가 크기 때문이다. 그럼에도 불구하고, 민주당은 외교·안보정책을 매니페스토에서 우선순위가 가장 낮은 정책각론에 그것도 가장 마지막인 7번째에 제시하는 등, 소홀히 취급했다. 그 이유는 외교·안보정책에 전문성이 높은 내용이 많이 포함되어 있어 유권자가 별로 관심을 가지지 않기 때문에 득표로 직접 연결되기 어렵다는 일반적인 요인에 더하여, 민주당의 성격 및 매니페스토의 특성에 기인하고 있었다.

우선, 민주당은 자민당에 대항하는 정당을 만들기 위해, 과거 자민당에서 탈당해 온 중도 보수파 의원들, 구 사회당 및 사회민주당 계열의 진보파 의원들, 시민운동계열의 시민파 의원들 등 다양한 스펙트럼을 가진 의원들로 폭 넓게 구성되어 있었다(薬師寺克行 2012, 287-288). 이 결과 민주당은 정책적·이념적 다양성을 주요 특색으로 하고 있었으며, 당 운영에 있어서도 정파별 협의체가 성숙 내지 제도화되어 있지 않았다. 그럼에도 불구하고 민주당이 당으로서의 통합성을 유지할 수 있었던 이유는 당의 공통이념(강령)이 아니라, 자민당에 대한 비판, 즉 정권교체에 대한 구성원들의 합의가 있었기 때문이다. 따라서 민주당이 통일된 외교·안보정책을 책정하는 것은 불가능했다(日本再建イニシアティブ 2013, 275). 이에 더해 자민당에 의한 일당지배가 전후 50년 이상 계속되어 온 결과, 민주당의원들은 높은 전문성이 요구되는 외교·안보정책에 참여할 기회는 커녕 학습할 기회조차 부족했다.

다음으로 매니페스토의 한계이다. 매니페스토는 민주당 전체 구성원의 참여하에 정권 담당을 전제로 일본이 나아가야 할 방향을 제시한 그랜드 디자인으로 작성되기보다는, 민주당이 다양한 국회의원들로 구성되어 있어 응집성이 부족하다는 현실을 전제로 선거에서의 득표를 목적으로 당집행부에 의해 상의하달식으로 작성되었다(中北浩爾 2012, 130-131). 이 결과, 마에하라 세이지(前原誠司) 전(前) 외무대신이 밝히고 있는 것처럼, 민주당은 소속 의원들에게 매니페스토의 준수를 요구하고는 있었으나, 준수여부의 판단은 당이 아닌 선거(유권자)에게 맡기는 등 강제력을 가지고 있지 못했다

(마에하라 세이지 전 외무대신 인터뷰, 2013.10.18). 이와 같은 요인들로 인해, 민주당이 통일된 외교·안보정책을 구상하는 것은 어려웠으며, 매니페스토가 제시한 외교·안보정책은, 다른 국내정책과 마찬가지로, 정책 실현에 필요한 전체구상이라기보다는 각론으로서의 성격이 강했다.

　민주당은 정권을 장악한 후 매니페스토에서 제기한 내정·외교정책들을 정치주도로 실시해, 50여 년의 자민당 정권하에서 유지·강화되어 온 정책들을 전환하고자 했다. 그러나 이를 구현하기 위해 필요한 총리를 비롯한 각료들의 능력은 부족했으며, 정책조정을 위해 필수적인 당내 거버넌스도 이루어지지 않고 있었다(佐橋亮 2013, 115). 결국, '대등한 미일관계의 구축'의 일환으로 하토야마 총리가 추진하고자 한 오키나와현(沖縄県) 후텐마(普天間)기지 이전 문제는 미일관계에 심각한 균열만을 초래한 채 실패로 끝났다. 국민들은 민주당의 정권 담당능력을 의심하기 시작했으며, 일본 외교에 대한 국내외의 기대치는 하락되었다(小林良彰 2012, 136-138). 민주당의 외교·안보정책에 대한 국민들의 불신을 배경으로, 후임의 간 내각과 노다 내각은 하토야마 내각의 외교·안보정책이 이상주의에 치우쳤다고 비판하면서 자민당 정권기의 현실주의노선으로 회귀했다. 이 결과, 미일동맹이 다시 일본 외교의 기축으로 자리 잡게 되었다. 그러나 센카쿠 열도 중국어선 충돌사건과 연이은 센카쿠 열도 국유화 문제에 대한 미숙한 대응은 민주당 정권의 위기관리능력의 부족을 재노정시켰고, 지난 자민당 정권의 50여 년간 일본의 평화와 번영에 긴요하다고 간주되어 온 미일관계와 일중관계를 흔들었다. 한마디로 말해, 민주당 정권은 외교·안보정책을 '쇄신성'이라는 '선거의 역학'에서 '현실성'이라는 '통치의 역학'으로 전환할 수 있는 능력이 부족했던 것이다(日本再建イニシアティブ 2013, 127). 이에 대한 유권자들의 심판이 2012년 12월 중의원선거에서의 민주당의 패배였다.

2. 대북정책

대북정책과 관련하여 민주당의 매니페스토는 북한의 핵보유를 인정하지 않는다는 대전제 하에 다음과 같이 제시하고 있었다(民主党の政権政策マニフェストManifesto 2009).

> 첫째, 북한이 반복하는 핵실험과 미사일 발사는 우리나라(일본) 및 국제평화와 안정에 대한 명백한 위협이며, 결코 용인할 수 없다. 둘째, 핵·화학무기·생물병기 또 미사일의 개발·보유배치를 포기시키기 위해, 미·한·중·러 등의 국제사회와 협력하면서 화물검사 등의 실시를 포함한 단호한 조치를 취한다. 셋째, 납치문제는 우리나라(일본)에 대한 주권침해이자 중대한 인권침해로서, 국가의 책임하에 해결에 전력을 다한다.

민주당의 대북정책은 (1) 북한의 핵·미사일의 개발·보유·배치를 인정하지 않는 점, (2) 북한에 이를 포기시키기 위해 미·한·중·러 등 6자 회담의 관계국들과의 협조를 강조하고 있는 점, (3) 납치문제를 일본에 대한 주권침해이자 인권침해로 받아들이고, 이의 해결을 위해 국가가 전력을 기울인다는 점을 특징으로 하고 있었다. 전체적으로 자민당의 대북정책과 그 기조가 동일했다. 그러나 현안의 우선순위와 해결방법에 있어서는 자민당과 일정 정도 차이를 보이고 있었다. 자민당은 북한의 미사일과 핵위협을 강조하면서 끊임없이 안전보장체제를 강화하고, 납치문제의 완전한 해결이 없는 한 관계개선은 불가능하다고 주장하면서 대북제재조치 및 유엔안보리에 의한 제재의 강화를 주장했다(自民党政策 BANK). 이에 대해 민주당은 납치문제보다 핵문제의 해결을 우선시하면서, 이것을 동북아시아지역의 비핵화와 연결시켜 해결하고자 하고 있었다.

돌이켜보면, 민주당은 야당시절부터 북한과의 관계 개선에 적극적이었다. 1997년 10월에는 김정일 국방위원회 위원장 추대 기념 축하연에 대규모 방북단을 파견하였다. 10년 뒤인 2008년 2월에는 민주당 소속 의원 15명이 핵문제는 6자회담의 진전과 북미 간의 대화에 의해 해결을 도모하고, 일본

은 납치문제 등을 해결해 북한과의 국교정상화를 실현할 것을 요구하는 의원연맹 「한반도문제연구회」를 발족시키기도 했다(コリア国際研究所 朝日·韓日研究室 2009.1.5).[2] 그리고 민주당 정권의 초대 총리에 취임하는 하토야마는 신당사키가케(新党さきがけ) 대표간사 시절이었던 1997년, "일본과 북한은 체제가 상이하다는 사실을 전제로 상호이해를 심화시켜 나가야만 한다. 북한에 대한 식량지원일지라도, 인접국가로서 지원을 하면 북한과의 응어리를 축소시키는 것이 가능하다"고 발언하는 등 북한에 대한 이해의 필요성과 인도적 지원의 유용성을 표명하고 있었다(鳩山由紀夫新党さきがけ代表幹事インタビュー、日経新聞 1997/07/18). 또 2009년 5월 북한의 핵실험과 관련하여 당시 자민당의 아소 타로(麻生太郎) 내각이 북한에 대해 제재조치를 취하자, 하토야마는 "상호 적대시했던 독일과 프랑스 사이에서도 EU가 가능했다"는 예를 들면서 가치관을 뛰어넘어 북한과 관계개선을 시도할 것을 주장하는 등 유화정책에 입각한 북한과의 관계개선을 주장했다.

뿐만 아니라, 하토야마와 함께 민주당 내 '트로이카체제'를 구성하고 있던 오자와 이치로(小沢一郎)와 간 나오토(菅直人)의 북한과의 관계도 자민당 의원들과는 일정 정도 달랐다(産経新聞 2010/09/01).[3] 먼저, 민주당 정권 창출의 일등 공신이라고 할 수 있는 오자와는 1990년 「일본자민당·일본사회당·조선로동당 3당 공동선언」이 발표되었을 당시, 북한과의 국교정상화를 적극적으로 지지하였으며, 같은 해 10월에는 자민당 방북단의 일원으로 북한을 방북하는 등 정치가로서는 드물게 북한과의 직접 교류 경험을 가지고 있었다(신정화 2004, 233-234). 또 간은 1989년 구사회당과 공명당 국회의원들(133명)이 중심이 되어 요코다 메구미(橫田めぐみ) 납치범으로 체포

---

2) 발기인은 다음과 같다. 青木愛, 市村浩一郎, 川内博史, 川上義博, 喜納昌吉, 今野東, 千葉景子, 自見庄三郎, 外山斎, 平岡秀夫, 藤谷光信, 松野信夫, 室井邦彦, 山下八洲夫, 橫峯良郎.

3) 2006년, '호리에(堀江) 메일 문제'로 마에하라 세이지(前原誠司) 집행부가 총사퇴한 후 성립한 당대표 오자와, 간사장 하토야마, 당대표대행 간의 3인에 의한 거당일치체제는 트로이카체제로 불리어지며, 2009년 정권교체의 원동력이 되었다.

된 북한 공작원 신광수를 포함한 재일한국인 정치범 29명의 석방을 요구하면서 한국의 노태우 대통령에게 보낸 「재일한국인 정치범의 석방에 관한 요망서」에 서명한 경력을 가지고 있었다(週刊新潮 2002.11.7号).[4]

그러나 대북정책구상에서도 외교·안보정책구상을 포함한 매니페스토가 소지한 문제점은 재현되고 있었다. 우선, "북한의 핵보유를 인정하지 않는"다는 항목과 "동아시아 공동체 구축을 지향하며 아시아외교를 강화한다" 및 "핵무기 폐기의 선두에 서서, 테러위협을 제거한다"는 항목과의 유기적 연관성이 전혀 제시되어 있지 않았다. 즉 민주당이 제시하는 외교·안보정책의 전체적 구상안에서 대북정책이 갖는 위치 또는 의미, 그리고 대북정책에 있어서의 우선순위 및 실현을 위한 전략이 제시되지 않고 있었다. 그 이유는 외교·안보정책 작성에서 나타난 문제점과 동일했다. 즉, 구자민당 출신부터 구사회당 출신까지를 포함하는 민주당 의원들의 다양한 이념적 스펙트럼으로 인하여 통일된 대북정책 작성이 불가능했기 때문이다. 한마디로 말해, 민주당은 대북정책에 관한 당내 합의를 이룰 수도 없었고, 이루지도 못했다.

이와 같은 사실은 2009년 중의원선거에 앞서 동경대학교 다니구치(谷口) 연구실과 아사히신문사(朝日新聞社)가 공동으로 행한 2009년 「중의원선 후보자 조사」에서 확인할 수 있다(東京大学谷口研究室·朝日新聞社共同調査 2009.7). 본 조사는 외교·안보정책분야에 있어서는 자민당의원이 민주당의원보다 강경한 입장을 취하고 있으나, 대북정책에 있어서는 양당 간 주목할 말한 차이가 없으며, 오히려 민주당 정권에서 연속으로 총리에 취임하는 하토야마, 간, 노다의 대북정책에 있어서의 입장차이가 자민당과 민주당의 차이보다 더 크다고 지적하고 있다. 이것은 민주당이 대북정책에서 합의에 도달하기 힘들 뿐만 아니라, 대북정책이 내각에 따라 특히 국가의 최고지도자인 총리의 정치철학에 따라 변경될 수 있음을 의미했다. 실제로 민주당 정

---

4) 2011년 7월 간 총리는 총리의 자금관리단체인 「草志会」가 북한과 관련이 있는 가나가와현(神奈川県)의 정치단체 「정권교체를 지향하는 시민의 모임」에 헌금을 한 것이 정치 쟁점화되어 북한과의 관계를 추궁 당하자, 「재일한국인 정치범의 석방에 관한 요망서」에 서명한 것은 잘못이었다고 사죄했다.

권하 일본의 대북정책은 총리에 따라 또 주어진 상황에 따라 변화되어 갔다.

III. 내각별 대북정책

1. 하토야마 유키오 내각

2009년 9월 발족한 민주당 정권은 총리 하토야마, 외상 오카다 카츠야(岡田克也)로 구성되었다. 총리 취임 후 처음으로 행한 유엔 총회 일반토론 연설에서 하토야마는 다음과 같은 대북정책을 제시하고 있었다(第64回 国連総会における鳩山総理大臣一般討論演説 2009.9.24).

> 북한에 의한 핵실험과 미사일 발사는, 지역뿐만 아니라 국제사회 전반의 평화와 안전에 대한 위협이기에, 단연코 인정할 수 없습니다. 북한의 누차에 걸친 안보리 결의의 완전 실시, 또 국제사회의 모든 결의 이행이 중요합니다. 일본은 6자회담을 통하여 한반도 비핵화 실현을 위해 계속해서 노력하겠습니다. 일북 관계와 관련해서는 일북평양선언에 따라 납치, 핵, 미사일로 구성된 모든 현안을 포괄적으로 해결하고, 불행한 과거를 성의를 가지고 청산해 국교정상화를 도모해 나가겠습니다. 특히 납치문제와 관련해서는, 작년에 합의한 조속하고도 전면적인 조사를 개시하는 등, 북한의 전향적인 행동이 북일관계 진전을 위한 실마리가 되리라고 봅니다. 북한이 전향적이고 성의있는 행동을 한다면, 일본도 전향적으로 대응할 용의가 있습니다.

하토야마 총리가 제시한 대북정책은 북한의 핵실험과 미사일발사는 인정할 수 없으며, 핵문제의 해결은 6자회담을 통해, 북일 간의 국교정상화는 2002년 9월 일본의 고이즈미 준이치로(小泉純一郎) 총리와 북한의 김정일 국방위원장이 합의한 「북일평양선언」에 입각해 추진하겠다는 것으로 요약할 수 있다. 이것은 민주당이 매니페스토에서 제시한 대북정책의 재확인이었다. 특히 하토야마의 북한이 "작년에 합의한 조속하고도 전면적인 조사를 개시" 한다면, 일본도 북한에 대해 "전향적으로 대응할 용의가 있다"는 발언은 북한에 대해 비교적 온건한 정책을 실시하고자 했던 자민당의 후쿠다 야스오(福田康夫) 내각기(2007년 9월~2008년 8월)의 대북정책과 유사했다.[5]

그럼에도 불구하고 북한은 민주당 정권에 대해 기대를 표명했다. 하토야마 내각 출범 직전인 9월 10일 북한의 김영남 최고인민회의 상임위원장은 "일본이 평양선언을 중시하여, 불행한 과거를 성실하게 청산하려고 한다면 양국 간으로 해결할 수 없는 문제는 없다"고 발언하였다(每日新聞 2009/09/11). 또 하토야마 내각 수립 직후인 9월 24일에는 조총련 기관지 「조선신보」를 통하여, "새 정권(민주당 정권)이 아시아외교를 중시하고 과거의 역사를 직시한다면 조선과의 관계개선은 외면할 수 없는 문제"이며, "일본의 과제는 자민당식 정략외교에서 탈피하는 것"이라고 보도하였다(조선신보 2009/09/24).

그러나 북한의 기대와는 달리 하토야마 총리의 대북정책은 납치문제에 집중되었다. 하토야마의 민주당의 납치문제대책 본부장과 납치의원연맹 회장을 대행(代行)했던 대북 강경파 나카이 히로시(中井洽)를 국가공안위원회 위원장 겸 북한에 의한 납치문제의 조기해결을 위한 기획 입안 및 행정각부의 소관에 관한 임무의 조정을 담당하는 납치문제 특명담당대신에 임명했다(鳩山内閣 閣僚名簿等). 또 내각 수립 직후인 9월 29일에는 납치피해자 가족과 만나, "납치라는 중요한 문제에 집중하는 것이 우애(友愛)이며, … 북한에 대해 우리가 먼저 유화정책을 취하지는 않겠다"고 발언했다(北海道新聞

---

5) 후쿠다 정권은 2008년 8월 북일실무자협의에서 합의한 납치피해자와 특정 실종자에 대한 재조사의 형식과 방법을 북한이 실천에 옮긴다면, 북한에 대해 전향적인 태도를 취하겠다는 입장을 취하고 있었다. 그러나 북일실무자협의 개최를 위한 환경으로 작용했던 미국의 북한 '테러지원국가지정 해소'가 이루어지지 않고 또 후쿠다 내각이 붕괴됨에 따라 북일관계는 진전되지 않았다.

2009/09/29). 이어 10월 13일에는 제1차 아베 내각하에서 조직된 납치문제 대책본부를 성청(省庁) 횡단(横断)으로 재편해 기동력을 향상시켰다.6) 납치 문제를 담당하는 국내조직이 일단 정비된 직후, 경찰청은 납치의 가능성이 의심되는 약 900건의 안건에 대하여 재조사 및 자료 분석 등을 실시할 방침 을 발표했다(産経新聞 2009/10/20). 그리고 나카이 담당대신은 한국을 방문 (10월 22일)해 일본 임시국회에 한국에 망명한 북한 고위급인사인 황장엽의 참고인으로의 참석 허가를 요구하는 등 한국 정부에 대해 납치문제와 관련 한 협력을 요청했다(産経新聞 2009/10/23).

한편, 오카다 외상은 자신의 지론인 '동북아 비핵무기 지대 조약안'에 입 각하여 북한의 핵문제에 접근하고자 했다.7) 오카다는 북한 비핵화와 관련 하여 미국이 핵미보유 국가들에 대해 핵무기의 선제사용을 하지 않겠다는 약속을 할 필요가 있다는 입장을 취했다. 하토야마 총리도 민주당 간사장이 었던 2006년 11월 북한의 핵 폐기를 위해서는 비핵국인 한국과 협력하여 북한에 대해 핵 포기를 요구하는 동시에 핵보유국인 미국, 중국, 러시아에 대해서도 핵군축을 요구할 필요가 있다고 주장하는 등 오카다와 유사한 견 해를 표명하고 있었다(読売新聞 2006/11/15). 오카다 외상의 주장은, 자민 당 정권과는 달리, 북한의 핵문제가 북한만의 문제가 아니라는 인식에 입각 하여 비핵국가인 일본이 주도적으로 핵보유국가인 미국, 중국, 러시아의 핵 과 관련하에 대화로써 해결하겠다는 의지표명이기도 하였다. 그러나 중요한 사실은 오카다의 주장이 6자회담의 중심국으로 북핵문제 해결에 있어 주도 권을 가지고 있는 미국의 주장, 즉 북한이 핵 불능화를 실현하면 그에 맞는 상응하는 경제적 조치를 해주겠다는 주장과 상충하고 있었다는 점이다.

---

6) 납치문제대책본부는 총리를 본부장, 납치문제 담당상, 외상, 관방장관을 부본부장으로 한 4명으로 구성되었으며, 사무국은 내각관방에 설치되었으며, 사무국장에는 나카이 납치문제 담당상이 취임하였다.

7) '동북아 비핵무기 지대 조약안'은 민주당이 야당이었던 2008년 8월에 오카다가 발표한 것으로 핵비보유국에 대한 핵사용을 무조건 위법으로 하는 국제법의 확립 및 비핵 3원 칙의 동북아시아에 있어서의 공유를 통해 장래적으로 핵무기를 철폐하는 것을 주요내 용으로 하고 있었다.

어쩌면 하토야마 총리는 개인적으로 자신의 할아버지인 하토야마 이치로
(鳩山一郎)가 대소관계에서 이룩한 업적을 대북관계에서 재현해 역사에 이
름을 남기고 싶은 정치가로서의 야망을 가지고 있었을지도 모른다. 그리고
오카다 외상은 북한 핵문제를 '동북아 비핵무기 지대 조약안'의 현실화를 위
한 입구로서 활용하고 싶었을지도 모른다. 그러나 납치문제에 대한 하토야
마 총리의 강경입장과 핵문제에 대한 오카다 외상의 유연한 입장이 상징하
듯이, 하토야마 내각의 대북정책은 통일성을 결여하고 있었으며, 효율적 대
북정책 실시에 필요한 정권 내 거버넌스도 효율적으로 작동하고 있지도 않
았다. 결국, 후텐마기지 이전 문제를 둘러싸고 미국과의 관계가 악화되고
국민들의 안보불안이 확대되는 가운데, 2009년 5월 북한이 제2차 핵실험을
하자 하토야마 내각은 자민당 전(前) 정권이 실시했던 대북수출금지조치를
연장했으며, 2010년 3월 천안함사건이 발생하자 대북제재조치를 일층 강화
했다.[8] '동아시아 공동체' 구상을 비롯해 아시아외교의 강화를 주창한 하토
야마 정권의 대북정책 역시 역대 자민당 정권과 마찬가지로 국민들로부터
지지 확보라는 포퓰리즘에 근거해 실시되었던 것이다(카세다 요시노리 2009년
12월, 41-42).

2. 간 나오토 내각

하토야마 내각이 9개월의 단기정권으로 붕괴된 후, 2010년 9월 간 나오
토(菅直人) 내각이 성립했다. 간 내각은 하토야마 내각기의 후텐마기지 이

---

[8] 하토야마 총리는 천안함사건이 일본에게도 명백한 위협이라는 인식을 표명하고, 국민
들의 안전을 확보하기 위해 (1) 독자적인 대북제재의 검토 개시, (2) 대북제재의안
채택들 위한 유엔안보리에서의 한·미·일 3국간 연계 강화, (3) 화물검사특별조치법안
의 조기 성립, (4) 정보수집의 강화 등으로 이루어지는 대책을 강구하도록 지시했다.
또 대북제재조치의 강화 차원에서 대북송금 및 현금 반출에 대한 감시 강화, 북한 방문
조총련계 간부 등의 일본 재입국 규제를 강화할 것을 지시하고, 28일에는 중의원 본회
의에서 화물검사 특별조치법안을 성립시켰다.

전 문제가 초래한 미일관계의 균열과 민주당의 정권 담당능력에 대한 국민들의 불신이라는 무거운 짐을 지고 출범했다. 시민운동가 출신으로 민주당 '토로이카체제'의 일원이었던 간은 하토야마 내각 시절 외상이었던 오카다를 당간사장으로 이동시키고, 마에하라 세이지(前原誠司)를 외상으로 임명했다. 그리고 간 총리와 마에하라 외상은 미일동맹 중시의 외교노선의 중요성을 강조하면서 하토야마 내각기의 외교노선을 수정해 미국과의 관계를 회복해, 국민들의 안보불안을 해소하고자 했다.

간 총리는 6월 11일 제174회 국회에서 행한 내각총리대신 소신표명연설에서 신내각의 외교·안보정책, 그리고 대북정책에 대해 다음과 같이 발언했다(第174回 国会における菅内閣総理大臣所信表明演説 2010.6.11).

> 신내각의 정책과제로서 '전후 행정에 대한 대청소의 본격 실시', '경제·재정·사회보장의 일체적인 재건' 및 '책임감에 입각한 외교·안전보장정책' 3개를 제시합니다. … (외교·안보정책과 관련하여서는) 일미동맹을 외교의 기축으로 하고, 동시에 아시아 국가들과의 연대를 강화하겠습니다. … 북한에 대해서는 한국소계정침몰사건(천안함사건)은 용서할 수 없는 것으로, 한국을 전면적으로 지지하면서 국제사회와 군건하게 대처할 필요가 있습니다. 납치, 핵, 미사일의 현안들에 대한 포괄적인 해결을 시도해, 불행한 과거를 청산하고 국교정상화를 추구하겠습니다. 납치문제에 관해서는 국가의 책임하에 모든 납치피해자의 한 시라도 빠른 귀국을 위해 전력을 다하겠습니다.

이상의 연설내용에서 알 수 있듯이, 간 총리는 민주당외교를 매니페스토가 제시하고 하토야마 내각이 추진하고자 한 '긴밀하고 대등한 미일관계의 구축'과 '동아시아 공동체 구축'으로부터 미일동맹을 우선하는 현실주의외교로 전환하고자 했다. 이에 따라 자민당시대와 동일하게 대북정책의 우선순위를 납치문제, 핵, 미사일로 상정했으며, 납치문제는 북일 간의 협상을 통해, 핵·미사일문제는 6자회담을 통해 해결하고자 했다.

구체적으로 간 내각은 납치문제를 "우리나라(일본)에 대한 주권침해인 동시에 중대한 인권침해이며, 용서하기 어려운 행위"로, 그리고 북한과의 관계

개선을 위해서는 "특히 납치문제의 해결이 불가결하다"는 입장을 취했다. 2010년 11월 19일 개최된 납치문제 대책본부 제4차 회합은 납치문제의 해결방안으로 다음 8가지 사항을 제시하고 있었다(拉致問題対策本部 第4回会合 2010.11.29).

(1) 납치피해자 가족 등에 대한 세심한 대응, (2) 북한 측의 대응 등을 고려하면서 가일층의 조치 검토 및 현행법의 제도하에서의 엄격한 법 집행 추진, (3) 2008년 8월의 북일합의의 이행을 포함한 북한측의 보다 구체적인 행동을 계속하여 강하게 요구, (4) 납치피해자 및 북한의 정세와 관련한 정보수집·분석·관리의 강화, (5) 납치의 가능성을 배제할 수 없는 사안에 대한 철저한 탐사·조사 및 납치실행범에 대한 국제조사를 포함한 조사 등을 계속, (6) 납치문제의 해결에 기여하는 내외 광고활동의 충실, (7) 미국, 한국을 비롯한 관계국과의 국제적 연대 강화, (8) 그 외 납치문제의 해결에 도움이 되는 모든 방책 검토

그러나 간 내각은 대북정책구상을 정책으로 실현하기 위해서 필수적인 북한과의 공식적인 접촉을 가지지 못했다. 2010년 9월에 발생한 센카쿠 열도 중국어선 충돌사건이 부각시킨 일중관계의 악화에 발목이 잡힌 간 내각은 대북정책 구상을 현실화할 여력이 없었다.[9] 한마디로 말해, 간 내각은, 2010년 중국의 명목GDP가 일본의 명목GDP를 앞선 것이 상징하고 있듯이, 중국의 경제·군사대국으로의 부상에 의해 근본부터 변화하고 있는 아시아·태평양의 전략환경에 대응하기도 벅찼던 것이다.

3. 노다 요시히코 내각

2011년 9월 2일, 노다 내각이 발족했다. 하토야마 내각기의 후텐마기지

---

9) 센카쿠 열도를 둘러싼 민주당외교와 관련해서는 日本再建イニシアティブ(2013), 125-154; 崎享(2011), 57-94 참조.

이전 문제가 상징하는 미일관계의 혼란, 간 내각기의 센가쿠 열도 중국어선 충돌사건이 상징하는 중일관계의 악화 등으로 인하여 일본 여론은 물론 국제사회도 민주당 정권의 외교능력에 부정적이었다(神田茂·中内康夫など 2012.10.1).

부정적 여론을 의식한 노다 총리는 9월 13일 제178회 국회에서 행한 내 각총리대신 소신표명연설에서 민주당 정권의 기존 외교를 반성하면서, 미일 관계를 기축으로 한 종래의 외교노선을 답습할 것을 명확히 하고, 이에 더해 중국, 한국, 러시아를 비롯한 주변국가와의 관계강화를 내각의 과제로 제시 했다(第178回 国会参議院本会議録 第3号6頁 2011.9.16). 노다 총리는 외 교·안보에 약한 민주당이라는 인식을 수정하고자 한 것이다.

한편 2011년 12월 17일 북한에서는 김정일 총서기가 사망하고 그의 아들 김정은이 후계자로 등장했다. 북한의 정권교체와 관련하여 노다 총리는 다 음과 같은 대북정책을 표명했다(第180回 国会における野田内閣総理大臣施 政方針演説 2012.1.27).

> 금후 북한의 동향과 관련해서는 작년 말의 김정일 국방위원장의 사망 후의 정세변화를 냉정히 관찰해, 관계각국과 밀접하게 연대하면서, 정보수집을 강화 해 예기할 수 없는 사태에 대비해 계속하여 만전의 태세를 취할 것입니다. 납치 문제는 우리나라의 주권과 관련된 중대한 문제이며, 기본적인 인권의 침해라는 보편적 문제입니다. 피해자 전원의 일각이라도 빠른 귀국을 실현하기 위해 정 부는 하나가 되어 노력할 것입니다. 일북관계에 관해서는 계속하여 일북평양선 언에 따라 핵, 미사일을 포함한 제현안을 포괄적으로 해결하고, 불행한 과거를 청산해, 국교정상화를 이룩하도록 노력해 갈 것입니다.

그리고 겐바 고이치로(玄葉光一郎) 외무대신은 "(북한) 내부에서 특이한 동향은 발생하지 않고 있으며 … 김정은을 중심으로 한 체제형성이 진행되 고 있다"고 발언하였다(第180回 国会参議院予算委員会議録 第4号29頁 2012.2. 7). 노다 내각은 김정일 체제로부터 김정은 체제로의 이행이 순조롭게 이루 어지고 있다고 판단했다.

김정은 체제의 공식 출범에 맞춰, 북한은 2012년 4월 13일 '인공위성 광명성 3호'를 발사했다. 미국이 주도한 유엔안전보장이사회는 제재결의보다 수위가 낮은 의장성명을 채택했다. 그러나 노다 총리는 '인공위성 광명성 3호' 발사는 장거리로켓 발사이기 때문에, "우리나라(일본)를 포함한 지역의 평화와 안정을 해치는 안전보장상의 중대한 도발행위"이며, "우리나라(일본)로서는 용인할 수 없으며 유감"이라는 인식을 표명했다(第180回 国会衆議院予算委員会議録 第24号2頁 2012.4.18). 그리고 북한에 대해 "미사일 발사 및 핵실험을 포함한 도발행위를 행하지 않을 것을 강력하게 요구"하고, "미국·한국·중국·러시아를 비롯한 관계국과 긴밀한 연대하에, 납치, 핵·미사일로 이루어지는 모든 현안을 포괄적으로 해결하기 위한 구체적인 행동을 취할 것을 북한에 계속하여 요구할' 결의를 표명했다(第180回 国会衆議院予算委員会議録 第24号2頁 2012.4.18). 그리고 이미 노다 내각은 한 달 전인 3월 16일 북한이 '인공위성 광명성 3호' 발사를 예고하자 파괴장치명령을 내리는 등 군사적 대응을 위한 준비를 하고 있었다. 즉 3년 전인 2009년 4월 5일 북한이 발사한 '은하 2호'에 대응해 자민당 정권이 실시했던 미사일방어시스템(MD)을 채용해, 요격미사일 SM-3를 탑재한 이지스함을 동해와 동중국해에, 또 PAC-3를 수도권과 오키나와에 배치했다(朝日新聞 2013/04/05).[10] 그리고 2012년 12월 12일 북한이 '은하 3호' 발사를 예보하자 노다 총리는 파괴장치명령을 다시 한번 확인했다. 북한에 대해 군사적 대응을 강화하는 것을 통해 노다 내각은 국민들의 민주당의 안보능력에 대한 불신을 만회하고자 했던 것이다.

한편, 북한은 2012년 1월 조선로동당 간부에게 배포되었다고 추정되는

---

10) 이미 일본은 북한이 2009년 4월 4~8일 중에 통신위성을 발사하겠다고 발표하자 역사상 최초로 미사일방어시스템을 동원하겠다고 밝히고 있었다. 3월 27일 아소 총리는 로켓이 일본 영토로 추락할 경우에 그 로켓을 요격하기 위해 일본의 미사일방어시스템을 동원할 수 있는 권한을 일본 안보위원회에 부여했다. 방위상 하마다 야스카즈(浜田靖一)는 자위대법 82-2조의 "탄도미사일 파괴를 위한 조치"에 근거해, 해상과 지상에 미사일방어시스템을 배치할 것을 자위대에 명령했다.

「강성국가 건설에 있어서의 조선로동당의 경제로선과 임무」라는 제목의 문서에서 "일본과의 경제 협조의 강화는 우리나라 경제발전에 있어서 중요한 위치를 점하고 있다. 일본의 선진기술 및 자금을 최대한 확보하기 위해, 특히 일본의 민간단체와의 경제협력 방법을 긴급히 모색 추진해야만 한다"고 제기했다(読売新聞 2012/02/25). 즉 김정은 정권 역시, 역대 정권과 마찬가지로 체제의 안정을 위해 긴요한 경제재건에 필요한 외자와 기술의 도입처로 일본을 상정한 것이다.

연초부터 북한은 일본의 대북여론을 개선하기 위해 움직였다. 김정일의 조리사로 알려진 후지야마 겐지(藤本健二)를 북한에 초대해 김정은과의 깜짝 만남(7월 22일)을 주선하고, 북한에 존재하는 일본인 유골반환과 관련하여 일부 일본인과 언론인의 북한방문을 허락했다. 이와 함께 일본인 유골반환문제와 일본인 배우자의 고향방문문제 등 인도적 문제를 논의한다는 명목 하에 나카이 히로시(中井洽) 전 납치문제담당상과 중국과 몽골에서 송일천 북일국교정상화협상 담당대사가 여러 차례 만나기도 했다(産経新聞 2012/05/17).

8월 9~10일 이틀 동안 북경에서 2002년 8월 이래 중단되어 왔던 북일적십자회담이 10년 만에 개최되어 일본인 유골반환 및 참배에 대한 합의가 이루어졌다. 11월 16일에는 몽골의 울란바토르에서 북일정부간협의가 2008년 8월 이래 4년 만에 재개되었다. 협의에서 일본 측은 (1) 패전 전후로 해서 현재의 북한에 해당하는 지역에서 사망한 일본인의 유골반환문제, (2) 잔류일본인·일본인 처의 일시 귀국, (3) 일항기 요도호 범인의 일본 송환을 요구했다. 이에 대해 북한 측은 납치문제는 해결이 완료되었다는 기존입장을 유지하면서도, 일본의 요구에 협력할 의사를 표명하고 일본에 대해 과거청산을 요구했다. 그리고 양국은 "2002년 북일평양선언에 따른 해결 시도"에 합의하고, 관심사항에 대해 폭넓은 의사교환을 행하고, 금후도 협의를 계속할 것에 동의했다(日本経済新聞 2012/11/16). 노다 내각이 민주당 정권으로서는 처음으로 북한과 협의를 가진 것이다.

노다 내각은 북한과 비공식적 협의를 계속했다. 노다 총리의 특사로 민주당 사무국 간부가 10월 말부터 11월 초순까지 극비리에 북한을 방북해, 북한의 서열 2위인 김영남 최고인민회의 상임위원장과 송일천 북일국교정상화협상 담당대사와 만나기도 했다. 북한은 납치피해자에 대한 재조사와 납치피해자 중 일부의 일본 귀국을 제시하면서, 노다 내각에 대해 그에 상응하는 보상, 즉 경제적 지원을 요구했다. 일본의 정가에서는 노다 총리가 전격 방북해 납치피해자를 귀국시키고자 한다는 이야기가 흘러나왔다.11)

물론 노다 총리가 북한의 김정은 정권이 체제의 공고화를 위해 일본의 경제적 지원을 필요로 하는 시점에서 북일국교정상화를 행하는 것이 일본에게 유리하다고 판단했을 수도 있다. 그러나 북일국교정상화의 필요조건이라고 할 수 있는 미국, 한국 등 주변국의 이해를 확보하고자 한 흔적은 보이지 않는다. 오직 집중한 것은 납치피해자의 일본귀국문제였다. 그 이유는 민주당 정권의 운명을 좌우할 것으로 예상된 제46회 중의원의원총선거(12월 16일)에서의 표 획득이었다. 납치피해자의 귀국은 하토야마 내각의 후텐마기지 이전 문제, 간 내각의 센카쿠 열도 중국어선 충돌문제에 더해 자신의 내각하에서 발생한 센카쿠 열도 국유화문제와 한국 이명박 대통령의 독도방문 등이 결과한 민주당 정권의 외교·안보능력의 무능함을 만회하는 데 있어 최선의 방편이었던 것이다. 그리고 민주당이 정권유지를 위해 사용할 수 있는 마지막이자 유일한 방법이기도 하였다. 그러나 납치피해자의 일본으로의 귀국 시도는 중의원 해산(11월 16일) 후 노다 내각이 심부전상태에 빠져 움직일 수 없게 되고, 또 12월 12일 북한이 대포동 2호를 개량한 '은하 3호'를 발사함에 따라 무산되어 버렸다. 그리고 민주당 정권은 12월 16일 실시된 중의원선거에서 참패함으로써 집권 3년 3개월 만에 붕괴되었다.

---

11) 일본 후지TV가 2013년 5월 22일 오전의 「FNNスピーク」에서 독자뉴스로 보도.

IV. 마무리 글

민주당은 2009년 8월 중의원선거에 앞서 제시한 매니페스토에서 자민당 정권의 친미보수주의적 국제주의 노선과는 달리 자유주의적 국제주의노선에 입각해 '대등한 미일관계의 구축'과 '동아시아 공동체 형성'을 주요 내용으로 하는 외교·안보정책 구상을 제시했다. 그러나 매니페스토에서 제시된 외교·안보정책구상은 3년 3개월 동안의 민주당 정권에서 실시되지 않았다. '대등한 미일관계의 구축'의 일환으로 하토야마 총리가 추진하고자 한 후텐마기지 이전 문제는 결국 미일동맹관계에 심각한 균열을 가져온 채 실패로 끝났다. 후임의 간 내각과 노다 내각은 자민당 정권기의 현실주의 외교노선으로 회귀해, 미일동맹을 일본 외교의 기축으로 재정립했다. 그러나 센카쿠 열도 중국어선 충돌사건과 연이은 센카쿠 열도 국유화 문제에 대한 미숙한 대응으로 중일관계의 악화를 초래했다. 민주당 정권이 위기관리능력의 부족을 노정시키면서, 아시아에서는 물론 세계에 있어서 일본의 영향력은 쇠퇴되어 갔다.

동일한 과정이 대북정책에서도 반복되었다. 민주당은 매니페스토에서 대북정책과 관련하여 핵, 미사일, 납치문제를 주요현안으로 제기하고, 특히 핵문제를 국제사회와의 협조를 통해 평화적으로 해결할 방침을 표명했다. 즉 자민당의 대북정책과 그 기조는 전체적으로 동일했으나, 현안의 우선순위와 해결방법에 있어서는 일정 정도 차이를 보이고 있었다. 그러나 민주당의 대북정책구상은, 전체적인 외교·안보정책구상과 유기적 연관성을 가지고 있지 못했으며, 또 대북정책에 있어서의 우선순위 및 실현을 위한 전략이 제시되지 않고 있었다. 다양한 스펙트럼을 소지한 의원들이 자민당으로부터의 정권쟁탈을 목적으로 구성한 민주당이 합의된 대북정책을 도출하는 것은 불가능했던 것이다.

하토야마 내각 시절 하토야마 총리는 납치문제 해결에, 오카다 외상은 핵문제 해결에 중점을 두었다. 그러나 2009년 5월 북한이 제2차 핵실험을 하

자 대북수출금지조치를 연장했으며, 2010년 3월 천안함사건이 발생하자 대
북제재조치를 일층 강화하는 등 하토야마 내각은, 자민당 정권과 마찬가지
로, 군사력에 기초한 대북억제정책을 실시했다. 현실주의로 외교기조를 변
경한 간 내각과 노다 내각은 자민당 내각기와 동일하게 대북정책의 우선순
위를 납치문제, 핵, 미사일로 상정했으며, 납치문제는 북일 간의 협상을 통
해, 핵·미사일문제는 6자회담을 통해 해결하고자 했다. 노다 내각은 2011
년 12월 북한에 김정은 체제가 성립하고 일본과의 관계개선을 위해 움직이
자, 북일적십자회담과 북일정부간협의를 개최하기도 했다. 그러나 노다 내
각이 힘을 기울인 것은 북한과의 관계개선보다는 납치자의 일본귀국문제였
다. 이를 통해 노다 내각은 민주당 정권의 외교·안보능력의 무능을 만회하
고, 오는 12월에 실시되는 제46회 중의원의원총선거에서 유권자의 지지를
확보하고자 했다. 이 결과, 민주당 정권의 대북정책은 자민당 정권기의 대북
정책을 답습해 갈 수밖에 없었다. 자민당 정권에서 민주당 정권으로의 교체
라는 차원에서 민주당은 정권교체에 성공했으나, 정책전환, 특히 대북정책
의 전환이라는 차원에서 민주당은 정권교체에 실패했던 것이다.

▌ 참고문헌 ▌

신정화. 2004. 『일본의 대북정책 1945~1992년』. 도서출판 오름.

카세다 요시노리. 2009. "일본 민주당정권의 북한정책." 『북한학연구』 5(2).

이상훈·이이범·이지영. 2011. 『일본 민주당의 정책결정 및 입법과정 연구』. 한국의
회발전연구회 연구보고서.

阿比留瑠比. 2012. 『破壊外交』. 産経新聞出版.

岡田克也. 2005.5.18. 『外交·安全保障ビジョン「開かれた国益」をめざして』.

神田茂·中内康夫など. 2012.10. "野田内閣の外交をめぐる論議—外交の立て直しと日
米同盟, 領土をめぐる山積する課題への対応—." 『立法と調査』 No.333.

小林良彰. 2012. 『政権交代』. 中央公論.

佐橋亮. 2013. "民主党外交と政治主導の失敗." 『季刊政策·経営研究』 第1号.

東京大学谷口研究室·朝日新聞社共同調査. 2009.1.5. 「2009年 衆院選候補者調査デー
タアーカイヴ」.

中北沽爾. 2012. 『現代日本の政党デモクラシー』. 岩波書店.

日本再建イニシアティブ. 2013. 『民主党政権 失敗の検証』. 中公新書.

孫崎享. 2011. 『日本の国境問題 — 尖閣·竹島·北方領土—』. ちくま新書.

薬師寺克行. 2012. 『証言 民主党政権』. 講談社.

「2008年 日朝関係概況」. 2009.1.5. コリア国際研究所 朝日·韓日研究室.

「青島幸男も村山富市も「拉致犯釈放」署名のマヌケ仲間(ワイド特集 悪い奴ほどよく眠
る)」. 2002.11.7. 『週刊新潮』.

「自民党 政策 BANK」.

「第180回 国会衆議院予算委員会議録 第24号2頁」(2012.4.18).

「第180回 国会参議院予算委員会議録 第4号29頁」(2012.2.7).

「第178回 国会参議院本会議録 第3号6頁」(2011.9.16).

「第180回 国会における野田内閣総理大臣施政方針演説」(2012.1.27).

「第174回 国会における菅内閣総理大臣所信表明演説」(2010.6.11).

「第64回 国連総会における鳩山総理大臣一般討論演説」(2009.9.24).
「拉致問題対策本部 第4回会合」(2010.11.29).
「鳩山内閣 閣僚名簿等」.
「民主党の政権政策マニフェスト Manifesto 2009」.

『조선신보』, 2009/09/24.
『朝日新聞』, 2013/04/05.
『毎日新聞』, 2009/09/11.
『日本経済新聞』, 2012/11/16.
『産経新聞』, 1997/07/18, 2009/10/20, 2009/10/23, 2010/09/01, 2012/05/17.
『読売新聞』, 2006/11/15, 2012/02/25.
『北海道新聞』, 2009/09/29.

http://www.dpj.or.jp
http://www1.dpj.or.jp
http://www.jimin.jp
http://www.kantei.go.jp
http://online.sangiin.go.jp
http://www.koreaii.com
http://www.rachi.go.jp
http://nyt.trycomp.com
http://www.masaki.j.u-tokyo.ac.jp

마에하라 세이지 인터뷰. 2013.10.18(장소: 일본 동경 마에하라 국회의원 사무실).

부록

전(前)민주당 정권 국토교통장관·외무장관 마에하라 세이지(前原誠司) 인터뷰

- **일　자:** 2013년 10월 18일(금)
- **장　소:** 일본 동경 마에하라 의원 사무실
- **인터뷰:** 진창수, 신정화, 경제희
- **번　역:** 신정화

❖ **마에하라 세이지** 1962년 4월 30일 생. 민주당 소속 중의원 의원(7기), 민주당 대표(제5대), 2009년 9월 16일에 발족한 하토야마 유키오(鳩山由紀夫) 내각에서는 국토교통장관(제12, 13대), 2010년 9월 17일에 발족한 간 나오토(菅直人) 제1차 개조내각에서는 48세로 외무장관(제144대)에 취임. 그 밖에도 내각부 특명담당장관(오키나와 및 북방영토, 방재(防災), 경제재정정책, 과학기술정책, 원자력행정, 우주정책), 민주당 정책조사회장(제11대) 등을 역임.

Q 민주당이 자민당 정권을 무너뜨리고 정권을 장악할 수 있었던 이유가 무엇이라고 생각하십니까?

A 민주당이 정권을 획득할 수 있었던 가장 중요한 원인은 자민당에 적절한 공격을 했기 때문입니다. 구체적으로 말씀드리면 네지레현상(ねじれ現象)1)을 이용하여 자민당 정권을 궁지로 몰았다고 할 수 있습니다. 네지

---

1) '네지레현상'이란 중의원과 참의원에서 각각 과반수를 차지한 정당이 상이한 정치 현

레현상이 발생한 주요 요인은 특례공채법(特例公債法)2)으로, 제1차 아베(安倍) 내각하에서 실시된 참의원선거(2007년 7월)부터 네지레현상이 시작되었습니다. 그 후 후쿠다(福田) 내각과 아소(麻生) 내각이 붕괴된 이유도 네지레현상 때문입니다. 민주당은 특례공채법을 공격하여 자민당을 코너로 몰았습니다. 그리고 자민당 정권 각료의 실언, 스캔들 등을 국회에서 집요하게 추궁하였고 야당이 연합하여 참의원선거에서 자민당을 밀어붙인 것이 정권교체의 가장 중요한 요인이라 할 수 있습니다. 그 다음으로 중요한 요인은 민주당이 자민당과 다른 정책을 내세운 것이라 할 수 있습니다.

Q 민주당 정권이 3년 3개월로 끝난 이유는 무엇이라고 생각하십니까?

A 먼저 외교 면에서는 매니페스토에 포함된 내용은 아니지만 하토야마(鳩山)의 발언으로 실질적인 공약이 되어버린 후텐마(普天間)기지 이전 문제, 인도양에서의 급유활동 정지 등에 대한 국민들의 실망감이 주요 원인이라 생각합니다. 두 번째로, 국내정치 면에서는 유권자의 절대적 지지를 얻었던 아동수당정책 실패의 영향이 컸습니다. 아동수당의 실용성은 지금도 부인하지 않습니다만 지나치게 높은 액수를 책정했기 때문에 재원확보가 불가능했다는 점이 부작용을 일으켰습니다.3) 이 외에도 고속도로 무료화 정책도 실패의 원인이라 할 수 있습니다. 결론적으로 민주당 정권이 단명으로 끝날 수밖에 없었던 최대 이유는 포퓰리즘적으로 내세운 몇 가지 공약을 제대로 실현하지 못했기 때문입니다.

상. 이러한 현상이 나타난 국회를 '네지레국회'라고 하며, 네지레국회하에서는 중의원에서 주도권을 잡은 정당과 참의원의 주도권을 잡은 정당이 다르기 때문에 정책결정이 원활하게 이루어지기가 힘들다.
2) '특례공채법'이란 적자국채 발행을 인가하기 위한 1년 한도의 특별법을 이른다.
3) 민주당이 매니페스토에서 제시한 아동수당액은 1인당 2만 6천 엔으로 총액은 5조 5천억 엔에 달한다. 이는 일본의 방위비보다도 많은 금액이다.

Q 2009년 중의원선거 당시 민주당 본부에서 매니페스토 작성과정에 관해 하토야마에게 질문했을 때 "첫 장은 함께 만들고 나머지는 각자 만들었다"고 답변했습니다. 민주당 내부에서 매니페스토에 대한 합의가 이루어지지 않았던 것은 아닌지요?

A 몇 명의 우수한 멤버에 의해 매니페스토가 작성된 것은 사실입니다. 하지만 그 멤버조차도 모든 정책 작성과정에 참여하지는 않았습니다. 아동수당의 경우, 언제 2만 6천 엔이 되었는지[4] 몰랐습니다. 오자와 이치로(小沢一郎) 대표의 말 한 마디로 결정되었기 때문입니다. 물론 2만 6천 엔이 된 배경에는 지금처럼 소자화(小子化)가 계속된다면 일본의 인구가 격감하리라는 위기감이 있었다고 생각합니다. 하지만 현금급부와 현물급부의 적절한 조합이 중요합니다. 현금급부만 높인다고 해서 출생률이 높아지는 것은 아닙니다. 정책 면에서 미숙함이 있었던 게 사실입니다.

Q 민주당은 매니페스토에서 제시한 정책을 실제로 실현할 자신이 있었습니까?

A 매니페스토 실현에 필요한 재원 확보를 위해 여러 가지 방도를 강구했습니다. 낭비를 없애는 방도, 매장금(埋蔵金)을 찾아내는 방도, 공공사업비를 삭감하는 방도 등이 논의되었습니다. 제가 국토교통부장관이었던 당시에는 4년간에 걸쳐 삭감 예정이었던 비용을 1년 안에 삭감하였습니다. 그러나 다른 분야에서의 재원확보는 부족했습니다. 예를 들어 최초 목표였던 인건비 20% 삭감의 경우, 부흥 2년간의 숫자를 더해도 10% 정도에 그쳤습니다. 하지만 매장금 부분은 상당히 성공적이었습니다. 그리고 공공사업 분야에서는 낭비 삭감과 예산 재편이 어느 정도 이루어졌습니다만 다른 곳은 노력이 부족하였습니다.

Q 마에하라 의원은 선거 전, 민주당 의원들이 매니페스토를 지키겠다는 서명을 했다고 말씀하셨는데, 의원들이 만약 지키지 못했을 경우 의원들에게 패널티 등이 적용되었습니까?

A 당 내에 특별한 패널티 규정은 없었습니다. 패널티는 당보다 유권자가

---

4) 이전의 논의에서는 2만 6천 엔보다는 작은 액수로 논의되었다고 한다.

부과하는 것이라 생각했습니다. 실제로 결과도 그렇습니다.

Q 그렇다면 서명이 무의미하다는 것인가요?

A 개인적으로 특정 정책에 대해 반대하더라도 당의 정책으로서는 받아들인다는 점에서 의미가 있습니다.

Q 민주당의 캐치프레이즈인 '콘크리트로부터 사람으로'를 상징하는 것이 얌바댐(八ッ場ダム) 건설 중지였다고 생각합니다. 그러나 결국 민주당 정책은 얌바댐 건설로 변경되었습니다. 이러한 민주당의 태도 변화를 어떻게 생각하십니까?

A 저는 국토교통장관 재임 시 군은 결의를 가지고 얌바댐 건설을 중지시켰습니다. 이후 제가 외무장관으로 직위를 옮겼고 후임으로 여러 명이 국토장관의 자리를 거쳤습니다. 그 과정에서 얌바댐 건설을 주장해 온 국토교통성 하천국(河川局) 장(長)이었던 다케무라 코타로(竹村公太郎)의 주장이 받아들여져 댐건설이 재개되었습니다. 물론 정책을 변경한 것은 민주당입니다. 당시 당 정책조사회장이었던 제가 수상관저에 가서 반대를 표명하고 예산을 인정하지 않겠다고 주장했습니다만 최종적으로 장관의 판단을 존중하는 형태로 건설이 속행되었습니다. 얌바댐에 관한 최초의 방침이 바뀐 것은 역시 정치가 제대로 기능하지 않았기 때문입니다. 이것도 민주당 정권에 커다란 손상을 입혔습니다.

그러나 얌바댐 건설을 중지시키지 못했다고 해서 민주당 정권이 아무 것도 안 했다고 말할 수는 없습니다. 실은 민주당 정권은 성립 이후, 아직 본 공사에 착수하지 않고 있었던 대형댐 83개의 건설 전부를 동결시켰습니다. 한국도 마찬가지일지 모르지만 대형댐 건설계획은 인구가 증가하고 고도경제성장이 지속되던 시기에 이미 수립되어 있었습니다. 만약 세입증가를 기대할 수 있다면 비용이 얼마가 들든 상관없습니다. 또 치수(治水)만이 아니라 이수(利水), 즉 농업용수나 공업용수, 생활용수가 더욱 필요해지리라고 예측되기 때문에 댐건설 계획이 수립되는 것입니다. 그런데 지금은 경제성장이 멈추고 인구도 줄고 있습니다. 때문에 민주당 정권은 시대의 변화에 대응한 잣대를 만들려고 한 것입니다.
자민당 정권으로 바뀐 현재도 우리 민주당 정권이 만든 하천국(河川局)
유식자회의(有識者会議)의 멤버는 그대로 유지되고 있으며,5) 83개 댐
중에서 53개 댐에 대한 검증이 끝나 그중 3분의 1이 중지되었습니다.
만약 민주당으로의 정권교체가 없었다면 3분의 1의 댐건설을 중지시키
지 못했을 것입니다.

Q 민주당은 '정치주도'를 주창했습니다.6) 그러나 민주당이 정권을 잡은 뒤 총리와
각 부처 장관의 발언이 다른 경우가 발생하고, 또 관료를 다루는 것이 서투르다
는 평이 있었습니다. 정치주도를 실험해 본 지금, 정치주도에 대해 어떻게 생각
하십니까?

A 민주당 정권은 정치주도를 위해 새롭게 정무삼역7)을 만드는 등 다방면
에 걸쳐 노력했습니다. 그러나 정권 내에 정치주도의 의미를 혼동하고
있던 사람이 다수 있었다는 것도 사실입니다. 예를 들면 모든 것을 정치
가가 다 하는 것을 정치주도라고 생각하여 관료를 제대로 활용하지 못한
장관도 있었고, 관료와 대립한 장관도 꽤 있었습니다. 어쨌든 관료는 행
정 집행에 있어 불가결한 사람이며, 행정의 원활한 운영을 위해서는 관
료가 열의를 가지고 일에 임하도록 관리해야 합니다. 그러나 관료 관리
에 실패해 업무가 진행되지 못한 부처도 있었던 것 같습니다. 또한 민주
당 정권이 정치주도를 위해 신설한 정무삼역이 오히려 혼란을 초래한

---

5) '유식자회의'란 각계를 대표하는 학식경험자 및 실무경험자 등으로 구성된 회의로 주로
정부·지방자치체 등의 자문기관으로 설치된다.
6) '정치주도'란 정치가가 관료에 의존하지 않고 주체적으로 정책을 입안하고 결정을 진행
하는 것을 의미한다. 자민당 정권 시에는 관료가 실질적으로 정책의 주도권을 장악해
왔으나 민주당은 민의를 정치에 반영하기 위해서도 선거로 뽑힌 정치가가 정책을 주도
하는 것이 바람직하다는 입장이었다.
7) '정무삼역'은 내각이 임명하는 장관, 부장관, 정무관의 총칭이다. 2009년 8월 중의원총
선거에서 정권교체를 실현한 민주당 하토야마 내각은 정치주도를 주창했다. 즉 자민당
정권 시대의 사무차관을 장으로 하는 관료의존정치로부터의 탈각을 제창하고 정치가
인 정무삼역을 중심으로 한 행정추진을 정권과제로 삼았다.

경우도 있었습니다. 국토교통성이나 외무성 등 제가 장관을 맡았던 곳은 비교적 원활히 정치주도가 이루어졌다고 생각합니다.

Q 정치주도가 마에하라 의원이 장관을 역임한 분야에서는 잘 이루어졌다고 평가하셨는데 그 이유는 무엇이었다고 생각하십니까?

A 몇 가지가 있습니다. 제가 쓴 책8)에서도 말했지만 우선 국토교통성 안에 정책심의실을 신설한 일입니다. 저(당시 47세)보다 젊고 앞으로 국토교통성을 짊어지고 나갈 우수한 중견관료를 10명 정도 모아 그들을 정무삼역회의에 동석시켜 정무삼역이 어떤 생각을 하고 있는지를 이해하게 한 뒤, 그를 다른 국토교통성 관료들에게 알리도록 했습니다. 정무삼역과 관료들을 연결시키는 고리를 만든 것입니다.

또한 국토교통성 안에 성장전략회의를 만들어 항공정책, 관광, 인프라, 주택 등 몇 가지 테마별로 13명의 외부 유식자를 참가시켰습니다. 현재 경제단체연합회 대표를 맡고 있는 하세가와 야스치카(長谷川閑史) 다케다약품공업(武田薬品工業) 대표를 필두로 민간 전문가를 모았습니다. 13명이 참석하는 본회의에는 정무삼역과 차관 이하 과장급 이상 관료가 옵서버(observer)로 출석해 회의에서 논의되는 사항을 전부 경청했습니다. 그 후 다섯 개 분과회별로 담당자와 회의 참가자가 함께 토의하도록 했습니다. 이 결과, 관련자 모두 스스로가 정책을 만들고 있다는 이미지를 가질 수 있게 되었습니다.

우리가 바꾸려 한 것은 어용 관료만 참석하는 관청 회의였습니다. 관청의 의견에 대한 예스맨, 거수기는 필요 없다는 것입니다. 즉, 우수한 민간 인재가 회의에 참가해 관청의 기존사고 패턴과는 다른 논의를 하고 이에 대해 관료가 납득하는 것을 통해 같이 일해 나가는 것이었습니다. 일정한 틀은 있었지만 모두 스스로 무언가를 만들어 간다는 의식이 새롭게 생겼습니다. 현 자민당 정권하에서도 그 흐름은 변하지 않았다고 합

---

8) 前原誠司, 『政権交代の試練─ポピュリズム政治を超えて』, 新潮社, 2012年.

니다. 대립하지 않고 협력하면서 지금까지 어용학자의 보증을 받기 위해 존재해 온 심의회의 방향성을 바꾸는 것이 목표였습니다. 이것이 바로 정치주도입니다.

Q 그러나 민주당 정권의 정치주도는 전반적으로 실패한 것으로 평가되고 있는데 어떻게 생각하십니까?

A 실패였다고 생각합니다. 그 이유는 다음과 같습니다. 첫째, 정책결정을 내각으로 일원화하고 당(민주당)은 관여하지 않는다는 원칙이 있었습니다. 내각에 들어간 우리들로서는 기쁜 일이었습니다. 그러나 오자와 이치로(小沢一郎) 간사장에게 여러 단체가 청탁을 해 왔습니다. 정책은 내각에서 정한다는 방침을 강력하게 주장해 온 오자와가 연말이 되어 다음 해 예산을 결정해야 하는 최종단계에서 본인에게 들어 온 청탁을 실시하라고 내각에 압력을 가했습니다. 심지어 고속도로 요금까지 개입했습니다. 국토교통성의 경우, 우리가 추진하고자 한 정책과 완전히 다른 것을 오자와가 요구해 혼란이 초래되었습니다. 당시 오자와는 막대한 권한을 가지고 있었기 때문에, 히라노 히로후미(平野博文) 관방장관이 장관들에게 오자와의 요청에 사인하라고 지시했습니다. 물론 저는 사인하지 않고 오자와와 대립했습니다. 결국 히라노 관방장관이 저 대신 서명했습니다. 그 후 오자와가 자기 말을 안 들었다고 보복해 왔습니다. 오자와파의 공격 때문에 정책결정이 정체되는 사태가 발생했습니다. 이러한 상황을 반성하여 간(菅) 내각 때에는 내각일원화라는 방향은 변경하지 않았으나, 내각과 당의 견해를 조정하려는 목적하에 당정책조사회를 만들었습니다. 겐바 코이치로(玄葉光一郎) 의원이 정책조사회장과 국가전략담당 장관을 겸임하며 힘을 썼습니다. 하지만 이것도 제대로 기능했다고는 할 수 없습니다. 노다(野田) 내각에서는 자민당과 동일하게 당사전심사제로 회귀해 먼저 당이 양해하지 않으면 법안제출도 할 수 없도록 하였습니다. 이처럼 정책결정 방법이 오락가락하는 혼란이 있었습니다.
둘째로, 이미 언급한 것처럼 오자와 대 비(非)오자와 간의 갈등입니다.

오자와는 자신의 말을 따라야 한다는 자세를 바꾸지 않았습니다. 결과적으로 당이 갈라지게 되었습니다.

셋째로, 더 큰 원인은 여당으로서의 거버넌스가 이루어지지 않았다는 점입니다. 당 관리가 전혀 되지 않았습니다. 이 문제에 대해 국민들이 엄한 심판을 내렸습니다. 자민당의 경우, 집권당으로서의 긴 경험이 만들어 낸 지혜라고 생각됩니다만, 정책결정과정에서 문제가 생겨도 당을 깨지는 않습니다. 즉 총무회에서 최종결정을 하지만 총무회에서 결정을 내릴 때 반대하는 사람은 갑자기 배가 아프다는 등의 이유를 대고 빠져나가는 등 지혜를 발휘합니다. 우정민영화 때에 진검승부로 자민당이 깨졌지만, 고이즈미 준이치로(小泉純一郎)의 박력 덕분에 오히려 자민당이 선거에서 승리했습니다. 자민당에 있는 그러한 지혜가 민주당에는 없었습니다. 어리다고 할까 아직 경험부족이었습니다. 견해차가 당 분열까지 초래하고 말았습니다. 이것이 민주당 정권이 한 번으로 끝날 수밖에 없었던 주요 원인이었다고 봅니다.

Q 오자와 등의 민주당 의원의 개인적 차원의 경험부족보다 정책결정을 내각에 일원화한 제도 자체가 문제였던 것은 아닌가요?

A 관점에 따라 다릅니다. 하토야마 내각에서 시도한 정책일원화는 영국 의회의 백 벤치(back bench)와 같은 것으로 어느 정도는 기능했다고 봅니다. 즉 정책입안에 관여하지 않고도 벤치에 앉아서 찬부 표명은 가능하고, 백 벤치 집단과 중핵집단이 나누어질 뿐이기 때문입니다. 따라서 그다지 당에 불만이 쌓이는 일은 없다고 생각합니다. 다만 오자와는 내각에 일원화한다고 말해 놓고 결국 여러 단체로부터의 청탁을 받아들이기 위해 일원화원칙을 뒤집어 버렸습니다. 오자와의 그와 같은 언행불일치가 문제였다고 생각합니다. 만약 오자와 같은 이가 없었다면 일원화는 정착했을지도 모릅니다.

Q 좀 전에 거버넌스와 관련해 자민당의 경우 거버넌스에 필요한 역할을 관방장관이

잘 수행했으나 민주당에는 그와 같은 관방장관이 없었다고 언급하셨습니다. 어떻게 하면 민주당의 거버넌스가 잘 운영될 수 있었다고 생각하십니까?

Ⓐ 내각의 강함과 약함은 결국 사람과 관계한다고 생각합니다. 현재 아베(安部) 내각의 스가 요시히데(菅義偉) 관방장관은 적이지만 훌륭합니다. 자민당을 잘 장악해서 관리하고 있습니다. 물론 자민당 정권에도 스가와 같은 관방장관만 있었던 것은 아닙니다. 훌륭한 관방장관이라고 할 수 있는 사람으로는 고토다 마사하루(後藤田正晴), 노나카 히로무(野中廣務), 가지야마 세이로구(梶山静六) 정도밖에는 없습니다. 민주당에 훌륭한 관방장관이 없었다는 점은 인정하지만 장기집권을 한 자민당에서도 선뜻 머리에 떠오르는 것은 4명 정도입니다. 관방장관은 중추적 역할을 해야만 합니다. 지금의 아베 내각의 높은 지지율은 관방장관 스가로 인한 부분이 상당히 크다고 생각합니다.

Ⓠ 민주당의 대외전략을 자민당과 비교해서 평가해 주시겠습니까?

Ⓐ 민주당은 끌어 모은 집단, 비자민이란 표어하에 모인 사람들입니다. 자민당 출신의원도 있거니와 사회당 출신의원도 있습니다. 따라서 대외정책의 폭이 상당히 넓었습니다. 포퓰리즘의 상징이라고 할 수 있는 오자와파도 있었지만 자민당과 다른 입장을 가진 사람들이 많았습니다. 저는 민주당의 정책이 두 개로 나누어져 있었다고 생각합니다. 하나는 하토야마가 주도한 아시아 중시노선, 또 다른 하나는 자민당 정권이 취해 온 미일동맹관계 중시의 전통적 정책입니다. 둘 다 중요하지만 미국과의 동맹 없이 일본의 안전보장은 불가능합니다. 바꾸어 말하면 호랑이의 꼬리를 밟으면 안 되는 것입니다.

그러나 그것을 간단히 밟으려 한 사람들이 많이 있었습니다. 오자와파의 한 사람은 미·일·중의 삼각관계를 정삼각형이라고 했으나 내가 볼 때 그런 일은 있을 수 없습니다. 일본에 어떤 일이 발생했을 때 집단적 자위권을 행사하여 협력할 나라와, 일본 국민을 납치한 북한을 지원하는 나라인 중국과, 정삼각형이 될 리 없습니다. 그러나 하토야마가 상당히 중국에 대해 관용적이었기 때문에 후텐마기지 이전 문제를 포함하여 미국이 많이 경계했습니다. 그러나 후텐마기지 이전 문제보다도 동아시아 공동체 구상에 미국은 포함되어 있지 않다고 중국에게 하토야마가 말한 것이 미국이라는 호랑이의 꼬리를 밟은 것이 되었다고 저는 생각합니다. 저도 관여했으므로 언급하기가 좀 어렵습니다만, 간 내각부터 미일관계는 비약적으로 회복했다고 생각합니다. 다시 미일 중심으로 바뀌었기 때문입니다. 센카쿠 열도(尖閣列島) 중국어선 충돌사건이 발생했을 때 힐러리 클린턴 미 국무장관이 센카쿠 열도는 미일안보조약 제5조의 적용 범위라고 명확히 발언해 준 것, 그리고 3·11 재해 시에 동맹국으로서 다양한 지원을 제공해 준 것 등에서 알 수 있습니다. 만약 하토야마 내각 시기였다면 미국이 그렇게까지는 해 주지 않았을 것입니다. 따라서 정권교체가 있어도 외교정책의 기축까지 흔들려서는 안 됩니다. 미국과의 관계가 기반이고 그 위에 다른 나라와 좋은 관계를 유지한다는 것이 우리의 입장입니다.

Q 민주당 정권의 한국 정책, 특히 역사문제에 대한 입장은 무엇입니까?

A 한국과는 법치국가, 자본주의, 미국과 동맹을 체결하고 있다는 점에서 잘 해나가야 한다는 것이 우리의 기본 입장입니다. 한국의 이명박 대통령이 독도에 간 것은 예상하지 못한 일이었습니다. 이명박 대통령이 임기 중 일본을 비판한 적이 한 번도 없었는데 마지막이 유감이었습니다. 우리도 한일관계를 잘 관리하기 위해 여러모로 애쓰고 있었기 때문에 유감이었습니다.

한편 역사문제에 관해선 진지하게 대응하는 것이 중요합니다. 나카소네 야스히로(中曽根康弘) 내각시절 기본적으로 총리, 관방장관, 외무장관 등 주요 직책에 있는 사람은 야스쿠니신사 참배를 자숙하기로 결정했습니다. 영령에 대한 참배는 좋지만 A급 전범이 합장되어 있는 동안에는 그만두자는 것이었습니다. 이는 자민당 정권 시절에 정해진 것이지만 그 원칙을 지킬 필요가 있다고 생각합니다. 한국과의 역사문제는 한일기본

조약으로 해결되었다는 것이 기본 입장이지만 일본에 있어서의 한국의 중요성을 생각할 때 종군위안부문제와 관련해서는 플러스알파를 생각하고 있었습니다. 그런 의미에서 역사문제를 제대로 인식하면서 한국과의 미래지향적인 관계를 구축해 간다는 생각을 지니고 있습니다.

Q 마에하라 의원이 2011년에 외무장관 재임 시 내한하여 유식자회의에 참가한 것은 역사적 의의가 있었으며, 그것을 보아도 민주당 정권이 한국을 중시하고 있었다고 생각됩니다. 마에하라 의원은 중국과 한국을 다르게 생각하고 있다고 보는데 하토야마 등 중국을 중시하는 사람들은 그렇게 생각하지 않았던 것은 아닙니까?

A 전략적 관점이 결여되어 있었다고 봅니다. 중국도 중요합니다. 한국도 마찬가지이나 중국은 경제관계에서 불가결한 나라로 수출과 수입 모두 넘버 원입니다. 그런 의미에서 중국과 잘 지내는 것은 소중한 일입니다. 그러나 국가의 성립과정이 다릅니다. 공산당 일당독재에 법치국가라고는 하지만 그렇지 못한 면도 있습니다. 이렇듯 중국은 가치관이 다른 나라이므로 우리는 관용성을 가지고 대할 필요가 있습니다. 역시 같은 이웃나라라고 해도 한국이 중요합니다. 한국과 중국의 분단은 생각하지 않았고 분단해도 의미가 없는 일이라고 생각하고 있었습니다. 특히 내가 외무장관일 때 천안함사건과 연평도 포격사건이 일어났습니다. 양 사건 모두에서 중국은 북한 편을 들었습니다. 그때 한·미·일 세 나라의 안전보장협력이 필요하다고 느꼈고, 이를 잊어서는 안 된다고 생각했습니다.

Q 민주당의 대북정책은 무엇입니까? 그리고 북한에 대한 마에하라 의원의 견해는 무엇입니까?

A 저는 북한과 직접협상을 하고자 했습니다. 북일 간의 직접협상이 자민당 후쿠다 내각에서 중단되었습니다. 즉 고이즈미 내각은 납치피해자를 귀국시키기 위해 북한과 직접 교섭했지만 후쿠다 내각에서 멈추었습니다. 이를 다시 한번 활성화시키고자 했습니다. 한국에서도 미국에서도 우려

하는 목소리가 분명히 있었습니다. 다만 일본은 납치문제라는 특수한 문제를 안고 있습니다. 핵문제는 6자회담에서 하면 되지만 납치문제는 북한과 일본이 직접 이야기를 해야만 해결될 수 있습니다. 북한이 교활한 협상 상대이기는 하지만 직접협상을 위한 움직임이 수면하에서 이루어지고 있었습니다. 드러내 놓고 말할 수는 없지만, 직접협상은 필요했으며 한국과 미국이 의심을 품지 않도록 충분히 설명하면서 북일 간에 조절과 논의를 행하는 것은 중요하다고 생각했습니다.

Q 간 정권의 3·11에 대한 대응은 너무 늦었고 적절하지 못했다고 평가되고 있습니다. 이에 대해 어떻게 생각하십니까?

A 역사에 그 평가를 맡기는 것이 좋다고 생각합니다. 원전사고가 일어난 상황과 일어나지 않은 상황은 완전히 다르기 때문입니다. 쓰나미에 의해 수많은 사망자가 생긴 미증유의 사고 위에 원전사고까지 덮쳐 대단히 어려운 상황이었습니다. 간 총리의 편을 드는 것일지 모르겠으나 간 총리가 동경전력에 달려가 불호령을 내린 것에 대해 여러 가지 평이 있습니다. 관저로부터의 정보를 포함하여 제가 기억하고 있는 점은 동경전력이 감당할 수 없는 상태라고 판단하고 그대로 철수하려고 했다는 사실입니다. 그렇게 되었다면 사고가 더욱 확대되어 수도권 전체가 거주 불가능하게 되었을지도 모릅니다. 실제로 3천만 명 피난계획을 수립했고 일반국민은 물론 일본은 천황제의 나라이므로 동경에 있는 황족을 어떻게 할 것인가까지를 논의할 정도로 심각한 상황이었습니다. 그런 상황이었으므로 간 총리가 당황해서 늑장 대응을 했다고는 생각하지 않습니다. 누가 했어도 큰 일이었을 것입니다. 간 총리는 천명(天命)을 다했다고 생각합니다.

Q 지금 생각할 때, 원전사고와 관련하여 더 좋은 대책이 있었다고 생각하지는 않으십니까?

A 원자로 압력을 빼는 작업(벤트)을 빨리 했으면 좋았다고 생각합니다. 사

고 발생 후 방사능 누출이 진행되고 있는 와중에서 벤트작업이 간단히 되었을지는 모르겠습니다. 노벨상 수상자인 다나카 고이치(田中幸一) 씨는 "절대 안전하다고 하면서 원전을 만들었다. 사고가 안 일어난다고 하면서 지역을 설득했다. 사고가 발생할 경우를 생각하지 않았다. 이것이 최대 문제였다"라고 지적하고 있습니다. 즉 전력회사가 자치체에 대해 절대 안전하다고 설득한 이상 사고대책을 하는 것은 자기모순이었습니다. 즉 자신이 만든 신화에 자신이 빠져 있었던 것입니다. 이 때문에 대응이 늦어졌습니다. 또 준비가 되어 있지 않았습니다. 물론, 우리 민주당 정권하에서 일어난 사고이므로 민주당 정권이 책임을 져야 합니다. 정치는 결과 책임이기 때문에. 하지만 가령 자민당 정권하에서 일어났다고 하더라고 다른 대응방식은 없었을 것입니다.

Q 1998년부터 지금까지 오랜 시간 야당으로서 존재해 온 민주당을 높이 평가합니다. 민주당의 거버넌스 부족에는 정치자금 구조도 영향을 미쳤을 것으로 생각합니다. 자금이 가장 풍부한 당은 공산당(「아카하타」(赤旗)의 수입)이며 그 다음이 자민당, 민주당입니다. 민주당의 정치자금 구조는 어떻게 되어 있는지요?

A 정당교부금(조성금)이 거의 100%이므로 자금과 거버넌스 부족과는 관계가 없습니다.9) 정치자금과 민주당 정권 단명은 간접적으로는 관계가 있을지도 모르겠습니다. 오자와가 자금을 쥐고 있었기 때문에 결과적으로 보아 민주당 정권 3년 3개월이 전부 오자와와의 투쟁이었다고도 할 수 있습니다. 이 점을 잘 극복했더라면 민주당 정권이 더 지속되었을 가능성은 있습니다.

Q 지금부터 3년간은 아베 내각이 지속될 거라고 하는데(또는 아베 내각은 어떻게 될지 모르겠지만, 자민당 정권은 계속될 것이다), 현재 민주당은 정권탈환을 위해 무엇을 하고 있는지요?

---

9) '정당교부금'이란 정당활동을 조성할 목적으로 국고에서 교부되는 자금으로 일본에서는 정당조성법에 근거하여 일정 요건을 갖춘 정당에 교부된다.

A 우선 첫 번째로 실패의 경험에 비추어 볼 때, 실현가능하며 유권자의 요구에 맞는 정책을 확실히 만들어 내는 것, 그리고 지키지 못할 일은 말하지도 않고 약속도 안 한다는 점입니다. 다만 현 일본의 문제점을 해결하기 위해 필요한 구체적 정책을 확실히 준비해 놓는 것은 필요합니다. 두 번째로, 정계구조가 다당화되어 있으므로 민주당만으로는 정권교체를 하기 어렵습니다. 소선거구제 하에서 분열된 야당이 자민·공명 연합군과 싸우기는 힘듭니다. 자민당이 아니면 정당도 아니다라는 풍조가 지방으로 갈수록 강합니다. 더욱이 공명당의 지지단체인 창가학회가 소선거구당 2만 표에서 4만 표를 가지고 있고, 이를 고려하면 지금처럼 야당이 분열된 상태에서는 자민·공명 연합군을 이길 수 없습니다. 야당이 제대로 힘을 합쳐야 합니다. 그러나 정책의 일치가 없다면 어렵습니다. 이 두 가지 과제를 지금부터 어떻게 극복해 나갈지가 중요합니다.

색인

필자 소개 (원고 게재 순)

진창수 (陳昌洙)

▌현 세종연구소 일본연구센터장
- 동경(東京)대학교 정치학 박사
- 주요 논문 및 저서

  陳昌洙, "日本民主党政権における日韓関係の変化," 木宮正史 編, 『日韓関係の未来を構想する』(新刊社, 2013)

  진창수, "북일관계의 쟁점과 북일관계," 『안보학술논집』(국방대 국가안전보장문제연구소, 2012)

  진창수·이재철, "정치엘리트의 이념 및 정책 성향: 일본 민주당의 중의원 분석," 『한국정당학회보』 제10권 제1호, 2011년(통권 18호)

  진창수, 『일본의 정치경제: 연속과 단절』(한울, 2009)

  진창수·하종문, 『근현대 일본정치사』(한국방송통신대학교출판부, 2008)

고선규(高選圭)

▮ 현 선거연수원 교수
- 일본 토호쿠(東北)대학교 정치정보학 박사
- 주요 논문 및 저서
  "韓国の大統領選挙とオンライン候補者ファンクラブの選挙運動,"『選挙研究』 25(2)(2009)
  『被災地から考える日本の選挙』河村和德・湯淺墾道・高選圭 編著(東北大学出版会, 2013)
  『ネット選挙が変える政治と社会 ― 日米韓に見る新たな「公共圏」の姿』清原聖子・前嶋和弘 編(慶應義塾大学出版会, 2013) 외 다수

경제희(慶濟姬)

▮ 현 경남대학교 극동문제연구소 초빙연구위원
- 일본 게이오(慶応義塾)대학교 정치학 박사
- 주요 논문 및 저서
  "석패율제도와 지역주의 완화,"『한국과 국제정치』 28(2)(2012)
  "일본 정당의 석패율제도 활용 전략 분석을 통한 한국에의 시사점,"『일본연구논총』 35(2012)
  "일본선거제도의 현황과 변천,"『미래정치연구』 1(1)(2011) 외 다수

한의석(韓義錫)

▮ 현 중앙대학교 정치국제학과 강의전담교수
- 남가주대학교 정치학 박사
- 주요 논문 및 저서
  "고이즈미의 등장과 자민당의 정책변화: 도시유권자와 선거정치,"『한국정치학회보』 45(4)(2011)
  "일본의 정치리더십 위기와 고이즈미 재평가: 탈자민당 정치와 개혁의 리더십,"『세계지역연구논총』 30(3)(2012) 외 다수

박명희(朴明姬)

❚현 이화여자대학교 정치외교학과 BK21사업팀 박사후 연구원
- 이화여자대학교 정치외교학과 정치학 박사
- 주요 논문 및 저서
  "일본의 고령자 복지 거버넌스와 NPO,"『일본연구논총』35권(2012)
  "21세기의 사카모토 료마? 하시모토 토루의 정치기업가적 리더십,"『담론201』15권 4호(2012) 외 다수

정미애(鄭美愛)

❚현 국민대학교 일본학연구소 연구교수
- 일본 츠쿠바(筑波)대학교 정치학 박사
- 주요 논문 및 저서
  "동일본대지진에 대한 일본 시민사회의 대응,"『동서연구』24권 1호(2012)
  "일본의 단일민족국가관에서 다문화공생으로의 거버넌스,"『한국정치학회보』45권 4호(2011)
  "한일관계에서 시민사회의 역할과 뉴거버넌스,"『아태연구』18권 2호(2011) 외 다수

이정환(李政桓)

❚현 국민대학교 국제학부 조교수
- 캘리포니아 버클리대학교 정치학 박사
- 주요 논문 및 저서
  "고이즈미 정권 하의 지역개발정책의 이중구조,"『한국정치학회보』45(1)(2011)
  "대외적 투자유치 대 내재적 네트워크 강화,"『국제지역연구』20(3)(2011) 외 다수

이현웅(李炫雄)

▌현 주니가타(駐新潟)대한민국총영사관 선임연구원
- 일본 츠쿠바(筑波)대학교 국제정치경제학 박사
- 주요 논문 및 저서
  "冷戦とアイゼンハワー政権の対外原子力政策,"『軍事史学』47(2)(2011)
  "日米原子力協力の発端ー1955年の日米原子力研究協定の成立過程を中心に,"『国際安全保障』39(4)(2012)
  『原子力をめぐる「日米協力」の形成と定着 1953-1958』(龍渓書舎, 2013) 외 다수

양기호(梁起豪)

▌현 성공회대학교 일본학과 교수
- 일본 게이오(慶応義塾)대학교 정치학 박사
- 주요 논문 및 저서
  "일본민주당의 정책노선과 생활정치,"『한국일본학보』86호(2010)
  『글로벌리즘과 지방정부』(논형, 2011)
  『저팬리뷰 2013』(공저)(고려대학교출판부, 2013) 외 다수

김영근(金暎根)

▌현 고려대학교 일본연구센터 HK교수
- 일본 도쿄(東京)대학교 국제관계론 박사
- 주요 논문 및 저서
  "재해후의 일본경제정책 변용: 간토·전후·한신·동일본대지진의 비교분석,"『일어일문학연구』제84권 2호(2013)
  "미일통상마찰의 정치경제학: GATT/WTO체제하의 대립과 협력의 프로세스,"『일본연구논총』제26권(2007)
  『저팬리뷰 2013』(공저)(고려대학교출판부, 2013) 외 다수

김준섭(金俊燮)

❙ 현 국방대학교 교수
- 일본 히로시마(広島)대학교 정치학 박사
- 주요 논문 및 저서
  "역사인식 문제와 한일관계: 미래를 위한 제언,"『일본연구논총』21(2005)
  "일본에 있어서의 집단적 자위권 문제에 관한 연구: 일본정부의 논의를
  중심으로,"『일본학보』76(2008)
  "동일본대지진 이후 일본에 있어서의 새로운 국가비전에 관한 논의와 일
  본정치의 변화,"『일본학보』92(2012) 외 다수

최운도(崔雲燾)

❙ 현 동북아역사재단 연구위원
- 콜로라도대학교 정치학 박사
- 주요 논문 및 저서
  "Conditions for Peaceful Resolution in Territorial Disputes of
  Northeast Asia"(Korean Journal of International Relations, 2009)
  "일본의 정치와 우익교과서 채택과정: 중앙정치와 지방정치의 연계에 대
  한 평가,"『한국정치학회보』46권 4호(2012)
  『鏡の中の自己認識: 日本と韓國の歷史・文化・未來』(御茶の水書房, 2012)
  외 다수

이기태(李奇泰)

┃현 연세대학교 북한연구원 전문연구원
- 일본 게이오(慶応義塾)대학교 정치학 박사
- 주요 논문 및 저서
  "데탕트말기 한일안보협력의 모색: 한일의원 안전보장협의회의 설립을 중심으로,"『동서연구』 21(2)(2009)
  "デタント期における日本の対韓安全保障政策: 在韓米軍撤退問題と日韓安全保障協力の模索,"『한일군사문화연구』 15(2013)
  "선도형 리더십으로서의 '변환적 지도자': 오자와 이치로의 정치리더십," 손열 편,『일본 부활의 리더십: 전후 일본의 위기와 재건축』(동아시아연구원, 2013) 외 다수

신정화(辛貞和)

┃현 동서대학교 국제학부 부교수
- 일본 게이오(慶応義塾)대학교 정치학 박사
- 주요 논문 및 저서
  『일본의 대북정책 1945~1992년』(도서출판 오름, 2004)
  "日本・韓国・北朝鮮関係の基本構造と主要変数ー冷戦期および新冷戦期を中心に," 平岩俊一外 編,『朝鮮半島と国際政治ー冷戦の展開と変容』(慶応義塾大学出版会, 2005)
  "일본의 대북정책의 지속과 변화,"『일본연구논총』 30(2009)
  "중국의 부상과 일본 안보전략의 변화,"『국제문제연구』 12(2)(2012) 외 다수